2022年
中国仓储配送行业发展报告

CHINA WAREHOUSING AND DISTRIBUTION INDUSTRY DEVELOPMENT REPORT

中国仓储与配送协会◎编著

中国商业出版社

图书在版编目（CIP）数据

2022年中国仓储配送行业发展报告/中国仓储与配送协会编著.-- 北京：中国商业出版社，2022.7
ISBN 978-7-5208-2092-9

Ⅰ.①2… Ⅱ.①中… Ⅲ.①仓库管理—研究报告—中国—2022②物流管理—物资配送—研究报告—中国—2022 Ⅳ.①F259.2

中国版本图书馆CIP数据核字(2022)第105829号

责任编辑：林　海

中国商业出版社出版发行
（www.zgsycb.com　100053　北京广安门内报国寺1号）
总编室：010-63180647　编辑室：010-83125014
发行部：010-83120835/8286
新华书店经销
北京军迪印刷有限责任公司印刷
*
889毫米×1194毫米　16开　22.5印张　431千字
2022年7月第1版　2022年7月第1次印刷
定价：280.00元
****
（如有印装质量问题可更换）

2022 年中国仓储配送行业发展报告编委会

主　任：

孙　杰　中国仓储与配送协会名誉会长

常务副主任：

王继祥　中国仓储与配送协会副会长
王国文　中国（深圳）综合开发研究院物流与供应链管理研究所所长

副主任：

沈绍基　中国仓储与配送协会会长
李　燕　中国仓储与配送协会副会长兼秘书长

编　委（排名不分先后）：

蔡　熙　苏州金峰物流设备有限公司总裁
关赏轩　物联云仓副总经理、物联云仓数据研究院院长
李　涛　北京时代商联商业咨询有限公司董事长
李文杰　南储仓储管理集团有限公司总裁
林　坦　同济大学国家创新发展研究院运输与物流中心主任
肖建明　中国移动通信集团采购共享中心物流管理与运营部副经理
尹军琪　北京伍强科技有限公司董事长
易　兵　武汉商学院副教授、普罗格研学中心院长

孙 杰
中国仓储与配送协会名誉会长

毕业于北京交通大学（原北方交通大学）运输专业。曾先后在原商业部商业储运局、华运物流实业公司、华运通物流有限公司任职；历任中国仓储与配送协会秘书长、副会长、会长。熟悉国家仓储与配送行业相关法律法规、政策规划、技术标准，曾组织《通用仓库及库区规划设计参数》等多项国家标准的制定工作。

王继祥
中国仓储与配送协会副会长

教授，研究员，商务部特聘物流专家，国家邮政局发展研究中心智慧发展研究首席专家。现任中国仓储与配送协会副会长、中国商贸物流标准化联盟执行主席。兼任物流信息互通共享技术及应用国家工程实验室研究员、北京航空航天大学物联网专业特聘教授、上海宝开物流系统有限公司高级顾问等。共发表各类研究论文120余篇，完成各项研究报告与咨询报告60余篇，获得国家科技进步二等奖、冶金部科技进步三等奖等各项奖励30余次，有4项成果通过部级鉴定。

王国文
中国（深圳）综合开发研究院物流与供应链管理研究所所长

南开大学经济学博士，北京大学管理学博士后，教授。兼任中国物流学会副会长、供应链管理专业协会（CSCMP）中国圆桌会主席、中物联区块链应用专家委员会主任、深圳市决策咨询委员会专家、深圳市现代物流专家咨询委员会专家，南开大学、北京交通大学、香港理工大学客座教授。曾担任世界银行中国绿色物流专家，APEC亚太供应链联盟（A2C2）的中方业界召集人。主要研究方向为区域经济战略、产业规划、物流园区规划、投资项目可行性研究、物流与供应链战略规划、供应链流程优化与绩效考量、区块供应链应用等领域。主持重大研究咨询课题200余项，在国内外发表中英文主旨演讲、学术报告200余场，参与、主持、组织学术研讨会、评审会100余个，著作11部（含著、编、译作），发表学术论文80余篇。

沈绍基
中国仓储与配送协会会长

高级经济师。自 1983 年起先后在原商业部、原国内贸易部、原国家内贸局从事储运行政管理工作。1998 年以来先后任华运物流实业公司总经理、中国仓储与配送协会第三、四届会长。现任中国仓储与配送协会第六届会长、国际仓储与物流联盟（IFWL）常务副主席兼秘书长。30 多年来，一直致力于推动传统储运向现代物流发展，围绕仓储业转型升级做了大量研究性、政策性、开拓性工作。

李 燕
中国仓储与配送协会副会长兼秘书长

高级物流师，研究生，毕业于北京工商大学（原北京商学院）。2011 年加入中国仓储与配送协会，现任副会长兼秘书长，负责秘书处日常工作，同时兼任协会包装与单元化物流分会会长。曾先后就职于北京两家上市公司，负责物流体系建设；主持商贸物流相关重点标准研究、托盘及周转箱循环共用标准体系与应用研究、绿色仓储配送与电商包装等相关领域课题研究；在托盘共用系统的理论和实践方面做了大量开创性工作。

蔡 熙
苏州金峰物流设备有限公司总裁

1983 年毕业于武汉大学，于 1988 年留学日本，主攻物流管理。在物流行业深耕近 30 年，物流装备行业资深专家，在日本、欧洲和美国等地参与了包括 DHL、UPS、FedEx、日本宅急便、佐川急便、上海海烟物流、中国邮政、顺丰速递和四通一达等快递及菜鸟、华润、申洲国际等数百个项目。

林 坦
同济大学国家创新发展研究院运输与物流中心主任

博士、副研究员。2013年获得南开大学区域经济学博士学位，澳大利亚悉尼大学、台湾东吴大学访问学者。历任交通运输部规划研究院工程师、高级工程师、主任工程师。主要研究方向为现代物流发展战略和规划、区域物流产业分析与政策、综合客运枢纽与物流园区布局、区域产业分析和产业规划、运输成本与聚集效应分析等。主持或参与完成货物多式联运术语、我国多式联运发展战略与政策研究、交通运输推进物流业健康发展的对策研究等各类省部级规划、战略和政策研究课题30余项，在各类杂志公开发表论文30余篇，报纸媒体发表文章10余篇。

易 兵
武汉商学院副教授、普罗格研学中心院长

高级物流信息工程师。毕业于中国人民大学工商管理专业，从事物流教学研究20余载。先后担任湖北省智慧物流企业家联盟副会长兼秘书长、武汉市长江中游城市群发展研究会专职秘书长。主持省级以上科学研究项目7项，参与制定物流行业标准2项，主持"智能仓储交付人员能力测评"项目的开发及实施，撰写地方"十四五"发展规划报告等社会服务项目11项；公开发表论文30余篇，编著2部。2020年荣获"湖北省抗击新冠肺炎疫情先进个人"。

李文杰
南储仓储管理集团有限公司总裁

高级管理人员工商管理硕士。参与起草国家标准《仓单要素与格式规范》（GB/T30332-2013）、《担保存货第三方管理规范》（GB/T31300-2014）；撰写的《第三方仓储物流企业金融服务现状及展望》被收录于《2012中国仓储行业发展报告》；主导编制并实施的"基于基础的人和货的管控的五级监管体系大宗商品质押融资与风险控制管理模式"被选编为《中国供应链金融白皮书（2014）》案例教材。

关赏轩
物联云仓副总经理、物联云仓数据研究院院长

仓储市场研究专家，擅长物流园区规划、市场研判等，先后组织编写了上百篇仓储市场研究报告，设计开发了国内首个仓储大数据平台。

李　涛
北京时代商联商业咨询有限公司董事长

中国仓储与配送协会专家委员会副主任委员，专注于零售连锁和食品流通业物流园区、配送中心的规划咨询，以国内零售连锁物流项目最多、最专业度著称于业内。曾为家家悦、永辉、物美、超市发、北国商城、思念食品、生鲜传奇、盒马、新乐、全聚德、海霸王（成都）、美特好等200家零售、医药、食品企业提供商业和物流咨询服务。多次荣获中国连锁经营协会、中国商报等颁发的荣誉奖项。

肖建明
中国移动通信集团采购共享中心物流管理与运营部副经理

西安电子科技大学电磁场与微波技术博士、教授级高级工程师。从事电磁场与微波技术、天线和现代供应链数智化转型管理研究，"一码到底"物资全生命周期创始人。曾获电子工业部科技进步二等奖，多次获得全国通信行业企业管理现代化创新成果一、二等奖等。

尹军琪
北京伍强科技有限公司董事长

教授级高级工程师，兼任中国重机协会物流与仓储机械分会副理事长。从事现代物流系统集成工作30余年，参与300余项物流系统设计与集成工作，著有专著《现代物流系统集成——方法、实践与思辨》，发表论文100余篇。先后获省部级科技进步二等奖、行业年度人物等多项奖励。

前 言

《中国仓储配送行业发展报告》（原《中国仓储配送行业蓝皮书》）作为反映我国仓储配送行业发展的权威读物，十几年来，全面总结了我国仓储配送行业年度发展情况、聚焦行业发展趋势、推广典型案例，已成为业内人士了解和推动仓储配送行业发展的必备工具书。

《2022年中国仓储配送行业发展报告》共分为行业发展报告、行业研究探索、行业典型案例、综合资料汇编、优质企业推荐等五个部分，全面总结我国仓储配送行业发展情况及趋势展望，优选年度典型企业案例，筛选年度高质量行业研究成果，为读者提供掌握行业发展情况、了解政府政策动态导向、借鉴学习发展经验的平台。

"大鹏之动，非一羽之轻也；骐骥之速，非一足之力也。"本书的编写与发行离不开市场主体和行业专家的鼎力支持。在此，对参与本书编写工作的企业、院校及专家等，表示衷心感谢！

编委会

目 录

第一部分 行业发展报告

2021年仓储配送业发展与趋势展望 …………………………………………………… 3
2021年城乡配送发展与2022年展望 …………………………………………………… 18
2021年金融仓储发展与2022年展望 …………………………………………………… 25
2021年通用仓储市场发展与2022年展望 ……………………………………………… 34
2021年家居供应链发展与2022年展望 ………………………………………………… 49
2021年海外仓发展现状与未来展望 …………………………………………………… 54
2021年中药材物流基地体系建设与2022年展望 ……………………………………… 62
2021年中国物流装备回顾与2022年展望 ……………………………………………… 67
中国智能仓储发展与趋势展望 ………………………………………………………… 79
跨境电商物流自动化分拣技术发展及展望 …………………………………………… 95
中国城市物流竞争力报告 ……………………………………………………………… 123

第二部分 行业研究探索

如何推进柔韧性供应链体系建设 ……………………………………………………… 143
如何实现商贸物流高质量发展 ………………………………………………………… 150
物流标准化建设十个方面经验 ………………………………………………………… 156
托盘标准化建设五种典型模式 ………………………………………………………… 160
氨与氟利昂制冷技术应用与发展浅析 ………………………………………………… 164
城市地下物流发展报告 ………………………………………………………………… 169
动产质押监管项下监管方责任承担研究 ……………………………………………… 183

第三部分　行业典型案例

京东物流：天狼货到人系统助力仓储物流数字化转型 …… 193

物美集团：以数字化为底层，推动供应链敏捷协同，实现效率创新 …… 200

复星商流：基于 SaaS 模式的家庭健康消费全程供应链管理平台 …… 205

中国移动：构建实物数智化管理的全生命周期大协同体系 …… 211

冀北电力："五零三强六控"冬奥电网工程物资供应管理 …… 220

准时达："仓储技委会"助力全球供应链降本增效 …… 233

飞力达："5G+智能制造"无人化供应链共享协同平台 …… 240

阿里巴巴集团：负责任的科技，可持续的绿色供应链 …… 246

凯乐士：自动化物流技术在新华制药转型升级中的创新应用 …… 257

瑞泰格：数字金融服务平台创新助力乡村振兴 …… 264

民熙科技：民农云仓助力粮贸企业实现玉米资产数字化 …… 278

乐歌乐仓：制造业公共海外仓助力中小跨境电商企业出海 …… 285

易仓科技："仓网联盟"数智化海外仓网络平台助力企业提质增效 …… 288

纵腾集团：以数字技术驱动公共海外仓智慧升级 …… 291

陕西移动：着力推进"三中心"定位转型，提升物资供应保障能力 …… 295

昆仑保险经纪：商业保险助力供应链金融、存货担保融资良好发展 …… 306

第四部分　综合资料汇编

2021 年中国仓储配送行业十件大事 …… 315

2021 年物流节点城市租金和空置率 …… 318

2021 年生产和流通行业库存周转率 …… 320

2021 年仓储配送相关重点政策汇总 …… 322

第五部分　优质企业推荐

2021 年中国星级仓库 …… 327

2021 年中国绿色仓库 …… 331

2021 年中国仓储服务金牌企业 …… 334

目 录

2021 年担保存货管理资质企业 …………………………………………………… 336
2021 年全国仓储企业排名 …………………………………………………………… 337
2021 年全国通用仓储企业排名 ……………………………………………………… 338
2021 年全国冷链仓储企业排名 ……………………………………………………… 341
2021 年全国仓储地产企业排名 ……………………………………………………… 343
2021 年全国金融仓储企业排名 ……………………………………………………… 344

第一部分

行业发展报告

2021 年仓储配送业发展与趋势展望

一、2021 年行业总体情况

(一) 企业数量：增长持续放缓

据不完全统计，2021 年仓储企业（法人）数量约 4.7 万家，净增企业数量约 1000 家，同比增长 2.2%，增幅较上年度降低 0.5 个百分点，新增企业数量持续放缓，如图 1 所示。

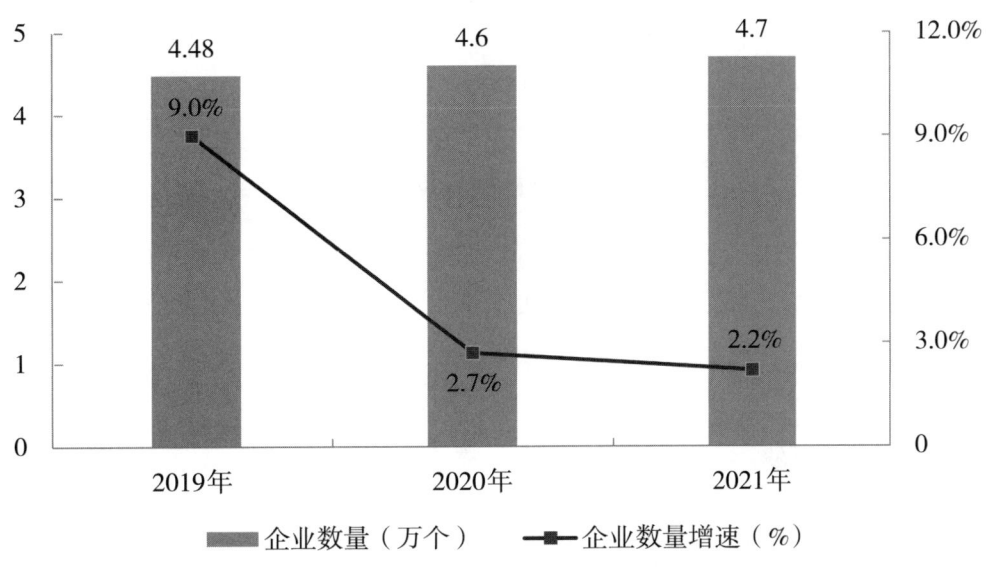

图 1 2019—2021 年仓储企业数量

(二) 营收情况：不同规模企业差异较大

中国仓储与配送协会对100家规模以上（运营仓库面积在20万平方米以上）仓储企业的调查显示，约82.35%的企业实现收入正增长，17.65%的企业收入为负增长。其中，增长区间在0~10%的企业占比最大，为27.45%；增长区间在10%~20%的企业占比次之，为19.61%；增长区间在30%~40%的企业为15.69%。如图2所示。

调查情况表明，小微企业收入增幅较小，并且因为人工成本、燃料成本等上涨明显，普遍经营困难，面临生存压力。

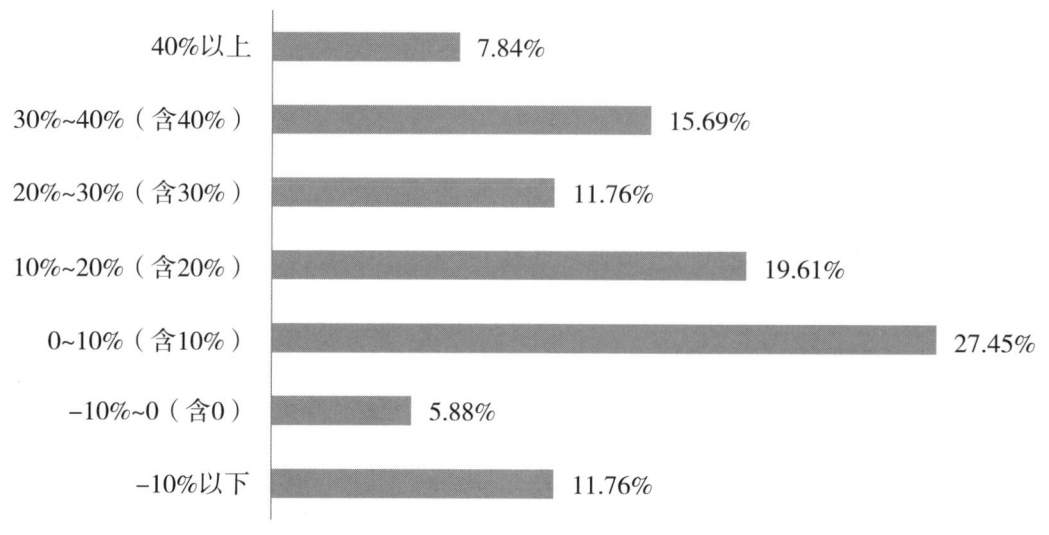

图2 规模以上仓储企业收入增长情况

疫情带来的压力加速了行业的优胜劣汰。一方面，加快了对末尾（落后）企业尤其是小微企业的淘汰速度；另一方面，具有核心竞争力的企业迎来了业务增长。

(三) 固定资产投资：增速放缓，低于预期

据国家统计局数据推算，2021年我国仓储业（含装卸搬运）固定资产投资额约7317亿元，同比增长6.6%，增幅较上年下降3.3个百分点，如图3所示。尽管仓储业投资增速高于物流行业（交通运输、仓储和邮政业为1.6%）和大部分其他产业，但考虑到行业正处于向高质量、数字化和智能化发展的转型期，总体上固定资产投资仍低于预期，反映出企业对于投资持保守态度。

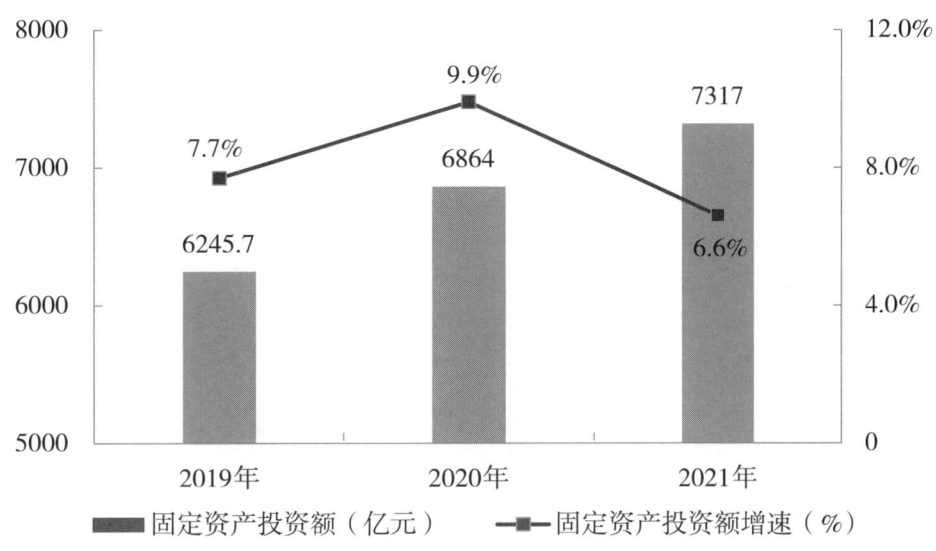

图3 2019—2021年仓储业（含装卸搬运）固定资产投资额

（四）设施规模：整体增幅下降，立体库增长明显

据推算，截至2021年底，我国营业性通用（常温）仓库面积约为12亿平方米，同比增长4.8%，增幅较上年度降低1.2个百分点。其中，立体库（高标库①）面积约为3.95亿平方米，同比增长14.5%，占设施总量比例已达32.9%，如图4所示。通过国家标准《通用仓库等级》认证的星级仓库面积约为0.51亿平方米。

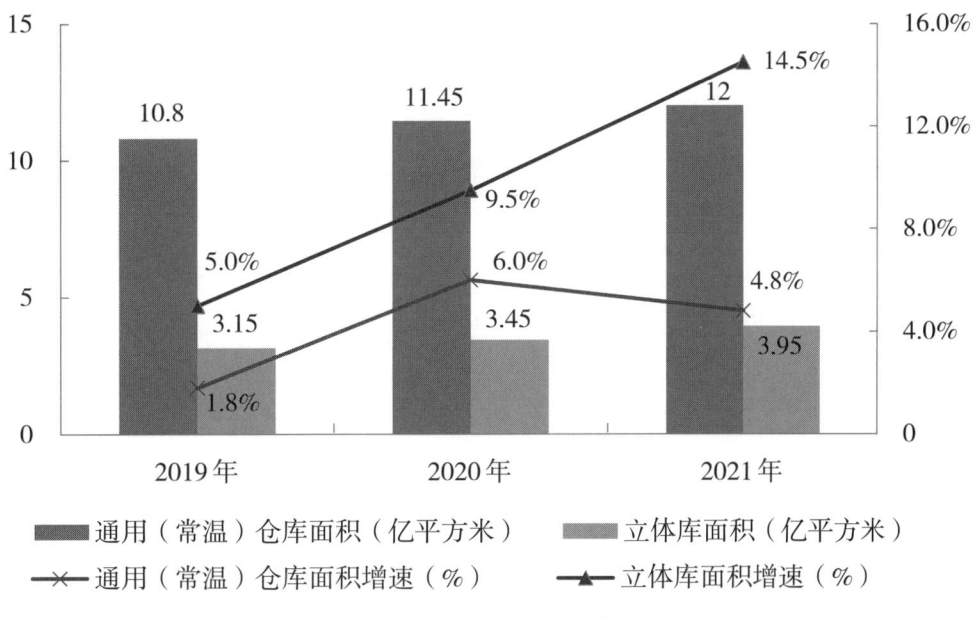

图4 2019—2021年通用仓库面积

---

① 高标库：是立体库的通俗说法，指达到国家标准《通用仓库等级》四星级（含）以上标准的仓库。

据推算，截至 2021 年底，我国冷库总容积约 2 亿立方米，同比增长 7.5%，增幅较上年度降低 2.5 个百分点，如图 5 所示。

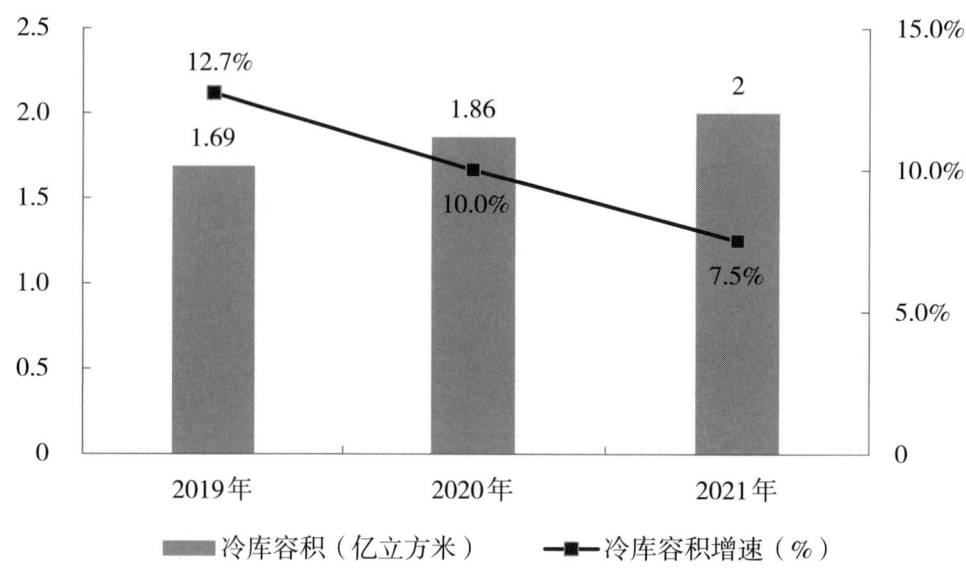

图 5　2019—2021 年冷库容积

（五）租金和空置率：略有好转

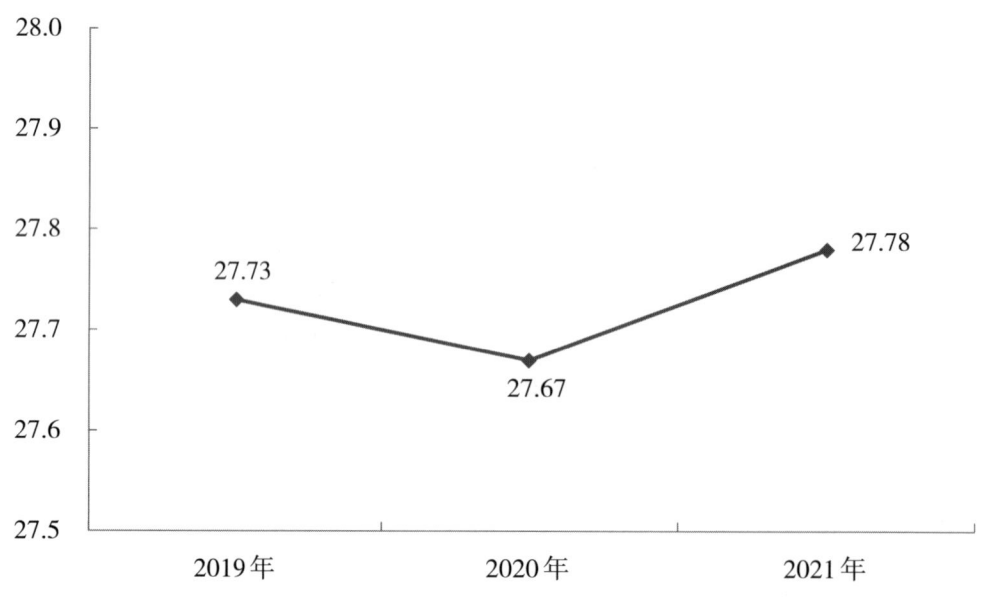

图 6　2019—2021 年主要物流节点城市仓库平均租金（单位：元/平方米·月）

据中国仓储与配送协会持续监测，2021年我国主要物流节点城市仓库平均租金为27.78元/平方米·月，同比增长0.4%，如图6所示；仓库平均空置率为12%，较上年度降低1.75个百分点，如图7所示。

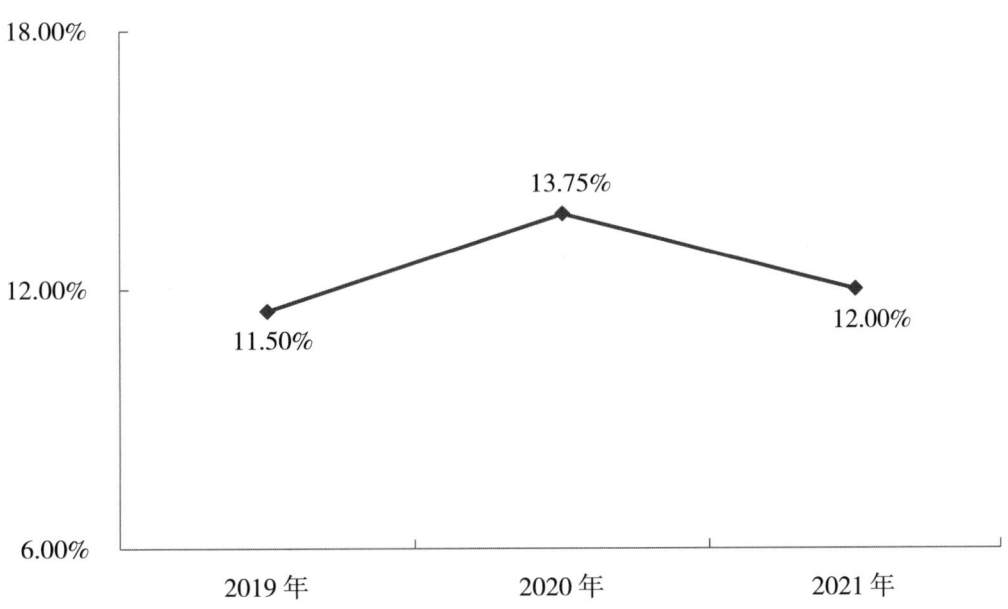

图7　2019—2021年主要物流节点城市仓库平均空置率（单位:%）

二、2021年行业发展特点

（一）市场需求：规模保持平稳，新型电商模式增长迅速

统计局数据显示，2021年社会消费品零售总额为440823亿元，同比增长12.5%；网上零售总额为130883.5亿元，同比增长14.1%，线上消费增速仍高于整体消费增速，如图8所示。

受新冠肺炎疫情的影响导致消费需求结构发生变化：一是实体零售销售有所萎缩，部分企业倒闭、关店，或转型"仓储店"（家家悦、永辉等），越来越多的实体零售拓展线上渠道；二是社区电商因政府加强监管，增长放缓并进入整合期，有停业倒闭、收缩业务的企业（呆萝卜、食享会、同程生活等），亦有新入局的竞争者（恒大、阿里、盒马鲜生、顺丰、圆通、中通等）；三是直播电商订单量增长明显，抖音、快手等平台订单增速均在 30%以上，远超传统电商。这对仓配企业的服务网络布局、服务能力水平、技术设备投入等都产生了深远影响。

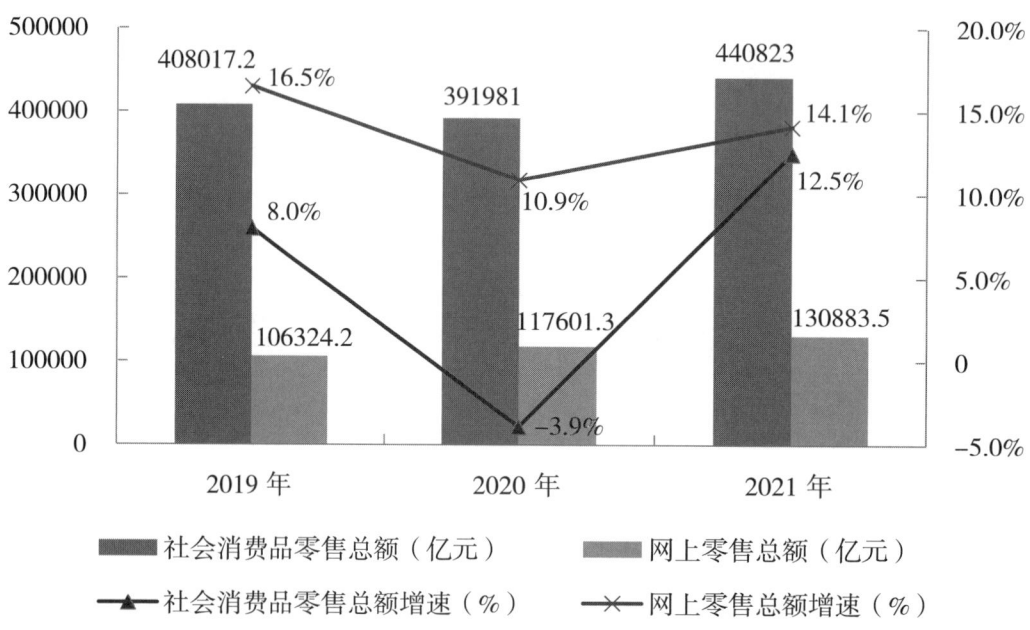

图 8　2019—2021 年社会消费品零售总额与网上零售总额

（二）行业整合：企业联合以提高竞争力，市场加快淘汰落后企业

尽管市场需求仍保持增长，但受新冠肺炎疫情影响，总体上有所放缓。面对放缓的市场增长，在增量市场向存量市场转变过程中行业整合加速。领先企业通过业务合作、投资并购等方式提升竞争力，实现"做大""做强"，如表 1 所示。

表 1　细分领域企业合作并购情况

细分领域	合作内容
综合物流	组建成立中国物流集团，由原中国铁路物资集团有限公司、中国物资储运集团有限公司、华贸国际物流股份有限公司、中国物流股份有限公司、中国包装有限责任公司整合而成
即时配送	每日优鲜与京东到家（均是重资产、自运营配送）合作，提供"1 小时达"服务，通过共享平台销售渠道和末端配送资源，提高各自资源利用率，降低运营成本
物流地产	京东收购中国物流资产部分股权；黑石收购富力地产旗下物流园区股权；东久中国与新宜中国合并

续表

细分领域	合作内容
冷链	万纬冷链与海博物流以打造冷链全产业链综合运营服务商为共同目标，在物流资源整合、物流基础设施投资、科技创新能力互补、冷链供应链服务体系搭建等方面开展合作，以提升在冷链领域的竞争力
跨境	顺丰国际与以星物流达成战略合作，共建成熟可控的国际物流服务链条，共同加强双方国内外公司的资源互用，联手共同拓展优质市场

此外，以同城配送企业"云鸟科技"和供应链企业"飞马国际"申请破产为标志，表明优胜劣汰、市场整合加速。

(三) 竞争格局：快递快运、技术设备企业跨界入局

在产业数字升级的大背景下，基于提前布局所打造的科技优势，快递快运、技术设备企业已"弯道超车"领先于传统仓储企业，跨界入局。

一是快递快运企业积极融入产业供应链。面对日益激烈的竞争，快递快运企业将仓储作为业务的新增长点。如顺丰集团与杭州老板电器达成战略合作，通过工厂仓VMI模式，实现物料库存数据管控，改善库存结构，降低库存成本，提高生产计划与物流协同效率；圆通提供"服务一站式、仓配一体化、售后一条龙"的全产业链服务。

二是技术设备供应商依托科技延伸服务。作为仓配企业的上游供应商，越来越多的技术设备企业直接面向仓储企业的客户提供基于"场景应用"的"技术设备+运营服务"仓配升级或解决方案。如海柔创新为安踏集团打造适配B2C&B2B两种业务形态的智能仓储中心，提高原有仓储中心的存储密度、出入库效率，减少货物在仓内周转的时间，助力安踏集团物流智慧升级。

(四) 设施网络：国家物流枢纽、骨干冷链物流基地、县域经济体系建设加强，引导基础设施向高质量发展

2021年7月，国家发展改革委印发《国家物流枢纽网络建设实施方案（2021—2025年）》，加强国家物流枢纽建设与运营指导。11月，国家发展改革委印发《关于做好"十四五"首批国家物流枢纽建设工作的通知》，将建设国家物流枢纽增至70个。12月，

国家发展改革委印发《国家骨干冷链物流基地建设实施方案》，提出将围绕支撑构建"四横四纵"的国家冷链物流骨干通道网络，结合农产品生产、流通空间格局、大型消费市场以及冷链物流基础设施区域分布，依托国家骨干冷链物流基地承载城市开展基地建设。12月，商务部等15部门办公厅（室）联合发布《县域商业建设指南》，提出"到2025年，在具备条件的地区，基本实现县县有连锁商超和物流配送中心、乡镇有商贸中心、村村通快递的目标"，推进县乡村三级物流配送中心体系建设。

国家物流枢纽、骨干冷链物流基地、县域经济体系建设，都是通过政府"有形的手"，以整合现有存量设施、推动设施互联成网（互联互通）、促进设施与产业融合发展的重要手段，引导物流基础设施从高度分散、不规模、不标准、不经济向集约化、规模化、高标准、融合化、数字化、绿色化发展，是物流设施网络进入高质量发展阶段的表现。

（五）标准化：政府部门加强标准化引导，推动行业提质增效

标准化是行业工作的重要基础，是引领行业发展、规范市场秩序、推动行业变革的重要支撑，2021年政府部门加强标准化工作，推动行业高质量发展、提质增效。

2021年4月，商务部、市场监管总局联合印发《关于开展国家级服务业标准化试点（商贸流通专项）的通知》，推动各地区、行业、各类市场主体在标准制定、实施、应用方面开拓创新，探索标准化推动商贸流通高质量发展。其中，苏宁物流、山西穗华、四川东方物流、松原市盛和物流、捷特包装等物流企业入选。试点内容围绕内外贸一体化、商贸流通提质增效两个方向开展。其中，商贸流通提质增效聚焦流通设施改造升级、流通方式创新、流通主体培育等，以标准化推动流通新技术新业态新模式发展，推进绿色化、数字化、智能化改造和跨界融合。

2021年4月，交通运输部办公厅、国家发展改革委办公厅等多部门联合发布《关于做好标准化物流周转箱推广应用有关工作的通知》，提出"建立健全物流周转箱标准规范体系、加快完善物流周转箱循环共用体系、加大信息技术应用和配套设施建设"三项重点工作。以"标准化物流周转箱"为工作重点，推进物流包装可循环、减量化，物流作业单元化、机械化、模块化、绿色化，进而降低货物损耗、提高流通效率。

（六）绿色化：政策引导、国际互认推动绿色仓库加速普及

截至2021年底，全国范围内达到行业标准《绿色仓库要求与评价》要求的绿色仓库总面积已超 1000 万平方米，增速达 30%。多因素推动绿色仓库快速增长。

一是政策引导。国家相继发布《中共中央 国务院关于完整准确全面贯彻新发展理念做好碳达峰碳中和工作的意见》《2030 年前碳达峰行动方案》，强调推动低能耗低碳建筑规模化发展，创新绿色低碳、集约高效的配送模式。商务部等 9 部门联合印发的《商贸物流高质量发展专项行动计划（2021—2025 年）》提出，健全绿色物流体系，发展绿色仓储，支持节能环保型仓储设施建设。各地方政府落实绿色发展文件，并陆续出台资金奖励政策。

二是国际互认。"中国绿色仓库"纳入国际评估体系 GRESB，获得国际绿色体系认可。自此，"中国绿色仓库"标识与住建部"绿色建筑标识"和美国绿色建筑协会"LEED"具有同等效力。

（七）国际化：海外仓供需两旺，政策引导力度进一步加大

2021 年受全球新冠肺炎疫情影响，一方面世界各国线上销售量均显著增长；另一方面，国际供应链中断、一箱难求、空运价格暴涨等频发，让海外仓备受青睐。

在需求方面：出口贸易增幅在 20%，对海外仓需求加大。国家统计局数据显示，2021 年我国进出口总额为 39.1 万亿元，同比增长 21.6%，其中，出口总额为 21.73 万亿元，同比增长 21.2%，如图 9 所示。

在供给方面：规模增长在 30% 以上，但仍供不应求。据商务部统计数据，截至 2021 年底，我国分布在全球的海外仓数量已超过 2000 个，同比增长 11%；总面积超 1600 万平方米，同比增长 33.3%，如图 10 所示。

2021 年，国家和各地政府充分肯定海外仓企业在推动外贸尤其是跨境电商发展的重要支撑作用，相关部门出台政策速度加快、力度加强，积极鼓励加快海外仓建设。如国务院办公厅发布《关于加快发展外贸新业态新模式的意见》，提出"培育一批优秀海外仓企业；完善覆盖全球的海外仓网络"；广东省人民政府支持海外仓企业研发智能仓储技术，并鼓励运用海外投资保险等政策性出口信保工具，降低海外仓建设风险；浙江省人民政府鼓励企业在重点国家和地区建设物流仓储配送中心、全球售后公共服务中心。

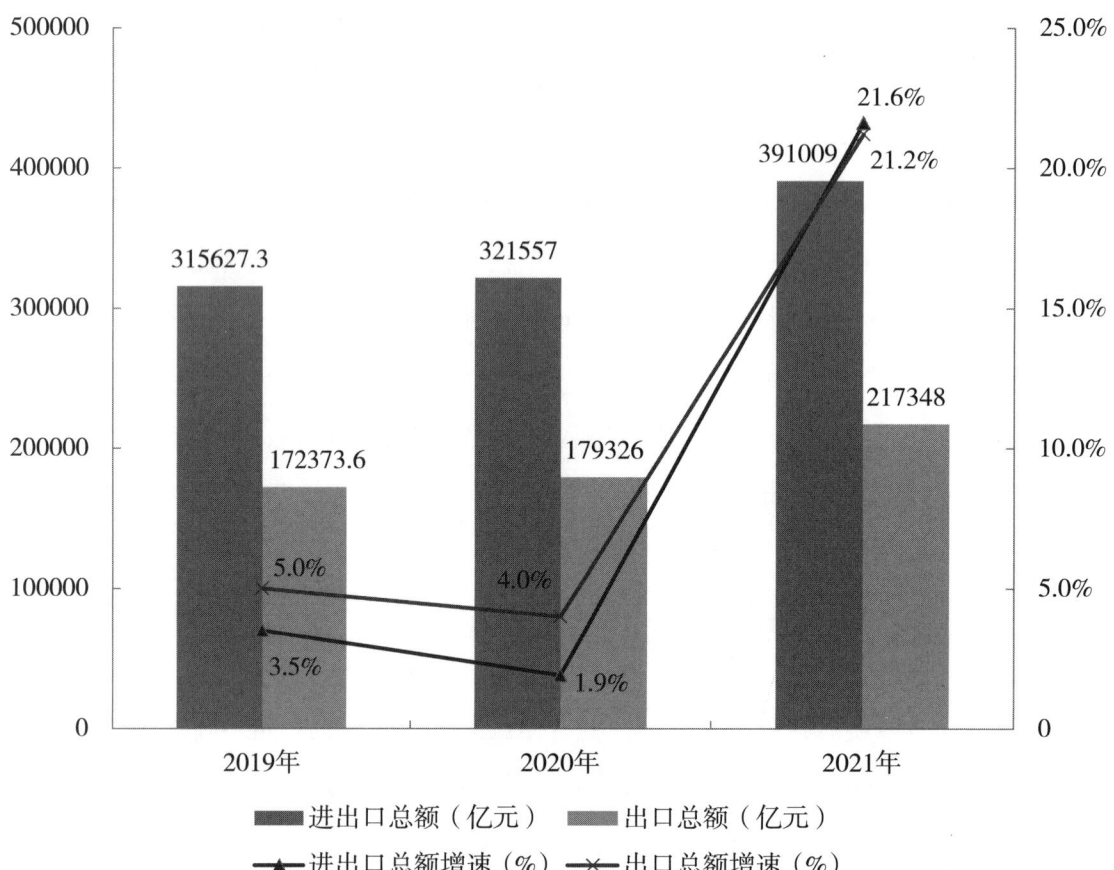

图 9 2019—2021 年进出口总额和出口总额

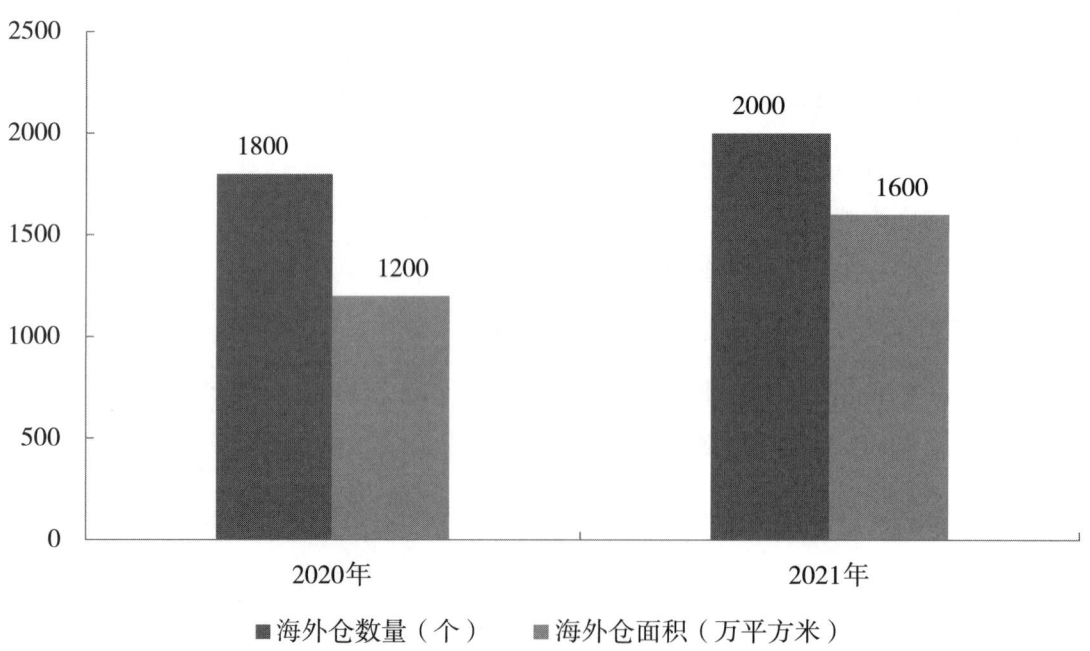

图 10 2020 年、2021 年海外仓规模

（八）技术设备：智能仓储场景化、无人化特点明显，物流园区智慧升级具备基础条件

2021年，极智嘉、旷视、海柔创新、普罗格等科技企业在新产品方面均有成果，如海柔创新库宝（HAIPICK）箱式仓储机器人，适配B2C&B2B两种业务形态，满足纸箱、料箱混合入库、拣选、出库，可极大提高原仓库的存储密度、出入库效率，提高订单响应速度。京东物流、飞力达等物流企业加速探索技术新升级的落地应用，如京东物流自主研发的密集存储系统——天狼系统不断优化迭代，借助5G网络快速、精准地下达任务，最大程度发挥设备效率，实现高效、精准、密集，将单位面积存储密度提升3倍以上，拣选准确率达99.99%。

仓配领域的技术设备发展呈以下特点。①无人化：用机械化、自动化、智能化设备代替人工作业，具体表现是自动分拣、仓储机器人领域发展很快。②场景化：在现有仓储设施内，结合需求和作业流程特点等，制订基于"服务场景+技术支撑+服务体系"的定制化方案。③节约空间、提升效率：土地已成为仓配企业的约束性资源，如何提高仓库空间利用率、降低租金成本；人工作业效率已被提高到极致，如何进一步提升作业效率、减少差错率，都是当前物流技术投入关注的重点。

普洛斯发布《智慧物流园区白皮书》，总结智慧物流园区的发展演进，明确智慧物流园区的概念与内涵，并围绕智慧物流园区全生命周期进行系统梳理，前瞻性地提出园区智慧化升级总体解决方案。标志着对物流园区的智慧研究与探索已初见成效，我国物流园区的智慧化升级已具备基础条件。

（九）物流地产：REITs政策放开，物流地产"金融"属性优势凸显，加速推动仓储设施向标准化规模化发展

自2020年REITs试点启动后，物流地产企业积极发挥物流地产项目的"金融"属性，盘活资源、拓展业务，以推动仓储设施向标准化、规模化发展。

一方面，以设立物流基金方式，投资优质仓储设施，建成全闭环投资开发及运营管理体系。据不完全统计，2021年物流（地产）基金总达870.5亿元，主要用于投资高标准的仓储设施项目的开发和运营，代表企业有ESR、普洛斯、华平投资、远洋资本、新宜中国等，如图11所示。

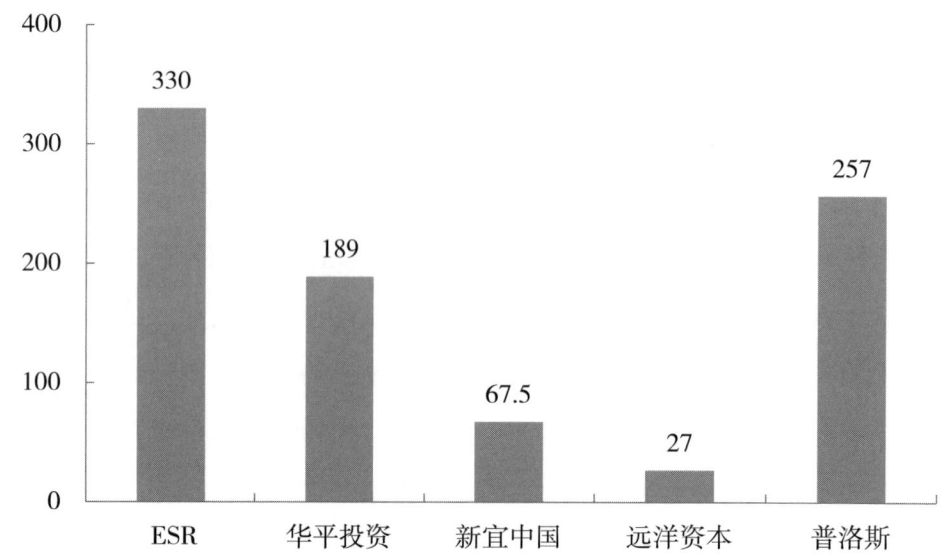

图 11　2021 年物流（地产）基金分布（单位：亿元）

另一方面，以收购方式，扩大物流地产项目资源池，加速优质设施向头部企业集聚。代表性事件有：黑石收购广州国际机场富力综合物流园、京东收购中国物流资产部分股权、深圳国际收购维龙部分项目、保德信收购新宜中国部分项目等。

（十）金融仓储：业务场景日益多元化，重视数字化手段管理动产，全国性可流转仓单体系建设获更广认可

一是业务场景日益丰富。从单一为信贷机构提供抵质押物的监管监控场景，逐步扩增为资产公司、供应链公司、贸易公司、保管公司等提供存货管理服务；既可以服务融资业务，也可以介入供应链链条，为存货（普通存货和担保存货）的转移、交付、存储等环节及链条企业经营情况进行核实和报告。

二是存货资产数字化管理加强。一方面，金融机构加快数字化建设，中国银保监会办公厅发布《关于银行业保险业数字化转型的指导意见》，要求"到2025年，银行业保险业数字化转型取得明显成效。数字化金融产品和服务方式广泛普及，基于数据资产和数字化技术的金融创新有序实践"。另一方面，物联网、区块链等新一代信息技术的成熟，技术创新成为解决担保存货管理企业控货难、存货仓单化及仓单电子化后的管理便利性和货单一致性问题的有效方案。据金融仓储分会不完全统计，80%以上的企业采用"人工+技术"控货的模式，提升存货管理水平，降低存货融资风险。

三是全国性可流转仓单体系进入运营阶段。仓单体系指定授权运营机构中仓登数据服务有限公司已启动标准建设、仓库档案、数字化标识、仓单运营关系公示、仓单信息登记、自律主体公示、相关服务与能力公示、存货监管能力公示等多个维度的公共性基础服务的运营工作。截至2021年底，仓单体系运营机构为全国174家企业提供了行业公共性服务。

三、行业发展面临形势

物流业在构建新发展格局，支撑经济社会发展的基础性、战略性地位方面进一步夯实，为未来行业发展提供了动力。与此同时，外部环境的变化，导致不稳定性、不确定性增强，让行业同时也面临巨大挑战。

（一）需求增长放缓

就业压力加大、居民未来收入信心低迷可能引发消费下滑风险，因新冠肺炎疫情发生导致的区域管控时常发生，仓配企业已隐约感觉到订单减少的变化。

（二）不确定性加强

一方面，源于疫情防控导致的区域停工停产；另一方面，由上游产业发展（客户）不稳定性传导而来。

（三）要素成本上涨

原材料成本、常态化疫情防控成本、劳动力成本等共同推高了经营成本。现阶段仓配企业仍以劳动密集型为主，一线作业人员劳动力缺口仍较大，劳动力成本上涨是不可逆的。

（四）国际物流短板

新冠肺炎疫情带给国际供应链最大的警醒，不是产业链迁移至海外，而是因缺少自有国际物流体系而导致的供应链中断风险，国际物流体系不完善已成为"卡脖子"问题。

四、行业发展趋势展望

（一）发展方式转变：从粗放式向精益化

现阶段，我国大部分仓配企业处于服务功能单一、专业水平低（提供底线服务）、同质化竞争激烈、"微盈利"状态。疫情后外部环境发生变化，一方面仓配企业的客户（自身渠道）、订单需求、员工等变得不稳定、不可控；另一方面供应链发展重点转变，从追求低成本转向稳定性、柔性化、韧性，这对仓配企业应对波峰波谷、快速响应变化、突发情况处理、抵御风险和受打击后快速恢复能力的要求越来越高，这背后对仓配企业的核心要求是精益化管理水平。这意味着企业要从追求短期收益向树立长期主义、从原来"得过且过"的粗放式方式向"优质高效"的精益化方式转变。

（二）推进数智升级：从要素成本驱动向数智技术驱动

2021年10月，国家主席习近平在第二届联合国全球可持续交通大会开幕式的讲话中强调"要大力发展智慧交通和智慧物流，推动大数据、互联网、人工智能、区块链等新技术与交通行业深度融合，使人享其行、物畅其流"。现阶段，我国仓配业仍主要依靠土地、人力等要素成本提供服务，附加价值偏低。面对日益紧缺的土地资源、高涨的人员工资，依托要素推动行业发展已遭遇瓶颈，而随着新技术的快速发展与普及，数字化和智能化将成为解决行业发展痛点，进一步提质增效、实现行业高质量发展的核心驱动力。利用数字化、智能化工具，实现各类资源线上化、作业流程可视化、决策智能化等，打造数字物流孪生体系，推动流程优化、模式创新，提升资源配置效率和运行质量。

（三）融入产业生态：从单打独斗向合作共生

未来竞争是供应链之间的竞争，仓配企业仅靠已有的"一亩三分地"将难以实现持续发展。站在客户角度，已不仅需要单纯的物流服务商，还需要升级为一站式端到端的供应链合作伙伴。菜鸟、京东物流、顺丰等业内头部企业已开始积极布局，通过与优势互补的企业建立战略合作关系，打造生态体系（生态圈），实现资源整合、高效协同，形成合力以应对、满足日益复杂的供应链需求。未来，仓配企业应建立或融入适合自身发展的生态体系。

（四）补国际物流短板：从"卡脖子"到畅通高效

疫情给我国国际供应链敲响的警钟，不是产业链迁移的风险，而是因国际物流短板导致的供应链中断风险。近些年，海外仓建设布局加快，但面对瞬息万变的国际形势，海外仓总量不足、网点分布不完善、结构不合理、运营服务水平参差不齐、不掌握末端配送资源等问题越发凸显，难以支撑国内国际双循环的新发展格局。2021年12月，中央经济工作会议再次强调"加快形成内外联通、安全高效的物流网络"，为我国国际物流体系建设提出明确发展目标。

中国仓储与配送协会研究咨询中心

2021年城乡配送发展与2022年展望

2021年是"十四五"的开局之年,在相关部门政策的引导和企业的共同参与下,城乡配送网络化、集约化、绿色化发展水平进一步提升。

一、2021年城乡配送发展

(一)城乡配送发展环境持续优化

一是国家主管部门出台政策,持续推动行业发展。2021年6月,商务部等17部门印发《关于加强县域商业体系建设 促进农村消费的意见》(商流通发〔2021〕99号),在"创新流通业态和模式"中指出"发展县乡村物流共同配送。支持邮政、快递、物流、商贸流通等企业开展市场化合作,实现统一仓储、分拣、运输、配送、揽件,建立完善农村物流共同配送服务规范和运营机制。在整合县域电商快递基础上,搭载日用消费品、农资下乡和农产品进城双向配送服务,推动物流快递统仓共配。推进邮快合作下乡进村工程。推动农村寄递物流公共信息服务平台建设,促进信息共享、数据互联"。

2021年8月,商务部等9部门联合印发《商贸物流高质量发展专项行动计划(2021—2025年)》(商流通函〔2021〕397号),在重点任务(五)建设城乡高效配送体系中要求"强化综合物流园区、配送(分拨)中心服务城乡商贸的干线接卸、前置仓储、分拣配送能力,促进干线运输与城乡配送高效衔接。鼓励有条件的城市搭建城乡配送公共信息服务平台,推动城乡配送车辆'统一车型、统一标识、统一管理、统一标准'。引导连锁零售企业、电商企业等加快向农村地区下沉渠道和服务,完善县乡村三级物流配送体系,实施'快递进村'工程,促进交通、邮政、商贸、供销、快递等资源开放共享,发展共同配送"。

二是地方政府多措并举,优化城乡配送环境。各地在土地保障、资金配套等方面,陆续出台相关政策,推动城乡配送体系建设。重庆市按照"依规供地、非标减供、公用优先"原则,保障城乡仓储物流设施用地,对仓库使用率较低的地区和企业暂不供给非公用型仓储用地,重点保障农村物流设施、公用型仓储和区域性物流中心用地,并参照工业用地收取统筹费用和土地出让金。郑州市制定《关于印发郑州市城乡高效配送试点项目和资金管理办法(试行)的通知》,科学合理利用省级财政配套资金,积极支持城乡配送体系建设。深圳市为建设和完善城乡配送网络体系,修订实施《深圳市现代物流业发展专项资金管理办法》,对包括城市配送企业在内的重点物流企业给予一次性奖励、贴息资助。

(二)城乡配送网络进一步完善

一是城市配送网络进一步优化。"综合物流中心(园区)+公共配送(分拨)中心+末端配送网点"三级城市配送体系已经基本形成。因地制宜优化城区配送,积极推进中心城区前置仓、快递网点、智能提货柜等城市配送"最后一百米"设施布局。广州市基本建成以108个综合物流中心(园区)、1200个公共配送(分拨)中心、5197个末端配送网点为支撑的城市配送网络。南京市引导共享共建末端配送网点,在城区布局三级配送节点1300多个、"智能公共快递柜"布点7700多个、柜口60多万个。配合疫情防控,山东、江苏、浙江等地把城市配送"最后一百米"推进社区,设立"社区便民自提点",作为智能快递柜的有效补充,开展社区居民自提的无接触配送,减少人员接触集聚的同时,保障了市民日常购买生活物资的需求。

二是农村配送网络加快完善。以县域物流配送中心、乡(镇)配送节点、村级公共服务点为支撑的农村配送网络加快完善。浙江省依托快递网络,设立乡镇快递网点3554个、村级快递服务点7677个、快递末端公共服务站点3484个、快递公共取送点13430个,乡镇快递网点覆盖率达到100%,建制村快递服务覆盖率达到92.42%,基本形成县乡村三级配送体系。辽宁省支持县域物流配送中心强化资源整合、集散中转、仓储配送等功能,共建设县级电商仓储物流中心128个、村级兼具配送功能的电商服务站2万多个。江西省赣州市依托农家店、便民店、村邮站、三农服务站等末端网点,发展农村公共服务点,推进建设城乡快递服务站1559个、农村快递公共取送点2314个和快递电商一体化的"邮乐购"站点3375个。

三是城乡配送网络衔接顺畅。区域配送中心发挥衔接城乡的功能优势，坚持"以城带乡、城乡共建"，加快推动商贸流通、交通运输、邮政快递、供销合作、第三方物流等市场主体下沉服务网络，整合城乡配送资源，推动形成衔接有效、往返互动的双向流通网络。兰州市在城乡接合部布局建成并启动运营15个物流配送中心，扩大城乡配送覆盖范围，公共配送中心连接城乡、干线接卸、公共仓储、加工分拣、区域配送、信息管理等一体化服务功能进一步提升。温州市按照"一点多用，一网多能"模式，通过骨干企业整合供应商资源，为门店实行统一配送，结合农村淘宝完善农村配送体系，通过消费品下行，农产品上行，推动解决农村"最后一百米"配送难题。

（三）城乡配送组织方式不断优化

一是集约化配送模式不断发展。城乡配送企业加快整合各类配送资源和需求，加快发展统一配送、集中配送、批量配送等配送方式，有效提高配送集约程度。南昌市整合零售门店、物流园、生产基地等资源，推动零售门店统一配送、物流园"落地配"、"互联网+快递物流"、"生产基地+中央厨房冷链配送+社区门店"、农村末端配送等模式创新。贵阳市推广"生产基地+中央厨房+餐饮门店"、"生产基地+加工企业+商超销售"等产销模式，借助生鲜超市渠道，打造现代化的生鲜配送体系。天津市科学制定配套政策措施，鼓励物流企业施行夜间配送，推动形成夜运为主、昼运为辅的城市配送组织模式。

二是配送资源共享水平提升。各地积极推动公用型仓储设施建设，加强各类配送资源共享，有效提高配送资源利用率。河南省着重推进郑州、洛阳两市公用型仓储设施建设，引导各类配送中心开放共享，加强实体商业配送网络与电商、快递等物流配送网络的协同共享，加强末端配送资源共享，促进快递、邮政、商超、便利店、物业、社区等末端配送资源的有效组织和统筹使用。上海市支持百联集团建设20万平方米的全温带共同配送中心，依托配送中心运能和百联网点布局，贯通线下和线上业务的整合，以共同配送模式实现"仓配+店配+宅配"的综合运作支撑体系。鹰潭市建立了快递企业联盟运营机制，所有快递企业实行统一网点、统一人员、统一车辆、统一标识、统一价格、统一配送，快递业务收入年增加2.8亿元，配送时间由3天缩短至1天。

三是配送与供应链融合加深。各地鼓励企业拓展配送功能，提升城乡配送网络对生产、采购、销售领域的支撑作用。湘潭市积极构建"基地采集+供销社农产品流通综合服务中心+分拣中心+直营店"的配送网络，将配送网络深度融入农产品供应链，推动形成生产、收购、仓储、配送、加工、销售一条龙式的农产品物流配送体系。黄石市积极探索配送服务制造业发展，以劲酒跨区域配送线路为核心，联合上下游企业建设集自动包装、识别分拣、仓配一体、追索查询、带托运输于一体的酒类高效物流配送网络，配送范围覆盖全国一半以上的地区。潍坊市推动骨干企业搭建数字化运营平台，对出仓入库、仓储配送、市场流通等数据进行采集，建立基于 GS1 编码标准的防伪溯源系统，实现产品码、包装码、货箱码、托盘码"四码合一"，不断完善采购、生产、仓储、配送与营销服务等全流程供应链管理体系。

（四）城乡配送技术应用步伐加快

一是装备技术推广应用水平提升。物联网、大数据、人工智能、区块链、北斗导航等技术在城乡配送领域加快应用，企业加快数字化、智能化升级进程，探索使用仓储管理、线路规划、配送分拨和信息服务等相关新技术、新设备、新系统。北京市引导企业加大科技投入，促进自动化、信息化、智能化设施设备在城乡配送各环节的应用推广，将自动分拣、场内无人驾驶、无线射频识别等新技术用于物流配送等相关业务。上海市引导一批龙头企业建立深度感知的仓储管理系统、高效便捷的配送网络、科学有序的物流分拨系统、协同智慧的物流信息服务平台，支持重点企业提供各类企业级 SaaS 云服务等的专业服务平台发展，提升涉及公共安全和生活安全的危险化学品、食品冷链、医药等物流配送水平，构建供销配运一体、全过程安全可控的配送体系。

二是城乡配送平台加速互联互通。各地通过整合城乡配送公共信息平台，提升平台交易与管理功能，推动上下游企业之间信息互联互通，加强企业业务数据系统与公共服务信息平台顺畅衔接，积极探索企业配送平台与交通监管平台、城市货运管理平台的数据交换可行路径。济南市加快全市物流信息资源采集与在线发布，建设山东共同配送平台，完善平台配送网点管理、共同配送车辆管理、消费者服务、智能配送终端管理、订单管理等功能，开发配送网点、企业用户、快递公司、收件人（消费者）、物流车辆等服务和信用评价、运营状态展示、大数据分析等综合功能。遂宁市建成公共物流信息平台"物合网"，实现省市物流公共信息平台与行业及企业物流信息系统的数据对接、资源共享和信息共用。天津市建设供应链城市配送服务平台，通过各方信息互联共享，加强政府日常监管和绩效考核，满足企业信息服务需求。

(五) 城乡配送绿色化进一步发展

一是仓储设施绿色化改造升级。洛阳市充分考虑仓储运营的需求，支持相关物流园应用绿色建筑材料、冷库节能技术、节能灯、电动叉车等节能环保技术装备，新增绿色仓库面积21.47万平方米；指导物流园合理配置作业门、可调节月台、移动登车桥等设施，升级改造高效集约设施设备81处。烟台市推动试点企业按照绿色仓库等国家、行业标准，规划仓库空间与功能布局，合理配置作业门、可调节月台等，重点推广应用绿色建材、屋顶光伏发电、冷库节能技术等，全市星级绿色仓库达到10家以上。

二是绿色运输载具和模式使用范围扩大。2021年，全国绿色货运配送示范城市累计新增城市物流配送新能源车8.6万余辆。成都市在城乡配送领域大力推广新能源车辆应用，2021年成都市全年新增新能源货车41913辆，占全市新能源车辆推广总量的38.8%。兰州市加大推动城市新能源货运配送车辆投放，加快建设充电桩等配套设施，优先给予4.5吨以下轻型封闭、厢式新能源货车办理通行证，引导企业采用新能源货运配送车辆。无锡市推进干线运输与城乡配送有效衔接，推动26家综合物流园区改造升级，推进公铁、水水、铁水等多式联运模式发展，截至2021年底，物流园区改造率达到65%，配送车辆空驶率降低20%。

三是绿色包装得到广泛应用。四川省商务、邮政等主管部门和行业协会共同发出绿色发展倡议，号召全省快递、电商企业共同发力，明确快递业绿色发展标准化、减量化和可循环工作目标，减少电商快件二次包装和过度包装、提高电子运单使用率。上海市推动试点企业应用绿色包装材料和回收利用技术，大力推进快递物流包装减量化，促进包装材料循环利用。自京东"青流计划"实施以来，各类循环包装已累计使用1.1亿次，减少一次性快递垃圾2.7万吨，联动供应链上下游伙伴减少一次性包装超62亿个。

二、2021年城乡配送存在的问题

（一）城乡配送网络需补齐短板

一是城市整体规划中对末端配送规划重视不够。个别城市配送基础设施建设规划滞后，在道路设计、网点布局、建筑设计等过程中，缺少对配送需求的考虑，没有为配送预留站点、停靠装卸区与通道。二是末端配送网络共享不足。不同品牌快递各自租用临街店铺作为配送网点，日常运营成本高，无法共享共用，耗费大量资源；智能快件箱、快递超市（驿站）作为社区末端重要配送设施，公共属性不明确，其市场作用未能全部发挥。三是农村配送网络体系基础设施建设相比于市场需求发展滞后。农村末端配送网点有待加强，农村配送资源分散、整合难度大、配送成本高，没有形成完善的农村配送网络体系。

（二）城乡配送技术应用不够

一是配送技术应用整体水平仍有较大提升空间。大部分城市没有建立完善的城乡配送公共信息平台，众多的配送主体、配送资源协同程度差。大多数配送企业的信息化水平较低。二是城乡配送模式创新推广比例有待提高。多数配送企业资源相对独立、信息互联互通比例不高，公共配送企业市场占比低，市场资源整合难度大，共同配送、集中配送、统一配送的链条还不够完善。

（三）单元化配送发展存在短板

近年来，城乡配送标准化工作取得明显成效，但单元化发展仍存在短板。周转箱在配送企业中应用程度不一，应用尺寸各不相同，周转箱循环共用体系尚需进一步发展。标准托盘循环共用率还有待进一步提高，除连锁门店配送、家电配送企业外，其他占比不高。

（四）城乡配送绿色发展仍有较大空间

一是绿色仓储发展不足。大多数的城市绿色仓库规模占比较小，仓储设施没有经过现代化、绿色化改造，仓库屋顶光伏发电等相关节能技术设备应用进展缓慢。二是新能源车辆应用程度受制约。在城市配送领域，受补贴、充电桩等多方面因素制约，新能源汽车推广使用进度相对缓慢。三是绿色包装有较大发展空间。绿色包装的发展主要集中在快递包装减量化和可循环、可降解，但现阶段包装回收、可循环机制、可降解材料还有很长的路要走。

三、2022年城乡配送趋势展望

2022年，服务构建新发展格局、推动经济高质量发展为城乡配送指明了新的定位和方向，乡村振兴战略、商贸物流高质量发展、"双碳"目标要求为城乡配送提供了新的动力、空间和路径，满足人民日益增长的美好生活需求，赋予了城乡配送新使命。

（一）乡村振兴战略推动城乡配送网络下沉

县乡村三级物流配送体系仍是城乡配送体系建设与完善的重点。2022年，随着脱贫攻坚成果巩固拓展、乡村振兴战略深入实施，推动城乡配送网络下沉。一方面，随着政策落地，资源、要素等逐步向农村地区倾斜，农村地区生产、消费规模将逐步扩大，农资流通以及日用品、大家电、家居、汽车等消费品的下行将催生更大的市场；另一方面，随着整合商贸、供销、交通、邮政、快递等各方面资源，县域商业体系不断完善，大宗、特色和鲜活农产品等流通和销售，对完善农产品上行配送体系，提出了更高的要求。立足农村物流配送市场，城乡物流配送体系将大有可为。

（二）"双碳"目标要求推动城乡配送绿色化发展

国家"双碳"目标的提出，将全面推动城乡配送绿色化发展。随着资源、环境约束的不断加强，城乡配送将更加注重提升资源利用效率和管理水平，加快使用清洁能源、节能技术、环保材料，加快发展绿色仓储、绿色运输、绿色包装，推动生产、运输、收储、装卸、搬运、包装、分拣、配送等全领域、各环节绿色发展。

（三）数字化成为城乡配送发展的新动能

2021年底国务院发布《关于印发"十四五"数字经济发展规划的通知》（国发〔2021〕29号），指出"十四五"时期，我国数字经济转向深化应用、规范发展、普惠共享的新阶段。数字技术与各行业加速融合，城乡配送企业加速数字化转型，云计算、5G、大数据与物联网等技术在城乡配送领域的应用，硬件主要包括输送机、分拣机、AGV、堆垛机、穿梭车、叉车等；软件主要表现在SaaS化仓储管理系统、订单系统与云仓管理系统一体化运营、智能算法创新等。

中国仓储与配送协会共同配送分会　付家文

2021年金融仓储发展与2022年展望

2021年，受新冠肺炎疫情影响，企业生产经营面临了严峻挑战。中小企业的融资需求不断增多，国家和地方政府出台多项政策，支持企业"开展存货、仓单质押融资"，鼓励金融机构"利用物联网、区块链等新一代信息技术，完善风控技术和模型，提高金融服务的精准度、覆盖面和便利性"来支持中小微企业发展。担保存货第三方管理企业在传统监管业务基础上，不断丰富自身的业务场景，为更多委托方开展存货监管业务，行业发展逐步提升。

同时，随着数字化时代的到来，越来越多的科技企业参与存货、仓单融资业务，通过技术控货、仓单平台运营等方式，为金融仓储行业的数字化发展带来新的活力。全国性可流转仓单体系建设进入运营阶段，为行业提供标准化、规范化的公共性服务，助力产业数字化发展。

一、2021年行业发展情况

（一）行业发展逐步提升，业务总量增多

据金融仓储分会不完全调查统计，2021年涉及担保存货的平均贷款金额为20.78亿元，同比增加6.5%，如图1所示；平均监管点与监控点数量（以独立库区为单位）为145个，同比增长9.0%，其中监控点数量占比54%，SMA监控模式[①]逐步成为行业的新趋势。新增借款人数量为22个，同比增加59%，受国家支持实体经济的政策影响、普惠

[①] 在国家标准《担保存货第三方管理规范》（GB/T 31300-2014）中，根据担保存货第三方管理企业对特定仓库的控制权不同，将担保存货管理区分为"监管"（CMA）与"监控"（SMA）两种方式，并明确了不同的管理责任：第三方管理企业能够控制仓库、承担"保管责任"的情况下，签署CMA协议；不控制仓库的情况下，可接受信贷机构"委托"，基于自身对存货及仓储的专业知识，为信贷机构提供服务，签署SMA协议。

金融政策的落实,行业发展水平逐步提升。

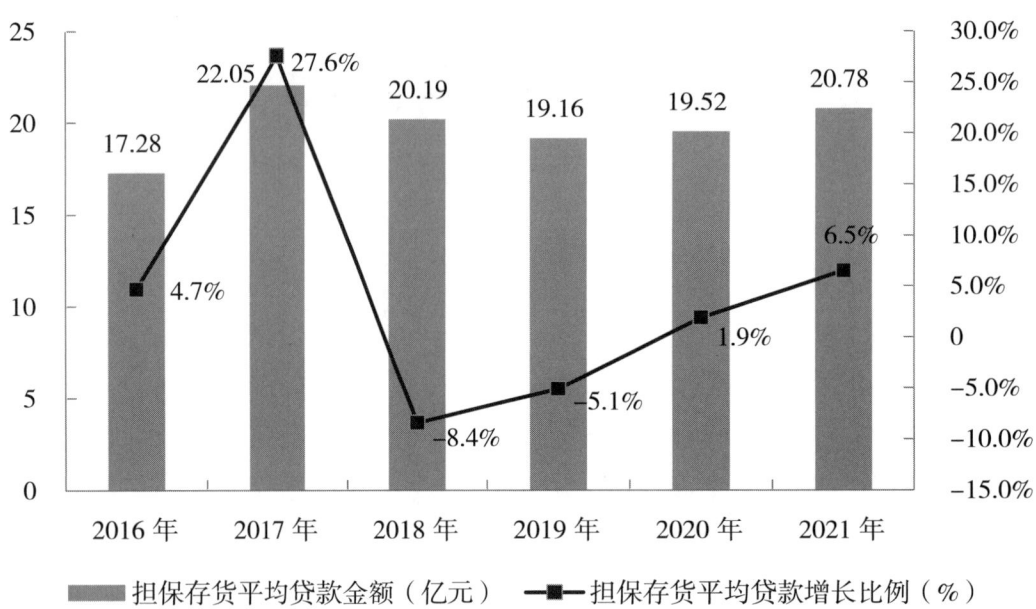

图 1 担保存货平均贷款金额及增长比例

（二）地方银行成为开展存货融资业务主体

2021年担保存货第三方管理企业的服务对象仍以信贷机构为主,占比达87.3%,非信贷类机构数量占比12.7%。在信贷机构中,农村信用社、农村商业银行、村镇银行业务规模占比最高,超过一半以上,通过存货仓单融资方式解决中小企业融资问题,推进国家乡村振兴,如表1所示。

表 1 2021年担保存货第三方管理企业服务信贷机构数量占比（单位:%）

信贷机构 年份	大型国有控股 商业银行	全国股份制 商业银行	城市商业 银行	政策性银行	外资银行	农村信用社、 农村商业银行、 村镇银行	其他
2021 年	7.58	8.81	14.55	1.43	0.82	53.07	13.74
2020 年	7.91	8.84	14.42	0.93	0.70	54.64	12.56

第一部分 行业发展报告

（三）中小微企业依旧是存货融资服务的主体

据金融仓储分会不完全调查统计，2021年借款人整体情况与上年度大体一致，按借款人规模划分，中小微企业总占比88.3%，其中中型企业占比45.5%，小微企业占比42.8%，如图2所示。按借款人类型划分，生产制造型企业占比为59%，商贸流通型占比32%，如图3所示。2021年，部分担保存货第三方管理企业也开展针对个体工商户、个人的存货质押的监管业务。

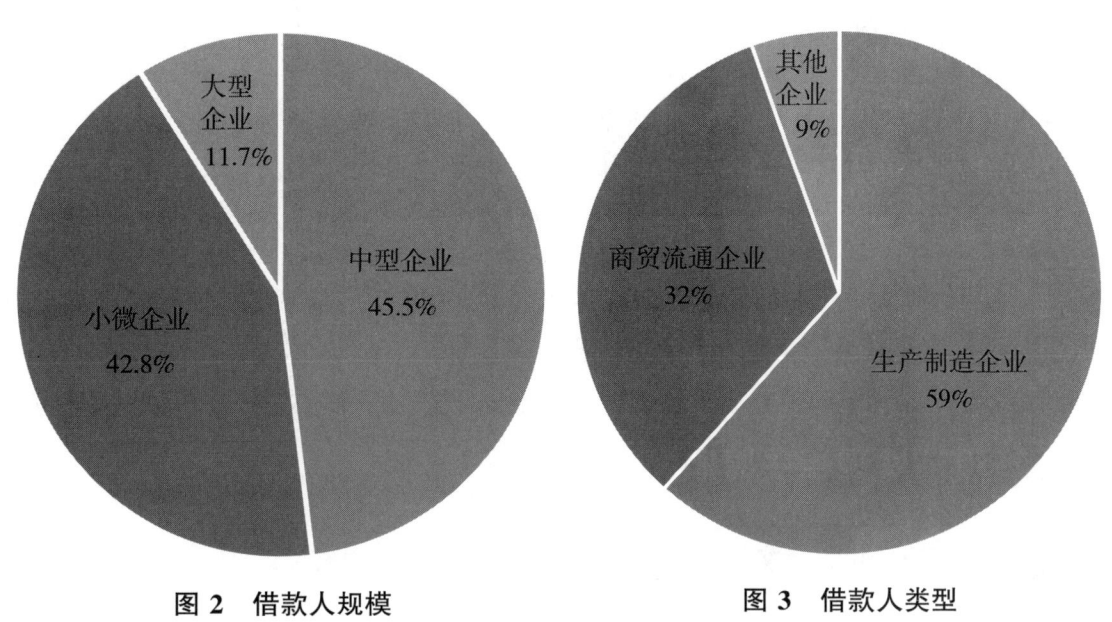

图2　借款人规模　　　　　　图3　借款人类型

（四）全国性可流转仓单体系进入运营阶段

针对仓单融资业务方面，全国性可流转仓单体系进入运营阶段，中仓登数据服务有限公司作为仓单体系指定授权运营机构，2021年逐步启动了标准建设、仓库档案、数字化标识、仓单运营关系公示、仓单信息登记、自律主体公示、相关服务与能力公示、存货监管能力公示等多个维度的公共性基础服务的运营工作。截至2021年12月31日，公司业务覆盖32个省（自治区、直辖市）以及香港特别行政区，向174家企业提供了行业公共性服务。

在行业基础性标准建设方面，制定细分品类标准《全国性可流转仓单体系运营管理规范 第2部分：玉米仓单》，为玉米品类仓单的开具提供了标准依据，液体石化商品、肉类冻品、钢材等品类仓单标准也在推进中。编制中的行业标准《工业互联网标识解析仓库元数据规范》、团体标准《国家工业互联网体系现代仓库标识要素规范》为金融仓储的公共节点——仓库提供了标准化规范，行业标准《存货监管技术体系规范》的立项也将为行业发展提供专业技术规范。

二、2021年行业发展特点

（一）金融仓储业务委托方更加多样化

金融仓储分会通过调研了解到，金融仓储企业的业务场景不断丰富，从单一为信贷机构提供抵质押物的监管监控场景，逐步扩展为资产公司、供应链公司、贸易公司、保管公司等提供存货管理服务；既可以服务融资业务，又可以介入供应链链条，为存货（普通存货和担保存货）的转移、交付、存储等环节及链条企业经营情况进行核实和报告。如江西某国有贸易公司通过贸易方式为当地铜加工企业提供资金支持，与借款企业签订贸易合同及加工合同，贸易公司委托监管企业对企业的原材料、半成品及产成品进行监管，同时对加工企业的经营情况进行监控。

（二）金融机构更加重视数字化的动产

随着相关政策陆续出台，金融机构内部对于数字化转型有了更为明确的目标，根据《关于银行业保险业数字化转型的指导意见》，到2025年，要求"金融产品中数字化金融产品和服务方式广泛普及，基于数据资产和数字化技术的金融创新有序实践"。不少金融机构已经从战略规划、组织架构和机制流程着手启动数字化转型。金融机构要实现五年目标，存货资产数字化逐渐成为一个必选项。与此同时，市场中仓储物流场景的信息化和数字化也已经分别启动。如北京瑞泰格科技有限公司为中国农业银行青海分行做金穗农牧云平台，实现金融科技监管落地畜牧产业。

（三）行业技术水平略有提升，升级空间大

随着物联网、区块链等新一代信息技术的发展，使得控货难题有了新的解决方案，技术进步为行业的发展带来了驱动力，通过物联网等技术对存货进行监控，基于存货数

据生成电子仓单的模式已经在市场开始萌芽,也带动了一批创新的金融机构在技术力量的支持下,开始了新一轮存货融资服务的尝试。技术赋能行业可以解决存货仓单化、仓单电子化后的管理便利性和货单一致性问题。技术的进步,为金融仓储行业带来了新的技术手段,提升了行业服务水平和管理能力。从系统使用方面来看,目前有88.89%的企业使用或部分使用担保存货管理信息系统进行存货管理,电子仓单运营系统也在不断地深入企业中,如图4所示。

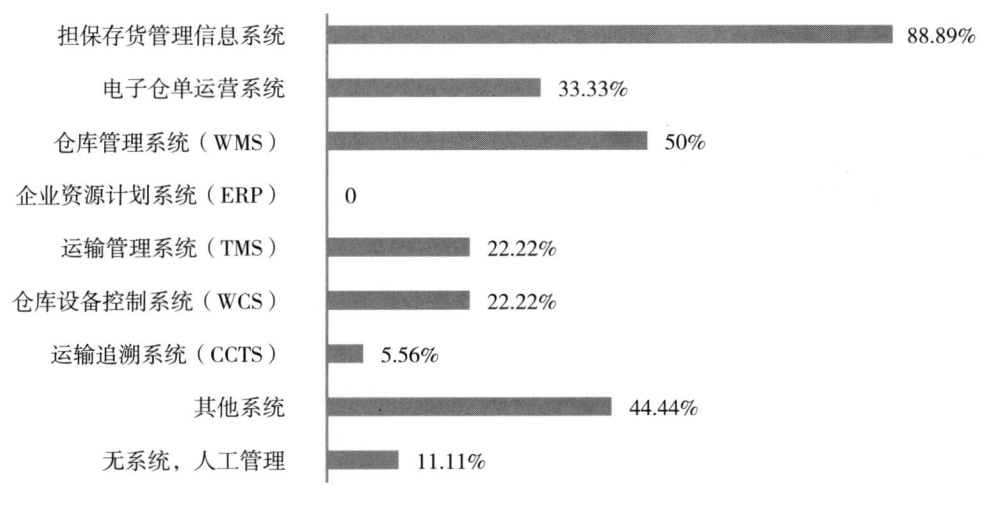

图4 企业使用系统情况

物联网自动化采集设备是仓储企业开具电子仓单的基础设施,也是行业数字化的先决条件。目前担保存货第三方管理企业普遍采用"人工+技术控货"的模式进行控货,其中自动采集实时监控设备的普及率达94.44%以上、自动识别人员闯入及报警设备占83.33%,但在其他物联网硬件设备投入上,不同企业类型和模式下的仓储数字化、智能化的情况迥然有别,如图5所示。

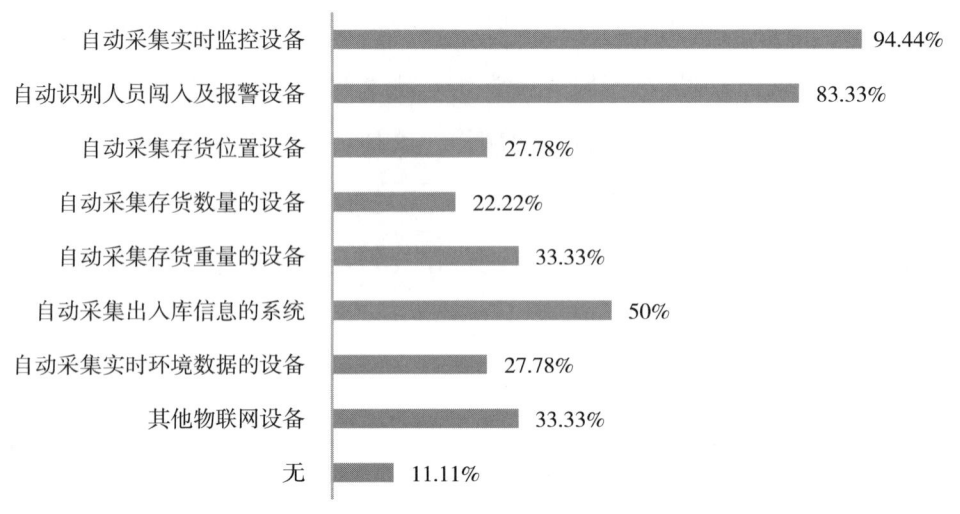

图 5　企业投入物联网设备情况

（四）存货仓单业务中各方初步达成共识

发展存货（仓单）融资的"确权难""评估难""控货难""处置难""货单一致性难"，其中任何一项都不是中小企业可以独立解决的问题，而且在存货生成电子仓单的过程中，还涉及仓储企业、来自不同行业的不同存货类别的货主、技术控货平台、商检、计量、保险、金融服务、交易服务等机构的多方协同，对电子仓单的签发、确认、监控、保管与交付方式、电子仓单的各项权利义务进行明确。团体标准《全国性可流转仓单体系运营管理规范》《全国性可流转仓单体系运营管理规范 第2部分：玉米仓单》的发布，表明仓单体系在不同产业中已经初步达成共识。

三、2021年行业存在的问题

（一）数字化水平需进一步提升

根据中国裁判文书网近5年公布的数据，分析21204件涉及仓储和存货（仓单）借款合同的纠纷案件，18.2%与仓库要素不清晰相关。从市场需求来看，市场各方很难查到仓库状况和仓储企业的基本能力，在一定程度上影响供应链、现货交易交割的场景布局和业务规划；从政府监管与服务而言，仓储场景数据分散且口径不一，仓储资源部署不合理，仓储能力和业务资质评价信息离散，这对异地的仓储资源统筹和配套服务能力均形成压力。因此，仓储业的数字化水平需要进一步提升，并加强仓库档案及数字化标识建设。

（二）"电子仓单运营"实施层面多以试单形式为主

通过对40家市场上有真实存货监管数字化与电子仓单运营项目的电子仓单运营平台调研，发现近22.5%的平台企业实现了规模化业务，可为多家金融机构持续供给动产资产，这类企业共性特征是基于特定品种（或背靠特定产业资源）并逐步向产业互联网的服务功能方向发展；7.5%的平台企业实现了小规模多品类业务运行，这类企业逐步进入存量的传统"存货监管"市场，即按照少数金融机构原有规则承担存货/担保品管理职能，数据系统未能发挥明显增值服务功能；70%的企业平台跑通一家或多家金融机构的试单业务，这类平台的共性特征是难以形成有效持续的资产服务业务。

（三）存货监管技术控货模式标准化程度低

长期以来，由于存货品类、业务模式等存在较大的差异性，存货监管一直是标准化程度相对较低的一个环节，急需推进市场各方对这个环节的共识。由于存货品类、业务模式、监管（监控）方式等存在较大的差异性，存货监管的措施、效果及责任清晰度不一，也导致了市场各方对于"存货监管措施"的认识并不清晰。统计数据显示，金融仓储领域正在大力发展技术手段赋能破解动产质押业务，但由于各类业务的差异性，其标准化程度不高。

四、2022年行业发展展望

（一）持续推动仓单立法工作

目前相关国际组织正在积极开展《仓单示范法》的起草活动，《仓单示范法》的指导思想之一是"主要关注仓单的金融属性"，也会加速推动我国仓单方面的立法工作。2022年初，全国两会代表中关于制定仓单法的议案/提案得到了政府部门和国内主流媒体的持续关注。

（二）随着业务场景的不断丰富，行业发展逐步提升

在产业数字化升级的大背景下，金融仓储的业务场景不断丰富和多元化，在监管监控业务服务的基础上，承接为客户提供存货的巡查、复核、查看等业务服务，如银行为扶持当地养牛产业，对个体农户进行贷款，有监管企业采用"乡邮"模式与银行签订巡查协议，在风险可控的情况下，可降低资金成本；某大型通信公司为了解经销商实际的设备库存情况，委托监管企业对其经销商的仓库进行复核；保险公司为了解所承保的牲畜是否正常、是否定期接种疫苗、是否处于健康状态等，委托监管企业去养殖户现场进行核实和报告；某贸易商在某平台上大量采购粮食，平台无法确定货主的仓库是否如实拥有足够的库存，委托监管企业去货主仓库进行查看等。同时，越来越多的仓储企业、科技企业也基于自身的优势开展存货监管的相关业务。

（三）数字化的进步促进产融结合

金融科技已为存货监管行业创新发展提供动能。近年来，随着我国存货监管业务的发展、规模的提升，传统的业务模式已不能满足新的发展要求。尤其是在银行等信贷机构进行数字化转型的关键时期，推进监管业务线上化、平台化、数字化，嵌入大数据纵深运用，实现与金融科技的同步发展，才能满足信贷机构的业务对接等需求，同时也是提高企业服务效率、降低运营成本、更好地服务中小微企业的一种路径。有利于促进行业数字化水平，提高供应链数字化水平，激励企业加强生产、仓储、物流、交易等各供应链环节的标准化、数字化、智能化建设，为产业和金融架起有效沟通桥梁，仓储及存货资产数字化促进产融结合。

（四）仓单体系建设有利于存货（仓单）的交易和融资规范发展

细分品类标准建设有助于各品类存货的数字化建设。由于细分的存货品类在仓库、存货监管、产业链应用模式上差异较大，根据《全国性可流转仓单体系运营管理规范》，推进各方进入全国性可流转仓单的实操层面，需要从细分存货（细分行业）着手，针对不同行业，不同品类的仓单，以及其涉及的仓储企业、仓库、仓单运营平台以及仓单要素本身提出特殊要求。细分品类仓单的标准化，对实现各品类仓单的全国性可流转提供了基础规则保障。

建立全国性数字化仓储运营公共服务中心。基于 2021 年度仓单体系已经建立的各项行业公共性服务，数据留痕作为仓单实现交易、融资涉及司法案例、经济纠纷时的重要存证，所以存证服务也将纳入体系为社会提供公共服务。同时，存货资产数字化，有望实现可信仓库、可信监管、可信仓单，推进金融与交易服务机构，建立从传统监管业务到数字化转型的过渡路径，为担保存货第三方管理企业提供更加标准化的服务，促进产业的融合，有利于存货和仓单的交易融资。

行业协会正在补充市场对"存货监管"的认识及配套服务，以形成"存货监管能力公示""存货监管行为存证""存货监管技术标准体系""存货监管评价/认证服务体系及资质公示"等一系列服务，有助于促进存货（仓单）的融资与交易，帮助传统监管业务到数字化服务的转型过渡。

中国仓储与配送协会金融仓储分会

2021 年通用仓储市场发展与 2022 年展望

一、2021 年通用仓储市场宏观环境

（一）主要经济指标运行情况

社会消费品零售方面：国家统计局数据显示，2021 年全国社会消费品零售总额累计 440823 亿元，同比增长 12.5%。其中，网上零售总额累计 130884 亿元，同比增长 14.1%。2021 年社会消费品零售总额高速增长，网上零售总额也增长明显，仓储作为消费供应链的重要一环，相关租赁需求增长较快。

交通运输、仓储和邮政业方面：2021 年交通运输、仓储和邮政业增加值指数同比增长 12.1%，保持恢复性增长。

快递业务量方面：2021 年全国快递业务量累计完成 1085 亿件，同比增长 29.9%。快递业蓬勃发展，有利于推动仓储设施规划建设，同时为仓储市场格局改变带来了更多可能性。

（二）相关支持政策情况

2021 年，多部门从商贸物流、农村寄递物流、电商快递物流等多方面提供了政策利好，如表 1 所示。

表 1 相关支持政策情况

时间	政策	内容概要
2021 年 7 月	《关于加快农村寄递物流体系建设的意见》	强化农村邮政体系作用；健全末端共同配送体系；优化协同发展体系；构建冷链寄递体系
2021 年 8 月	《商贸物流高质量发展专项行动计划（2021—2025 年）》	部署优化商贸物流网络布局、建设城乡高效配送体系、加快推进冷链物流发展、培育商贸物流骨干企业等 12 项重点任务以及 5 项保障措施
2021 年 12 月	《"十四五"冷链物流发展规划》	到 2025 年，肉类、果蔬、水产品产地低温处理率分别达到 85%、30%、85%；布局建设 100 个左右国家骨干冷链物流基地

二、2021 年通用仓储市场供应情况

（一）全国通用仓库[①]概况

1. 通用仓库面积稳步增长

物联云仓平台数据显示，2021 年通用仓库总面积为 3.39 亿平方米，同比增长 7.2%。其中，高标库占 34.86%，非高标库占 65.14%，如图 1 所示。

2. 整体布局主要集中在东部地区

从区域分布来看，截至 2021 年底，通用仓库资源分布排序为东部地区（52.15%）、西部地区（21.03%）、中部地区（19.52%）、东北地区（7.30%），如图 2 所示。[②] 从城市分布来看，通用仓库资源排名前三的城市为上海（2446 万平方米）、广州（1508 万平方米）、杭州（1421 万平方米），如图 3 所示。

[①] 通用仓库亦称"普通仓库"，指除冷藏冷冻物品、危险物品等具有特殊要求的物品外，能够满足一般储存要求的仓库。目前通用仓库按照仓库等级可分为高标库、非高标库。高标库（立体库）要求：取得四星及以上中国星级仓库称号，或者证件齐全（消防验收证"丙二类及以上"、土地证、房产证等）；具备消防栓、灭火器、火灾报警装置、自动喷淋系统；屋面梁下净高≥9 米；地坪硬化，荷载≥3T/平方米（2 层及以上多层库，具备连接行车坡道）；立柱间距≥8 米；具有作业平台（高 1~1.3 米；外置时，宽度≥4 米）及可升降平台。非高标库：指除高标库以外的其他通用仓库。

[②] 综合地理位置特点，本报告划分为四大地理区域：东北地区（黑龙江、吉林、辽宁、内蒙古）；中部地区（山西、河南、湖北、湖南、江西、安徽）；东部地区（北京、天津、河北、山东、江苏、上海、浙江、福建、广东、海南）；西部地区（重庆、四川、广西、贵州、云南、陕西、甘肃、宁夏、新疆、青海、西藏）。

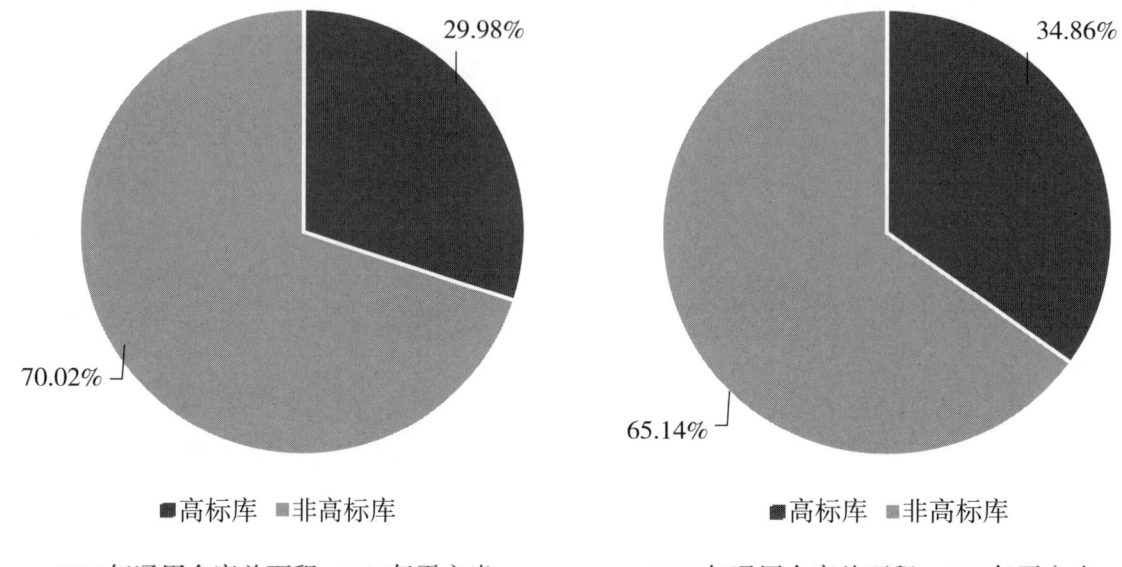

图 1　2020 年、2021 年通用仓库面积

数据来源：物联云仓平台

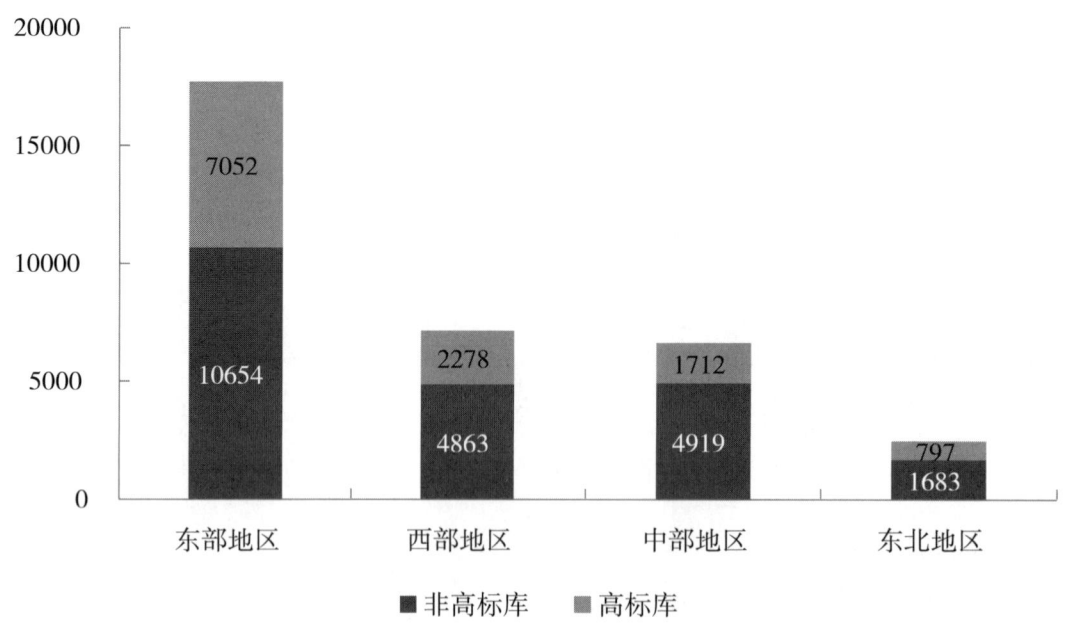

图 2　2021 年通用仓库区域分布情况（单位：万平方米）

数据来源：物联云仓平台

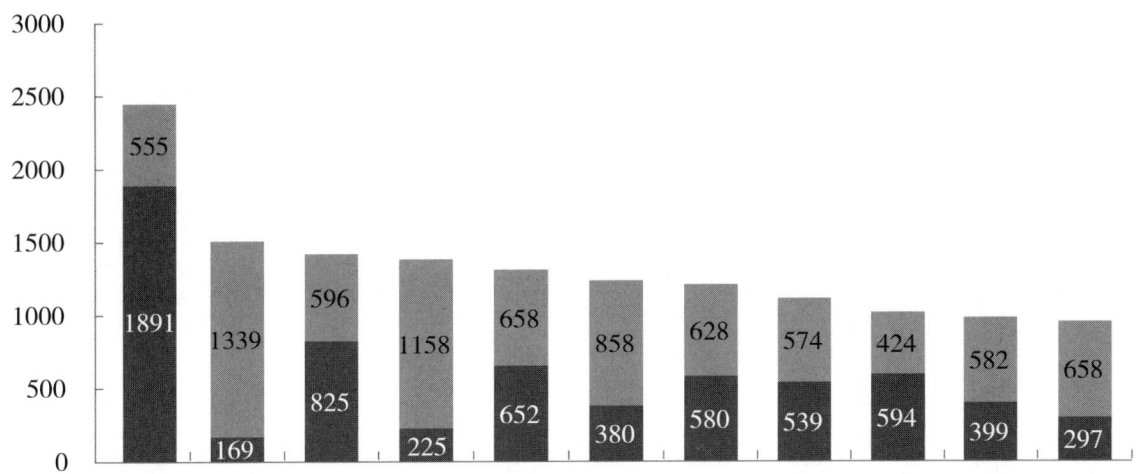

图 3　2021 年通用仓库资源排名前十城市（单位：万平方米）

数据来源：物联云仓平台

（二）通用仓库新增供应分布

据物联云仓调查，2021 年完工交付通用仓库 1864 万平方米，其中高标库约占 85.14%。新增供应主要集中在东部地区（1149 万平方米），其次为中部地区（342 万平方米）、西部地区（326 万平方米），东北地区（47 万平方米）新增通用仓储资源较少，不足 100 万平方米，如图 4 所示。

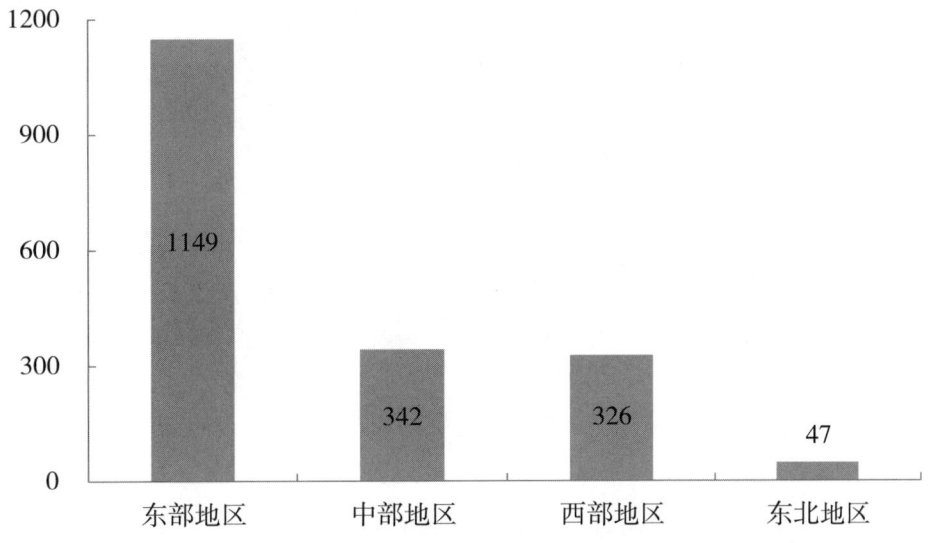

图 4　2021 年新增通用仓库区域分布情况（单位：万平方米）

数据来源：物联云仓平台

从省市划分看，2021年通用新增仓库总量排名前五的省份（直辖市）分别是浙江、广东、天津、河北、山东，新增供应面积均超过 110 万平方米，浙江省以 370 万平方米位居第一，如图 5 所示。

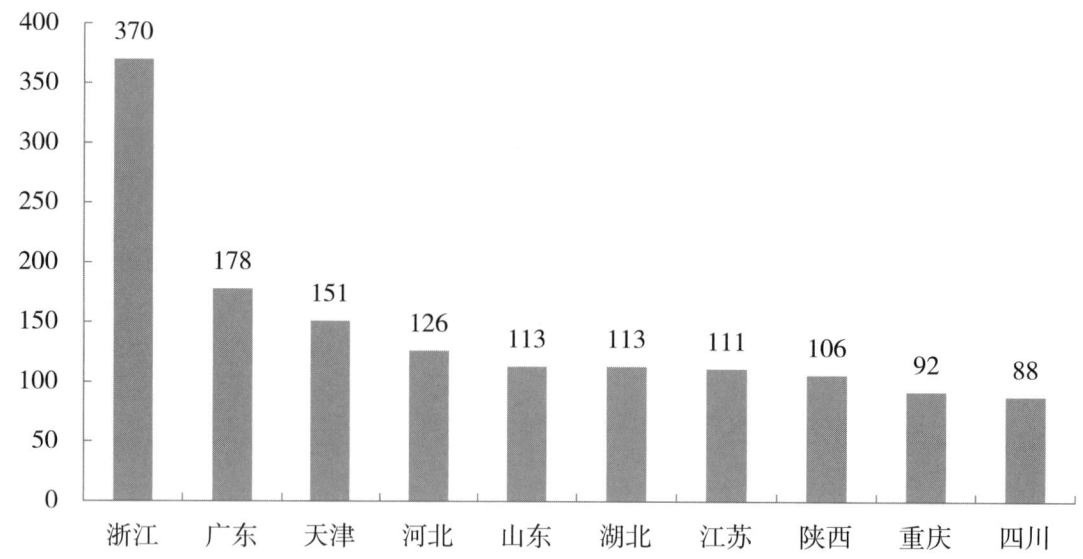

图 5　2021 年新增通用仓库总量排名前十省/市（单位：万平方米）

数据来源：物联云仓平台

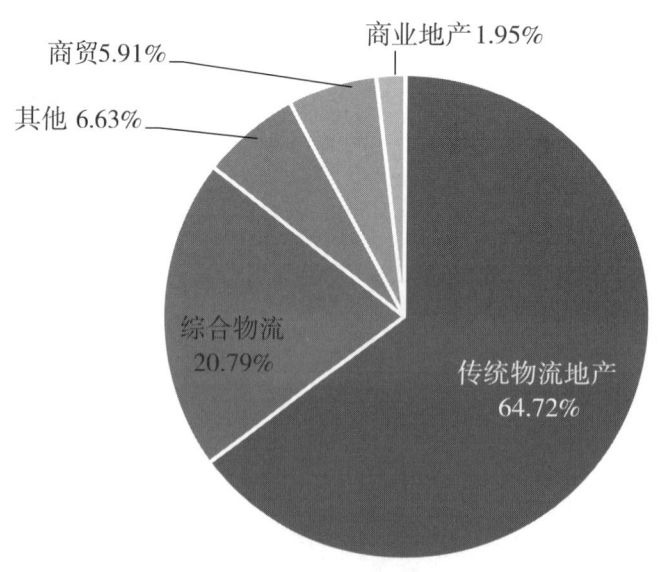

图 6　2021 年通用仓库建设主体行业分布

数据来源：物联云仓平台

从建设主体看，传统物流地产企业仍是供应主力军，综合物流占比增加，如图6所示。2021年，新增供应主力主要来自两个方面，一是传统物流地产企业（64.72%），如普洛斯、万纬、宝湾、丰树、安博、新宜、美库、易商、嘉民、绿地、领盛、维龙、深国际、熠跃、网营物联、远洋等；二是综合物流企业（20.79%），如京东、丰泰、韵达、菜鸟、东百等。在综合物流中，丰泰、京东发展迅速，2021年新增自建仓储面积增加，供应占比也有所增加。

从时间节点看，2021年第一季度仓库供应较少，第四季度为供应高峰。2021年初受春节假期和疫情影响，各地区仓储项目延期交付。随着复工复产，新增仓库逐渐增多，尤其是第四季度是新增供应高峰期，如图7所示。

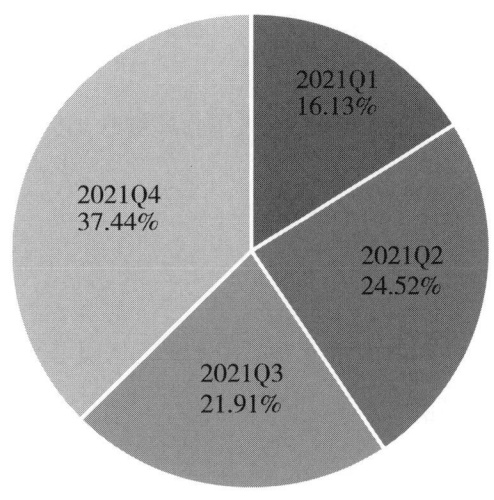

图7 2021年通用仓库建成季度分布

数据来源：物联云仓平台

三、2021年通用仓储市场需求情况

（一）通用仓库需求情况

1. 仓库租赁需求有所上升

物联云仓平台数据显示，2021年通用仓库需求有86.87%为仓库租赁需求，其他仓库需求为13.13%。相较2020年，仓库租赁需求占比进一步上升，如图8所示。2021年国内疫情逐渐得到良好控制，经济平稳发展，仓储租赁需求有所上升。

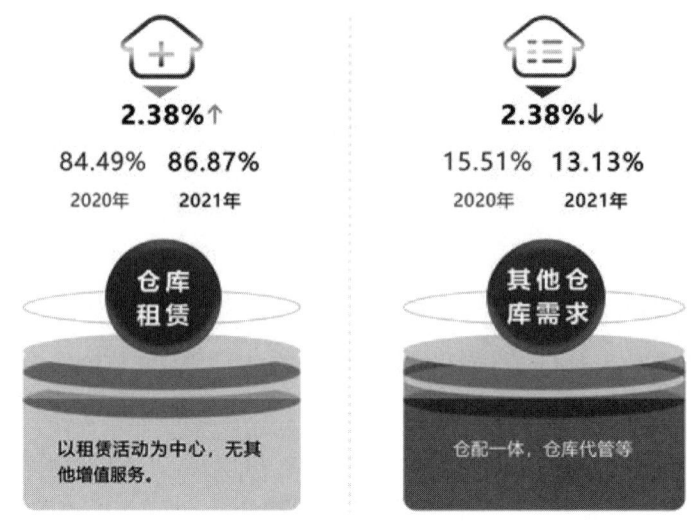

图 8　2020—2021 年通用仓库需求类型占比

图片来源：物联云仓数据研究院

2. 需求区域化明显，广东省位居首位

物联云仓平台数据显示，2021 年我国通用仓库租赁需求主要集中在交通与经济双向发达的东部地区，占需求总量的 63.46%。其中，广东省需求位于全国首位，占需求总量的 20.19%，同比增长 9.53%。究其原因：一方面，城市规模和消费人口的扩张为仓储需求增长提供了助力；另一方面，制造业升级、社区电商发展为需求增长提供了支撑。

3. 需求热度排名变化明显，广州市为仓储需求热度较高城市

物联云仓平台数据显示，2021 年广州市为需求热度排名第一的城市。在需求热度排名中，宁波市排名上升较快，上升了 13 名；重庆市排名下降较多，下降了 18 名。2021 年国外相关行业受到新冠肺炎疫情的冲击，需求转移至广州市，使广州市成为需求热度排名第一的城市，如图 9 所示。

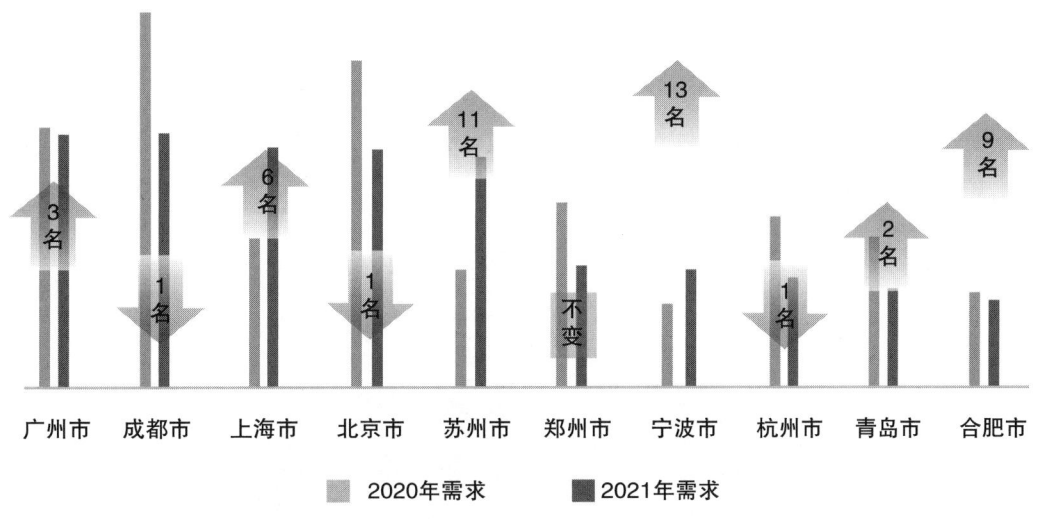

图 9　2020—2021 年通用仓库需求热度城市排名前十

数据来源：物联云仓平台

4. 第一季度仓储需求波动大，3 月达到需求峰值

物联云仓平台数据显示，2021 年第一季度和第四季度通用仓储需求波动起伏较大，其中，第一季度在我国持续恢复内外需求和"就地过年"共同作用下，食品、服装、农副产品等行业的业务量上升，带来部分临时扩仓需求，如图 10 所示。

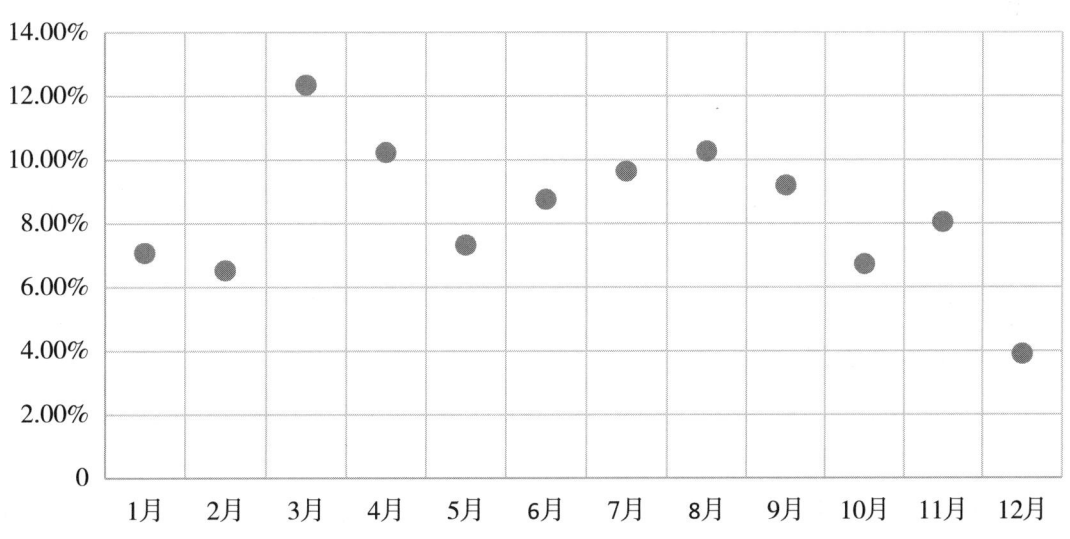

图 10　2021 年通用仓库需求月度分布

数据来源：物联云仓平台

(二) 通用仓库主要客户情况

2021年，通用仓库主要客户群体分为三大类：一是电商、快递快运企业，如顺丰、韵达、中通、京东等；二是批发和零售业企业，如食品、酒水饮料等；三是其他。其中，电商、快递快运租赁需求最大，占比约为65.29%，如图11所示。

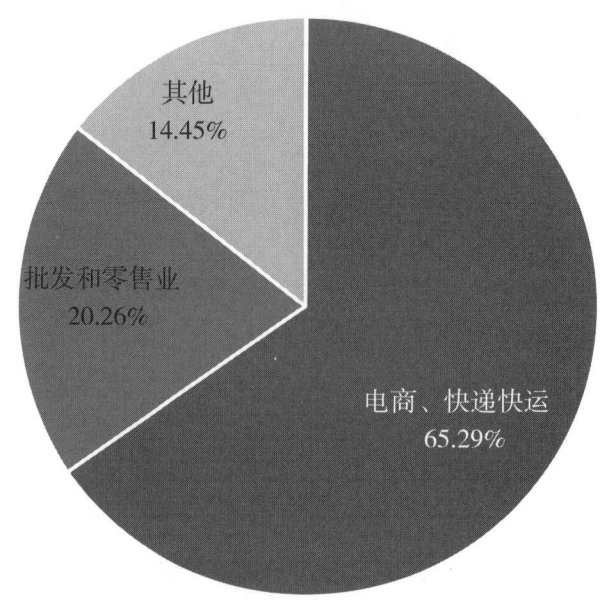

图11　2021年通用仓储市场需求行业结构

数据来源：物联云仓平台

按区域划分，东北地区仓库租户主要以食品及保健品、物流、酒水饮料、汽配行业为主；东部地区仓库租户主要以物流、食品及保健品、家居及日用品、家具及建材为主；中部地区仓库租户主要以食品及保健品、物流、家居及日用品、酒水饮料为主；西部地区仓库租户以食品及保健品、物流、家具及建材、酒水饮料为主。

（三）通用仓库客户需求共性

1. 仓库建筑类型为首选条件

据调研分析，2021年客户在选择仓储项目时，以仓库建筑类型及证照信息为首选条件。其中，单层、丙二类高标库需求较多。

2. 更注重仓库消防标准

应急管理部消防救援局数据显示，2021年我国仓储场所发生火灾多起。全国各地政府加强对仓库消防检查,对不合规仓库整改拆除。客户在租仓时,消防安全意识逐步提升,将仓库的消防标准也划入重要考虑范畴之内。

3. 是否配置月台为重要考虑因素

月台已成为仓库最重要的组成之一,决定着出入库效率。据调研分析,2021年客户在选择仓库项目时,是否配置月台已成为重要考虑因素,如图12所示。

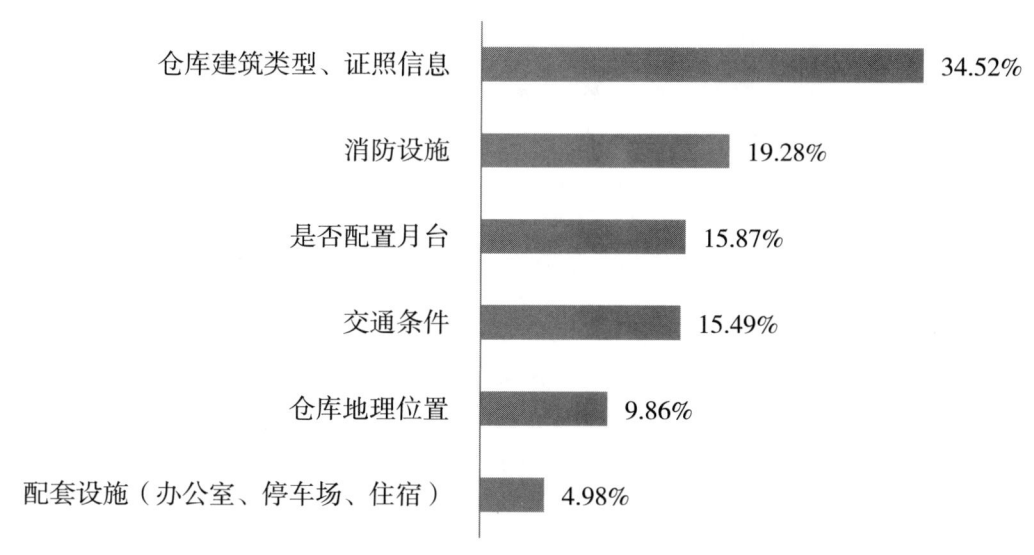

图 12　2021 年通用仓储市场租户需求标准

图片来源：物联云仓数据研究院

四、2021年通用仓储市场租金及空置率情况

（一）通用仓库租金及空置率

物联云仓平台数据显示,2021年通用仓库租金平均水平为27.76元/平方米·月,平均空置率为12.06%。从租金走势看,受政府一系列经济政策以及疫情得到有效控制等因素影响,我国通用仓储市场保持活跃态势,租金、空置率水平基本保持平稳,如图13所示。

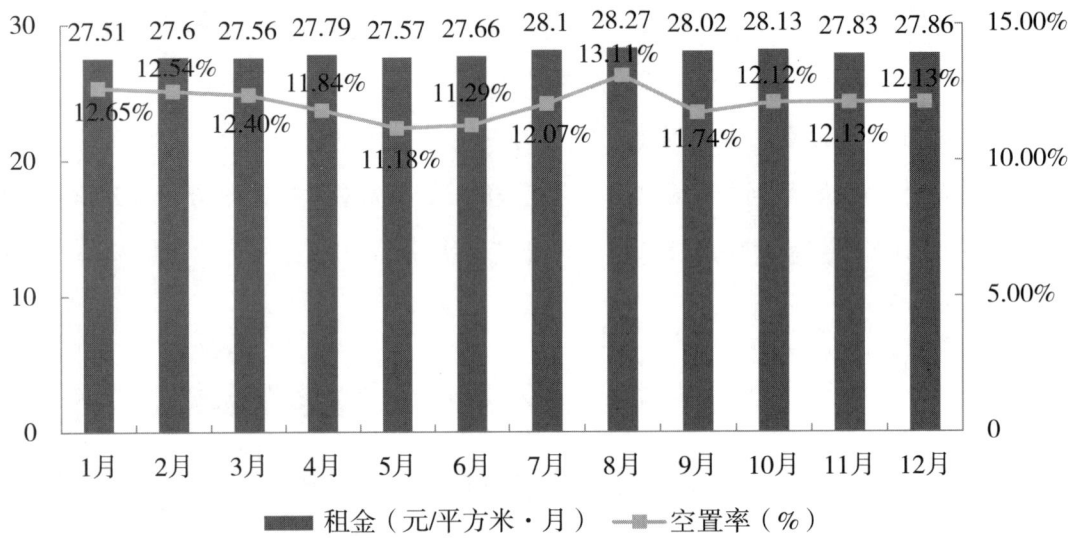

图 13　2021 年通用仓库租金及空置率情况

数据来源：物联云仓平台

（二）东北地区主要物流节点城市仓库租金及空置率

物联云仓平台数据显示，2021 年东北地区通用仓库平均租金为 16.73 元/平方米·月，其中，高标库平均租金为 20.27 元/平方米·月，非高标库平均租金为 13.19 元/平方米·月。东北地区通用仓库空置率为 22.33%，其中，高标库空置率为 22.16%，非高标库空置率为 15.25%，如图 14 所示。

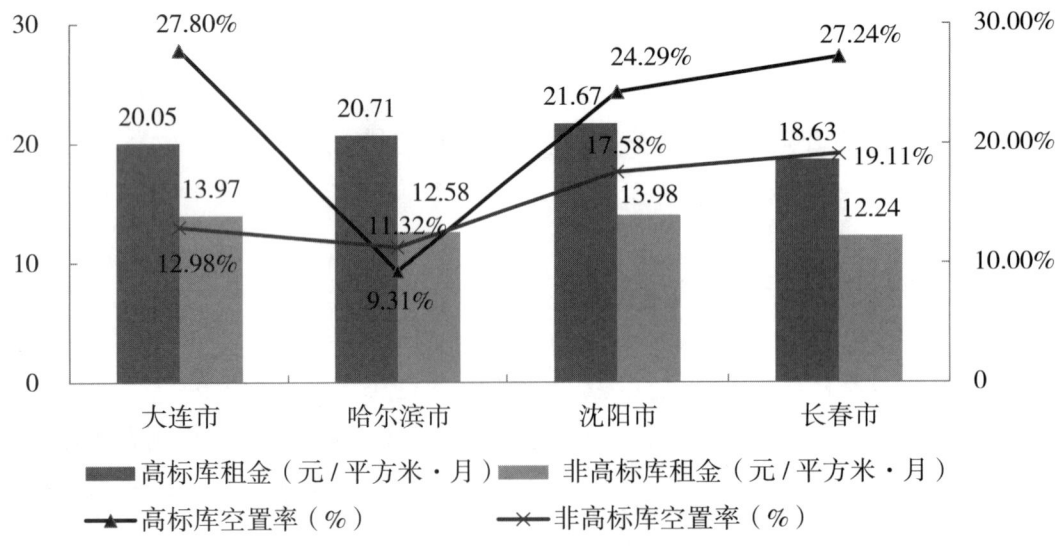

图 14　2021 年东北地区通用仓库租金及空置率情况

数据来源：物联云仓平台

（三）东部地区主要物流节点城市仓库租金及空置率

物联云仓平台数据显示，2021年，东部地区通用仓库平均租金为31.88元/平方米·月，其中，高标库平均租金为37.22元/平方米·月，非高标库平均租金为26.53元/平方米·月。东部地区通用仓库空置率为9.28%，其中，高标库空置率为8.56%，非高标库空置率为10.95%，如图15所示。

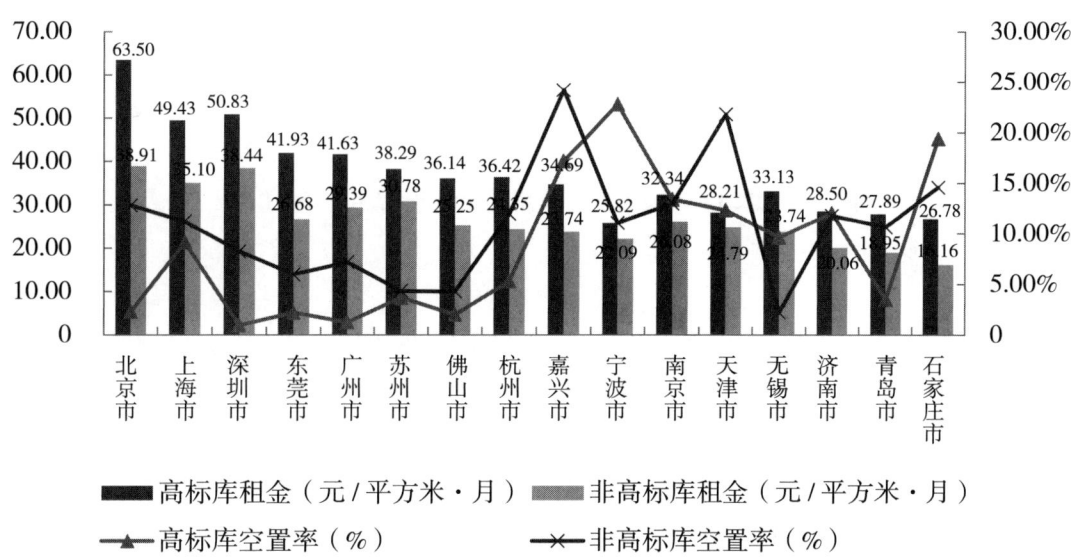

图15　2021年东部地区通用仓库租金及空置率情况

数据来源：物联云仓平台

（四）中部地区主要物流节点城市仓库租金及空置率

物联云仓平台数据显示，2021年中部地区通用仓库平均租金为23.80元/平方米·月，其中，高标库平均租金为27.63元/平方米·月，非高标库平均租金为19.96元/平方米·月。中部地区通用仓库空置率为12.05%，其中，高标库空置率为13.20%，非高标空置率为10.09%，如图16所示。

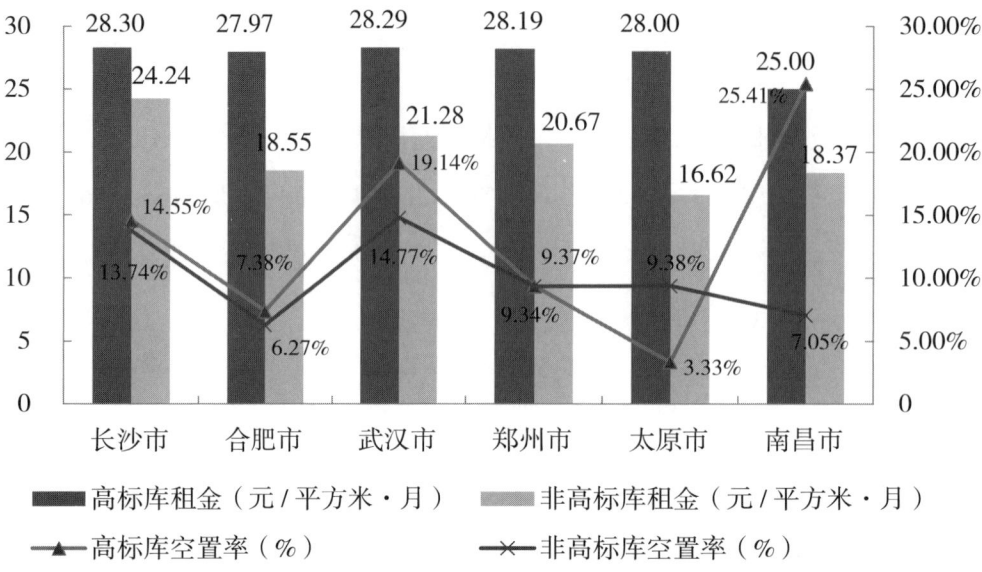

图 16　2021 年中部地区通用仓库租金及空置率情况

数据来源：物联云仓平台

（五）西部地区主要物流节点城市仓库租金及空置率

据物联云仓平台数据显示，2021 年西部地区通用仓库平均租金为 23.11 元/平方米·月，其中，高标库平均租金为 26.50 元/平方米·月，非高标库平均租金为 19.72 元/平方米·月。西部地区通用仓库空置率为 10.58%，其中，高标库空置率为 11.52%，非高标库空置率为 9.59%，如图 17 所示。

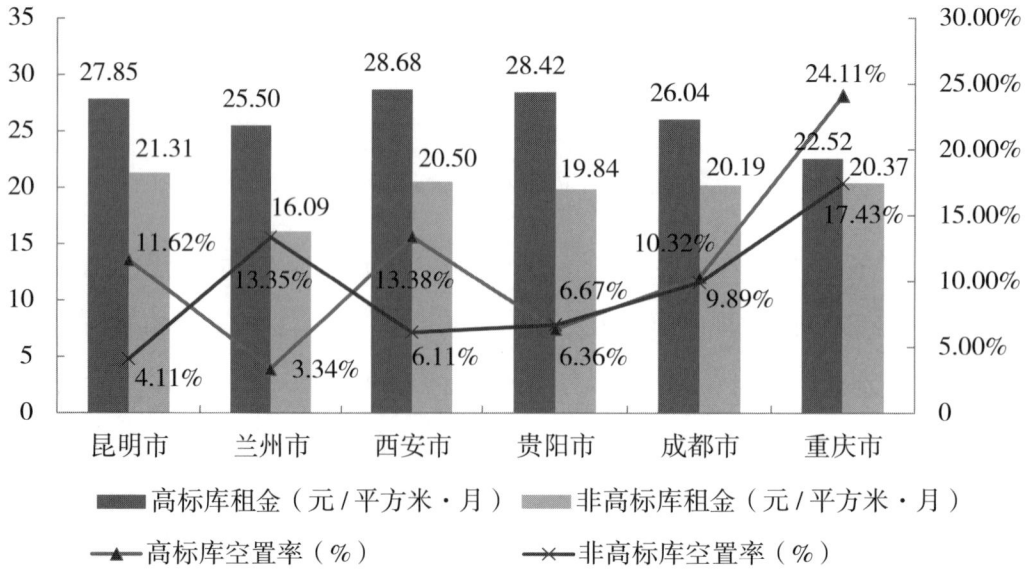

图 17　2021 年西部地区通用仓库租金及空置率情况

数据来源：物联云仓平台

五、2022年通用仓储市场展望

(一) 需求动力：以电商发展和制造转型驱动为主

通用仓库需求主要来源于电子商务、制造业、第三方物流。在电子商务领域，2021年中国网上零售额达130884亿元，同比增长14.1%。2022年随着电商企业渠道下沉，农村电商快速发展，使农村的网购消费潜力和网民对全球优质商品的消费需求进一步得到释放，进一步推动电子商务企业仓库租赁需求。在制造领域，2021年中国新能源汽车、工业机器人、集成电路、微型计算机设备产量分别增长145.6%、44.9%、33.3%、22.3%，增速表现突出，意味着中国制造业逐步向产业价值链的中高端迈进，而制造业的转型升级也将带动高标准仓储设施需求增长。在第三方物流领域，2021年我国第三方物流需求占据了通用仓库净吸纳量的30%以上，2022年随着我国消费和生产的持续增长，企业对于第三方物流的需求将随之增加。

(二) 市场格局：区域供需不平衡问题仍将延续

2021年我国中部、东部地区部分城市通用仓库出租表现较好，如北上广深等一线城市的空置率普遍低于10%；而一些位处东北、西部地区的二线市场，如沈阳、重庆等受供应量较大、需求不足等因素影响，空置率超过20%。预计2022年随着东北、西部地区新增供应总体增加、市场需求的缩减，开发商招商难度加大，市场供过于求的问题仍将延续。

(三) 融资渠道：REITs势头良好，物流地产开启新篇章

2021年5月31日，我国首批9只基础设施公募REITs正式公开发售。其中包括中金普洛斯、红土创新盐田港仓储物流封闭式基础设施证券投资基金等。据统计，截至2021年底，红土创新盐田港仓储物流REITs涨幅33.12%，中金普洛斯仓储物流REITs涨幅超20%，我国REITs基金的表现良好。公募REITs作为现象级产品，对于仓储企业而言，不仅形成了物流地产"投资、建设、运营、退出"的可持续性闭环，而且对于资产持有人快速回笼资金，实现项目融资有着重要的意义。未来随着公募REITs的持续推广，物流

地产发展将开启新篇章。

（四）技术应用：自动化仓储系统及设备市场规模进一步扩大

随着 5G、大数据、数字孪生等技术在仓储业的应用日渐成熟，越来越多的企业开始布局自动化、智能化供应链和物流，而自动仓储系统也随之从高附加值产品行业的应用扩展到更多领域、更多环节，形成了完整的产业链系统性解决方案。从供应链层面看，2022 年对自动化仓储系统的需求将从关注系统的容量和密度逐渐过渡到能否以仓储为基础实现物流的全产业链、全流程信息化、自动化、智能化。从技术研发层面看，自动仓储系统技术研发都向"无人化"快速发展，如 AI 算法以及数据处理对应人的大脑，智能视觉对应人的眼睛，各类传感器对应人的听觉、触觉等感官，自动化搬运、输送以及机械臂对应人的手脚，云服务以及 5G 技术对应人的沟通等。整体来看，2022 年我国自动化仓储系统将被更多的企业所接受，市场规模将进一步扩大。

物联云仓数据研究院

2021年家居供应链发展与2022年展望

2021年，与人民群众的美好生活需求紧密融合的家居行业，尽管受到外部经济形势复杂多变、新冠肺炎疫情、各项成本大幅增加等不利因素影响，还是呈现出快速发展之势，以家具、家电、家纺、家饰等为代表的家居消费需求稳步增长，行业整体继续向高质量发展迈进。尤其是随着新消费模式兴起、渠道变革加快、数字化升级和绿色低碳的推进，使家居生产和流通模式都在发生变化，使家居供应链与物流模式进一步迭代升级。

一、2021年家居行业发展情况

2021年，我国家居行业继续呈现稳步增长态势。一是家具品类明显回暖，中国家具协会发布数据显示，2021年全年家具行业规模以上企业6647家，累计完成营业收入8004.60亿元，同比增长13.5%；累计利润总额433.70亿元，同比增长0.9%；累计产量11.2亿件，同比增长14.01%。二是家电销售额稳步增长，中商产业研究院统计数据显示，2021年家电全品类累计销售额为7603亿元，同比增长3.48%。三是建材市场再创新高，商务部流通业发展司、中国建筑材料流通协会共同发布的信息显示，2021全年规模以上建材家居卖场累计销售额达到11773.92亿元，同比上涨54.43%。综合来看，家居市场稳步向前主要得益于以下4个方面。

第一，经济形势逐步好转，市场需求逐步恢复。首先，受新冠肺炎疫情防控影响，入户家装的刚性需求2020年以来处于暂停状态，2021年随着疫情防控进入常态化阶段，使之前受到抑制的需求得以逐步释放。其次，大众消费能力和消费观念变化，特别是随着国民消费升级，一站式购物、直播带货、电商等新消费模式快速兴起，在一定程度上推动了家居产品的需求增长。

第二，房地产市场调整，存量房带动翻新需求。2021年地产调控影响持续，全国住宅市场的成交量整体下落，房地产行业开始完成从"增量"向"存量"转变，而存量房进行精装修成为越来越多消费者的选择。存量房市场带来的翻新需求，以及精装房渗透率的提高，为家居行业贡献出增量。

第三，品牌家居企业壮大，引领行业新发展。据 2021 年上市公司年报显示，如红星美凯龙、东方雨虹、欧派家居、中国联塑等超过百亿元的家居企业已有 12 家。欧派家居、索菲亚、顾家等本土家居品牌企业继续强化自身实力，其生产能力、生产技术、创新设计等逐渐达到世界先进水平，从而受到消费者青睐。与此同时，各家企业纷纷拓展销售渠道，加大力度建立品牌影响力，部分头部品牌家居企业的增长幅度超过预期。

第四，加速渠道下沉，开辟新蓝海市场。随着一二线城市进入存量时代，三四线城市增量市场逐渐显现，瞄准三四线城市甚至乡镇市场，加速渠道下沉，成为家居企业的新选择。国家也陆续出台相关政策鼓励引导，如 2021 年 2 月《中共中央 国务院关于全面推进乡村振兴加快农业农村现代化的意见》中提及，促进农村居民耐用消费品更新换代，满足农村居民消费升级需要，吸引城市居民下乡消费。随着渠道下沉，三四线甚至五线城市成为增长主力，并且这些地区大多尚未形成完整的家居业态模式，卖场租金成本相对较低，竞争较为缓和，为家居企业提供了充足的成长土壤。

二、2021 年家居供应链发展特点

为应对市场竞争加剧、原材料涨价、环保升级等挑战，各家居企业积极应对各种挑战，尝试不断创新。头部家居品牌企业通过开拓渠道、更新升级产品、建设品牌形象，基本完成各层级市场的覆盖。与此同时，众多中小家居企业也积极探索差异化路线应对市场变化。总之，无论头部企业还是中小企业，都在积极探索新的增长模式，使家居供应链发展呈现不同特点。

（一）整装业务带动一体化供应链体系建设

整体装修（以下简称"整装"）业务被视为定制家居企业突破百亿元瓶颈、冲刺千亿元目标的重要增长点。截至 2021 年底，欧派家居、索菲亚、尚品宅配、金牌厨柜、好莱客、诗尼曼、曲美等企业都宣布加码整装业务。尚品宅配自建平台 HOMKOO 整装云赋能企业；欧派家居联手 TOP 家装公司及自推整装品牌 StarHomes 星之家；索菲亚和圣都家装联合，金牌厨柜搭建桔家云整装平台；好莱客开启好莱客艺术整装品牌等共迎整装

时代机遇，为消费者提供更高效、更优质的家装服务。据初步统计，目前已上市的定制家居企业中超 60%都在紧密布局整装市场。整装涵盖设计、材料、软装、定制、安装等全套服务，要求家居企业建立从选材、下单、运输、入库到配送至家的一体化供应链体系，并且在实施过程中能够为上下游合作伙伴和外部客户提供弹性的仓储、运输、配送服务。因此，众多企业为适应整装业务需求而在供应链模式方面开展探索，如引入"集采+地采"的采购方式，降低采购成本；自建仓储体系和自动化立体库，规范商品 SKU，支撑企业供应链高效运作。此外，物流中心、交付中心、信息中心等关键节点的建设也成为重要的基础支撑。

（二）家居制造商和经销商向服务商转变

为满足各种消费需求，家居制造商和经销商需要更加具有服务思维，为用户提供软硬件服务。如提供科技支持和柔性化、定制化生产能力，以及基于互联网对接消费者的能力。家居制造商和经销商如今在积极向服务商转变，如为用户提供家居整合解决方案和供应链管理智能平台服务，打造可追溯的信息系统，上游连通家居厂商，下游对接终端客户，力求打造供应链一体化系统，用一个后台实现多平台实时库存管理、线上线下库存打通，并通过大数据提供各渠道消费偏好分析，智能调控并解决消费前端存在的各种隐患，向消费者提供后续增值服务，并进一步带动产品销售、增强客户黏性。

（三）大宗业务带动规模效应和"四流合一"

紧扣国家对精装房政策的要求，越来越多的房地产商对家居企业提出规范化、标准化、批量化的生产要求，并集中采购。这种客户面向家居企业大规模采购是大宗业务。

随着精装渗透率加速提升，精装 B 端市场规模持续扩张。近年来，不少家居企业通过与房地产商合作，发展大宗业务，开拓精装房市场。这不仅成为部分家居企业谋求营业收入增长的突破口之一，而且大宗业务采用工业化装修方式，可将室内装修的大部分装修部件在定制家居工厂内通过大型机械高效率、高标准流水线化生产，再到现场进行整体化组装，从而大幅提升效率和房地产品质。2021 年，众多家居企业积极在精装定制家具、精品五金的品类中，针对信誉好、回款及时的房地产项目和高端酒店、写字楼等项目拓展大宗业务，同时加强对大宗客户的财务风险评估以规避相关业务风险，加强在发货前货款到账及应收账款的回收，尽量做到商流、物流、信息流与资金流的"四流合一",以便提前监督。

(四) 直播电商创新家居供应链运作模式

直播带货模式可为消费者带来直观的购物体验,并具有高转化率。2021 年,不少家居企业纷纷踏入直播电商领域并不断刷新成交"战绩",如红星美凯龙、居然之家、欧派家居、尚品宅配等。通过直播带货模式,各大家居企业将网络主播作为需求(导购)端,直接与产品的生产端相连,去掉零售商环节,使仓库、直播间、网络主播三者形成零售的"人、货、场"三要素,极大提高供应链的响应速度,减少库存周期,实现互相协同、快速迭代。直播电商的特点要求具有更多品类的商品、上万的 SKU 数,以及能囊括到众多品牌的实力。这不仅要求企业要有足够强的资金实力,更需要一个专业的团队去不断寻找合适的合作商家。随着直播电商的成熟,直播带货也已经从"人带货"逐渐过渡至"货带人",实体企业对优质供应链的极度渴求,使得直播带货模式下的家居供应链逐步朝着柔性化方向发展。

三、2022 年家居供应链发展趋势

在国家政策、市场需求、行业竞争、技术发展等多种因素影响下,家居供应链向绿色化、数字化、智能化、一体化发展。

(一) 绿色化

当前我国正努力向"双碳"目标迈进,家居制造企业作为碳排放大户之一,都在为实现节能环保、绿色发展而积极行动。如好莱客家居在湖北汉川建设了绿色智能制造生产基地;玛格家居引进专门的环保涂装自动化生产线,使用仓储节能技术、新能源物流车,实践共同配送、载具循环共用等先进模式,促进包装循环利用和减量化,降低环境负荷和企业成本;宜家正在建设的华南区分拨中心,仓库和办公室整体使用 LED 灯照明、屋顶安装光伏电池板、配备雨水循环利用和废弃物处理系统,并通过一系列积极举措,践行绿色环保主张。

(二) 数字化

数字化转型已然成为推动家居行业高质量发展的必然趋势。在疫情影响下,家居行

业打破传统模式，拥抱互联网，推进线上线下一体化融合，不仅能实现降本增效，还可为客户带来更好的体验。例如，红星美凯龙通过对商场的智能化数字化改造、打造线上线下同城零售模式、发布 IMP 全球家居智慧营销平台、启动 9 大主题馆战略、推出自主研发设计云等举措，推动整个家装行业的数字化转型。居然之家上线试运营平台洞窝 App，旨在解决大众在家居消费过程中面临的痛点及难题，赋能品牌、厂家、卖场和商户，打通线上线下渠道，提高行业整体效率。

（三）智能化

智能化是家居供应链升级中至关重要的一环，目前家居的生产制造、流通和物流仓储等正在全面转向智能化升级，如源氏木语、林氏木业、威法家居等都在积极布局建设自己的智能化工厂，推广应用 5G、人工智能、物联网等新技术。智能物流是切入智能制造的快捷方式，各企业也都开始着手推动智能仓储、运输和配送体系和智慧物流园区的建设。居然之家天津宝坻智慧物流园配置智能仓储系统，自动化立体库内配备输送机、AGV、提升机、悬臂吊、伸缩皮带机等多种智能化物流设备，在仓储作业过程中，智能设备互联互通，实现"无人化操作"和运输路径、货物摆放最优，大大提高仓储作业效率。

（四）一体化

要想在激烈的行业竞争和整合态势中获得竞争优势，家居企业需要一体化的供应链体系作为支撑。以居然之家智慧物流平台为例，其以智能仓储物流园为载体，以定制加工和送配装一体化为核心竞争力，采取 B2B2C 的轻资产运营模式，为目前园区内 70 余个家居品牌提供大件一站式仓储、定制加工、配送安装服务。京东物流针对家居行业建立起以仓储为核心的高效协同物流网络，以数据与算法驱动运营自动化、管理数字化和决策智能化能力，为头部和中腰部客户提供一体化的供应链物流服务。

展望 2022 年，我国家居市场既充满希望又布满荆棘。在新冠肺炎疫情反复、运费和原材料涨价的考验下，通过供应链升级实现降本增效，对家居生产和流通企业而言将更加迫切。随着国家促进消费、鼓励家电下乡等政策措施的深入推行，家居企业将围绕绿色、智能、康养、环保、安全等方面需求，加快数字化转型，建设智能化供应链与物流体系，共同推动家居行业跨入高质量发展新时代。

中国仓储与配送协会家居供应链分会　肖立

2021年海外仓发展现状与未来展望

根据海关总署相关数据，2021年我国跨境电商进出口规模达1.98万亿元，同比增长15%；其中出口达1.44万亿元，同比增长24.5%。跨境电商的发展离不开跨境物流的支持。目前，我国跨境电商物流方式主要包括小包直邮以及海外仓备货，受头程物流舱位紧张及价格高涨的影响，海外仓本土发货的优势日渐凸显，备受跨境贸易企业尤其是电商企业的青睐。

一、2021年全球海外仓发展现状

（一）海外仓相关政策出台速度加快、力度加强

2021年，国家相关部门发布多项政策鼓励加快跨境电商等外贸新业态的发展，同时指出要进一步发挥海外仓的带动作用，要培育一批优秀的海外仓企业，完善覆盖全球的海外仓网络。海外仓在对外贸易政策规划中的重视程度得到进一步提升，一方面与其在新冠肺炎疫情期间对稳定全球供应链发挥的重要作用密切相关；另一方面，随着以国内大循环为主体、国内国际双循环相互促进的新发展格局加快构建，包括海外仓在内的国际物流需求在大幅增加。

各地方政府也正积极推动当地企业在海外仓领域的发展。如广东省支持海外仓企业研发智能仓储技术，并鼓励运用海外投资保险等政策性出口信保工具，降低海外仓建设风险；浙江省鼓励企业在重点国家和地区建设物流仓储配送中心、全球售后公共服务中心。

按照政策文件发布的时间先后，对2021年中央及相关政府部门发布的与海外仓有关的政策文件，汇总如表1所示。

表1 海外仓相关的政策文件汇编

发布时间	政策文件名称	相关内容
2021年3月12日	《中华人民共和国国民经济和社会发展第十四个五年规划和2035年远景目标纲要》	推动加工贸易转型升级，深化外贸转型升级基地、海关特殊监管区域、贸易促进平台、国际营销服务网络建设，加快发展跨境电商、市场采购贸易等新模式，鼓励建设海外仓，保障外贸产业链供应链畅通运转
2021年7月9日	《国务院办公厅关于加快发展外贸新业态新模式的意见》（国办发〔2021〕24号）	完善跨境电商发展支持政策；培育一批优秀海外仓企业；完善覆盖全球的海外仓网络
2021年11月23日	《"十四五"对外贸易高质量发展规划》	加快海外仓发展，培育一批在信息化建设、智能化发展、多元化服务、本地化经营方面特色鲜明的代表性海外仓。加快推进海外仓标准建设，推出一批具有国际影响力的国家或行业标准
2022年1月11日	《国务院办公厅关于做好跨周期调节进一步稳外贸的意见》（国办发〔2021〕57号）	进一步发挥海外仓带动作用。积极利用服务贸易创新发展引导基金等，按照政策引导、市场运作的方式，促进海外仓高质量发展。鼓励具备跨境金融服务能力的金融机构在依法合规、风险可控前提下，加大对传统外贸企业、跨境电商和物流企业等建设和使用海外仓的金融支持
2022年1月19日	《国务院办公厅关于促进内外贸一体化发展的意见》（国办发〔2021〕59号）	引导外贸企业、跨境电商、物流企业加强业务协同和资源整合，加快布局海外仓、配送中心等物流基础设施网络，提高物流运作和资产利用效率
2022年1月24日	《"十四五"现代流通体系建设规划》（发改经贸〔2022〕78号）	引导企业优化海外仓布局，完善海外仓功能，提高商品跨境流通效率
2022年3月25日	《国务院关于落实〈政府工作报告〉重点工作分工的意见》（国发〔2022〕9号）	加快发展外贸新业态新模式，充分发挥跨境电商作用，支持建设一批海外仓

(二）海外仓数量稳步上升，但仍供不应求

2021 年受全球新冠肺炎疫情影响，世界各国线上销售量均显著增长，如表 2、表 3 所示，海外仓因具备完善的仓配及配套服务能力，目前正处于供不应求的状态。据商务部统计数据显示，截至 2021 年底，我国海外仓的数量已经超过 2000 个，总面积超 1600 万平方米。经近几年的快速发展，海外仓领域内已经陆续涌现出一批头部企业，但整体仍处于初级发展阶段，市场远未饱和，仍然具有较大的发展潜力与空间。

表 2　2020 年全球零售电子商务年度销售额增长率排名（按地区）

排名	地区	电子商务销售增长率
1	拉丁美洲	36.7%
2	北美洲	31.8%
3	中欧和东欧	29.1%
4	亚太	26.4%
5	西欧	26.3%
6	中东和非洲	19.8%

数据来源：Global Ecommerce Update 2021. eMarketer，中国仓储与配送协会汇总整理

表 3　2018—2021 年全球零售电子商务销售额情况

年份	电商销售额（万亿美元）	电商销售额增长率	电商占全球零售总额的比例
2018 年	2.982	25.2%	12.2%
2019 年	3.351	12.4%	13.8%
2020 年	4.248	26.8%	17.9%
2021 年	4.938	16.3%	19.0%

数据来源：根据 Global Ecommerce Forecast 2022. eMarketer 及 E-commerce as percentage of total retail sales worldwide from 2015 to 2025. Statista，中国仓储与配送协会汇总整理

中国仓储与配送协会针对全球海外仓开展的不完全调查数据显示，2021 年跨境电商海外仓头部企业建仓面积增幅均值高达 60%，部分腰部、中部企业面积增幅高达 80%，部分刚转型起步或正处于发展阶段的海外仓企业增幅维持在 20%~25%，统计数据内平均

面积增幅达 45%。

二、2021 年海外仓领域面临的问题

（一）新冠肺炎疫情负面影响

新冠肺炎疫情加大了海外仓企业的运营风险。疫情发生后，部分国家陆续关闭边境，严格限制人员出入境，致使海外仓企业面临较为突出的人力资源问题，对国内外员工流动造成较大的影响，尤其是跨境电商领域中小海外仓企业人工成本显著提高。此外，国际物流运费上涨，对国际货运的履约效率造成了极大影响，欧美等中外贸易发达地区的海外仓出现坐地起价、无序竞争等情况。

为保障供应链畅通，促进海外仓企业之间的资源共享、互联互通，中国仓储与配送协会跨境电商、保税与海外仓分会（以下简称"分会"）同大型海外仓企业建立全球海外仓公共信息平台与公共海外仓数字化运营服务平台，促进海外仓的高效运转。此外，为缓解企业资金压力，分会将积极加强与相关政府部门、政策性与商业性银行及社会资本的合作，讨论、筹备成立海外仓产业发展基金，助力海外仓建设及运营。

（二）通关报关存在难度

墨西哥、中亚及部分"一带一路"沿线国家关务不透明，通关与报关的主动权完全掌握在所在国手中，具有相应 AEO 海关资质，具备报关体系化运营能力的中资企业数量不足。此外，部分企业对相应国家商品进出口的政策与规定了解程度不够。

为引导企业合理建设与合法合规运营海外仓，分会将定期为企业提供目的地国家关务、税务、法务等相关政策的宣讲与解读，协助企业开展 AEO 认证。

（三）本土配送延迟

由于一些国家对于货物运输资格具有严格规定，中资企业难以取得相应资质，我国海外仓企业具备的本土配送能力有限，如果与 DHL、UPS 等本土配送企业没有较深的合作关系，配送效率会受到诸多不确定因素的影响，如商务关系、优惠折扣等，这些情况都使海外仓的运营压力倍增。

为提升我国企业在各目的国的本土配送效率，分会将依托国际仓储与物流联盟秘书处，以国际组织身份，积极对接国外仓储物流相关行业协会，统筹协调所在国内陆物流及本土配送企业，建立协同响应机制，助力中国配送企业重点开拓"一带一路"沿线及RCEP区域各国家的配送市场。

三、2022 全球海外仓发展趋势

（一）海外仓网络布局持续优化

中国仓储与配送协会针对全球海外仓开展的不完全摸底调查数据显示，约75%的第三方物流及海外仓企业有扩仓计划。主要国别集中在美国、英国、德国、日本、澳大利亚、加拿大等经济较发达的国家及地区，部分企业在RCEP区域的东南亚（马来西亚、泰国、越南等）、"一带一路"沿线国家（俄罗斯、匈牙利、吉尔吉斯斯坦等）、拉丁美洲（巴西）及非洲地区（埃及、吉布提、尼日利亚等）也有建仓计划。约67%的企业选择采用租赁方式来扩仓，剩余33%采用购买方式来扩仓。建仓后，高达80%的企业将自用，其余约20%的企业选择将仓库对外出租，如图1所示。此外，头部企业计划建仓面积在20万平方米以上，腰部企业计划建仓面积在5万平方米左右，中小企业计划建仓面积一般在2万平方米以下。

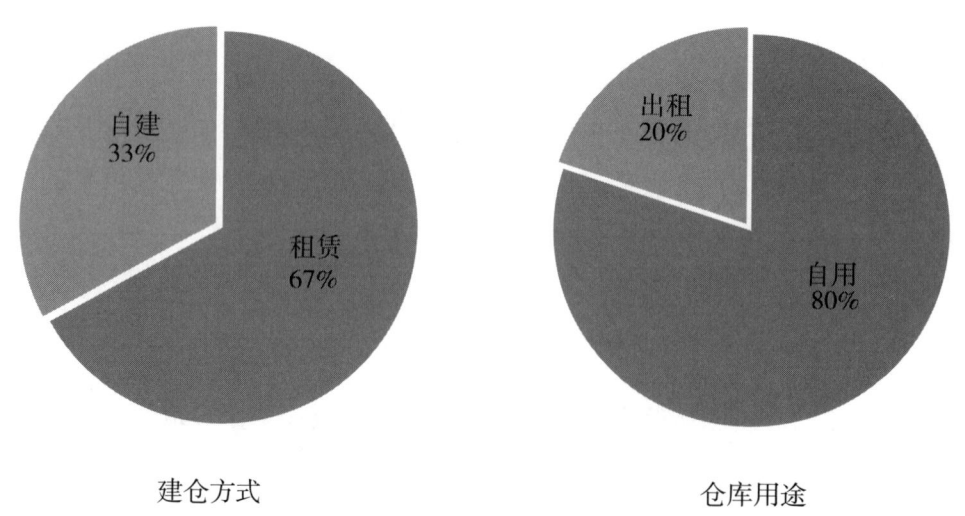

图 1　建仓方式及仓库用途统计

(二)"独立站+海外仓"前景良好

2021年4月以来,亚马逊以涉嫌违反平台规则为由,对其平台上的中国跨境电商卖家进行严格管控,大批中国跨境电商企业的店铺被亚马逊暂停销售、冻结资金,随后被要求将滞留库存清仓转仓,相关统计显示,此次"封店潮"共波及超5万中国商家,损失预估超千亿元。

在以电商平台为中心的传统B2C跨境出口电商贸易形式中,由于前期投入少,商家可凭借从电商平台处获得的流量支持,迅速切入海外市场。因此,早期出海的中国企业大多选择入驻第三方平台来开展跨境电商业务。

近年来,跨境电商已成为我国发展速度最快、潜力最大、带动作用最强的一种外贸新业态。随着跨境电商行业的逐步发展,该业态的缺点也逐渐凸显。一是过度依赖亚马逊、eBay等全球性电商平台,电商平台权限过大,商家话语权极少。并且,随着平台业务逐渐成熟,亚马逊等电商平台开始希望通过向商家提供广告推广等服务形式,将站内流量资源进行变现,商家所面临的引流成本越来越高。二是企业难以形成品牌效应。在该贸易形式下,我国出海企业主要负责为平台供应商品,并未将自身业务渠道有效触达至消费端,因此消费者对平台的黏性更强,不利于我国出海企业形成自身品牌效应。

此种情况下,跨境电商企业依托本土力量,发展"独立站[①]+海外仓"的运营方式就显得格外重要。海外仓除了可提供仓储配送等基本服务外,还具有国际货运代理、报关清关、维修、分销和存货及仓单融资等连带与增值服务,可在B2B2C业务流程中合理介入,起到供应商与消费者之间的桥梁与纽带作用,有效拓展我国出海企业的产品分销方式,并与所在国现有中小型分销渠道相互配合,从而有效整合当地资源进行产品分销。依托于独立站,企业可以有效打造私域流量,提升自身知名度。将独立站与海外仓有机结合,能够帮助企业减少对电商平台的过度依赖,将贸易渠道分散在全球,并掌控在自己手中。通过自营独立站和亚马逊、eBay等第三方平台进行销售,依托海外仓发货,仅2020年前三个季度,遨森就实现净利润2.486亿元,同比增长1936.4%。

但现阶段,独立站在提现额度及资金回流的方式上,还存在一些亟待解决的问题。

---

① 根据杭州电子商务研究院发布的定义,指基于SaaS技术平台建立的拥有独立域名、内容、数据、权益私有,具备独立经营主权和经营主体责任,由社会化云计算能力支撑,并可以自主、自由对接第三方软件工具、宣传推广媒体与渠道的新型官网(网站)。

(三) 制造业海外仓需求持续增长

随着部分国家陆续开放国境，我国生产制造、工程类企业相应项目的用仓需求持续增长，此类项目一般需要海外仓的设施设备及运营管理能力满足一定的条件，例如对仓内装卸设备及组装加工方面的特定要求。为保障国际工程项目的顺利进行，生产制造、加工型企业的建仓需求日渐增长，但现有海外仓建设与运营的案例表明，在境外建设仓库与从事物流运营在业务规模与资金实力上存在相应的门槛，建议此类生产制造、加工型企业前期采用租赁的方式用仓，待对所在国家仓储物流政策规定、海外仓基本运营方式与流程具备一定程度的了解后，再考虑自行建设仓库。

为降低中大件产品的物流成本，便于通过海运等相应方式进行批量运输，缩短物流时效，现阶段物流节点（如海港、陆港、空港）附近的海外仓需求与发展趋势良好，此类海外仓为货物分拨的便捷性提供了保障，并且部分仓库具备保税仓储功能，目前已经成为综合类海外仓发展的新方向。如招商局控股（吉布提）有限公司，在自贸区内拥有具备保税功能的仓库约8万平方米。可提供国内集货、海运、吉布提码头到自贸区的全程物流、清关及存储服务，吉布提自贸区到非洲大部分国家的空运服务，以及部分目的地国家的末端派送服务。

未来几年，制造业海外仓将迎来新的发展机遇，具有相应实力、精力及资源的海外仓企业可与工程类企业在相关领域开展合作，从而全面提升我国工程项目物流的服务能力与服务效率。

(四) "一带一路"沿线及RCEP区域海外仓逐步兴起

近几年，我国对"一带一路"沿线国家进出口增速持续加快。据海关总署统计，2021年，我国前五大贸易伙伴依次为东盟、欧盟、美国、日本和韩国，对上述贸易伙伴进出口分别为5.67万亿元、5.35万亿元、4.88万亿元、2.4万亿元和2.34万亿元，分别增长19.7%、19.1%、20.2%、9.4%和18.4%。同期，我国对"一带一路"沿线国家进出口增长23.6%，比整体增速高2.2个百分点。此外，2021年我国对RCEP其他14个成员国进出口达12.07万亿元，同比增长18.1%，占我国外贸总值的30.9%。其中，出口5.64万亿元，同比增长16.8%；进口6.43万亿元，增长19.2%。

海关公开数据显示，2022年1—2月，我国与世界主要贸易主体之间的货物贸易多数为顺差，较上年同比均有增长。从出口额度看，前三甲分别为欧盟、美国与东盟，出口总值分别为5824.8亿元、5834.1亿元、4864.3亿元；从出口增长幅度看，前三甲分别为欧盟、拉丁美洲与韩国，分别为21.4%、17.6%、16.01%。但我国对韩国及日本为货物贸易逆差，且与韩国的逆差大于日本，逆差额度分别为674亿元、212亿元。

目前，我国建设海外仓最热门的国家基本分布在欧美等主要贸易国家和地区。而这些国家的仓储物流技术比中国发达，其人力成本、管理成本和租赁成本等相对于"一带一路"沿线及RCEP区域国家更高。2021年第一季度，美西洛杉矶热点地区仓租为13.2美元/平方英尺·年（折合人民币约79.2元/平方米·月）；2022年第一季度，美西洛杉矶热点地区仓租上涨至21.6美元/平方英尺·年（折合人民币约126.8元/平方米·月），同比增长（按美元）63.6%，且一仓难求。虽然"一带一路"沿线及RCEP区域国家的海外仓发展水平不太成熟，且投资风险较大，但其地租、仓储等费用相对于西方发达国家普遍较低，市场潜力大。因此，未来几年海外仓企业除了会持续在欧美等发达地区布局扩仓外，在"一带一路"沿线及RCEP区域国家布局将成为新趋势。其中RCEP区域内的印度尼西亚、马来西亚、新加坡、泰国及柬埔寨，"一带一路"沿线国家中的匈牙利及哈萨克斯坦等国具有地理位置、贸易环境等独特优势，企业可以根据市场情况及自身发展需要，参考商务部外贸司会同驻外使（领）馆、中国仓储与配送协会联合发布的《重点国别海外仓建设指南2022》，并结合中国仓储与配送协会发布的《全球海外仓摸底调查专题报告2022》，合理统筹布局海外仓储网点，并持续优化海外仓服务网络。

中国仓储与配送协会跨境电商、保税与海外仓分会　周武秀、韩帅

2021 年中药材物流基地体系建设与 2022 年展望

一、2021 年中药材物流基地体系建设

2021 年 1 月，国务院办公厅印发了《关于加快中医药特色发展的若干政策措施的通知》（国办发〔2021〕3 号）（以下简称"通知"），在"（十八）实施道地中药材提升工程"中提出"推动建设一批标准化、集约化、规模化和产品信息可追溯的现代中药材物流基地，培育一批符合中药材现代化物流体系标准的初加工与仓储物流中心"，明确了物流基地在道地药材提升工程、在中医药产业链供应链中的地位与作用。2021 年中药材现代物流体系建设工作，在前期取得成果基础上，紧紧围绕落实通知与国家主管部门的工作要求，在完善发展基地布局、健全中药材物流基地体系运行机制、提升服务体系功能等方面取得新的进展。

（一）完善推动中药材物流基地体系运行机制

根据通知，中国仓储与配送协会和中国中药协会对 2016 年印发的《全国中药材物流基地咨询、评审与自律管理办法》进行修改完善，结合几年来基地评选管理操作中的实际情况，完善了示范基地的评审方法，增加了中药材标准化初加工与仓储物流中心的评选方法，将原管理办法修订为《全国中药材物流基地建设遴选咨询论证与自律管理办法》，为中药材相关企业加入物流基地体系建设提供了依据，扩大了途径。在广泛动员和推荐的基础上，按照《全国中药材物流基地建设遴选咨询论证与自律管理办法》中关于初加工与仓储中心的遴选条件与论证标准，选定内蒙古王爷地生物制品有限公司、南阳市丹淅医药有限公司、山东飞跃达医药物流有限公司等 3 家初加工与仓储企业为考察对象，并有 4 家企业提交仓储中心的申请，有待下一步进行论证确认。

（二）中药材物流基地布局继续完善

根据物流基地的总体布局，2021年黑龙江（通河）、吉林（长春）、山东（济南）、河北（行唐）的四家企业通过专家的评审论证，确定为建设基地，为全国物流基地体系建设增加仓储面积15.6156万平方米，可增加药材储量14.7595万吨。截止到2021年底，全国共通过基地建设方案评审并实施建设的物流基地为86家，全国物流基地规划仓储总面积达343.36万平方米，可提供存储药材381.8万吨，已经完成现场认证的实验基地为19家。

中药材物流基地建设也得到了地方政府部门的支持，除用地支持外，相关地方政府加大了对中药材物流基础建设的政策支持。2021年，湖北蕲春物流基地、宁夏中宁物流基地，争取政府资金支持近500万元。

（三）完善提升中药材物流公共管理系统功能与运营

配套中药材物流公共管理系统功能是保证中药材物流基地良好运行的重要前提。2021年，根据各中药材物流实验基地对物流公共管理系统应用的反馈，对原来物流公共管理系统综合评估，对系统进行了完善改造和功能提升。先后完善了中药材仓储系统、中药材追溯系统；升级了追溯系统，使之前伸至中药材种植基地和初加工与仓储中心，后延至中药饮片生产，形成整个中药材从种植生产、初加工、仓储、养护、物流、中药制造全环节、全过程追溯；升级中药材种植小程序追溯、初加工中心小程序追溯，完善用户体验，提升用户服务，为中药材产业链的全程追溯提供支撑。同时，中药材物流公共管理系统无缝对接交易平台，将中药材物流公共管理系统与世界中医药学会联合会指导建立的第三方"世界道地中药材电子交易服务平台"以及在福建平潭基地、广东志宁基地、内蒙古蒙西基地、湖北蕲春基地、宁夏中宁基地等筹备上线"一带一路交易平台""海峡平台""南药平台""肉苁蓉单品种交易平台""蕲艾单品种交易平台""枸杞单品种交易平台"等多个平台进行无缝对接，面向全国及国际进行中药材交易，为86家物流基地的中药材互通和交易奠定了基础，拓宽了销售渠道，实现了中药材物流基地与国际出口药材市场直接对接。

（四）加快制定与完善相关标准

为了更好规范和促进物流基地药材的交易，组织专家和相关物流基地制定并发布了有九华黄精、贡菊花、宣木瓜、凤丹皮、中宁枸杞、甘肃黄芪、甘肃板蓝根、纹党参、豫山楂、蒙肉苁蓉、蕲春艾叶等 11 个品种规格等级的国际组织标准，为中药材进行国际交易提供了标准依据；根据主管部门要求，完成已发布的 5 项行业标准的复审；申请立项了《中药材物流质量管理规范》《中药材追溯管理规范》两项标准。同时组织开展了中药材物流基地运营管理相关内容的培训，推动和促进了基地开展良好运营工作。

（五）积极推进中药材物流基地运营管理规范化

为落实通知要求，促进中药材物流基地运营管理规范化，中国仓储与配送协会中药材仓储分会先后举办了"中药材物流基地运营工作座谈会""中药材公共管理系统培训班""中药材物流基地运营管理培训班"等，邀请中药材种植、初加工、公共管理系统操作等方面的相关专家开展专业培训和辅导，推动和指导基地开展良好运营工作。经过近年来的推广，气调养护技术在中药材储存方面得到广泛应用。各中药材物流实验基地，在如何实现中药材从种植、采收、加工、检验、在库养护、流通交易、电子商务等环节中的质量全程把控与追溯，进行了积极的探索。在甘肃宕昌召开的第六届中国中药材物流大会期间，通过演讲与现场参观，展示了甘肃琦昆农业发展有限公司中药材物流基地从基地种植、采收加工、检验检测、附码入库、在库养护、金融仓储、流通交易，电子商务等各个环节的质量把控和操作流程；展示了中药材从田间地头到客户终端的质量全程追溯系统的溯源过程；展望了中药材物流基地在未来促进中药材行业发展，特别是保证质量提升过程中的重要作用和突出地位，形成的中药材物流基地宕昌运行与管理模式引起与会代表和各物流基地的广泛关注。

2021 年中药材物流基地体系建设取得了一些成果与进步，但从总体上看，还存在着不足和有待加强的地方。一是物流系统使用不到位。目前有 19 家物流实验基地上了中药材物流基地公共管理系统，但因各种原因，实际应用运行的基本没几家，在一定程度上直接影响物流基地的整体推进与发展。二是物流基地建设不平衡。到目前为止，通过方案评审建设的物流基地共计 86 家，已经通过验收评审确定实验基地的有 19 家，正在建设的物流基地 45 家，还有 22 家因土地、资金、人员等各种原因，还没有启动建设或暂停建设，直接影响物流基地的总体布局和项目落地。三是政策资金争取不主动。当前国家及相关部委以及各地方省市，对中药材发展的政策和资金都给予了大力的支持，但有些物流基地企业对此不敏感，主动与争取意识不强，等靠的思想严重，缺乏主动性，物流基地建设上没有作为。四是中药材交易规格没有达成共识。尽管目前已制定了部分中药材品种的规格等级标准，但在实际交易操作中，交易双方普遍缺乏标准意识，惯用现场的规格等级识别习惯来判定，这既不利于电子商务的发展，制约了平台的市场销售，也不利于中药材行业的规范发展。

二、2022年中药材物流基地体系建设与运营展望

2022年中药材物流基地体系建设与运营将深入贯彻国务院办公厅《关于加快中医药特色发展的若干政策措施的通知》（国办发〔2021〕3号）精神和国家相关部委的有关要求，围绕建设一批标准化、集约化、规模化和产品信息可追溯的现代中药材物流基地，促进实施道地中药材提升工程，坚持"以推动建设中药材物流示范基地为中心，促进完善中药材物流网络，加快完善行业服务体系"的基本思路，在抓落实上下功夫，使实劲，见成效。

（一）推动建设一批中药材物流示范基地

在对已有19家实验基地的运行现状、发展态势、企业意愿等全面深入调研的基础上，组织相关专家重点确定培育3~5家收储规模较大、相关设施比较完善、企业积极性较高的基地作为示范基地的发展对象，并对其实施优先帮助争取政府支持、优先对接第三方质检机构、优先调试仓单运营平台并开展仓单融资试点、优先对接国际交易平台的"四优先"政策。同时，按照两家协会的《全国中药材物流基地建设遴选咨询论证与自律管理办法》，到年底培育2~3家示范基地，上报国家主管部门考察验收。

（二）完善与优化中药材物流基地与仓储物流中心

根据已经通过评审建设方案的物流基地建设发展不平衡的实际状况，以及通知关于"培育一批符合中药材现代化物流体系标准的初加工与仓储物流中心"的精神，广开各种渠道，组织符合条件的各相关企业积极申报物流基地和初加工与仓储物流中心；落实《全国中药材物流基地建设遴选咨询论证与自律管理办法》，年底之前推动5家以上在建物流基地建成投产；对明确提出不再建设、主动放弃及长期不作为、停止不前和没有能力建设的基地进行自然淘汰，针对空缺区域，遴选咨询论证至少10家以上企业新建物流

基地，同时根据区域布局和物流基地建设情况，争取评价 10 家左右标准化的初加工与仓储物流中心。

(三) 完善中药材物流的行业服务体系

首先是加大对外宣传力度，组织开展系列宣传。联系《国际商报》《中国中医药报》等官方媒体，利用百度推广、微信视频号、抖音、快手、西瓜视频、微博、公众号等媒体平台，组织对接相关基地对全国中药材物流基地的布局规划、基本建设、八大功能、检验检测、追踪溯源、标准建设、质量保证、平台对接等全面建设的各个环节分若干个专题进行分期的系列报道，以此提升全国中药材物流基地的知名度与整体影响力。其次是组织协调与对接中药材第三方检测，构建全国中药材第三方检测服务网络。按区域组织相应的第三方质检机构与相应的物流基地对接，促进双方通过多种方式、适宜机制建立紧密的合作关系，将物流基地现有的检测机构及人员逐步纳入第三方质检体系，从而保障物流基地的中药材真正实现按批次检测、第三方检测、快速检测。再次是加强人才培养，协调组织专业培训。中国仓储与配送协会中药材仓储分会将协调与相关专业院校合作，组织开展一至两期的物流基地管理运营相关专业知识培训班，强化专业队伍建设和知识的更新，以适应现代物流基地建设的人才需求和人员运营管理水平的提升。其次是完善物流管理公共信息平台功能，促进中药材仓单（存货）融资。在物流管理系统中进一步改造开发升级全国中药材电子仓单运营平台，并与全国仓单登记平台对接，开展电子仓单担保融资。最后是为实验基地争取政府资金提供服务。对向政府申请项目资金的实验基地，在申请过程中，如果有需要，中国仓储与配送协会中药材仓储分会将提供相应的服务。

中国仓储与配送协会中药材仓储分会

2021年中国物流装备回顾与2022年展望

一、2021中国物流装备行业回顾

从世界环境看，全球供应链受到前所未有的冲击，表现为海运受阻、生产停滞、大宗物料价格持续上涨，关键零部件特别是芯片短缺，导致交货期延宕等。

从中国情况看，电子商务依然保持快速增涨态势，由此也带动物流装备需求激增。事实上，在过去10~15年，我国的物流装备与技术的发展主要由电子商务推动。我国2010年的GDP为40万亿元，到2021年增长到114万亿元，增长1.85倍；同期的快递包裹数从23亿个增加到1085亿个，增长46倍，而其他行业（如医药、烟草等）增长幅度大致与GDP相同。

物流行业持续受到国家重视，从国家政策方面即可感受到重视的程度，无论是"十四五"规划，还是党和国家领导人的讲话，都强调了发展智慧物流的重要性。物流装备作为智慧物流的重要支撑，其重要地位越发突出。

（一）市场回顾

2021年物流装备市场依然保持快速增长，并且有加快趋势。据推算，2021年的物流装备市场销售增长在20%~30%，这得益于电子商务的快速发展。

从各类设备看：①作为评估物流装备市场的关键设备之一的工业叉车，在2020年销售增长31%的基础上，2021年又增长了37.4%。2017年以来，我国叉车市场销量的增长累计已超过1.2倍，增长至近110万台，其中除2019年增长放缓外，每年增长均超过

20%，国产叉车销售数量（台数）已超过世界总量的 50%[①]，成为世界叉车产销第一的国家，并且优势在进一步扩大。②快速分拣设备和输送设备需求量增加，估计增加值将大于 40%。③自动化仓库、货架需求量也增长迅速，以 KIVA 机器人为代表的 AGV 设备呈现快速增长态势，货到人拣选系统逐渐为市场所接受，增长快速。

从不同行业看：①电商快递仍然是最大的驱动力，以顺丰为代表的龙头快递企业需求旺盛。顺丰鄂州花湖货运机场即将投入运营，开启了中国货运机场的先例，估计其他快递巨头也将快速跟进，将为物流装备提供新的需求。②随着新能源汽车生产和销售的不断增加，以新能源为主的电池产业成为带动物流装备发展的新动力。2021 年全年新能源市场呈现爆发式增长，仅宁德时代物流装备投入就将近 30 亿元，估计后续的投入还将继续扩大。③其他行业，如白酒、医药、服装、工业制造等，虽然不及上述两个行业火爆，但物流需求均有不同程度的增加。酒类方面，白酒行业近几年发展迅速，规模化带来的物流需求呈现快速增长的态势；医药方面，无论是医药制造还是医药流通，都呈现稳步快速发展的态势；工业制造方面，尤其是新能源汽车、高铁、工程机械等高端制造领域，对智能物流的需求日渐增长；此外，以农产品为主要对象的冷链物流，蕴藏巨大的市场需求，应急物流热度不减，这些都将持续增长。

（二）技术发展回顾

从 2021 年汉诺威亚洲物流展（CeMAT ASIA 2021）所展出的技术看，物流新技术特点体现在以下四个方面。

（1）数字化：受到前所未有的重视，其中以数字孪生、数字化管理、远程监控等最为突出。远程监控系统或将成为下一个技术应用热点。

（2）无人化：作为物流追求的目标之一，无人化技术集中在自动装卸、码垛、存储、拣选、输送、包装、集货等方面，3D 机器视觉技术使无人化上了一个新的台阶，机器人拣选已经朝着实用化的方向迈进。

（3）多样性：产品的多样性一直是衡量物流装备技术水平和成熟性的主要标志。以 AGV 为代表的新一代物流设备已经呈现出多样化的态势。重载、利用率、效率、自动化是产品多样化的主要发展方向。其他产品，如自动化立体库技术、四向和多层穿梭车、AGV 等以料箱

---

① 数据来源：中国工业车辆分会《2021 年中国工业车辆年鉴》；中国产业研究网《2021—2026 年叉车行业深度分析及投资价值研究咨询报告》。

（周转箱）为储存单元的方向发展，以满足电子商务对于大量拆零作业的需求。"更小的单元，更大的世界"，物流将表现出更快捷、更柔性、更高效、更绿色等特征。

（4）持续改进："货到人"是当前最受关注的拆零拣选技术，围绕着这一技术的持续改进，成为很多企业的主要研究方向。从应用效果看，无论是AGV，还是穿梭车系统，"货到人"拣选的效率并非想象得那么高，如何提升拣选效率，还有待持续改进和创新。3D视觉被认为是物流自动化和智能化的关键技术，在自动装卸、自动拣选、条码读取、自动包装、自动定位等方面将发挥重大作用，在物流应用场景中具有广阔的空间，围绕这一技术的持续改进将成为另一个热点。业内最大的变化莫过于对AGV的持续改进，许多创新都来自与AGV相关的产品，包括如何做得更高，如何使拣选更高效，以及如何实现自动拣选等。旷视科技推出的PopPick拣选系统具有一定的示范意义，伍强科技则赋予了传统A字架新的生命力。

（三）主要企业

随着物流热的持续发酵，资本大举进入物流装备市场，新兴企业越来越多。据不完全统计，国内从事物流装备的企业超过3000家，其中规模以上的企业有150~200家，如表1所示。

表1 规模以上的物流装备企业分布

类别	企业数量（规模以上）	主要分布城市	代表性企业
系统集成商	40~50家	沈阳、北京、太原、南京、苏州、济南、上海、杭州、湖州、东莞、深圳、昆明、贵阳等	北自所、北起院、昆船物流、伍强科技等
货架生产商	20~25家	南京、上海、北京等	上海精星、音飞储存等
堆垛机生产商	10~15家	苏州（最多）、太原、昆明等	罗伯泰克、苏州普成等
输送机	30~40家	苏州、湖州、东莞等	天和双力、德马科技、金锋馥等
分拣机	20~30家	苏州、上海、贵阳等	金峰、欣巴科技等
KIVA与AGV	40~50家	沈阳、北京、上海、杭州、昆明、深圳等	老牌企业：昆船物流、新松机器人；新兴企业：海康威视、快仓科技、极智嘉等
叉车	20~25家	杭州、合肥、上海等	杭叉、合力等

更多的企业是作为配套供应商存在，约有上千家，其中规模以上的企业达到 30~40 家，包括托盘、笼车、周转箱、拣选设备、仓库门、调节平台、滚筒、电子标签等。

2021 年活跃于物流装备市场的企业主要如表 2 所示（仅列出 50 家，排名不分先后)[①]。

表 2　2021 年活跃的物流装备企业

序号	企业名称（简称）	主要身份	主要产品
1	中集天达	系统集成商	堆垛机、输送机
2	普天物流	系统集成商	输送机、分拣机
3	沈飞物流	系统集成商	旋转货柜
4	无锡中鼎	系统集成商	堆垛机、输送机
5	伍强科技	系统集成商	堆垛机、输送机、穿梭车
6	北起院	系统集成商	堆垛机、输送机
7	北自所	系统集成商	堆垛机、输送机
8	兰剑智能	系统集成商	穿梭车
9	东杰智能	系统集成商	堆垛机、输送机、货架
10	高科物流	系统集成商	堆垛机、输送机
11	极智嘉	系统集成商	KIVA
12	迦南飞奇	系统集成商	堆垛机、输送机
13	今天国际	系统集成商	堆垛机
14	井松智能	系统集成商	堆垛机、AGV
15	凯乐士	系统集成商	穿梭车
16	康拓红外	系统集成商	堆垛机、输送机
17	科捷智能	系统集成商	分拣机
18	旷视科技	系统集成商	AGV、WCS（河图）
19	新松机器人	设备供应商、集成商	堆垛机、AGV
20	昆船物流	设备供应商、集成商	堆垛机、输送机、AGV
21	六维智能	设备供应商、集成商	货架

① 表中列出的企业为国内主要企业，并非全部企业。由于资料有限，有些有影响力的企业没有列入，若出现遗漏，尤其是众多新兴企业，在此向未列入的企业致歉。外资企业没有统计在内，主要的外资企业有大福、胜斐迩、德马泰克、TGW、瑞仕格等，占有一定的高端市场份额。软件企业没有列入，国内软件企业有几十家，如富勒、唯智等具有代表性的企业。有些企业横跨众多产品，仅列出最突出的产品。

续表

序号	企业名称（简称）	主要身份	主要产品
22	米亚斯	设备供应商	货叉
23	木牛流马	设备供应商	AGV
24	牧星智能	设备供应商	KIVA
25	诺力	设备供应商	叉车
26	史必诺	设备供应商	货架
27	天和双力	设备供应商	输送机
28	万事达	设备供应商	货架
29	无锡前程	设备供应商	木制托盘
30	欣巴科技	设备供应商	分拣机
31	音飞储存	设备供应商	货架、穿梭车
32	宇锋智能	设备供应商	叉车、AGV
33	力卡	设备供应商	塑料托盘
34	立镖	设备供应商	分拣机器人
35	灵动科技	设备供应商	KIVA
36	隆链	设备供应商	穿梭车
37	罗伯泰克	设备供应商	堆垛机
38	博途	设备供应商	货架
39	德马科技	设备供应商	输送机、分拣机
40	金锋馥	设备供应商	输送机
41	福莱瑞达	设备供应商	堆垛机
42	海康威视	设备供应商	KIVA
43	海力	设备供应商	货架
44	海柔创新	设备供应商	KIVA
45	杭叉	设备供应商	叉车
46	合力	设备供应商	叉车
47	华章	设备供应商	穿梭车
48	金峰	设备供应商	分拣机
49	精星	设备供应商	货架
50	快仓科技	设备供应商	KIVA

（四）重要事件

2021年物流装备的大事件，主要与资本有关，包括并购、投资、上市等。

（1）音飞储存全资收购罗伯泰克，是本年度反响最大的事，一方面标志着音飞储存转型升级进入实质阶段，另一方面预示着企业兼并将是未来几年内我国物流装备的常态。我国物流装备企业规模普遍较小，几乎没有超过5亿美元的企业，更没有能够比肩世界顶尖物流装备公司的企业，仅靠自身的缓慢增长是不行的，企业合并将是做大做强的必由之路。

（2）顺丰投资的鄂州花湖机场完成校验，标志着我国第一个货运机场正式建成。2021年12月29日，亚洲首个专业货运枢纽机场鄂州花湖机场建成，开始启动校飞工作。鄂州花湖机场的建成将带动一轮货运机场建设热潮，由于货运机场的物流设备需求量巨大，货运机场的建设必将带动相关物流装备需求的大幅增长。

（3）旷视科技、井松智能两家公司IPO过会，将择日上市。据不完全统计，我国物流装备上市企业已经超过10家，未来3年内还将有5~8家企业上市，上市企业将达到20家左右。这一方面反映资本市场对物流装备市场前景的看好；另一方面物流装备市场空间是否能够容纳这么多的上市企业，尚存疑问。

二、2022中国物流装备行业展望

（一）市场展望

物流市场前景取决于国际和国内经济运行的大环境。国际方面，一是由于世界工厂的边际效应，世界范围内的物料搬运呈逐年增长态势；二是跨境电子商务的快速发展，将成为驱动物流技术发展的引擎。国内方面，中国经济的长期稳健发展，为物流市场发展创造了稳定的环境，电商、制造业、冷链、新能源将为未来物流发展提供广阔的空间。物流装备技术与市场前景长期看好。

（1）国民经济：发展继续趋好，加上政策支持倾向，是物流装备发展最大的支撑。国家强调扶持实体经济，尤其是制造业发展，为物流装备发展定下了基调。预计2022年物流市场发展将超过20%，远远高于GDP增幅。

(2) 电子商务：尤其是跨境电商空间巨大，乐观估计，未来 3~5 年，每年将维持 20% 以上增速。新冠肺炎疫情虽然对世界经济造成重创，但对物流的发展起到了推动作用，尤其是对电商的依赖度越来越高，2021 年电商的增长达到 30% 就足以说明这一点。

(3) 新能源汽车：看好新能源汽车的发展前景，主要是基于两点：一是技术取得突破，尤其是电池技术取得突破；二是国家的支持与辅助，新能源与碳排放紧密相关，我国要实现碳排放达标，就必须走新能源的发展道路，汽车就是一个重要的突破口。此外，我国目前石油高度依赖进口，也不利于国民经济的稳健增长，尤其是面对美国的制裁，更要加强自身实力，减少对外的依赖程度。

(4) 冷链：我国冷链物流在过去 10 年中有长足发展，但还远远不够。尤其随着电子商务的快速发展，农产品冷链物流将开启一波新的发展浪潮。冷链事关民生，比起欧美、日本 80%~90% 的冷链覆盖，我国还有很大的发展空间。冷链物流中自动化设备将越来越受到重视，这是因为自动化冷链解决了物流仓储中的两个最关键问题，一是高密度储存问题，二是作业环境问题。高密度储存技术包括自动化立体库、穿梭车立体库等，将大幅度提升空间利用率，并将大大降低成本（建设与运营成本），而采用货到人作业模式，可以将作业场地设置到相对舒适的环境之中，大大提升作业的舒适程度。

(5) 制造业：我国拥有全球最大的制造业产业，约占全球份额的 30%，随着工业 4.0 时代的到来，中国把促进制造业产业转型升级作为未来发展的重点方向。物流将在生产系统中扮演不可或缺的作用。汽车、新能源、食品、医药、服装、纺织、化工、烟酒等行业，都与此相关，未来制造业的市场规模和机会非常巨大。

(6) 应急与军事物流：新冠肺炎疫情暴发，给我国的应急物流保障体系敲响了警钟。无人化技术在应急和军事物流中的应用将成为重点。

(7) 其他行业：如教育、图书等行业，均有一定需求。尤其是职业教育行业，面临全面转型升级，对培养新型的物流人才至关重要。

可以发现，物流在经历几十年的快速发展后，其功能和目标已经从提升效率和降低成本这一单一目标，上升到助力产业升级。这是物流的一次革命性的自我进化，主要得益于物流技术的发展，尤其是网络技术的发展。

(二) 技术展望

从技术层面来看，2022 年以及未来的物流技术发展，主要表现在以下 5 个方面。

1. 关键产品继续向多样化方向发展

产品的多样化是技术成熟的重要标志,也是应用广度的重要标志。一方面,产品从研发到投放市场,并为市场所接受,需要很长时间。越是重大发明,越需要时间的培育。在这个过程中,时间是检验产品性能的关键因素,也是完善产品所必须付出的成本。另一方面,随着新技术和新产品的推出,必然成为行业的热点,为大家争相效仿。各种应用从本质上是对已有产品进行丰富。以下试举几例。

重载 AGV:AGV 是属于未来的产品,尽管它的历史已经超过 50 年。AGV 的应用最初是在比较特殊的场景下,如环境恶劣的车间搬运,导航方式也是最传统的磁力线导航。但随着物流的迅猛发展,AGV 的应用已经遍布各个行业。重载 AGV 是指载重在 2~20 吨范围内的 AGV,其在汽车制造、飞机及发动机制造、工程机械制造、火车制造、车库、军事与应急物流等领域应用前景看好。

堆垛机:作为现代物流的经典产品,堆垛机的发展早已呈现出多样化的态势,如超高、超重、超长等应用场景的开拓。其实,小型化也是发展方向之一,如 miniload 的应用等。此外,各种密集存储系统的应用,也使堆垛机从形态上和应用方面,都呈现出前所未有的多样性。

穿梭车:穿梭车的发展也印证了产品多样化发展的历史。从简单的托盘往复式穿梭车,到环形车,再到子母车、四向穿梭车等,经历了形态的巨大变化。此外,在载荷方面,最典型的有轻载(箱式)和重载(托盘),而其载荷系列也包括 30、50、100、200、500、1000、2000 等更多的选择。

货架:货架的发展也将进入新时代,具体表现为更经济、更精确、更安全。一方面是进行严格的力学分析,另一方面是材料的选择多样化。此外,为穿梭车配套的高精度货架,成为未来货架竞争的高地,任何货架企业想要在未来市场分一杯羹,技术的突破终将是关键。

2. 软件定义物流将越来越受到重视

软件定义最初源于计算机,叫软件定义存储(Software Defined Storage,SDS)。后来,软件定义的范围迅速扩大,在计算机领域,向软件定义网络、软件定义芯片、软件定义数据中心等延伸;在计算机领域之外,出现了软件定义汽车、软件定义建筑,当然也就有软件定义物流,甚至有人提出软件定义世界、软件定义一切。其基本概念也远远超出了最初的定义范畴。

第一部分
行业发展报告

硬件资源虚拟化、系统软件平台化、应用软件多样化，是软件定义的三大趋势。硬件资源虚拟化，是指将各种实体硬件资源抽象化，打破其物理形态的不可分割性，以便通过灵活重组、重点发挥其最大效能。系统软件平台化，是指通过基础软件对硬件资源进行统一管控、按需分配、按需配置，并通过标准化的编程接口解除上层应用软件和底层硬件资源之间的紧耦合关系，使其可以各自独立演化。在成熟的平台化系统软件解决方案的基础上，应用软件不受硬件资源约束，将得到可持续地迅猛发展，整个系统将实现更多的功能，对外提供更为灵活高效和多样化的服务。软件定义的系统，将随着硬件性能指标的提升、算法效能的改进、应用数量的增多，逐步向智能系统演变。

软件定义物流的基本含义如下。

首先，物流系统中有各种各样的硬件设施与设备。典型的物流设施如物流仓库、车站码头、机场等；物流设备如货架、托盘、叉车、堆垛机、输送机、分拣机、穿梭车、AGV、机器人、码垛机、包装机、无人机等；作业设备如汽车、轮船、飞机、火车等；信息设备如网络、计算机、服务器、交换机、IoT等。这些不同门类的设施设备，均有其不同形态、性能和应用场合，共同完成物流过程中的各种工作。

其次，随着物流系统的进化，尤其是人工智能的应用，越来越趋向硬件系统的数字化、虚拟化和标准化，这为软件定义提供了基础。无论是物流基础设施，还是物流设备，其基本功能主要由软件来定义。物流建筑是用作存储，还是用作分拣作业，或者是交叉作业场所，将由软件来定义；物流设备可以用作搬运设备，也可以用作存储设备或分拣设备，还可以用作集货设备或其他设备等。这要求硬件的基本功能要多样化、虚拟化。而软件本身，将有更大的灵活性和创造性。单元化物流可以认为是软件定义物流的一个典型应用，存储和作业单元的虚拟化、标准化，是软件定义物流的基础，无论什么单元，都是通过数字化的手段来完成，在整个流转过程中，单元始终保持其物理形态和内容的稳定，上层软件对其流转进行有效管控，使其在装卸、储存、搬运、运输、配送等过程中，保持高效。整个物流系统作业的效率主要由软件决定，硬件只是扮演了执行者的角色。

最后，软件赋予物流系统新的功能、新的能力，软件将大幅度提升物流系统的效率。套用一句话就是，决定物流系统性能的是其软件，而不是硬件。软件在物流系统中扮演的角色将越来越重要。

软件定义物流，将软件的地位提到了空前的高度，这符合社会发展的方向。长期以来，我们重硬件、轻软件，重土建设施、轻物流工艺设施，重机械化、轻自动化，导致我国的物流系统软件建设长期得不到重视，投入不平衡，物流系统周转率和作业效率低下，严重制约了我国物流产业的发展。现在是改变这一状况的时候了。

AI 从根本上说是一个软件系统，通过 AI 对物流赋能，这是一个软件定义物流的典型过程。无论是在设计、规划、仿真、预测方面，还是在优化路径、赋能自动化设备、设备智能化管理与监控等方面，AI 将发挥前所未有的巨大作用。

3. 信息化技术手段将呈现新的局面

（1）数字孪生与元宇宙

数字孪生并非一个新概念，其在物流系统中的应用也可以追溯到很久以前，至少可以到 20 世纪 90 年代后期。这与数字孪生的发展历史分不开。最早的数字孪生技术就是计算机仿真，主要应用在设计阶段。对物流系统来说，流量的变化是重要的，一个复杂的系统有时是没有办法通过计算就可以得出结论的，计算机仿真让我们看到了很多想象不到的东西。今天的数字孪生技术，已经不再满足于前期的仿真，重点是基于图像的互动，甚至可以在过程中完成对真实系统的控制。这使数字孪生有了新的定义和作用，从而也凸显出它的重要性。

元宇宙概念的产生，与数字孪生关系紧密。或者说，物流系统中的元宇宙概念，不过就是未来数字孪生的目标而已。

（2）可视化

可视化在物流系统中的应用场景很多，其中订单执行过程的可视化是最有价值的内容。可视化通过更加全面和直接的方式，一方面使物流系统执行过程可以受到全面的监控，利用 AI 的强大功能，可以对订单、设备寿命、故障、异常等进行实时监控，从而提升系统的可靠性；另一方面，可视化降低了现场管理的难度，提升了服务水平，减少了响应时间，并在一定程度上对系统运行做到可预测、可干预。

（3）远程监控

远程监控技术是网络技术的延伸应用，其最大的价值在于，通过建立远程监控中心，使对大量系统的集成监控成为可能。这是信息技术发展的未来趋势。

（4）数字化

很多人把企业数字化转型仅仅理解为实施 IT 系统，这是错误的。企业的数字化是对企业活动、流程、业务模式和员工能力的所有方面进行重新定义，以获取核心竞争力。

举例来说，使用软件打车，与传统的招手打车，就是数字化转型的一个结果。一个是人找车，一个是车找人，业务逻辑是颠覆性的。数字化给供应链优化提供了可能，这种可能是基于需求驱动的，可以使服务更加有效，流程更加优化，成本更低。数字化的另一重大改变是将人本身纳入其中，成为系统的一部分。

4. 基础零部件将取得快速发展

目前，许多"卡脖子"技术成为企业优先关注的焦点，这其中包含了物流装备中的基础零部件。可以说，基础零部件的国产化是物流技术发展的重要方向。

电机与减速器：已经在部分设备中采用，大规模国产化还需要时间。

PLC：最关键的基础元器件之一，国产化PLC将成为未来市场的有力竞争者。

光电元器件：在技术上已经有所突破，但差距依然很大。

3D视觉：国产化成为可能，并有望取得突破。3D视觉在智能物流系统中的应用将成为常态。尤其在自动码垛、自动包装、自动拣选、自动装车、图像识别等环节中的应用，将不可或缺。

物流装备的"芯"是技术的核心。受新冠肺炎疫情影响，全球供应链受阻严重，国外的许多关键零部件供货均受到冲击，订货期不断延长，给正常的工程造成重大的影响。国产化已经成为当下和未来最重要的选择。

5. 世界级大型企业还需要时日

国内的物流系统集成商，在过去几年成长迅速，但与世界水平还有很大差距。以世界排名前三的企业为例，其营收在过去几年增长在30%以上，总量在30亿美元以上，最高突破40亿美元。国内企业增长速度也不低，但基数太低，处于前列的企业接近5亿美元，差距依然明显。

一个值得重视的现象是，进口产品的应用在我国已经受到国产设备的严重挑战，市场份额逐年呈下降趋势，国产设备的最大优势是价格低，且性能不断提升，这可以视为国内出现大型集成企业的有利条件。

企业间的整合将是企业发展壮大的必然出路。纵观国外顶尖企业的成长历程，无一不是通过资本手段，靠兼并迅速做大。以胜斐迩（SCHAEFER）为例，其在2000年以前是一家以货架和器具生产为主的企业，但在短短的10余年里，通过兼并自动化企业而迅速成为世界第一。其他企业也是如此。我国物流装备企业很多，但都不成规模，未来的出路在于不断融合，迅速做大做强。

多元化的发展战略。企业的发展，一方面是核心业务和技术，另一方面是业务的外溢与多元化。多元化不是盲目地进入新领域，更多的是技术的延伸应用。物流技术的应用不能仅限于传统物流本身，而是要扩展应用领域，做大"蛋糕"。最近几年，AGV、机器人、KIVA、悬挂输送等技术的应用已取得明显进步，物流市场范围也在迅速扩大。

北京伍强智能科技有限公司　尹军琪

中国智能仓储发展与趋势展望

随着大数据、云计算和人工智能等技术的广泛应用，智能仓储已成为智慧物流体系建设的重要环节。正是基于智能仓储对于物流行业的重要意义，普罗格研学中心发布报告，旨在综合分析我国智能仓储的发展现状和市场竞争状况、挖掘行业技术发展新动向、探讨智能仓储未来发展方向，为智能仓储的变革与发展提供有益的借鉴。

一、智能仓储发展现状

（一）产业结构

智能仓储的产业链主要分为上、中、下游三个部分，其中上游为设备和软件提供商，分别提供硬件设备（输送机、分拣机、AGV、堆垛机、穿梭车、叉车等）和相应的软件系统（WMS、WCS系统等）；中游是智能仓储系统集成商，需要根据行业的应用特点使用多种设备和软件，设计出完整的智能仓储物流系统，同时交付仓储管理系统和智能仓储硬件两类产品，如图1所示；下游是智能仓储的需求及应用场景，涉及烟草、医药、汽车、零售、电商等领域，如图2所示。

◆ 根据产品流和信息流的分类，智慧仓储主要由两部分组成：仓储管理系统和智能仓储硬件。拥有同时交付两类产品能力便是解决方案集成商。

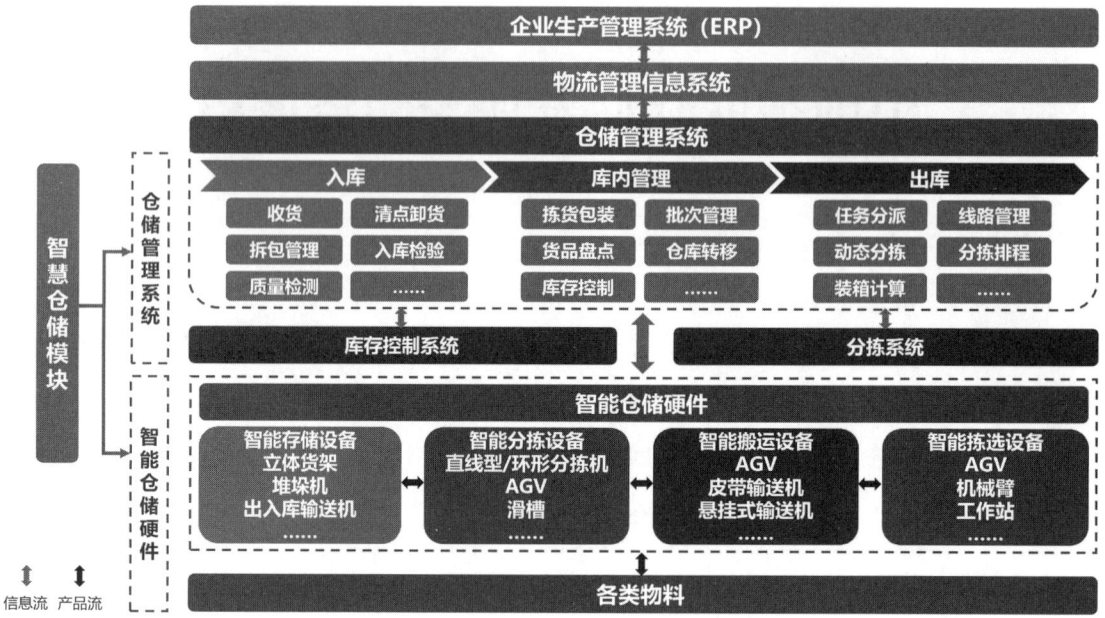

图 1　智能仓储产业上游和中游结构图

资料来源：亿欧智库

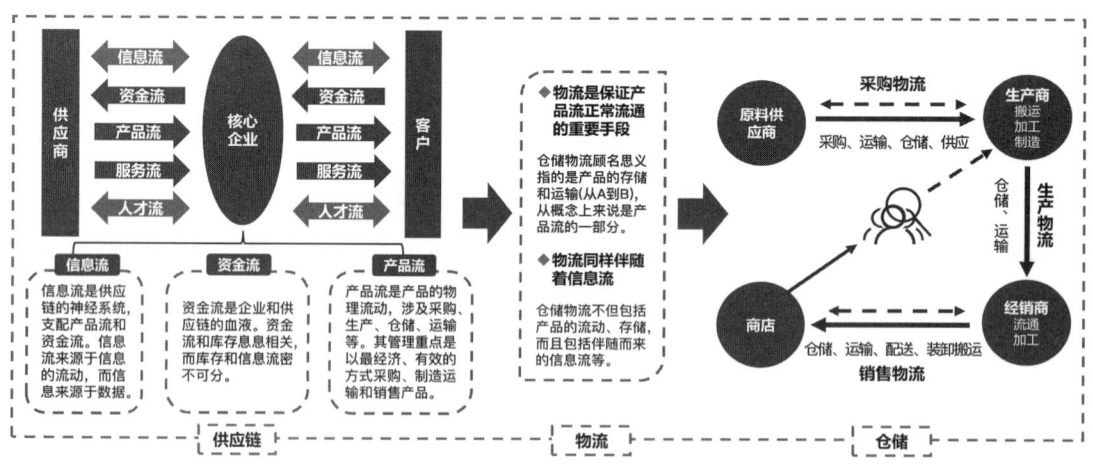

图 2　智能仓储产业下游结构图

资料来源：亿欧智库

(二) 发展进程

仓储业的发展可分为人工仓储、机械化仓储、自动化仓储、集成自动化仓储、智能仓储共五阶段。目前，我国仓储行业整体处于自动化仓储发展的初级阶段，其中电商、医药和服装等行业的自动化程度较高，主要应用 AGV、自动货架、自动存取机器人、自动识别和自动分拣系统等先进物流设备，通过信息技术实现实时控制和管理。在细分领域（如电商、医药等）部分企业的仓储管理已经进入智能仓储的应用实施阶段，如图 3 所示。

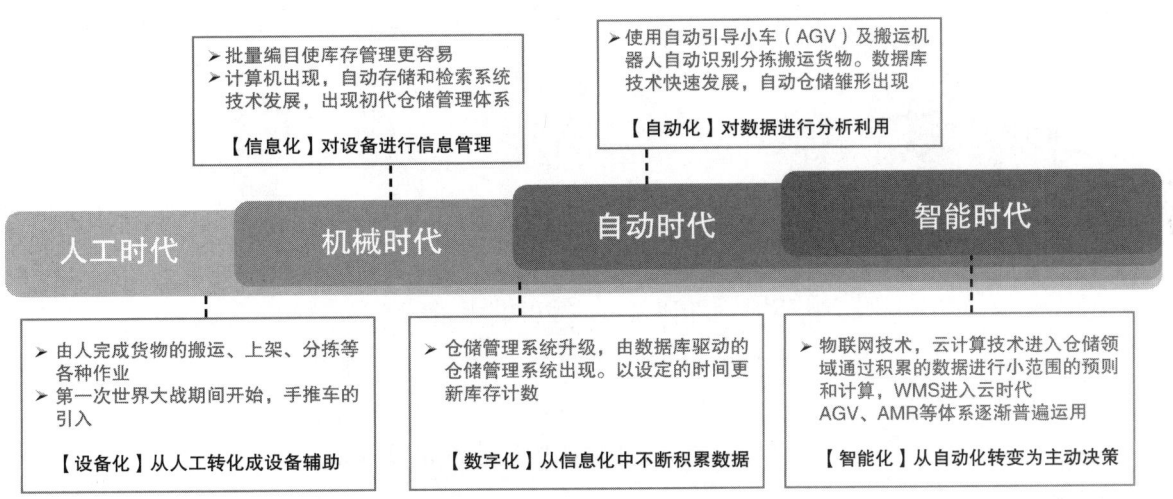

图 3　仓储行业发展阶段

资料来源：亿欧智库

(三) 市场规模

近年来，智能仓储的市场需求呈现快速增长趋势。一方面，应用智能仓储可大幅降低物流成本，提升物流运行效率，对提高国民经济运行效率和质量都具有重要意义；随着智能仓储产品的成熟，行业下游应用广泛，在产业的工厂端、流通端、消费者端均有较多应用场景。另一方面，新业态、新产业、新模式的出现，对仓储业提出了更高要求，使得下游对智能仓储的需求不断增长。

"十三五"期间，我国物流行业总需求量稳步提升，为仓储业发展提供巨大的机遇，加上制造业、商贸流通业外包需求的释放，仓储业战略地位越发突出，智能仓储市场规模快速增长。据统计，我国智能仓储市场规模由 2015 年的 450.5 亿元增长到 2021 年的

1126亿元,平均年增幅为16.7%,如图4所示。

据亿欧智库数据预测,2023年我国物流总额有望突破330万亿元,而智能仓储市场规模将有望达到1384亿元(CAGR为9.36%)。由此可推测,智能仓储行业将迎来巨大的市场需求。

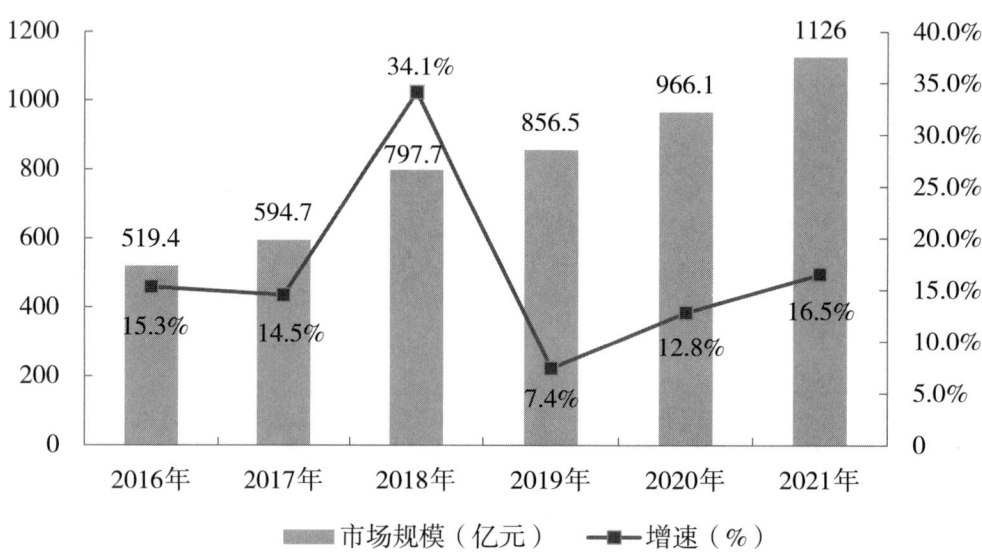

图4　2016—2021年中国智能仓储市场规模

资料来源:智研咨询

(四)政策支持

近年来,国家陆续颁布《中华人民共和国国民经济和社会发展第十四个五年规划和2035年远景目标纲要》《"十四五"现代流通体系建设规划》等系列文件,均将加快推动智慧仓储发展作为重要内容。2021年10月14日,国家主席习近平在"第二届联合国全球可持续交通大会"上发表主旨讲话,强调要大力发展智慧交通和智慧物流,推动大数据、互联网、人工智能、区块链等新技术与交通行业深度融合,使人享其行、物畅其流。

表 1　中国智能仓储相关政策

年份	政策	重点
2012 年	《关于促进仓储业转型升级的指导意见》	提高加工配送效率； 加大立体仓库的使用面积； 提高仓储企业自动化、标准化和信息化水平； 减少仓储费用在商品流通费用中的占比
2016 年	《"互联网+"高效物流实施意见》	支持物流企业建设智能化立体仓库，应用智能化物流装备提升仓储、运输、分拣、包装等作业效率和仓储管理水平
2017 年	《促进新一代人工智能产业发展三年行动计划（2018—2020 年）》	提高高速分拣机、多层穿梭车、高密度存储穿梭板等物流装备的智能化水平； 实现精准、柔性、高效的物流配送和无人化智能仓储
2019 年	《关于推动物流高质量发展促进形成强大国内市场的意见》	积极推动物流装备制造业发展，开展物流智能装备首台示范应用，推动物流装备向高端化、智能化、自主化、安全化方向发展
2020 年	《关于进一步降低物流成本的实施意见》	推进新兴技术和智能化设备应用； 提高仓储、运输、分配配送等物流环节自动化、智慧化水平

资料来源：亿欧智库

二、智能仓储的市场竞争情况

随着新进入企业逐渐增多，智能仓储市场竞争逐渐加剧。上游供应商一般为钢材、机械零部件制造等企业，市场整体供应充分，上游企业议价能力一般。与此同时，智能仓储经营毛利率水平较高，并且属于国家宏观政策大力支持发展的领域，潜在进入者威胁较大，如图 5 所示。

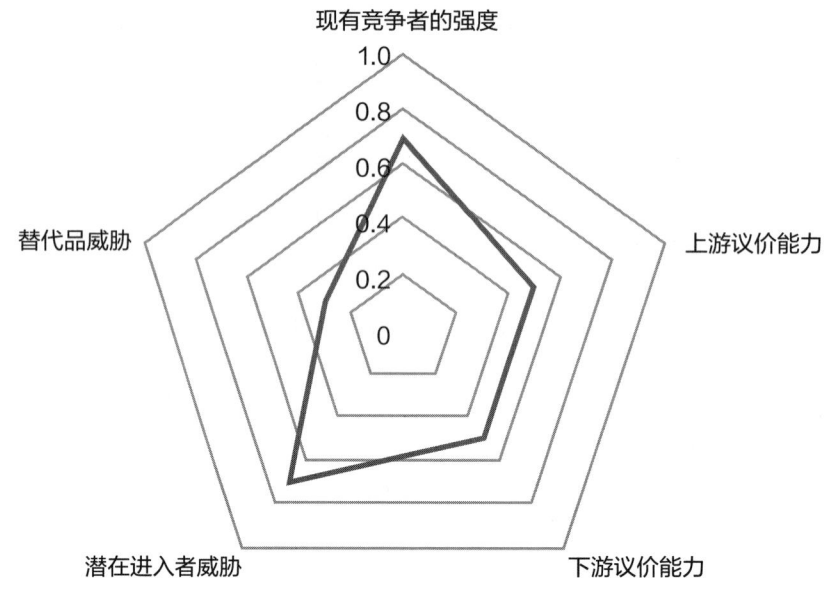

图 5　智能仓储行业市场竞争情况分析

资料来源：前瞻产业研究院

（一）行业集中度分析

1. 行业整体集中度较低

2021 年中国智能仓储市场规模 1126 亿元，再结合智能仓储上市企业的公开年报数据测算得到，诺力股份的市场份额约为 3.8%、德马科技约为 0.7%、音飞储存约为 0.6%、兰剑智能和东杰智能均在 0.4% 左右。据此说明，我国智能仓储的市场集中度较低，前五企业市场集中度（CR5）在 10% 以下，前十企业市场集中度（CR10）在 15% 以下。

2. 产业链分布较为集中

智能仓储在地区分布上，呈现出一定的聚集效应。目前，国内智能仓储企业主要分布在江苏，其次是广东、山东、浙江、上海等地区，其余地区如新疆、云南、海南等省份虽有企业分布但数量较少。从领先企业分布来看，主要布局在江苏、浙江、上海、广东等地区。以浙江省为例，智能仓储产业链上游领先企业有国自机器人、海康机器人等，中游有德马科技、凯乐士、诺力股份、瑞晟智能等。

3. 需求主要集中在长三角城市群

因为对仓库的净高、设施配置、信息化程度等方面都有更高的要求，智能仓储系统主要应用在高标库中。臻量资产管理平台数据显示，截至 2021 年上半年，中国非保税高标库存量主要分布在长三角城市群、珠三角城市群、京津冀城市群和成渝城市群,上述四大城市群的非保税高标库存量占比分别为35%、10%、10%、14%,相应地,对智能仓储的需求较大。由此可见,除了已形成产业链规模的长三角城市群和珠三角城市群,成渝城市群等中部地区未来将成为智能仓储行业的新蓝海。

(二)代表性企业及其产品

智能仓储产业链代表性企业的主营业务或产品产量情况如表2所示。

表2 智能仓储产业链代表性企业主营业务及产品产量情况(一)

产业链环节	代表企业	智能仓储产业链相关业务或产品产量
上游软硬件产品供应商	复旦微电	安全与识别芯片产量13.49万颗
	华鹏飞	核心业务涵盖综合物流、移动物联、供应链服务等
	移为通信	物联网智能终端17479万台
	华昌达	智能型自动化装备系统等的研发、设计、生产和销售
	天奇股份	智能装备结构件99.187吨
中游智能仓储综合解决方案提供商	诺力股份	仓储物流车辆产量为133.6万台
	普罗格	提供智能仓储集成与总包服务
	今天国际	提供自动化物流系统综合解决方案
	兰剑智能	智能仓储物流自动化系统的研发、设计、生产、销售及服务
	音飞储存	货架/自动化系统集成产品产量约8.1万吨
	东杰智能	智能装备生产量达到10.3亿元
	德马科技	主要从事智能物流输送分拣系统、关键设备及其核心部件的研发、设计、制造、销售和服务
	瑞晟智能	专注于工业生产中的智能物料传送、仓储、分拣系统的研发、生产及销售

资料来源:前瞻产业研究院

(三)下游主要客户情况

智能仓储产业链主要下游客户的主营业务及产品产量情况如表3所示。

表 3 智能仓储产业链代表性企业主营业务及产品产量情况（二）

产业链环节	代表企业	智能仓储产业链相关业务或产品产量
下游主要客户	阿里巴巴	为其他企业提供技术基础设施以及营销平台等服务
	京东集团	领先的技术驱动的电商公司并正转型为领先的以供应链为基础的技术与服务企业
	苏宁易购	综合家用电器的连锁销售和服务
	顺丰控股	快递、仓储管理、销售预测、大数据分析、结算管理等一体化的综合物流服务
	上海医药	化学原料药、化学药制剂、抗生素，生化药品、生物制品中成药、医疗器械、制药设备、化学危险物品等的生产、销售及进出口业务
	中国医药	药品生产与销售、药品/医疗器械的分销与直销、药品/医疗器械的贸易代理、工程施工和其他技术服务业务等
	九州通	药品、医疗器械、中药材与中药饮片、食品、保健品等产品的批发、零售连锁、生产、研发以及增值服务业务
	华东医药	医药研发、制造和销售、药品分销及零售、医药现代物流、健康产业、医疗美容产品制造和销售
	第一医药	医药零售及批发
	上汽集团	汽车、摩托车等各种机动车整车及零部件的生产、销售等，2020年汽车产量超过546万辆
	广汽集团	汽车及配套产品的研发、制造、销售和相关服务，2020年汽车产量超过200万辆
	吉利汽车	专注于研发、制造以及销售乘用车，2020年汽车产量超过130万辆
	比亚迪	二次充电电池业务、手机部件及组装业务，以及包含传统燃油汽车及新能源汽车在内的汽车业务，2020年汽车产量超过43万辆

资料来源：前瞻产业研究院

三、智能仓储行业的技术新动向

从专利申请量来看,在专利统计平台中搜索关键词"智能仓储",可发现2017—2021年的申请量整体呈现增长趋势。2021年中国智能仓储相关专利申请量达到545件,虽相比2020年下降了21.36%,但相比较过去5年的专利申请情况,仍呈现较明显的上升趋势,如图6所示。

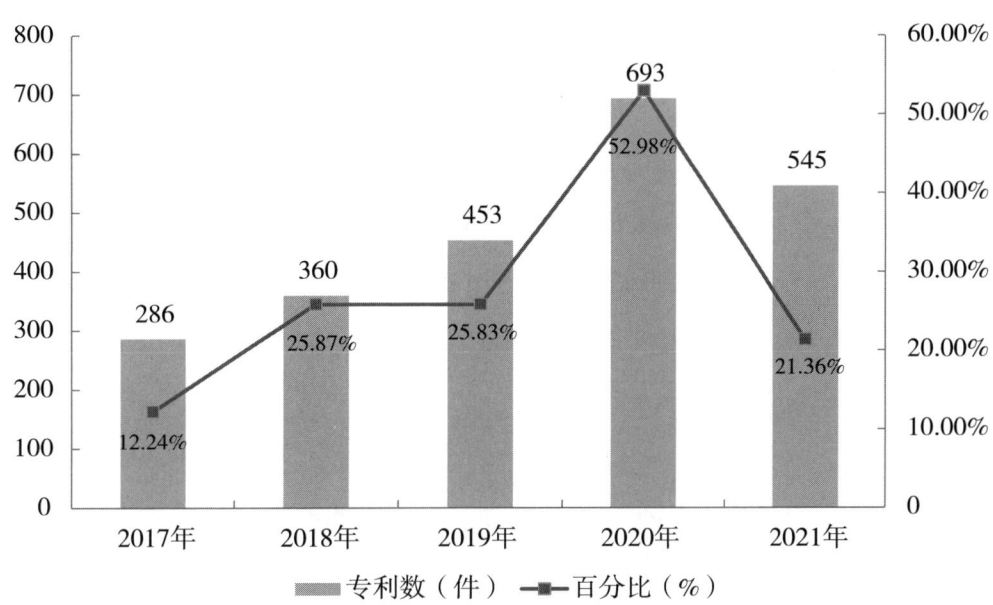

图6 智能仓储行业相关专利申请统计图

资料来源:SooPAT平台

从技术发展趋势看,2021年智能仓储越来越呈现出软件与硬件融合的特点,而且软件作用越来越大,特殊装备产品中的软件创新已经占据了主导作用。如智能自动化仓库集成系统中仓储执行系统WES、仓储控制系统WCS等越来越重要,物流机器人从AGV向AMR进化的过程中其指挥调度操作系统、自主导航系统也越来越重要。

(一)无人化逐步显现

传统仓储企业以劳动密集型为主,人口紧缺问题日益凸显,成为企业发展壮大的瓶颈之一。国家统计局数据显示，我国交通运输、仓储和邮政业城镇单位就业人员平均工资由 2009 年的 3.5 万元/年上涨至 2018 年的 8.9 万元/年，增长了 2.51 倍，CAGR 达 10.75%。为解决劳动力紧缺、人工成本上升的困境，智能仓储企业在物流机器人的研发和创新上投入了大量的研发资源，智能仓储的高柔性自动化趋势日渐明显。

1. 无人仓

无人仓是一个包含多个子系统的复杂工程，需要各参与方密切配合、高效协同，实现物流系统的有机集成和逐步优化。随着机器人、自动化设备技术的提升，大数据技术、人工智能和运筹学相关算法的应用，在需求、技术、资本多方驱动下，我国无人仓技术发展迅速，应用逐步落地，未来市场前景广阔。

无人仓的目标是实现入库、存储、拣选、出库等作业流程的无人化操作，具备智能感知、实时分析、精准预测、自主决策、自动控制、自主学习的特征。这就需要具备自主识别货物、追踪货物流动、自主指挥设备执行生产任务、无须人工干预等条件；此外还要有一个"智慧大脑"，对传感器感知的海量数据进行分析，精准预测未来情况，自主决策后协调智能设备的运转，根据任务执行反馈的信息及时调整策略，形成对作业的闭环控制。

在无人仓领域，京东物流、菜鸟等企业将人工智能算法与无人仓储系统融合，取得很多成果。2021 年 1 月，由京东集团自主研发的无人仓调度算法入围"弗兰兹·厄德曼奖"，该算法可实现复杂的多智能体任务分配和路径规划，在毫秒内求解百亿级复杂度的问题并给出最优解。普罗格作为专业第三方仓储服务企业，积极投身于新一代无人仓的建设，其建立的智能自动化仓集成了自动化立体库、堆垛机、高速箱式输送线、高速分拣机、搬运机器人、AGV 等智能设备，实现了存储、搬运、拣选、分拣等环节的自动化，在不同程度上减少现场操作人员，大大提高了作业效率，以技术驱动引领行业变革。

2. 智能机器人

人工智能（AI）、机器学习（ML）和机器人过程自动化（RPA）等技术的出现，实现一种管理类业务驱动的技术组合，让曾经由人完成的识别、审查、督促、规划等业务流程自动化。物流机器人感知与导航的结合，将呈现出多模态感知与导航，实现物流机器人更智能、更快速的自主移动，实现高效运作，更好完成自主搬运、智能分拣等物流作业。

在软件技术上，RPA 与 AI、ML 充分集成，实现超自动化，产生具有比较高智能的数字员工，将带来物流类无人化的变革。RPA 主要模拟重复人的任务，基于流程规则，并利用结构化数据完成操作。超级自动化的数字员工，是模拟人的智力，与人并肩工作，提供无与伦比的效率。

在这样的外部环境下，智能分拣机器人、移动搬运机器人、拆码垛机器人、提升移载式机器人、可爬升存储机器人、各类无人叉车等新产品不断涌现，自主移动 AMR 机器人成为主流趋势。

随着单体机器人的智能与移动速度大幅提升、机器人自主导航技术不断发展、机器人大规模集群调度技术的大幅提升，机器人集群作业将向云端可视化方向发展，如图 7 所示。

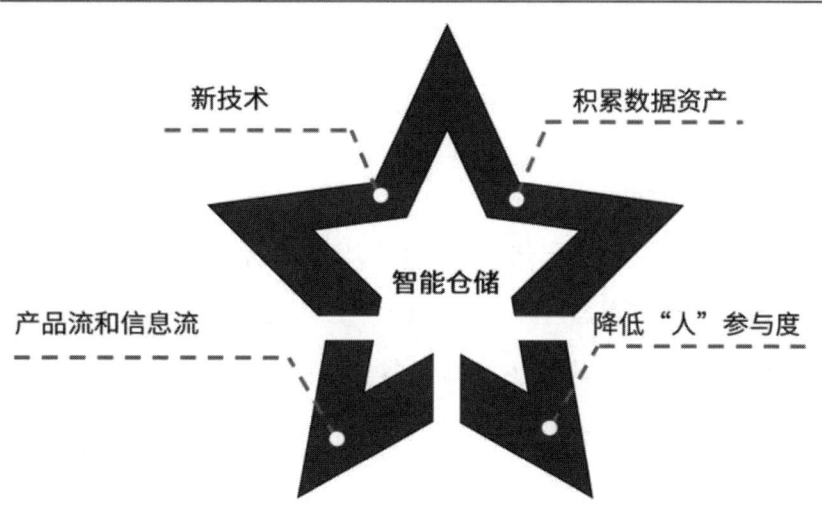

图 7　智能仓储的技术发展图

资料来源：亿欧智库

（二）高柔性趋势明显

穿梭车技术让仓储物流技术真正进入了高柔性自动化时代，实现了软件与硬件的结合。穿梭车的特点在于，它打破了一个巷道内只能有一台堆垛机作业的限制，实现了多台穿梭车分层作业的柔性解决方案。随着穿梭车技术的发展，四向穿梭车（4-direction shuttle）技术成为主流。

"四向"指的是穿梭车可以自主完成"前后左右"的运行。四向穿梭车配备两套轮系，分别完成 X 方向和 Y 方向的运动，既可以实现在巷道内的出入库作业，又可以实现在同一层的不同巷道切换。在垂直方向（Z 方向），四向穿梭车可通过与换层提升机的灵活匹配，实现立体三维空间内任意货位的存储和拣选。四向穿梭车系统具有较好的高柔性自动化的特点：第一，可以根据出入库动态需求灵活变更作业巷道和货架层面，同时可以按照作业量柔性增减穿梭车的数量来调节系统能力；第二，当其中某辆穿梭车出现故障时，可由其他车辆替代完成作业，克服了堆垛机因故障导致整个巷道无法作业的致命短板；第三，四向穿梭车系统集存储与拣选于一体，既适合低流量、高密度的存储业务，也可用于高流量、高密度的动态拣选作业，系统作业能力可以通过增减穿梭车、提升机以及其他辅助设备的数量来线性调节。这项技术将自动化仓储物流技术的柔性推向了制高点。面对低成本、个性化定制给物流系统带来的巨大挑战，高柔性自动化仓储物流技术是最适合的解决方案。

（三）数字化和网络化技术进一步升级

1. 智能物流按钮（iButton）

智能物流按钮是仓储物流数字化和网络化的创新技术之一，可以用在货架、拣选小车及其他物流设备上。如按下拣选线上补货的智能物流按钮，可以拉通整个物流和供应链流程，即自动立体库启动出库作业，AGV 小车将货物自动配送到拣选线，同时仓库管理系统可以把需求变动信息自动发送到供应商的物流系统，从而拉动供应链上游企业的物流和生产。

2. 智能物流标签（iLabel）

与传统的 RFID 标签相比，智能物流标签具有更强的功能，具有一定的自主决策能力，实现报警和控制物流流程功能。智能物流标签可以广泛用在周转箱、托盘、集装箱等物流容器上。

3. 智能周转箱技术（inBin）

通过在周转箱上加装感知与智能控制单元，实现物流单元的智能化。inBin 既能自主管理箱内的货物，又能向上级系统及时报告智能箱的状态，实现自动补货功能。基于智能箱的输送系统可采用分散控制技术，使智能箱不再是被动单元，而可以反向给输送系统下达命令。在智能箱的指挥下，输送系统可以自动地将箱子送达目的地。

4. 窄带物联网技术（NB-IoT）

物联网技术是实现物流全流程数字化的关键。基于 Wi-Fi 和蓝牙技术的物联网数据准确率较低、耗电量大，而窄带物联网技术是一种专为物联网设计的窄带射频技术，支持低功耗设备在广域网的蜂窝数据连接，也被叫作广域网，以室内覆盖、低成本、低功耗为特点。窄带物联网技术支持海量连接，为仓储物流系统的数字化和网络化创新应用带来勃勃生机，如图 8 所示。

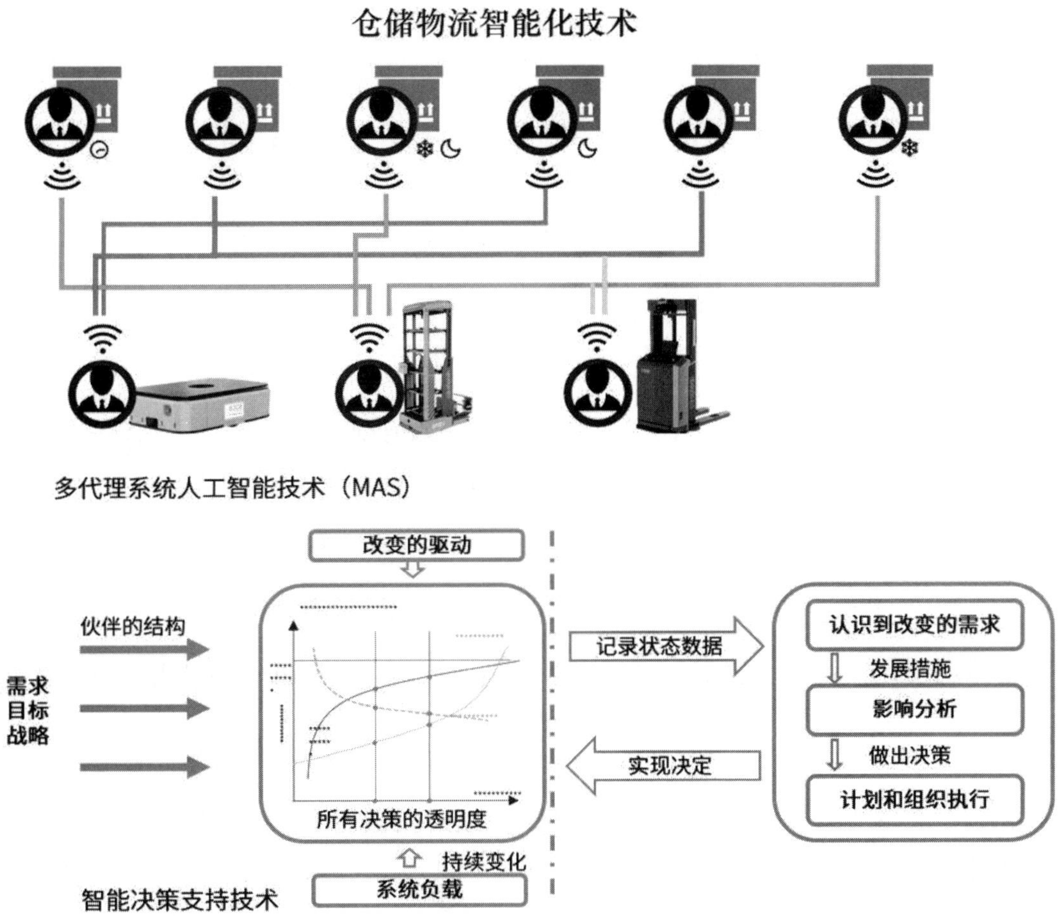

图 8 智能仓储数字化和网络化技术

资料来源：物流技术与应用

四、智能仓储发展趋势展望

政府相继出台政策鼓励支持物流业高质量发展，与此同时，智能制造上升为国家发展战略，智能仓储行业已经迎来发展黄金期。

（一）跨行业和跨产业的深度融合

从国家政策推动层面和企业技术研发层面，均呈现出跨行业和跨产业深度融合的发展趋势。智能仓储企业将进一步推动现代物流业与农业、制造业等产业融合发展，加快建设跨行业、跨区域的物流信息服务平台，实现需求、库存和物流信息的实时共享，建设智能仓储体系、提升物流仓储的自动化、智能化水平。未来行业的发展将朝着龙头化、差异化、服务化和智慧化方向发展。

智能仓储企业不仅可以为上游制造企业提供高效率低成本的仓储服务，同时也可以提供库存和物流数据的集成分析，帮助企业了解和熟悉需求端的快速变化，为企业个性化生产提供决策依据。

随着市场竞争的激烈、市场需求的快速波动，如何削峰填谷也成了仓储企业急需解决的生存难题之一。智能仓储作为智能供应链的中间环节，可以进一步与上游制造型企业形成供应链的深度融合，通过数据平台的建设，依靠逐渐兴起的 C2M 模式和直播营销、直采直销，构建从产品到消费者手中的完整供应链，如图 9 所示。

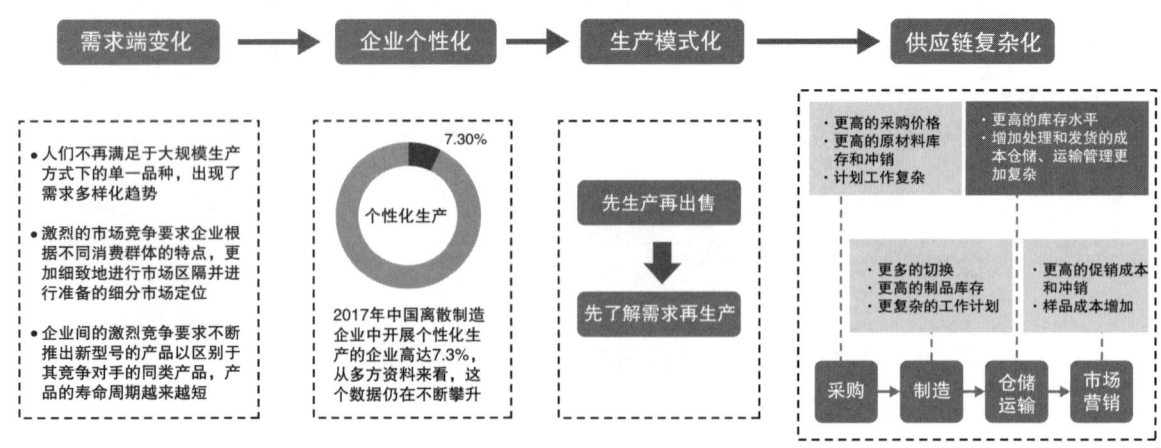

图 9　智能仓储行业的需求端变化分析图

资料来源：亿欧智库

(二) 作业流程的透明化和决策优化

在降本增效的压力下，仓储企业可以通过数字化和网络化建设，实现仓储物流全流程的透明化管理。

要实现透明化，必须首先捕获和分析系统实时数据，也就是建立系统的数字影像。基于仓储物流流程数据的完整性和实时性，可以进行"流程挖掘"，从数字化中挖掘优化的潜能。所谓"流程挖掘"是对实际流程进行展现、监控和优化。即从企业信息系统（如仓库管理系统）中的实时信息和事件日志里提取知识，寻找规律。透明化可以实现流程的优化，提高物流的速度、效率和质量，降低物流成本。

数字孪生技术（Digital Twin）是另一项有助于决策优化的系统技术。仓储物流系统的数字孪生技术就是相应的物流设备和系统在虚拟空间中的数字化表达，以便在这个数字化物流系统上研究实际物理系统可能发生的情况，并借助增强现实和虚拟现实技术生动直观地展现出来。

利用数字孪生技术可以快速和低成本地对物理系统进行仿真优化，通过改变系统控制策略和规则，寻求更优的方案。同时利用数字孪生技术逆向反馈的功能，把优化后的控制方案（甚至包括 PLC 和机器人控制程序）直接植入物理系统。基于数字孪生技术进行的各类仿真、分析、数据挖掘以及人工智能技术的应用，可以确保与现实物理系统的适用性。

订单需求的不确定性是仓储物流面临的巨大挑战，基于数字化和新型预测方法对物流需求进行预测分析，将成为未来智能仓储行业的重要发展方向。

(三) 作业场景的远程化和智能化

操作人员短缺和人工成本上升一直都是仓储业发展的瓶颈，作业场景远程可视化将有利于解决这一问题。

首先，智慧物流大脑可视化平台的技术近年来获得了巨大发展，物流大脑可视化借助物联网技术、信息物理系统技术（CPS）、边缘计算、雾计算、云计算技术、智能分析技术、5G 通信技术，实时在线实体物流智慧系统与虚拟智慧物流系统的情景交融，做到实时数据分析、可视化智能调度、远程现场监测、远程实时人工介入等。"物流大脑"的构建，将延伸和扩展人工调度和监测的范围，提高工作效率。

其次，随着超级自动化技术发展，基于软件机器人的数字员工已经开始上岗。数字员工可以从事复制、粘贴、点击、输入、比较、校对、应答等规则固定、重复性高、附加值低的管理与服务工作。数字员工替代人完成低附加值的重复工作，可以进一步降低人工成本，缓和用工短缺和人工费用高等问题。

最后，VR/AR 技术、数字孪生技术和区块链技术在智慧仓储装备系统中的应用，可实时模拟智慧物流体系中软硬件运作流程。用户可通过动画模拟分析，观察设备协同运作情况，提前发现系统存在的问题，有助于维持智能系统的稳定性。

武汉商学院副教授、普罗格研学中心院长　易兵

跨境电商物流自动化分拣技术发展及展望

2021年,新冠肺炎疫情依然形势严峻,疫情对全球经济贸易造成重大冲击,但是,疫情的常态化防控使得"宅经济"正在重塑人们的消费习惯,这对跨境电商发展产生了积极的影响,全球主要国家和地区网络零售进入高速增长期。商流的快速增长带动了跨境物流服务需求提升,客户对加快整体物流时效、降低物流成本、提升购物体验等方面提出了更高的要求,因此跨境电商自动分拣设备的市场前景广阔。

一、跨境电商物流发展

(一)跨境电商发展历程

随着互联网信息技术的迅猛发展,跨境商品交易与电子商务结合逐步加深。全球化与数字化已成为不可逆转之势,进一步推动了跨境电商产业发展壮大,跨境电商供应链服务需求也将随之增加。中国跨境电商的发展经历了萌芽期、摸索期、发展期三个阶段,发展阶段的演变产生不同的商业模式,如图1所示。

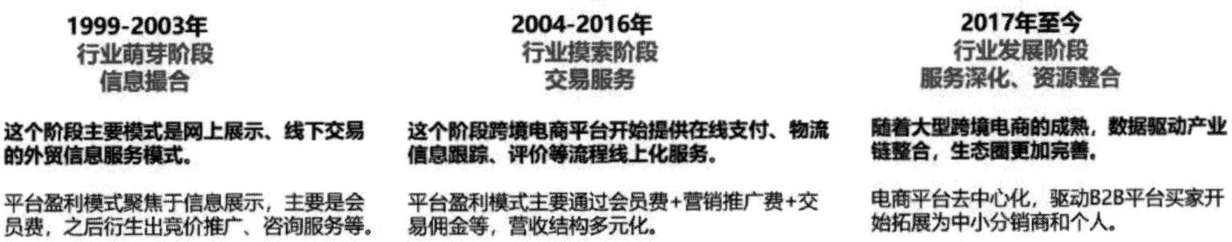

1999-2003年 行业萌芽阶段 信息撮合	2004-2016年 行业摸索阶段 交易服务	2017年至今 行业发展阶段 服务深化、资源整合
这个阶段主要模式是网上展示、线下交易的外贸信息服务模式。	这个阶段跨境电商平台开始提供在线支付、物流信息跟踪、评价等流程线上化服务。	随着大型跨境电商的成熟,数据驱动产业链整合,生态圈更加完善。
平台盈利模式聚焦于信息展示,主要是会员费,之后衍生出竞价推广、咨询服务等。	平台盈利模式主要通过会员费+营销推广费+交易佣金等,营收结构多元化。	电商平台去中心化,驱动B2B平台买家开始拓展为中小分销商和个人。

图1 中国跨境电商发展历程

资料来源:平安银行

跨境电商按照交易模式可分为平台型、自营型和分销型。大型电商平台拥有优质稳定的货源基础，以全球速卖通、亚马逊、eBay、Wish 等为代表的大型电商平台仍是跨境出口贸易的主力军，但是海外第三方平台较高的运营成本正推动中小卖家开始自建独立站。随着跨境电商的蓬勃发展，跨境电商独立站运营模式作为新兴销售渠道模式发展迅速，一方面，得益于跨境贸易本身的蓬勃向上；另一方面，独立站模式可以使外贸卖家直接掌握消费者数据资产，形成用户画像，便于精准营销和针对性 SKU 规划，助力卖家品牌化，提供市场新增长，如图 2 所示。

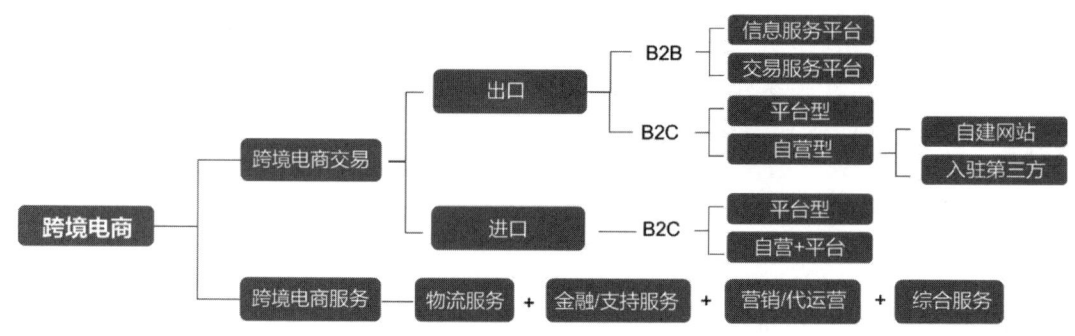

图 2　跨境电商交易模式

资料来源：中国产业研究院

（二）跨境电商行业规模

近年来，跨境电商已逐渐成为中国外贸的重要支撑力量，并且从外贸"新业态"成为"新常态"。中国跨境电商持续保持蓬勃发展态势，2021 年我国跨境电商市场规模达 6.03 万亿元，同比增长 29.8%。据预测，2025 年我国跨境电商市场规模将会达到 15.13 万亿元，如图 3 所示。

由于跨境电商相对传统外贸在信息交流、成本控制、跨境支付结算等方面具有较大优势，全球进出口贸易正向电商加速渗透的过程。2020 年我国跨境电商在外贸中的渗透率已提升至 39%，如图 4 所示。未来，随着经济和贸易全球化深入发展、中国制造的产品种类和质量不断提升，高性价比的中国产品将借助跨境电商逐步走向全球。

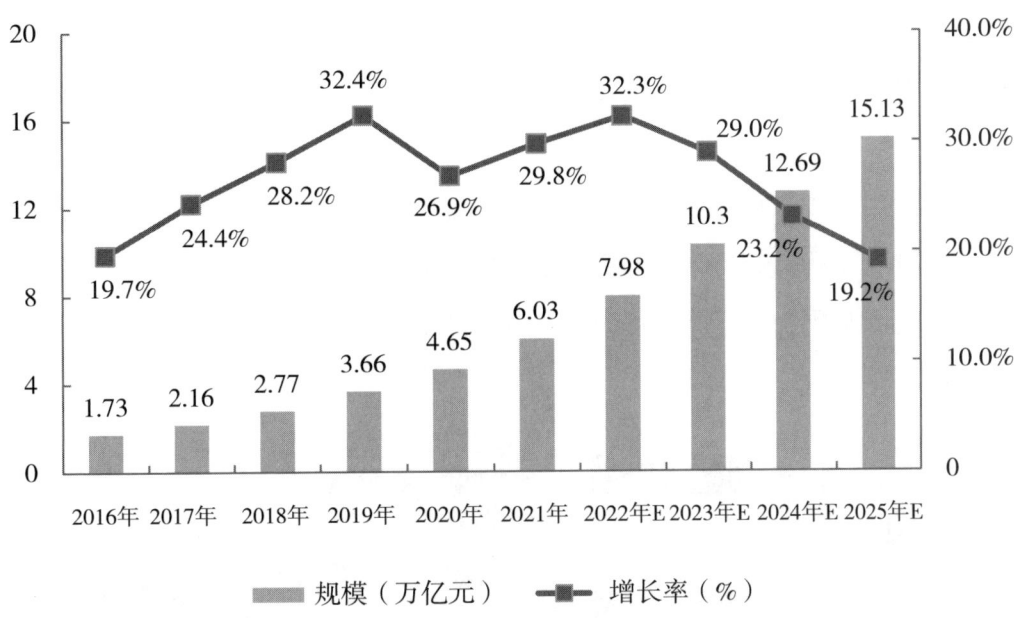

图3 跨境电商市场规模

资料来源：艾瑞咨询

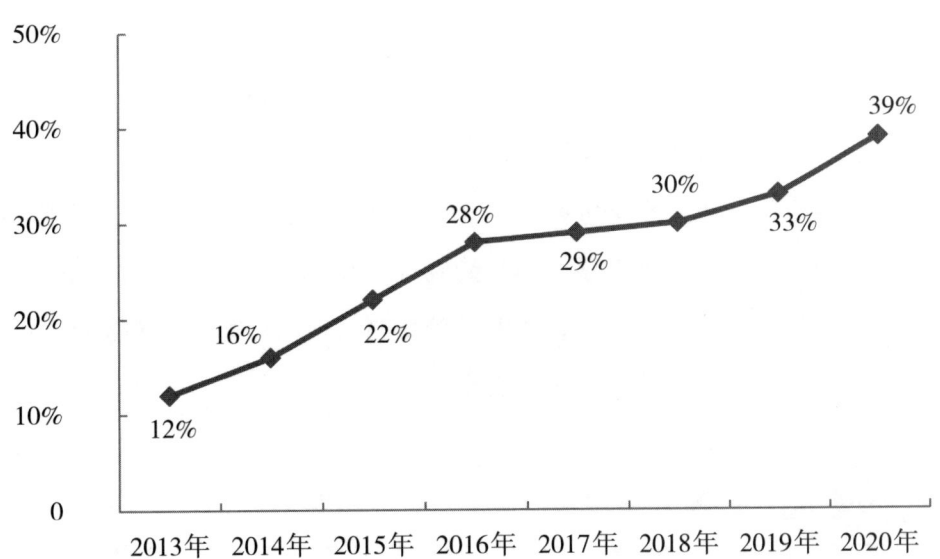

图4 国内跨境电商外贸渗透率

资料来源：网经社电子商务研究中心、中信证券研究

(三) 跨境电商物流发展

1. 物流模式

跨境电商的快速发展离不开配套产业、基础设施的建设，尤其是物流服务的不断完善升级，为跨境电商企业提供仓储、运输、配送等综合式物流及进出口清关、本地化售后等服务，其业务链条比国内电商物流服务更长，涉及的经营者更为多样，如图5所示。

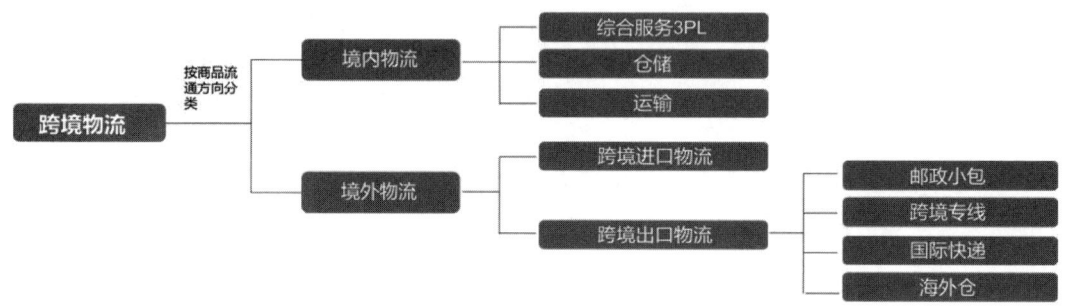

图5 跨境电商物流模式

跨境电商物流方式主要有邮政小包、国际快递、跨境专线和海外仓等4种方式。近年来，由于运价飙升，直发业务对卖家利润造成很大的侵蚀，许多卖家和物流企业纷纷布局海外仓。海外仓的本质是跨境贸易的本地化，而跨境物流能力的提升对降低物流成本、加快物流时效、提高产品曝光率、提升购物体验起到重要作用。跨境电商的兴起打破了传统外贸的渠道壁垒，出口企业直面海外消费者，有利于增强国内企业品牌的影响力，带动"中国制造"出海，推动中国物流全球化，如表1所示。

表1 跨境电商物流模式及优劣势对比

模式	简介	优势	劣势
邮政小包	基于万国邮政联盟的大平台，能够有效地实现电商产品直接配送全球各地的目标	网络基本覆盖全球，享有优先待遇	速度慢，包裹重量受限

续表

模式		简介	优势	劣势
直邮	国际快递	以国际快递三巨头 DHL、FedEx、UPS 快递服务为主的物流运输模式	运输速度快，跟踪信息更新及时准确，全程化，各平台均认可，性价比高	价格高且变化较大
	国内快递	以顺丰和"三通一达"为主，国内企业在国外发展布局	速度较快，费用低于国际快递	覆盖范围有限，市场把控能力低
专线物流		以航空包航运输为主，货物送至境外后由第三方物流配送	速度较快，价格较低，丢包率低	国内揽收范围有限，目标地区覆盖率较低
海外仓储（FBA）		在海外目标市场健全，提前存储定量货物，客户下单后立即响应	发货周期短，降低物流成本，商品可灵活退换	使用商品范围有限，容易压货，管理要求更高

资料来源：公开资料整理

2. 物流规模

2021 年跨境电商 B2B 和 B2C 物流整体市场规模超 1.61 万亿元，同比增长 24.55%。未来受益于跨境出口贸易国家不断增加、出口商品品类越发多样、海外消费者购买能力的恢复以及线上购物的习惯持续培养等因素推动，预计到 2025 年跨境出口电商 B2B 和 B2C 物流行业整体规模有望达到 3.63 万亿元，2013—2025 年的年均复合增长率（CAGR）预计为 31.17%，如图 6 所示。

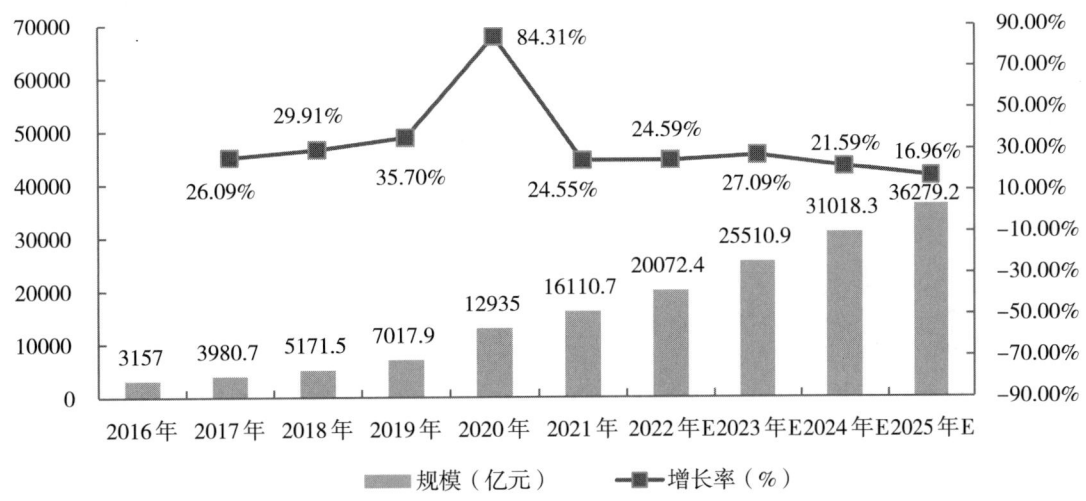

图 6 中国跨境电商 B2B 和 B2C 物流整体市场规模

3. 物流痛点

在跨境电商企业成本结构中，物流成本目前是对企业盈利影响最大的因素，物流成本占跨境电商总成本的 20%~30%，如图 7 所示。

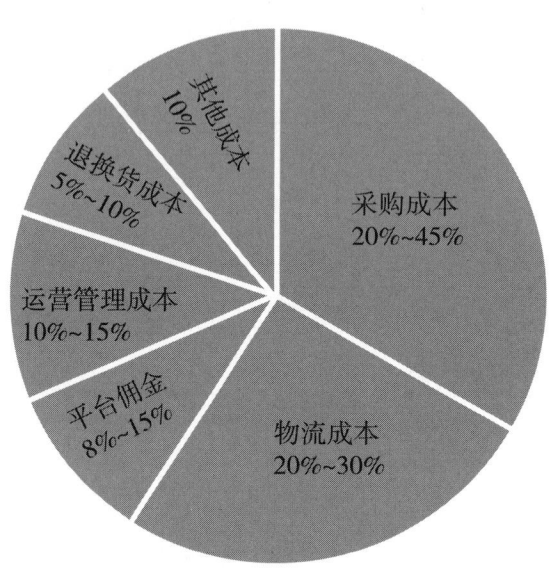

图 7　跨境电商企业成本结构

相比国内快递物流，跨境电商物流的地理距离更远，物流的复杂度大大提升，同时，跨境电商物流存在需求碎片化、运输频次高、物流时效快等特点，跨境物流成为跨境电商发展的痛点之一，跨境电商物流的复杂性在于以下 5 点。

（1）分拨环节多，包裹遗失和破损概率高。

（2）整个链条涉及多个环节外包给物流商，无法做到完全自主可控。

（3）流程环节数量较多，信息化难度大。

（4）距离长，时效慢，跨境电商物流平均时效在 13 天左右。

（5）正向物流复杂度高，逆向物流难度更高，退货处理烦琐、困难，退货体验差。

4. 物流竞争态势

根据波特五力模型分析，跨境电商物流企业面临未来竞争压力，以及下游客户的服务时效、质量等压力，直接考验着行业内企业的运营能力和技术创新能力，如表 2 所示。

表 2　波特五力模型下的跨境电商物流行业竞争状态分析

项目	跨境电商物流行业	竞争程度
供应商议价能力	上游供应商受相关国家和地区政策、经济发展程度、市场竞争格局等因素影响，部分产品线路中邮政和快递类供应商竞争相对缓和，但随着业务规模和市场影响力不断扩大，供应商储备持续增加，公司对上游企业的掌控力也相应增强；其余供应商所处市场的竞争则相对充分，较为激烈的竞争格局有利于公司在众多供应商中进行充分比价、择优采购，降低对上游供应商的依赖度	低
购买者议价能力	下游行业客户主要包括大型跨境电商平台和部分区域性电商平台、电商独立站经营者和少数寄件人等。国内跨境电商物流市场集中度仍然较低，第一梯队企业因其广泛的揽收区域、海量的境外合作供应商资源、优质的服务体验，与跨境电商平台和卖家相辅相成、共同促进，在市场上拥有一定的主动定价权，能够根据市场和成本的变化小幅调整价格，从而能够维持相应的利润水平	中等
现有竞争者	我国跨境电商物流服务行业从业企业众多、竞争激烈。行业内企业表现出较强的区域性和专业性，专注于特定区域的业务或特定类型的物流产品，业务规模偏小，市场份额分散。头部企业市场份额逐步增加，市场集中度呈现上升趋势	中等
新进入者	从事国际快递业务的企业必须取得国际快递业务经营许可。此外，网络规模、资金实力、设备智能化水平、物流信息化管理能力、人力资源等也是进入行业的主要壁垒。新进入的企业短期内难以具备契合以上重要模块能力，新进入者的竞争力较低	低
替代产品威胁	提供给跨境电商行业的物流服务，传统的外贸物流服务模式难以替代，暂无明确替代产品	低

二、自动分拣技术赋能跨境电商物流行业发展

（一）自动分拣系统市场规模

我国自动分拣系统市场继续保持着高速增长态势。据统计，2021 年我国自动化物流

装备市场规模超 2100 亿元，年复合增长率为 25%以上，其中自动分拣系统市场规模约 260 亿元，年增长率约为 21.8%，如图 8 所示。我国自动分拣系统市场区域分布情况与电商快递数量分布情况高度正相关，以浙江、江苏、上海为代表的华东区域及以广东为代表的华南区域的市场份额巨大，自动分拣系统市场规模更大、技术发展更快，其中华东地区以超过 35%的市场份额位居首位，区域市场规模效应明显。

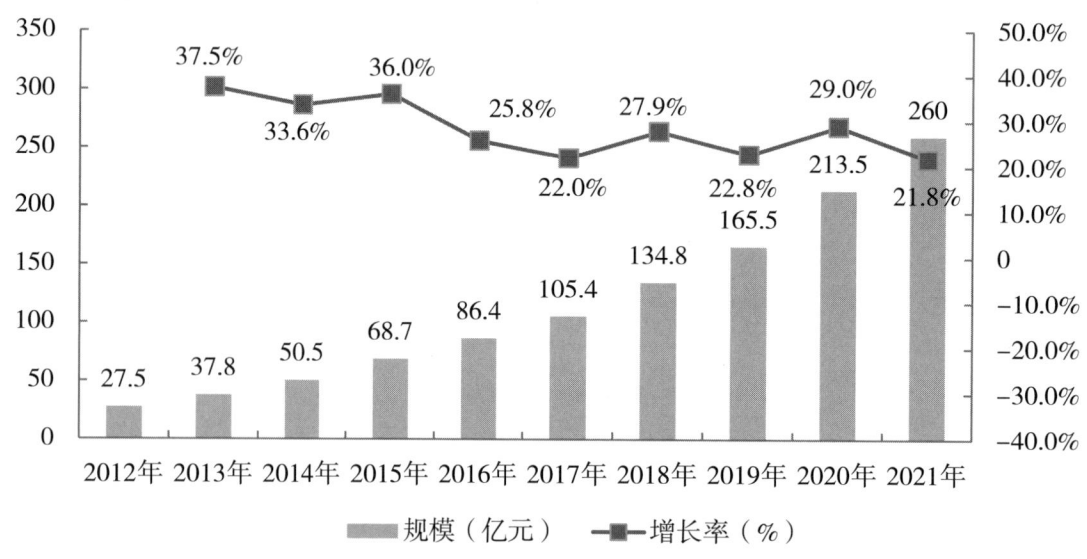

图 8　自动分拣系统市场规模

资料来源：国家邮政局、中国产业信息网、智研咨询及网络搜集

（二）自动分拣系统在跨境电商物流中的应用

分拣业务是整个跨境物流业务链条中的重要效率提升环节。随着智能分拣设备和智能分拣系统的普及应用，分拣环节的效率及准确率提升，物流时效缩短，人力成本下降。同时，通过自动分拣系统信息建设，达到跨境物流信息的线上化、透明化，进一步提升了消费者对于跨境物流服务信任度，智能分拣设备和系统的应用为跨境电商物流发展提供技术支持，如图 9、表 3 所示。

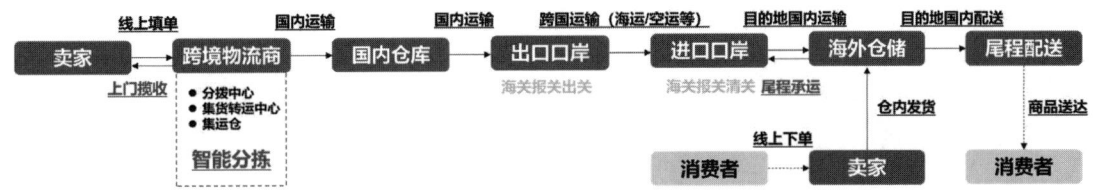

图 9　跨境电商海外仓物流流程

资料来源：艾瑞咨询

表 3　跨境电商物流自动分拣应用的主要领域

领域	说明
集货转运中心	跨境出口电商物流服务网络的最前端，承担着上门揽收、快件接收、安检、称重、快件分拣、快件发运等功能。主要设立在距离客户集中发货区域较近的跨境电商产业聚集区等位置，可实现客户所发货物快速、多频次揽收，保障客户发货信息能第一时间在集货转运中心，并迅速发往各大分拨中心处理
分拨中心	作为跨境出口电商商品包裹的关键枢纽，快件由集货转运中心分拣后发运至分拨中心，由分拨中心按照不同的目的地进行二次处理，主要承担快件接收、分拣作业、深度安检、组包、装箱、发运口岸等一系列重要功能
集运仓	具备独立的安检能力和分拣能力，具有上架、下架、包装、录入、分拣、成品发运的功能，为满足客户国际快递揽收及处理业务中的合包需求所设计的集包运输仓库

（三）跨境电商物流代表企业自动分拣系统需求情况

自动分拣系统是跨境电商物流的重要组成部分，通过智能分拣设备的投入，可有效提高资源利用率，提升产品时效和客户体验，自动分拣能力已逐渐成为跨境电商物流服务企业核心竞争力的重要组成部分，如表 4 所示。

表 4 跨境电商物流代表企业自动分拣需求情况

项目	代表企业	分拨/转运中心情况	核心业务	业务分拣自动化情况
专业第三方跨境出口电商综合物流服务企业	北京燕文物流	6大分拨中心，30余个集货转运中心	提供跨境直发服务的综合型国际物流服务，跨境物流线路通达全球200余个国家和地区	国内跨境出口电商物流服务商中率先引入自动化分拣设备。截至2021年上半年，拥有自动分拣设备393台，不断与设备供应商合作，生产出定制化的智能化物流设备
	福建纵腾	30座境外仓储和中转枢纽	拥有跨境专线"云途"及海外仓"谷仓"等物流服务品牌，实现外贸商向行业垂直服务商转型	打造"全球跨境电商基础设施服务商"的定位，集团积极开展智能海外仓建设并在东莞等智慧物流园大力投入全自动分拣流水线
	深圳递四方	43个国内分公司/分拨服务网点	已形成全球包裹递送网络（GPN）及全球订单履约网络（GFN），提供五类衍生服务，包括：全球订单履约服务、仓储与物流管理系统服务、全球退件解决方案、全球包裹直发服务，以及全球转运进口服务	自主研发的分拣系统，能够快速进行条码识别，按指令分拣，实现称重分拣一体化全面覆盖，保证每一票货物都可自动识别、精准分拣出库。称重及分拣，已从传统人工模式升级为100%人工管控模式。运用云技术的加持，能够无压力承受1000万以上包裹洪峰过境
国内快递及综合物流服务企业	顺丰控股	139个分拣中心	国际业务定位是顺丰控股的五项新业务之一。顺丰控股持续构建海外网络、清关及海陆空多式联运等核心能力，并通过自营、合资及经销商等多样化模式，进一步提升跨境及海外服务能力	2021年2月，顺丰控股宣布在A股市场拟非公开发行方式募资220亿元，其中60亿元用于投资速运设备自动化升级项目

续表

项目	代表企业	分拨/转运中心情况	核心业务	业务分拣自动化情况
国内快递及综合物流服务企业	中通快递	超过30400个网点，99个分拣中心	中通国际始终围绕"成为全球一流的综合物流服务商"发展目标。中通国际在东南亚、中东、欧美、日韩、澳大利亚等国家和地区均有业务布局，开展了保税、直邮、仓配一体、专线等多元化、多品类的跨境物流业务	通过自动化率提高和路由规划优化实现运营效率提高，现拥有361条自动分拣线
	圆通快递	75个分拣中心	为开发端到端的全链路服务提供了有力支持。圆通速递国际已打造了跨境物流全链路服务，并与17个国家的18家邮政公司或快递公司达成战略合作	圆通近两年持续推行数字化转型，监控采集快递收转运派全环节的数据，研发了全链路管理系统及覆盖中心管理、操作装卸、揽收派送和客户服务等环节的子系统，实现全业务场景的数据化与信息化。现拥有126条自动分拣线
	申通快递	87个分拣中心	以国际仓配转运中心为主体，全面铺设申通国际网络，搭建全球网络平台。在国际业务产品方面，申通国际主要提供国际小包、国际邮政包裹、海外仓等业务，累计开拓了超过103个海外网点，国际业务服务地区已经覆盖美国、澳大利亚、俄罗斯、英国、日本、韩国等45个国家和地区	推动数智化转型升级，全面实现智慧运营战略，高度重视转运中心的科技化及自动化方面的投入，截至2021年上半年，公司累计拥有自动化分拣设备225套，其中交叉带分拣设备147套，摆臂设备78套
	韵达股份	67个分拣中心	已有国际专线、国际特惠、国际小包、国际重货、FBA、仓储（保税仓储、海外仓储）、转运等相关业务，已开通13条专线，覆盖30余个国家和地区	目前已拥有300条左右自动分拣线

续表

项目	代表企业	分拨/转运中心情况	核心业务	业务分拣自动化情况
国内快递及综合物流服务企业	京东物流	102个分拣中心	提供全方位供应链服务，包括头程运输、海外仓、货运代理及合同物流。依托其海外仓设施，京东物流可帮助中国卖家将货物从中国运输到指定的海外仓库，包括长途运输及清关等服务	近三年累计支出近53亿元，布局强化一体化供应链和物流服务的先进技术，增加自动化、数据分析和算法能力等方面的投入，覆盖了仓储、运输、分拣及配送等各个环节，其自主研发"地狼""天狼"、分拣AGV、交叉带分拣机、AGV叉车等设备
	德邦股份	143个分拨中心，包括70个转运中心，38个集配站，35个运作部	跨境服务主要包括国际快件、FBA进仓、国际联运、电商小包等业务，已开通大陆至日韩、欧美、东南亚等127条精品线路，提供全程跟踪的门到门服务	德邦计划在三年内投入8.51亿元进行"转运中心智能设备升级项目"，其中"半自动矩阵分拣设备"3.68亿元，"全自动小件分拣设备"1.17亿元，"全自动大件分拣设备"3.66亿元
	极兔	78个国内转运中心	国际业务包含电商小包、国内仓储、传统货代、FBA头程、海外仓储、目的国清关服务等，支持空运、海运、陆运等多种运输方式，业务范围遍及全球200多个国家及地区	极兔在国内拥有384组全自动化矩阵，分批投入超过1300套自动摆轮设备和500套DWS智能扫描设备，在上海浦西转运中心正式启用全球最快自动分拣机

资料来源：网络搜集

（四）技术创新在自动分拣系统中的应用

分拣设备与系统属于技术密集型领域，技术创新是企业的立足之本、利润之源。近年来，跨境电商物流企业需求日益旺盛，对自动分拣系统的需求也越发强烈，自动分拣设备行业步入"技术竞争"赛道，谁能够在技术上不断创新，研发出帮助用户降本增效的产品，谁就能够独占鳌头，如表5所示。

表 5　跨境电商物流自动分拣技术应用

技术类型	技术应用表现
快递包裹自动定位追踪技术	基于三维视觉的物体定位数据交互通信技术、物体追踪控制体系技术等；运用三维视觉检测系统与设备级 PLC 控制系统通信报文的建立、触发控制检测机制、高频通讯交互模式及异常报文应答机制，保证包裹在各个输送分拣流程环节中，物体在仓储管理系统的信息与实际物体的信息精准无误地进行传递和交互
全自动供包交叉带分拣控制技术	应用三维视觉单件分离控制技术及系统、三维视觉双控制技术及装备、三维视觉全自动纠偏技术及装备，对物体的复杂输送形态进行检测判断，并对其进行自动化处理，如差速分离方式及根据判断机制全自动剔除方式，完成对物体的输送形态的整理。易于分拣环节的高效处理，同时在分拣环节中，根据三维视觉检测的物体定位进行纠偏微调动作，保证物体进行精准无误的分拣作业，进一步提高自动化分拣作业质量
物流装备系统全生命周期管理技术	基于大数据统计的多方位诊断技术研究。开展基于大数据对历史数据运行特点、规律的研究。重点研究分拣系统过程、设备元器件、设备状况感知与分析、运营与监管、模型分析及报告，控制各项指标在有效的阈值内，实现提前预警。对各项指标进行建模，通过模型评估，有效改善分拣设备的流程和促进分拣设备工艺的优化。有效对设备运行状态进行管控，跟踪和维护设备的使用，监控设备故障状态，设备系统具备远程监控、诊断能力。做到有效降低设备故障率，保障设备运行稳定性
双线分流，有效区分危化品类技术	入港区两侧设置输送线，经 DWS 称重和安检机检测后，正常大包件经皮带输送到换签平台一侧拆包线，人工解包后倒入螺旋滑槽。而被判为危化品件的包裹，则会被摆轮剔除至另一侧的危化品输送专线，经由人工解包后二次过安检，区分出正常小件与异常小件，正常小件经输送线送至称重换签区，危化品小件另做处理
半自动集包，包裹体积优化设计	因跨境电商件多为航空件按体积或重量计费，故设计直段小滑槽加转弯大滑槽格口实现不同目的地不同单量的分拣，采用人工手动集包形式，使货物更加紧凑，包裹体积最优。再通过后端皮带机输送至发货分拣区，经 DWS 称重扫描、摆轮按路线分拣、RFID 六面扫后装车发运
低磁性分拣技术	因跨境电商件中包含大量 3C 产品，产品蕴含磁性，铁制自动分拣设备在分拣此类产品过程中会影响分拣的准确率，基于此类情况，自动分拣设备部分构件采用铝质或钢质材料，或添加挡板设计等方式，降低磁性影响，保障分拣准确率

续表

技术类型	技术应用表现
RFID 自动复核系统技术	运用无线射频系统技术，自动辨识读取已集包的包裹中 RFID 标签，自动与系统数据比对，若数据相同，则不需要人工拆包复核；若数据不匹配，则需人工拆包复核包裹。可以极大节约人力，同时保证分拣数据准确度
智能分拣柜系统	针对跨境电商中的异形件，引入智能识别系统，人机结合，各柜体自动级联，快速组网，自动分配地址，降低作业人员出错概率
消除叠件快速区分货物路径技术	创新应用爬梯分离式设计，能够有效消除软包裹叠件拥挤问题。逐件分离后经叠件检测，极少数包裹检测分离异常的会进入异常线重新分离，分离成功的小件经条码扫描后，由摆轮完成对导入区的初分。异形件则在换签完成后通过上层皮带机送至人工处理区

跨境电商综合物流服务受分拣维度较多、分拣规则复杂等因素的影响，对智能分拣的要求较高。同时，随着物流行业竞争加剧、利润空间压缩，企业发展对分拣自动化需求与日俱增。提供优质的快递服务，需要专业化的快递设施和大型自动化分拣设备、庞大的快递网络和信息系统支持，企业对自动分拣系统的操作和处理能力及其稳定性提出了更高的要求，如表6所示。

表 6 跨境电商物流自动分拣系统解决方案主要特点

项目	系统解决方案
高效率	算法调优：具备自学习算法，自动调整运行速度，提高分拣准确率。双列四层交叉带分拣机分拣效率可达 14.4 万件/小时
高精度	分拣差错率<0.01%：成熟、高精度的产品设计和制作，保证产品分拣精度
低成本	维护成本低：单元化模块设计，单元构件更换 10 分钟 提升空间利用率：单列单层与双列四层效率相同条件下，空间利用率提升 8 倍
高柔性	平衡高峰、间歇期分拣工作：单件分离缓冲包裹流量的剧烈变化，均匀控制包裹间隔 扩展性：企业在订单高峰期，可增设分拣口
信息化	智能化物流及信息系统：WMS、WCS、MES、SCADA、PLC 等

续表

项目	系统解决方案
安全环保	安全：自动化系统，避免了误操作的安全风险 低噪：噪声<70dB 降低能耗：交叉带分拣方案相较于其他类型产品，能耗降低约20%
人性化设置	自动录入数据；自动落袋打包；异常格口处理；减少操作错误
综合解决方案	小件交叉带自动分拣系统：环形交叉带分拣系统、直线交叉带分拣系统等 大件矩阵自动分拣系统：偏转轮分拣系统、摆臂分拣系统、大包裹交叉带分拣系统等 异形件自动分拣系统：NC自动分拣系统等

（五）适用于跨境电商物流的自动分拣产品

1. NC自动分拣系统

NC交叉带式自动分拣系统是一种适用于跨境电商物流特征的高效自动分拣系统，以其载运容器——交叉带式NC托盘小车命名。这种托盘小车取消了传统的依靠中立卸载的方式，也取消了托盘倾翻机构，而是在固定的盘面上安装一条可以双向运转的带有挡板的短传送带，实现承接包件与双向卸包入格功能。摆脱了传统交叉带式分拣机对货物形状的严格要求，其系统具有极佳的效率、准确性、灵活性和场地利用率等方面的优点，是一种实现最大经济效益与极高可靠性的分拣解决方案，如图10、表7所示。

图10　NC自动分拣系统

表 7　NC 交叉带式自动分拣机的技术参数

NC 交叉带型号	GF-CBS-500-NC	GF-CBS-600-NC
单区最大分拣效率（PPH）	10800	9000
最高运行速度（m/s）	1.5	1.5
分拣货品重量范围（kg）	0.005~15	0.005~15
小车间距（mm）	500	600
小车皮带面尺寸（mm）	373×700	434×700
小车分拣驱动（可选）	电动滚筒或伺服马达	电动滚筒或伺服马达
小车分拣动力取电（可选）	滑触式（碳刷）或无接触式（高频感应）	滑触式（碳刷）或无接触式（高频感应）
小车环线运动驱动	直线电机（电磁驱动）	直线电机（电磁驱动）
分拣环线运行电力（V）	DC48	DC48
分拣系统噪声水平（dB）	≤70	≤70

NC 自动分拣系统具有以下 9 个特点。

① 适用模式：可实现按批拣选或目的地分拣，形成交叉互联、越库作业的综合分拣模式。

② 应用广泛：可有效分拣方形件、扁平件、柱形件、球形件等不规则物品。

③ 高效节能：轻简构造设计，高分拣效率，节能减排。

④ 标准模块：高水平的模块标准化，确保快速和简单的安装，且易于改造和扩展增容。

⑤ 布局灵活：灵活的规划布局，可实现倾斜上升或下降的应用。

⑥ 精确度高：供件及下件的精确度高，使货品可运用双密度卸出或自动落袋打包。

⑦ 完好率高：不受限于货品的尺寸、重量或材质，实现平稳柔和分拣，确保货品高完好率。

⑧ 控制简便：强大、友好、简洁的控制系统，可提供高水平的诊断功能。

⑨ 超低噪声：即使在最高速度分拣时，也可保持低噪声运行。

2. 交叉带式自动分拣系统

交叉带式自动分拣系统是以其载运容器——交叉带式托盘小车命名。输送装置由输送轨道和小车构成了分拣主线，每台小车设有车载控制系统，可与自主研发的 WCS 控制平台进行无线通信。交叉带式分拣系统是包件分拣机的主要机型，其系统具有极佳的效率、准确性、灵活性和场地利用率等方面的优点，是一种实现最大经济效益与极高可靠性的分拣解决方案，适用于电商、邮政、快递等行业的大中型场地，在小件分拣方面有突出优势。

（1）环形交叉带自动分拣系统

环形交叉带自动分拣系统是一种兼具经济性和可靠性的分拣解决方案，主要由自动化供包机、分拣机主体、分拣直线轨道、90°分拣转弯弯道、支撑框架、螺旋下包滑槽及辅助等设施设备组成。用于分拣种类繁多的货品，分拣货品的重量范围是 10 克至 35 千克。环形交叉带分拣机在技术参数和性价比方面具备优势，目前作为小件快件分拣主要解决方案在快递业广泛应用，如图 11、表 8 所示。

环形交叉带自动分拣系统有以下 7 个特点。

① 高效准确：作业过程更精准、高效。

② 信息化管理：信息管理系统及平台进行对接，适应性较强。

③ 模块化结构设计：结构紧凑、模块化拆装方便、性价比高。

④ 柔性平稳：动作更轻柔，对货物冲击力小，分拣动作更加平稳。

⑤ 定制化服务：系统配置灵活，性能稳定，用户需求定制化服务。

⑥ 扩展性强：分拣机整机及部件均可采用富余设计，具有极高的可靠性及可扩展性。

⑦ 低噪环保：保持低噪声运行，噪声控制在 70dB 以内。

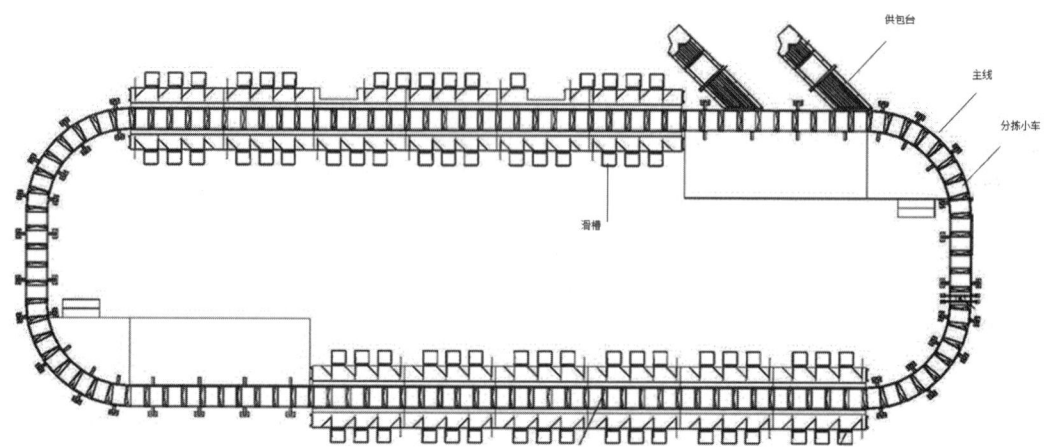

图 11 环形交叉带自动分拣系统

表8 环形交叉带自动分拣机的技术参数

交叉带分拣机型号	GF-CBS-500型	GF-CBS-600型	GF-CBS-600型—单轨双层	GF-CBS-800型
单区理论最大分拣效率（PPH）	21600	18000	36000	13500
运行速度（m/s）	1.2~3.0	1.2~3.0	1.2~3.0	1.2~3.0
分拣货品重量范围（kg）	0.005~30	0.005~35	0.005~50	0.005~50
分拣货品尺寸范围（mm）	最小 100L×100W×5H 最大 600L×350W×400H	最小 100L×100W×5H 最大 600L×400W×400H	最小 100L×100W×5H 最大 600L×400W×400H	最小 100L×100W×5H 最大 900L×600W×580H
小车间距（mm）	500	600	600	800
小车皮带面尺寸（mm）	373×700	434×700	434×700	626×700
小车分拣驱动（可选）	电动滚筒或伺服马达	电动滚筒或伺服马达	电动滚筒或伺服马达	电动滚筒或伺服马达
小车分拣动力取电（可选）	滑触式（碳刷）或无接触式（高频感应）	滑触式（碳刷）或无接触式（高频感应）	滑触式（碳刷）或无接触式（高频感应）	滑触式（碳刷）或无接触式（高频感应）
小车环线运动驱动	直线电机（电磁驱动）	直线电机（电磁驱动）	直线电机（电磁驱动）	直线电机（电磁驱动）
分拣环线运行电力（V）	DC48	DC48	DC48	DC72
分拣系统噪声水平（dB）	≤70	≤70	≤70	≤70

（2）直线交叉带自动分拣系统

直线交叉带自动分拣系统是一种新型高速分拣设备，是传统的水平环形循环输送机构升级版，由垂直循环输送机构和载有小型带式输送机的分拣小车组成，双层设备有上、下两个循环输送机构，采用软件和硬件双重响应，实现故障预警。其工作原理与环形交叉带自动分拣系统相类似，实现货物的上件与分拣任务，特别适用小场地等，如图12、图13、图14、表9所示。

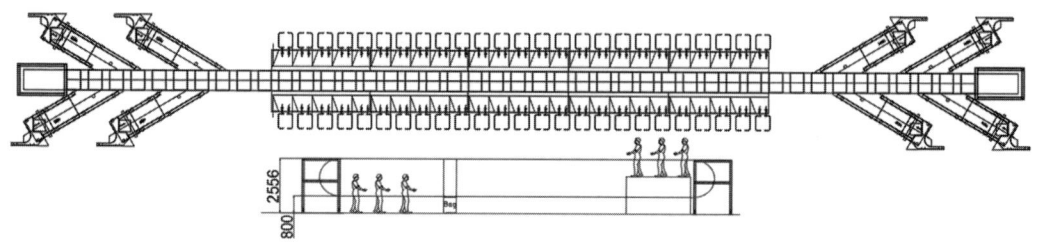

图 12 直线交叉带自动分拣系统

图 13 双层直线交叉带自动分拣系统

图 14　单层直线交叉带自动分拣系统

表 9　直线交叉带自动分拣机的技术参数

直线交叉带分拣机型号	双层直线交叉带分拣机	单层直线交叉带分拣机
单区最大分拣效率（PPH）	14400	10800
运行速度（m/s）	≤1.2	≤1.5
分拣货品重量范围（kg）	0.005~35	0.005~35
分拣货品尺寸范围（mm）	最小 100L×100W×5H 最大 600L×350W×350H	最小 100L×100W×5H 最大 600L×350W×350H
小车皮带面尺寸（mm）	426×700	426×700
小车间距（mm）	750	500
小车分拣驱动（可选）	电动滚筒或伺服马达	电动滚筒或伺服马达
小车分拣动力取电（可选）	滑触式（碳刷）或 无接触式（高频感应）	滑触式（碳刷）或 无接触式（高频感应）
小车环线运动驱动	直线电机（电磁驱动）	直线电机（电磁驱动）
分拣环线运行电力（V）	DC 48	DC 48
分拣系统噪声水平（dB）	≤72	≤72

双层直线交叉带自动分拣系统有以下5个特点。

① 低成本：优质的模块化设计，降低了设备运输、安装、使用及维护成本。

② 高效率：设备占地面积小，是普通单层的近1.5倍，使用效率高。

③ 低能耗：系统可以根据不同的吞吐量，自动调速，有效降低能耗。

④ 精度高：供件及落件的精确度高，使货物可运用双密度卸出的相对速度几乎为0。

⑤ 便捷性：强大、友好、简洁的控制系统，可提供高水平的诊断功能。

3. 偏转轮自动分拣系统

偏转轮自动分拣系统是通过在皮带输送线或者滚筒输送线之间嵌入偏转轮，将货物导出进入不同支线达到分拣的目的，是一种高效能、高精度、高柔性的具有双侧分拣的解决方案。具有运行故障率极低、货物低破损率等特点。广泛适用于邮政快递快运、商超物流、电商仓储、快消鞋服、医药化妆品等行业。

偏转轮自动分拣系统由动态称重设备、3D尺寸测量仪、高精度条码识别系统和分拣摆轮等核心部件组成，可以替代人工实现大件包件的自动分拣，极大减少了人力和人工数据采集的误差。通过优化内部滚筒设计，大幅提升系统的传动能力和承重重量，为中大包裹的高速传送能力提供支持，如图15、图16、图17、表10所示。

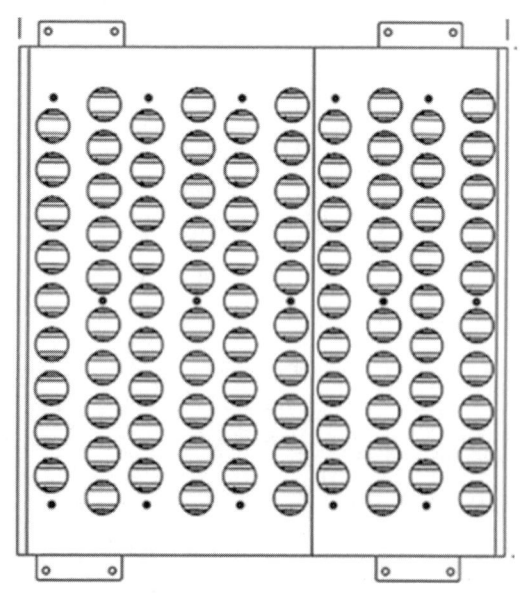

图15 摩擦式偏转轮自动分拣系统

 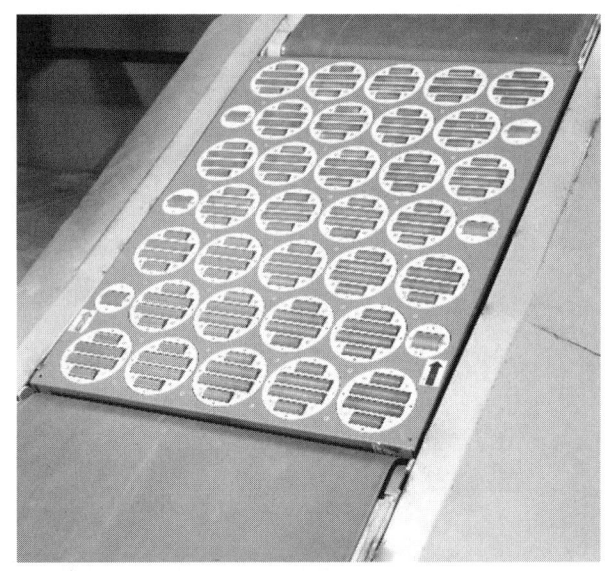

图 16　圆盘式偏转轮自动分拣系统

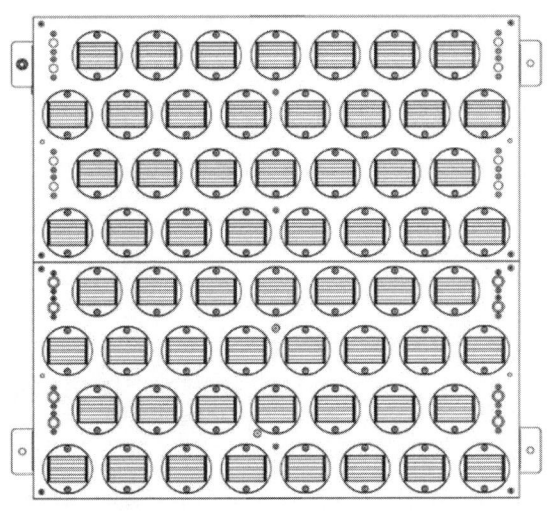 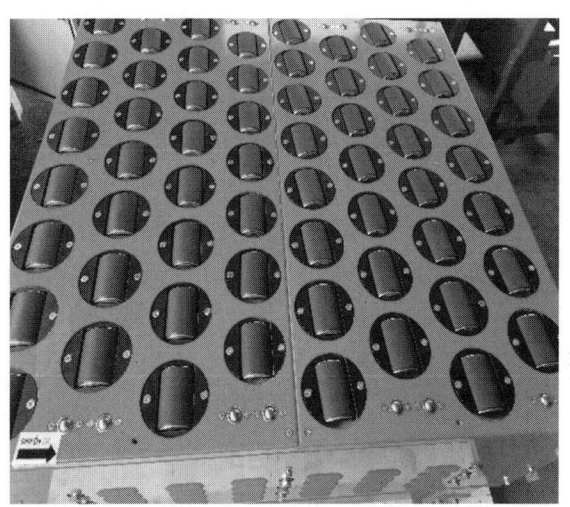

图 17　电辊子式偏转轮自动分拣系统

表 10　偏转轮自动分拣机的技术参数

偏转轮分拣机型号	摩擦式	圆盘式	电辊子式
最大分拣能力 （PPH）	8000 （注：货物 400mm×400mm）	6500 （注：货物 400mm×400mm）	5000 （注：货物 400mm×400mm）
运行速度（m/s）	1.5~2.5（可调）	1.5~2.5（可调）	1.5~2.5（可调）

续表

偏转轮分拣机型号	摩擦式	圆盘式	电辊子式
分拣货品重量范围（kg）	≤80	≤30	≤50
分拣货品尺寸范围（mm）	最小 150L×150W×20H 最大 1200L×1000W×800H	最小 200L×200W×20H 最大 1200L×1000W×800H	最小 200L×200W×20H 最大 1200L×1000W×800H
分拣路向	两侧分拣	两侧分拣	两侧分拣
设备单元外形尺寸（mm）	1040L×1060W×600H	1200L×1080W×600H	1060L×1060W×600H
高度可调节范围（mm）	±30	±30	±30
投入方式	手工投入、自动投入	手工投入、自动投入	手工投入、自动投入
电源（50Hz±1Hz）	三相五线制 380V±10% 单相 AC220V±22V	三相五线制 380V±10% 单相 AC220V±22V	三相五线制 380V±10% 单相 AC220V±22V
系统噪声水平（dB）	≤72	≤72	≤72
传动方式	同步带传动	电辊子摩擦传动	电辊子直接传动
摆动角度	−45°~45°	−60°~60°	−60°~60°
摆动速度（m/s）（支持双向摆动）	单次45°摆动速度：≤200	单次60°摆动速度：≤200	单次60°摆动速度：≤200
分拣准确率	≥99%	≥99%	≥99%
电压波动	±10%	±10%	±10%
接地电阻（Ω）	≤4	≤4	≤4

摩擦式偏转轮自动分拣系统有以下6个特点。

① 简易构造设计：结构简易，模块化设计，维护方便。

② 多规格配置：摩擦式偏转轮可根据客户分拣特征，个性化规划三组配置、四组配置、六组配置。

③高分拣效率：精确控制，分拣效率可达7500件/小时以上。

④分拣差错率：<0.01%，分拣轮排布密集，摩擦力大，保证分拣精度。

⑤分拣完好率高：柔性化分拣，与输送机配合可实现无损伤分拣。

⑥低噪声：优化降噪设计，有效降低阻力和噪声。

4. 单拖摆轮自动分拣系统

单拖摆轮自动分拣系统是通过链传动将皮带机和摆轮串联起来，整合驱动输入，实现单个电机带若干皮带机和摆轮，在保证分拣效率的同时，大大节省了电机功率，降低电机、电机附件数量，减少电气及安装成本，降低了现场施工难度，减少了施工时间，同时还能有效降低能耗、节约成本，如图18所示。

单拖摆轮组合方案是实现节能减排、降本增效的有效应用技术。自动分拣头部企业积极发掘客户需求，探索新技术、新方案，类似的技术将会在行业中大量涌现并应用实施。

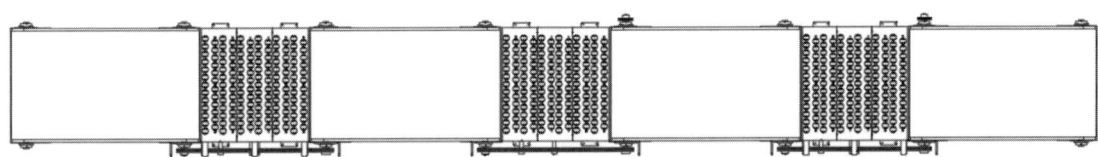

图18 单拖摆轮自动分拣系统

5. 各种自动分拣产品的综合分析对比

表 11 各类分拣产品综合对比

产品品类	分拣种类	分拣效率（PPH）	重量范围（kg）	优点	缺点	主要应用领域
NC 分拣机	方形件、扁平件、柱形件、球形件等不规则物品	9000~10800	0.005~15	具有极佳的效率、准确性、灵活性和场地利用率等方面的优点，不受限于货品的尺寸、重量或材质，实现平稳柔和分拣，确保货品高完好率	尺寸大、自重较大的货物不适应	跨境电商、快递、鞋服、食品、冷链、医药、烟草、机场等
交叉带分拣机	信封、编织袋、包裹、纸箱、服装、图书等	13500~36000	0.005~50	噪声低、分拣精准高效、布局灵活、运行平稳、性能稳定、节能减排、柔性化分拣	尺寸大、自重较大的货物不适应	电商、鞋服、快递、医药、烟草、机场等
摆臂分拣机	大包裹	5000	0.01~50	高效能、高精度、节约人工成本	扁平件、易碎品不适应	快递、物流中心等
直线交叉带分拣机	信函、服装、超薄物品、软体包裹、易碎品、不规格物品	10800~14400	0.005~35	占地小、操作简单、维护成本低、供落件精准、便捷灵活	尺寸较大货物不适应	电商、快递二级网点、鞋服等
偏转轮分拣机	信封、硬纸箱、塑料箱等平底面商品	5000~8000	≤80	分拣轻柔、快速、精准、分拣出口多、节省空间、运行故障低	超小件及轻软包不太适应	电商、医药、服装、快递等
直线窄带分拣机	软包、扁平件、集包袋、纸箱、重心稳定的异形件	12000	0.1~60	自动化程度高、分拣效率高、分拣货物类型广、操作简单等	成本偏高	电商、鞋服、快递、医药、烟草、机场等
模组带分拣机	各类箱、包、编织袋、快递袋、周转筐等	5000	0.1~35	处理件型范围广、处理能力高、易装配	单机长度短、噪声大、自重较大货物不适应	快递二级网点、电商、食品、冷链等
分拣机器人 AGV	纸箱、周转箱	2000	0.1~20	自动化程度高、安全性高、灵活性强、无人化作业	成本高	快递、电商、物流中心等
落袋式分拣机	小件、软包装、不规则形状物品	5000~30000	0.2~25	无须占用滑槽、地面空间占用少	误分拣率偏高	图书、医药、快递等

续表

产品品类	分拣种类	分拣效率（PPH）	重量范围（kg）	优点	缺点	主要应用领域
高速滑块式分拣机	厚纸箱、塑料箱、袋状物、辊轴类	12000~24000	0.5~30	可靠性高、处理物件规格范围大、分拣快速灵活	格口占地面积广、耗电量大、噪声大	食品饮料、医药、烟草、家电、机场等

三、跨境电商物流自动分拣技术趋势展望

（一）一体化、模块化的趋势明显

随着跨境电商的快速发展，国内跨境电商物流正向着全球化网络与供应链协同快速发展，同时，伴随着市场竞争将逐步加剧，自动分拣系统的运行效率、准确率、稳定性、处理能力是决定跨境电商物流效率、质量和用户满意度的重要因素。面对此现象，满足客户包括海外仓、直发等多种物流模式的一站式需求，建设一体化服务能力，减少各环节衔接等待时长、减少订单响应时间，保障更优的物流时效性需求明显，以物联网、大数据、云计算、人工智能等新一代信息技术为支撑的自动化物流蓬勃发展。

目前，国内一批先进企业通过模块化的设计思想，将非标产品模块化设计，自动分拣系统中的偏转轮分拣系统既可以作矩阵式粗分，也可应用于多格口的细分，还可用于代替输送皮带机辅助人工分拣，起到减少多余环节的作用。同时，自动分拣系统尤其注重系统稳定性，自动分拣系统模块化设计的应用越来越普遍，因系统故障等导致的停工会给企业带来极大的成本浪费，在基于流程的仓储系统中，任一过程的停工都会打乱整个系统的运行，其在提高分拣速度和灵活性方面发挥的作用也越发明显。

（二）智能化、数字化的高度融合

跨境电商涉及国家和物流环节众多，通过数字化技术的发展，有助于帮助商户为客户提供实时、可视化的物流轨迹，有助于提高客户信赖和黏性。同时，全链路的数字化改造有助于提升各环节的运作效率，例如关务数字化、海外仓数字化，进而提升物流时效及稳定性。智能化和数字化在自动分拣技术领域内的应用主要表现为信息监控、物联

网技术的结合，可以在自动分拣系统上加装识别监控、数据分析装置，再结合系统大数据深度学习能力，通过云服务优化平台，极大地提升了自动分拣系统的服务范围和服务能力，从而实现自动分拣系统智能化的路径，同时，自动分拣系统除了传统功能之外，还具备实时监控作业状态、实时上传数据等功能。自动分拣系统高度依赖信息系统，各类智能化设备的研发与迭代极大地推动了物流信息化，智能化、数字化是自动分拣系统在快递行业发展所必不可少的外部条件。自动分拣系统逐步实现利用工业视觉进行检测，通过深度学习算法调控，实现自动分拣系统在更复杂领域内的应用与实践。

自动分拣系统中各类技术、设备、子系统、分系统需要相互集成、协同处理，这对物流装备企业的智能化、数字化技术集成能力提出了较高的要求。近年来，政府密切关注智能物流体系的建设，密集出台相关政策与规划，倡导鼓励物流与科技相结合，以科技为导向，通过软硬件结合方式促进物流行业降本增效，随着《中国制造2025》深入推进，以及物联网、机器人、人工智能（AI）、大数据等技术的创新与应用，自动输送分拣行业发展正逐步成熟，行业竞争格局将会重塑，行业集中度发展趋势明显，行业龙头逐渐产生。

（三）无人化、绿色化的环保诉求

企业通过配置自动分拣系统能够大幅减少人力的使用，降低人工成本，减轻人员的劳动强度，提高人员的工作效率，但是在整个分拣过程中依然有部分柔性工作需要人工操作，如运营管理、人工理货等依然制约着分拣作业效率及准确率。伴随着人工成本上升、土地资源有限、经济转型升级的大背景下，许多企业开始以物流端为切入点，对企业运作进行自动化转型升级，自动分拣作为物流的重要模块，无人化分拣作业成为企业首选。

2021年2月，国务院印发的《关于加快建立健全绿色低碳循环发展经济体系的指导意见》提出构建绿色供应链，健全绿色低碳循环发展的生产体系；打造绿色物流，健全绿色低碳循环发展的流通体系。物流企业的低碳运营实践，包括通过业务模式升级、发展减碳科技，以提升运营效率，降低能力；采用新能源设备、调整能源结构、发展循环供应链，减少排放，参与碳交易。

金峰集团　蔡熙、刘登峰

中国城市物流竞争力报告

物流是经济的血液,物流枢纽是现代流通体系的加速器、产业要素的聚集地、经济势能的辐射源,主导和支配物流网络的空间流动。2020年《中国城市物流竞争力报告》的年度关键词是"疫情突发与经济韧性"。考虑新冠肺炎疫情导致的经济冲击、物流失序、国际供应链中断等波动和反弹,以及电商购物增长、线上经济爆发、航空货运和中欧班列剧增等结构性变化,2021年《中国城市物流竞争力报告》的主题为"疫情冲击下的城市物流韧性经受考验"。该报告涵盖百年变局和世纪疫情叠加冲击下的物流大变局、城市物流承受疫情冲击考验、城市物流竞争力榜单、不同视角下的城市物流发展策略、重点城市物流竞争力深度分析、物流枢纽城市国际经验参考以及城市物流韧性发展趋势展望等核心内容。

一、年度发展述评

(一)年度物流发展环境特征

(1)疫情防控与复工复产统筹推进
(2)"双循环"新发展格局稳步推进
(3)"交通强国"建设号角吹响
(4)物流"新基建"加快建设
(5)物流"新业态"健康发展

(二)年度物流运行情况特征

(1)物流"生命线"作用充分发挥

(2) 社会物流运行恢复正常

(3) 社会物流成本保持稳定

(4) 物流服务秩序基本恢复

(5) 物流企业成长速度加快

(6) 物流基础设施稳定提升

二、中国新一线物流城市

中国新一线物流城市为城市物流竞争力指数排名前 30 的城市，包括 4 个直辖市、13 个副省级城市和 13 个地级市。

在物流竞争力指数前 10 名城市中，7 座城市位于东部地区、3 座位于中西部地区；8 座城市位于南方地区、2 座城市位于北方地区。新发展格局下，中西部地区的物流枢纽地位将明显上升，如图 1、表 1 所示。

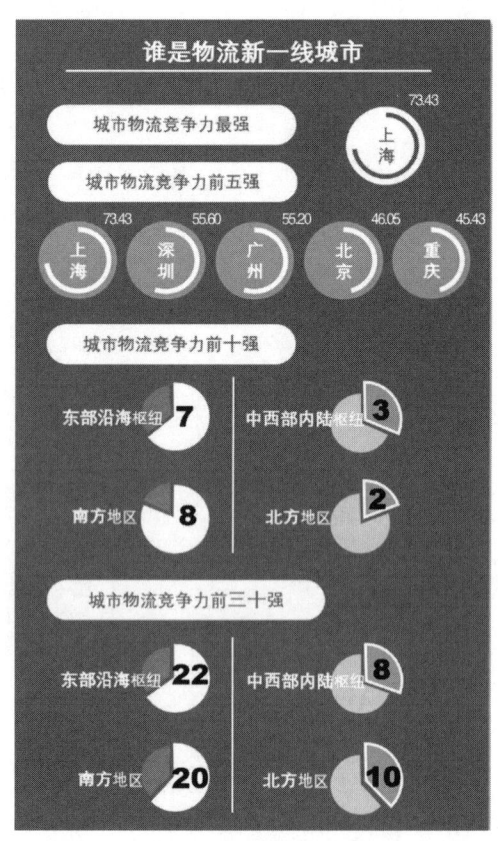

图 1　城市物流竞争力区域对比

第一部分
行业发展报告

表1 中国新一线物流城市（物流竞争力前三十强）

城市	城市物流竞争力指数	排名	城市物流吸引力指数	排名	城市物流辐射力指数	排名
上海	73.43	1	77.76	1	68.93	1
深圳	55.60	2	58.98	3	52.10	2
广州	55.20	3	63.27	2	46.81	3
北京	46.05	4	51.32	5	40.56	4
重庆	45.43	5	53.81	4	36.71	6
天津	40.84	6	46.07	7	35.39	9
武汉	40.45	7	44.40	9	36.35	7
成都	40.36	8	45.36	8	35.16	10
苏州	39.36	9	48.26	6	30.10	15
杭州	39.10	10	43.57	10	34.45	11
郑州	38.70	11	41.75	11	35.52	8
西安	37.60	12	35.87	16	39.40	5
南京	36.48	13	40.86	13	31.92	13
宁波	35.43	14	40.89	12	29.75	16
青岛	35.06	15	36.28	15	33.79	12
长沙	33.20	16	35.83	17	30.45	14
合肥	31.36	17	34.69	18	27.89	17
厦门	30.91	18	34.41	20	27.27	19
无锡	30.01	19	34.58	19	25.25	22
东莞	29.98	20	37.66	14	21.99	27
福州	28.77	21	32.15	24	25.26	21
济南	28.60	22	31.88	25	25.20	23
石家庄	27.60	23	28.37	32	26.80	20
金华	26.92	24	33.01	22	20.59	32
沈阳	26.58	25	31.45	26	21.51	29
唐山	25.94	26	24.55	48	27.38	18
泉州	25.83	27	34.31	21	17.00	46
佛山	25.71	28	32.91	23	18.21	42
大连	25.63	29	29.30	27	21.81	28
昆明	25.60	30	28.70	30	22.37	24

三、中国城市物流地图

中国的城市物流集群化发展特征明显：物流发达的城市主要聚集在京津冀、山东半岛、长三角、粤港澳大湾区、成渝双城经济圈、长江中游城市群等城市群，其中京津冀城市群的北京—天津、长三角城市群的上海、粤港澳大湾区的广州—深圳以及成渝双城经济圈的重庆—成都、长江中游城市群的武汉等既是枢纽型物流城市，也是国家级物流枢纽，正在成为中国的物流枢纽发展级。南北沿海物流带、长江物流带、丝绸之路物流带等既是城市之间的物流纽带，也是国家的物流大通道。

中国区域物流格局正进入"五极"时代：从全国格局来看，与京津冀协同发展、长三角一体化、粤港澳大湾区、成渝双城经济圈、长江中游城市群构成的中国区域发展战略相对应，中国区域物流格局正进入以北京—天津、上海、广州—深圳、武汉、成都—重庆等为顶点的"五极"时代，南北沿海物流带、长江物流带、丝绸之路物流带、西部陆海新通道、京港澳物流通道加速促进国内国际双循环，五个城市顶点构成的"钻石结构"串联起国家现代物流体系。

四、中国城市物流枢纽类型

强枢纽型物流城市：上海，属于具有国际竞争力的强枢纽型物流城市。

枢纽型物流城市：广州、深圳、重庆、北京、苏州、天津、成都、武汉、杭州、郑州、宁波、南京、东莞、青岛、西安、长沙等58个城市，具备打造具有全球影响力的国际物流枢纽条件。

消费型物流城市：泰州、临沂、湖州、台州、盐城等15个城市。

口岸型物流城市：日照、镇江、商丘、沧州、淄博等15个城市。

一般型物流城市：共213个城市，城市物流吸引力和辐射力均落后于前25%。

中国城市物流枢纽类型如表2所示。

第一部分 行业发展报告

表 2 中国城市物流枢纽类型

物流城市	吸引力	辐射力	代表城市
强枢纽型	○○○○○	○○○○○	上海
枢纽型	○○○○	○○○○	广州、深圳、重庆
消费型	○○○○◐	○○	泰州、临沂、湖州
口岸型	○○	○○○○◐	日照、镇江、商丘
一般型	○○	○○	通化、张家界

（一）上海：打造全球物流中心

（1）物流综合竞争力最强的城市。

（2）十项指标得分均处于较高水平，尤其是发展潜力、市场规模、枢纽布局、营商环境、通达性、国际物流均排名全国第一，如图2所示。

（3）在发达的内外贸带动下，上海市的城市物流规模无论在国内还是全球，均首屈一指。

（4）全球国际贸易量下降、供应链物流系统混乱，以及进口货物及冷链食品疫情防控等多种因素影响下，辐射力指数受疫情冲击明显。在经济增长、人口流入、营商环境以及物流企业布局等方面的带动下，上海城市物流对于周边要素的聚集效应更加突出。

（5）上海市已经成为网络型企业总部和国际转运中心的首选地之一，也将进一步吸引外企来华拓展市场。

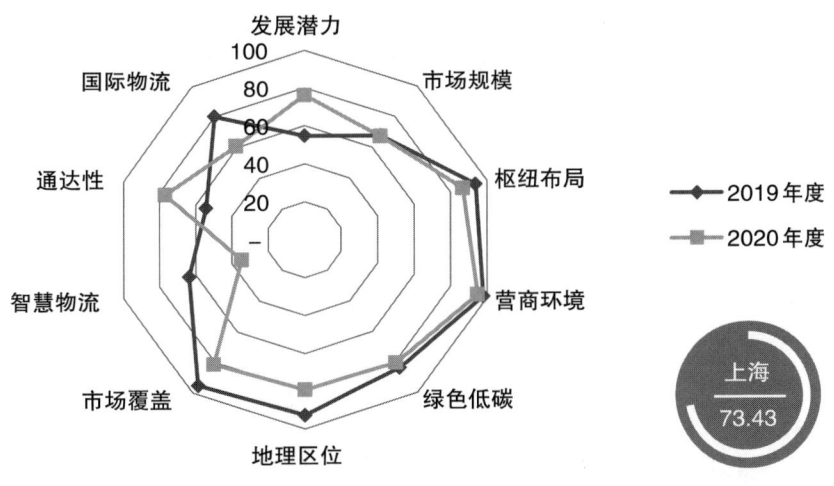

图 2 上海市竞争力指数

（二）重庆：打造国家多式联运中心

（1）内陆城市物流综合竞争力排名第一。

（2）分项指标表现均衡，其中发展潜力、市场规模、通达性、营商环境等指标表现优异，如图3所示。

（3）西部陆海新通道的打通以及多式联运体系的快速发展，成功弥补了重庆远离出海口的短板。

（4）重庆国际物流枢纽园区率先开行中欧班列、开辟陆海新通道，成为我国出入境口岸最多、开行路线最丰富、通道体系最完善的国际货运班列品牌。

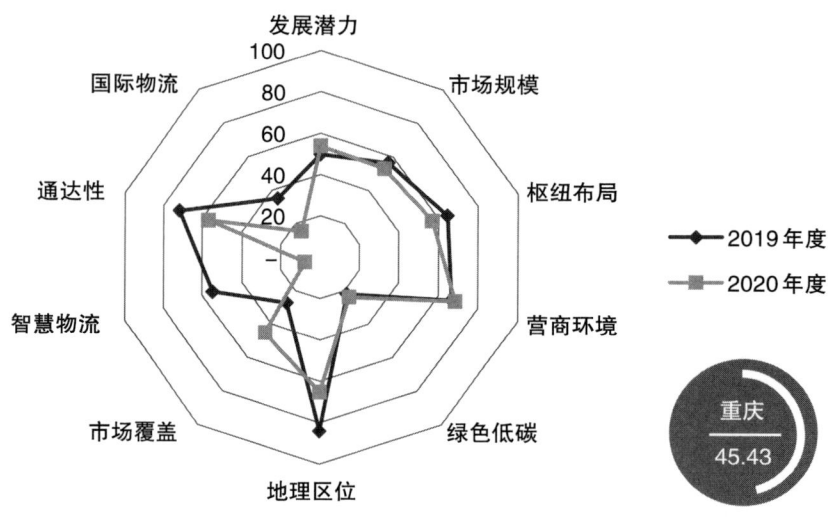

图3 重庆市竞争力指数

（三）郑州：打造国家综合交通物流中心

（1）城市综合竞争力处于第一梯队。

（2）吸引力和辐射力表现均衡，地理区位、枢纽布局等指标优势突出，通达性、国际物流指标受疫情影响严重，如图4所示。

（3）得益于郑州市区位优势与综合交通的迅速发展，郑州市地理区位指数排名位于全国第一，仓储规模壮大叠加租金优势，吸引众多物流园区布局郑州。

（4）作为中部地区唯一空港型国家物流枢纽，已经形成了贯通境内外空中通道和辐射东中西陆路通道。

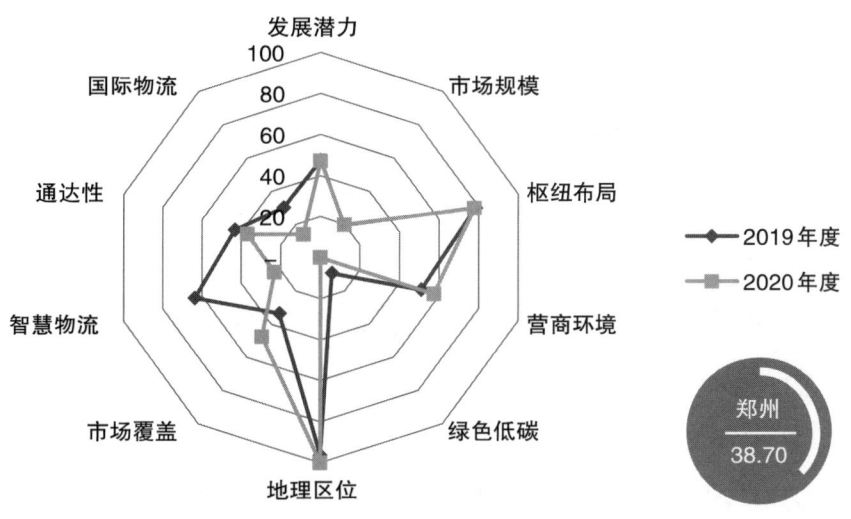

图 4　郑州市竞争力指数

(四) 长沙：打造国家商贸物流枢纽

(1) 省内城市首位度不断提升。

(2) 受疫情影响，辐射力出现较大下滑，通达性、国际物流下滑严重，如图 5 所示。

(3) 在物流吸引力维度，发展潜力、市场规模、绿色低碳等指标均实现提升。

(4) 作为长株潭城市群的核心城市，在 GDP 连续超过万亿元、常住人口突破千万人、中欧班列（长沙）跻身第一方阵等因素共同作用下，长沙市物流业面临广阔的发展空间。

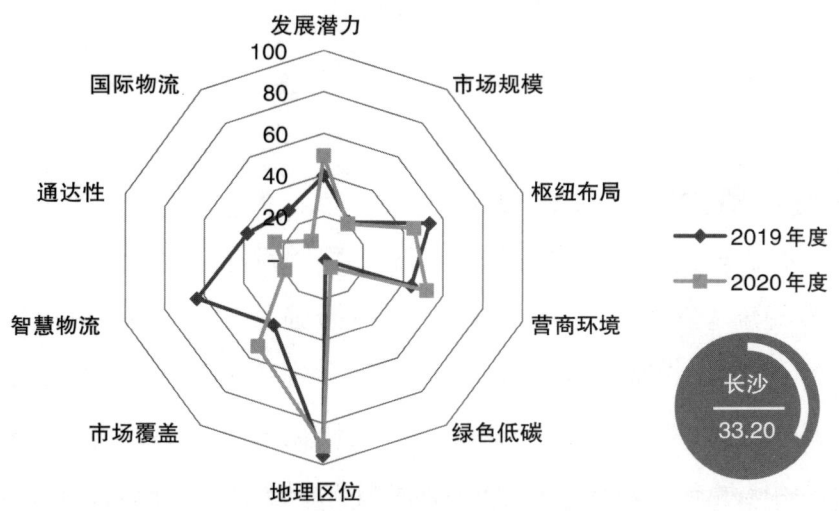

图 5　长沙市竞争力指数

（五）衢州：建设四省边际物流中心

（1）物流综合竞争力处于第三梯队，辐射力大于吸引力。

（2）衢州充分发挥水陆空交通方式齐全、路网干线交汇、铁水联运通道畅通突出的优势，有利于加快运输结构调整。

（3）在地理区位等方面优势明显，对周边城市物流的吸引力还不足，衢州市铁路、水运优势未得到充分发挥，建设四省边际多式联运枢纽具有较大的发展潜力，如图6所示。

（4）未来需加深融入长三角一体化和义甬舟开放大通道西延格局，发展临港产业、临空产业等枢纽经济和平台经济。

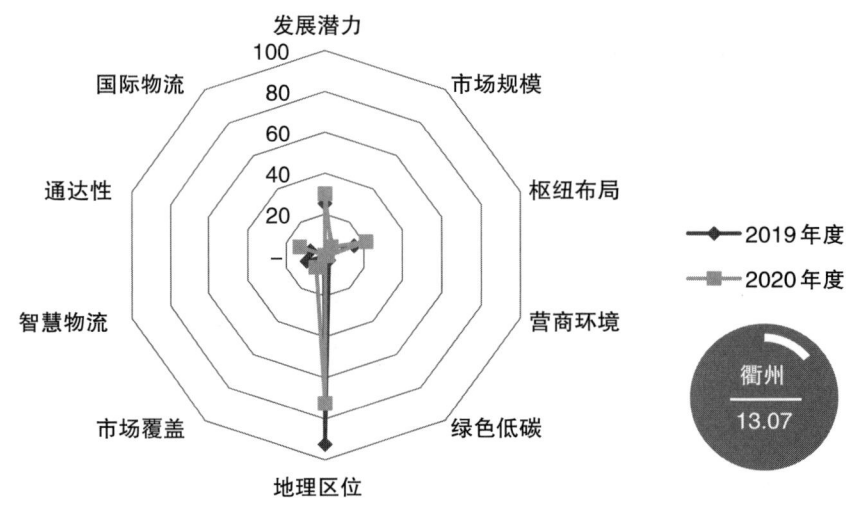

图 6　衢州市竞争力指数

五、物流竞争力省域分布格局

通过将城市物流竞争力表现分为前30强、前100强及第101~302位三个级别，各省域城市物流竞争力整体表现情况如表3所示。结合各省域城市物流竞争力表现情况，各省域物流竞争力层次可以划分为五个层级，分别为物流发达型省份、双中心或者一核多中心型省份、单中心枢纽型省份、物流欠发达型省份、物流不发达型省份，如表4所示。

表 3　省域城市物流竞争力分布表

省份	2019 年度			2020 年度		
	1~30 位	31~100 位	101~302 位	1~30 位	31~100 位	101~302 位
北京	1	0	0	1	0	0
上海	1	0	0	1	0	0
天津	1	0	0	1	0	0
重庆	1	0	0	1	0	0
广东	3	6	12	4	4	13
江苏	4	7	2	3	10	0
浙江	2	7	2	3	6	2
福建	3	1	5	3	0	6
山东	2	6	8	2	8	6
河北	1	5	5	2	4	5
辽宁	2	1	11	2	0	12
河南	1	5	11	1	9	7
安徽	2	5	9	1	7	8
湖南	1	5	7	1	2	10
湖北	1	5	7	1	3	9
陕西	1	0	9	1	1	8
四川	1	0	17	1	0	17
云南	1	0	9	1	0	9
江西	0	6	5	0	5	6
贵州	0	2	4	0	2	4
广西	0	3	11	0	1	13
甘肃	0	1	11	0	1	11
黑龙江	1	0	11	0	1	11
山西	0	1	10	0	1	10
内蒙古	0	1	9	0	1	9

续表

省份	2019年度			2020年度		
	1~30位	31~100位	101~302位	1~30位	31~100位	101~302位
吉林	0	1	7	0	1	7
新疆	0	1	7	0	1	7
宁夏	0	0	5	0	1	4
海南	0	1	1	0	1	1
西藏	0	0	4	0	0	4
青海	0	0	3	0	0	3

物流发达型省份拥有位居物流竞争力前30强的省内城市数量超过2个且物流竞争力前100强的省内城市数量（包含前30强城市）超过8个，属于省域物流竞争力的第一层级，以江苏、浙江、广东、山东为代表，省内物流市场发达，物流枢纽分布均衡。北京、上海、重庆、天津四个直辖市物流竞争力均位列前30强，属于第一层级。

双中心或者一核多中心型省份拥有位居物流竞争力前30强的省内城市数量多于1个且物流竞争力前100强的省内城市数量（包含前30强城市）多于2个，属于省域物流竞争力的属于第二层级，以福建、安徽、河北、河南、湖北、湖南、辽宁、陕西等省份为代表，省内物流枢纽呈现双中心或一核多中心布局，中心—外围型结构特点突出。

单中心枢纽型省份拥有位居物流竞争力前30强的省内城市数量为1个，物流竞争力前30~100强的省内城市数量空缺，属于省域物流竞争力的第三层级，以四川、云南为代表，省内物流枢纽呈现单中心结构，整体物流发展水平不均衡，两极分化特征比较明显。

物流欠发达型省份没有位居物流竞争力前30强的省内城市，物流竞争力前30~100强的省内城市数量多于1个，属于省域物流竞争力的第四层级，以黑龙江、山西、江西、广西、贵州、甘肃、内蒙古、海南、吉林、新疆、宁夏等为代表，省内缺乏具有竞争力的龙头物流枢纽城市，整体物流发展水平有待提升。

物流不发达型省份没有位居物流竞争力前100强的省内城市，属于省域物流竞争力的第五层级，以青海、西藏等为代表，为物流不发达省份，整体物流发展水平比较落后。

表 4　省域物流竞争力层次划分

层级划分	省份	省域物流特征
第一层级	江苏、浙江、广东、山东、北京、上海、重庆、天津	物流市场比较发达，物流枢纽分布均衡
第二层级	福建、安徽、河北、河南、湖北、湖南、辽宁、陕西	双中心或者一核多中心型物流布局结构
第三层级	四川、云南	省会城市独强，为单中心枢纽型结构
第四层级	黑龙江、山西、江西、广西、贵州、甘肃、内蒙古、海南、吉林、新疆、宁夏	缺乏物流枢纽，为物流欠发达省份
第五层级	青海、西藏	物流不发达省份

六、城市物流韧性经受考验

（一）城市物流韧性

城市物流网络能够预测和适应不断变化的外部环境，具有较高的稳健性和必要的冗余性，能承受、应对突发事件并实现快速恢复，重点包括常态化物流环境风险评估、外来冲击发生前的预防和准备、面临冲击时对于不良影响的抵御和吸收、运行严重受限时做出响应和适应举措、冲击发生后的快速恢复行动。

（二）物流新一线城市具有较强韧性能力

与2019年相比，哈尔滨、徐州、芜湖等3座城市跌出2020年度物流新一线城市，金华、唐山、佛山则首次进入前三十强。

深圳超越广州升至第2位，主要是因为消费增长速度相对较快、普查人口净流入带来需求潜力增大、工业基础比较发达、物流企业业务布局选择等因素影响。

武汉的城市物流竞争力指数下滑较大，但依然位居国内第7位、内陆第2位。

（三）疫情催生城市物流多元化发展

物流数字化转型加速推进。在电商快递和中欧班列带动下，金华的城市物流竞争力指数增长 0.28，排名上升 21 位。

港口型物流城市依然发挥主体作用。城市物流竞争力指数前 30 位，有 17 个港口型物流城市。其中，14 个为沿海港口，3 个为内河港口。

中西部内陆物流枢纽持续崛起。重庆的物流竞争力指数位居国内第 5 位、中西部第 1 位，郑州、西安排名全国第 11 位、第 12 位。

中欧班列和航空货运的韧性战略价值作用凸显。2020 年中欧班列开行 1.24 万列、发送集装箱 113.5 万标箱，分别同比增长 50%、56%；航空全货机和客改货大幅增加。

西部陆海新通道物流地位更加突出。北部湾港集装箱吞吐量突破 500 万标箱，增幅超过 30%。

七、城市物流发展策略观察

（一）最具发展潜力的物流城市

上海、昆明等 91 个城市物流势能①处于 [-10，10)，经济发展与物流综合实力基本协同。

佛山、盐城、遵义、荆门等 72 个城市物流势能处于 [-40，-10)，需要以经济实力为依托，发挥物流业潜能；漳州、宜宾、绥化、曲靖等 37 个城市物流势能处于 [-130，-40)，物流滞后于经济水平，需加快物流能力建设。

西安、乌鲁木齐、钦州等 62 个城市物流势能处于 [10，40)，日照、黄石、防城港等 38 个城市物流势能处于 [40，130)，物流能力基本满足当前经济发展的需求，且对于地方经济和产业发展起到重要的拉动作用。

发展重点：[-40，-20) 区间共有 45 个城市，仅次于 [0，10) 区间，该组城市有机会利用经济发展优势，迅速提升物流综合实力，实现经济发展与物流能力提升的正向良性循环促进，如图 7、图 8 所示。

推动物流业与制造业深度融合：工业物流是物流市场需求的主体。工业品物流额占我国社会物流总额的比重接近 90%，是物流业的核心组成部分。制造业与物流业联动发展是我国构建现代物流体系的核心内容，随着制造业不断通过技术创新获得持续成长的

---

① 物流势能：以经济排名与城市物流竞争力指数排名的差值代表该城市的相对物流发展潜力。

能力，与之适配的物流行业也需要同步提升以提供更高水平的物流服务。

推动城市物流新业态新模式应用：随着居民人均收入的提升以及电子商务、网络购物的高速发展，我国单位与居民物品物流总额实现迅速增长。消费品物流规模的迅速扩大，对于前置仓配送、门店配送、即时配送、网订店取等新业态新模式的发展带来了巨大的机遇。依托商贸物流型枢纽建设，将为城市充分利用消费市场，开展新业态新模式创新，为挖掘物流发展潜力提供经验。

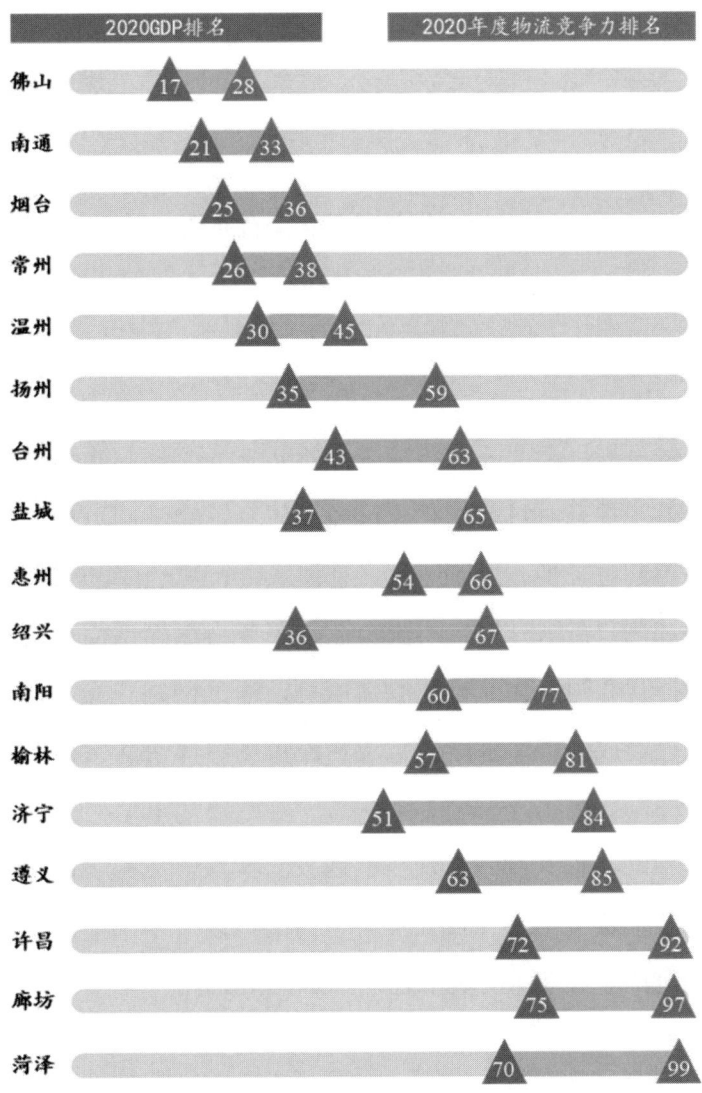

图7 2020年度物流竞争力前百强城市中物流潜力城市

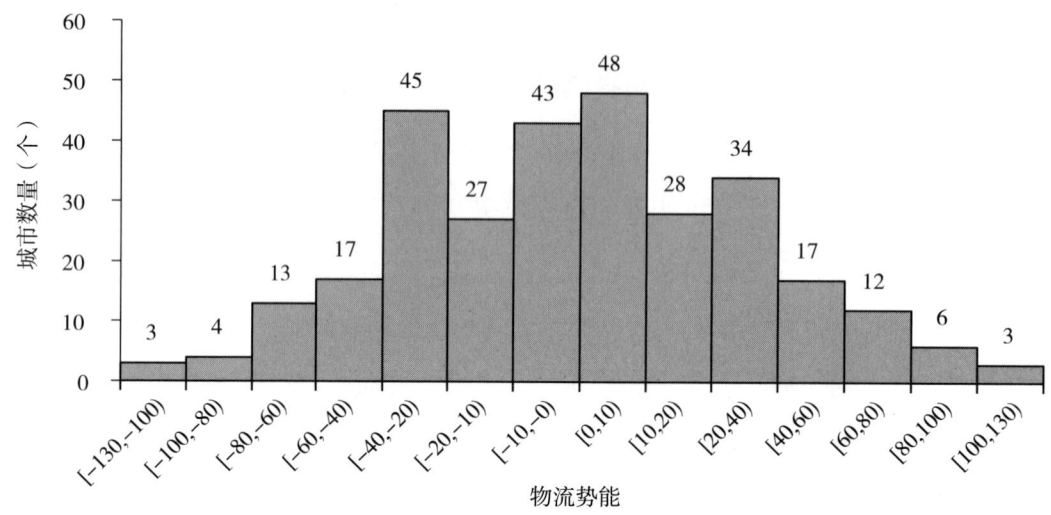

图8 物流势能区间分布图

(二) 最受企业欢迎的物流城市

随着电子商务的发展,大部分网络型企业逐步建立了覆盖全国的物流服务网络,物流服务均等化水平逐步提升。目前,我国已经实现乡镇物流网点的覆盖率达98%,直接投递到村的服务比重超过一半,重点地区快递服务的全程时限缩短到58个小时。

随着经济发展和用户需求升级,物流企业的服务会逐渐从简单的物流运输升级为定制化、柔性化、敏捷化和网络化的现代物流服务。通过网络化布局与一体化运作,大型网络型企业的建设已经成为带动全国各城市物流市场主体快速发展与物流业务大幅提升的重要力量。

顺丰区域配送中心布局在北京、沈阳、西安、武汉、成都、上海、广州,分别对应北部沿海、东北地区、黄河中游、长江中游、西南地区、东部沿海、南部沿海七大经济区域经济发展、物流产业最发达的城市之一,如表5所示。

表 5 2020 年度物流市场欢迎度排行榜

城市	城市物流竞争力指数	排名	物流市场欢迎度	排名
上海	73.43	1	93.27	1
郑州	38.70	11	65.30	2
深圳	55.60	2	63.89	3
武汉	40.45	7	62.66	4
广州	55.20	3	55.02	5
成都	40.36	8	50.82	6
天津	40.84	6	48.58	7
苏州	39.36	9	46.88	8
西安	37.60	12	44.96	9
北京	46.05	4	41.39	10
济南	28.60	22	38.66	11
杭州	39.10	10	38.00	12
重庆	45.43	5	37.60	13
青岛	35.06	15	37.00	14
长沙	33.20	16	36.80	15
沈阳	26.58	25	33.00	16
合肥	31.36	17	29.50	17
潍坊	21.40	44	28.70	18
长春	21.87	42	28.40	19
无锡	30.01	19	27.60	20
东莞	29.98	20	27.30	21
石家庄	27.60	23	26.00	22
泉州	25.83	27	25.50	23
太原	22.78	37	23.50	24
宁波	35.43	14	21.70	25
南昌	24.19	34	21.60	26
昆明	25.60	30	21.00	27
襄阳	18.80	58	20.70	28
南京	36.48	13	19.60	29
佛山	25.71	28	19.60	30

(三) 最受政策支持的物流城市

表6 2020年度物流政策支持度排行榜

城市	城市物流竞争力指数	排名	物流政策支持度	排名
广州	55.20	3	97.22	1
武汉	40.45	7	91.87	2
上海	73.43	1	90.24	3
深圳	55.60	2	89.73	4
天津	40.84	6	88.04	5
重庆	45.43	5	87.67	6
北京	46.05	4	84.93	7
成都	40.36	8	83.52	8
郑州	38.70	11	82.56	9
厦门	30.91	18	82.25	10
青岛	35.06	15	77.49	11
西安	37.60	12	75.26	12
南京	36.48	13	74.84	13
沈阳	26.58	25	72.02	14
乌鲁木齐	19.63	53	71.84	15
大连	25.63	29	70.60	16
宁波	35.43	14	69.19	17
苏州	39.36	9	67.74	18
杭州	39.10	10	66.58	19
哈尔滨	23.81	35	66.32	20
太原	22.78	37	65.13	21
兰州	20.27	49	63.54	22
合肥	31.36	17	62.75	23
长沙	33.20	16	62.73	24
昆明	25.60	30	59.68	25
南宁	21.79	43	57.38	26
金华	26.92	24	57.10	27
济南	28.60	22	56.01	28
福州	28.77	21	54.83	29
赣州	17.46	73	54.03	30

物流政策资源在城市的分布较为集中，少数经济体量较大的城市获得各类物流政策的大力支持。在现代物流创新发展城市试点、供应链创新与应用试点、城市绿色货运配送示范工程、城乡高效配送专项行动四项国家试点和示范工程中，广州市均有涉及，天

津、上海、青岛、武汉、深圳等15个城市包含三项，沈阳、哈尔滨、南京等18个城市中获得两项，物流优惠政策集聚度较高，如表6所示。

物流政策资源分布需要提高均等性。前20%的城市获得了近70%的物流政策支持资源，根据对"物流规划层级""城市优惠/试点"等结构化指标进行量化分析，前10%的城市得分占总分的40%~50%，前20%的城市得分约占总分的70%。全国有近一半城市，在国家物流规划和大批物流试点示范工程中没有参与度，物流政策的分布不均衡。

八、城市物流未来何去何从

我国提出构建以国内大循环为主体、国内国际双循环相互促进的新发展格局，未来区域发展格局将会发生重大变化，由"通道+枢纽+网络"组成的现代物流体系将在"双循环"新发展格局中发挥更加重要的作用。

（一）发展趋势展望

(1) 后疫情时代的城市物流多元能力储备值得关注
(2) 新发展格局下的内贸物流市场潜力将充分释放
(3) 绿色物流和多式联运将持续助推货运结构调整
(4) 物流降本增效和供应链创新应用持续深化发展
(5) 无人智能物流逐渐成熟以应对劳动力长期短缺
(6) 数字化技术应用将继续推动物流业务模式创新
(7) 国家政策引导推动区域物流一体化融合发展

（二）提升对策建议

(1) 完善城市现代物流体系顶层设计
(2) 依托物流枢纽大力发展枢纽经济
(3) 大力推动城市物流的数字化转型
(4) 推进城市物流配送绿色低碳发展
(5) 强化城市物流网络韧性能力建设

同济大学国家创新发展研究院　林坦

第二部分

行业研究探索

如何推进柔韧性供应链体系建设

供应链竞争已经成为国际竞争的重要层面，供应链安全关系着企业与国家安全，美国、日本、德国、英国、法国等国家均重视供应链安全与发展战略。近两年，由于新冠肺炎疫情的影响，打乱了供应链体系运转，给全球供应链带来了一系列问题，让供应链体系建设成为全球关注焦点。

面对多变的外部环境，供应链体系的柔性得到广泛重视。美国供应链管理协会CSCMP第31次物流年报主题是《韧性的检验》；美国白宫开展供应链体系安全评估，并于2021年6月发布了《供应链安全评估报告》等。疫情冲击带来的供应链崩溃，又让供应链韧性与安全得到普遍关注。未来的供应链体系既要具有敏捷和柔性，又要具有安全和韧性，建立柔韧性供应链体系极为重要！

长期以来，对供应链体系建设和供应链的安全重视不够。党的十九大以来，我国开始关注经济系统的顶层设计、供应链与产业链的融合，重视供应链的体系建设和供应链柔韧性保障。那么，什么是供应链体系？首先要明确供应链体系既不是供应链管理，也不是供应链创新，关于供应链体系学术界有比较严格的定义，可以形象地把供应链体系概括为由"一硬、一软、一网、一平台"组成的供应链系统。

"一硬"强调建立在实体物流网络上的供应链的硬件体系；"一软"强调与供应链实体网络系统对应的虚拟孪生的信息体系；"一网"强调供应链体系的网链形态架构；"一平台"强调供应链体系的控制平台，是供应链体系的灵魂和大脑。

供应链体系平台是建立在链接供应链上下游生产制造系统、生产资料采购系统、仓储网络系统、产成品销售网络系统等实体网络之上，打通了供应链上下游网络体系的数据平台。

那么，应该如何推进柔韧性供应链体系建设呢？关于供应链体系建设的推进路径与方法策略，可以概括为：聚焦一个体系，提升两个实力，三层标准并进，满足四化要求，做好五个工作。

一、聚焦供应链体系：重点 SCOR 模型

首先说明，供应链体系不是供应链管理，而是建立在供应链的功能性网链结构之上，链接供应链核心企业上下游，实现产品设计、采购、生产、销售、服务等全过程高效协同的大系统。推动柔韧性供应链体系建设必须有这个大系统的支撑。

供应链是在现代物流基础上发展起来的，现代物流是供应链的基础支撑，是供应链的实体货物的网络体系，是柔韧性供应链的"整体功能性网链结构"实体网络的连接器，是现代柔韧性供应链体系建设的落脚点。

随着移动互联网、"互联网+"、大数据、云计算、优化运筹等底层技术发展，推动货主、供应商、承运商、经销商、终端销售、仓库的高效协同，供应链向智能化发展，供应链管理逐渐成为高效协同的关键，供应链管理建立在数字化与智能化基础之上。

物流、信息流、资金流、商流合一，形成连接供应链上下游的纽带，组成高效协同的供应链。四流合一的供应链纽带，是供应链柔韧性的关键要素，需要实现系统评估、全面集成、敏捷反应、智慧控制。

推动柔韧性供应链体系建设，要有系统思维，按照产业链与供应链是否融合、物流链网络是否高效安全、供应链体系是否全面集成、供应链纽带是否柔韧安全、供应链管理是否高效协同等进行考察和诊断评估，寻找供应链链接不通畅的关键环节，找出供应链短板，并聚焦实体链条全面协同推进，达到供应链的高效协同的目标。

那么，具体工作中如何着手诊断与评估呢？企业推进柔韧性供应链体系建设，首先应该采用供应链运作流程的标准模型（SCOR 模型）对现有的供应链全流程进行全面梳理和诊断，其次结合流程诊断，推动企业供应链中的集成产品开发（IPD）、集成供应链（ISC）、标准体系建设、财务管理与质量控制体系等方面进行深刻变革，最后建立高效协同的智慧供应链体系。

SCOR 模型把业务流程重组、标杆比较和流程评测等概念集成到一个跨功能的框架之中，是一个为供应链伙伴之间有效沟通而设计的流程参考模型，也是一个帮助管理者聚焦管理问题的标准语言，如图 1 所示。

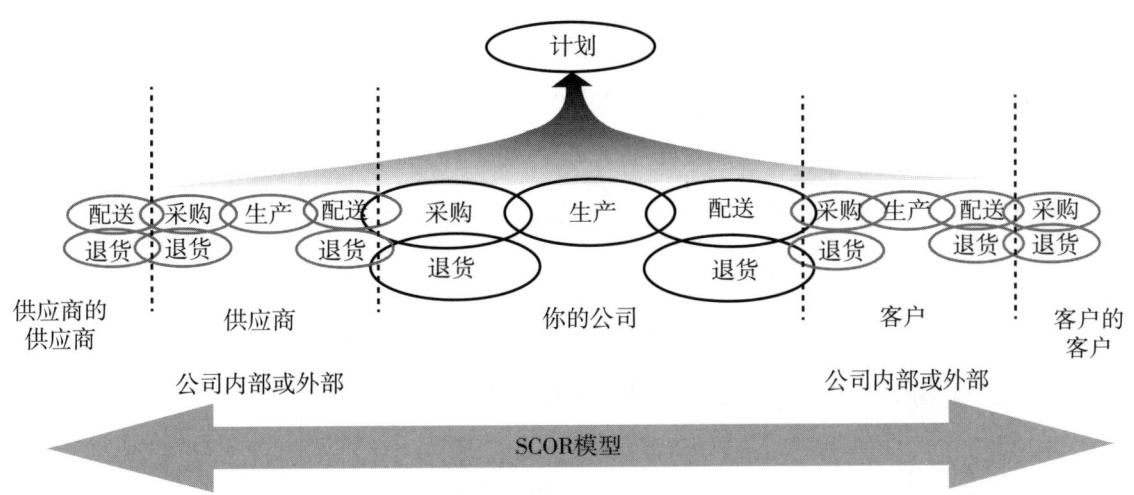

图 1　供应链标准流程 SCOR 模型

二、提升两个实力：物流系统硬实力与供应链管理软实力

推动柔韧性供应链体系建设，必须明确物流系统与供应链管理的关系。供应链起源于物流，物流是供应链的一部分，不管供应链如何发展，物流都是供应链的基础支撑。供应链要求四流合一，其实体流是物流，虚体流有商流、信息流、资金流三流。虚体的"三流"必须与实体的物流对应和融合，此供应链的核心是物流系统，物流系统是供应链的硬实力，是供应链柔韧性的基础。

供应链的实体网络的高效协同，需要标准化的支撑和物流体系完善。建立在标准化基础之上的单元化物流是物流体系高效协同的重要抓手，也是供应链链条互联互通的重要支撑。在全球化时代，建立全球化的物流网络体系，是确保供应链系统稳定的重要保证。中国物流国际化网络体系严重滞后，与中国的全球第一贸易大国身份并不匹配，是中国外贸供应链的最大短板之一，需要"十四五"期间尽快推进国际物流体系建设，补齐短板。

供应链离不开供应链管理，供应链管理的目的是高效协同，通过供应链的优化去库存、去杠杆，加快供应链周转，提升供应链效率和效益。因此，严格意义上来讲供应链管理是一种软实力，供应链管理的软实力建立在物流系统的硬实力基础之上。

供应链管理的软实力是确保供应链柔韧性的根本。在当下供应链外在环境严峻情况下，要提升供应链管理的软实力，保持供应链柔韧性，需要推进供应链与产业链融合，做好供应商管理、供应链应急预案，在提升供应链效率的基础上确保供应链安全。

柔韧性供应链体系建设重点是要提高物流系统与供应链管理两个实力，是硬实力与软实力结合的生态系统。首先，是立足物流系统的硬实力；其次，兼顾供应链管理的软实力；最后，打造软硬结合的综合实力。

三、三层标准并进：重点是提升供应链效率

提升供应链效率，增加供应链柔性，建立供应链的快速反应机制，核心是供应链的体系协同，供应链体系的系统标准化是关键。

从基础性和通用性角度，要实现供应链体系的全面协同，供应链系统的标准化需要从"物"的标准、"流"的标准、"链"的标准层层递进，这三层标准体系建设是重要的基础性工作。

第一层"物"的标准化："物"的标准化是物流标准化的起点。物流的作业对象"物"纷繁复杂，如果不进行标准化和单元化的规范，就难以进行有效地分拣、堆码、存放的机械化和自动化作业，更不便于进行信息自动识别与提取，实现数字化管理。从物流起点，就把纷繁复杂的"物"按单元化思想，通过包装或集装的形式进行标准化和规范化是供应链标准化的基础。

由于物流的"物"是跨企业、行业、系统流动的，其中最基本的装载单元是托盘，托盘是物流机械化与自动化搬运最重要的作业单元，是仓储系统最基本的储存单元，是物流信息系统最基本的记录单元。因此，托盘单元的标准规格最关键。

托盘标准的统一与规范难以由市场主导自发形成，必须由国家政府部门主导推进。在此基础上，推进车厢、陆运集装箱、货架、周转箱和产品包装等标准与托盘标准尺寸协同，物流系统就会高效协同，物流体系之间接口连接实现了标准化，就会激活市场机制，提升物流效率，降低物流成本。

第二层"流"的标准化：首先，是推进作业流程标准化，通过以带托运输为抓手，以机械化、自动化和智能化为技术手段，在托盘标准化基础上推进物流作业流程标准化。其次，是商业交接流程标准化，以托盘（或周转箱）为商流订货单元、交接单元，推进

商业货物交接流程标准化，减少货物"倒盘"或"倒箱"，免验货交接，提升效率。最后，是服务流程标准化，以托盘标准化推动物流服务流程标准化，提升服务体验，减少货损消耗，为客户创造效益。

第三层"链"的标准化：在完善"流"的标准化的基础上，就进入了"链"的标准化，即供应"链"标准化。供应链是在物流链上实现四流合一的网链结构。四流合一中除了物流，其他三流都是虚拟的信息流，因此，供应"链"标准化的首要工作是实现物流与信息流的合一，实现相互映射与互操作，其核心就是统一编码体系。

目前，供应链体系的一大痛点就是"万码奔腾"，各类物品编码体系不统一，不仅各部门喜欢自搞一套编码体系，大型的产业供应链的链主企业也常喜欢标新立异，搞自己的物品编码体系。由于各类编码标准不统一，带来严重的问题，一旦供应链中的产品跨供应链、跨行业、跨部门、跨国界就会出现信息不通，供应链不协调，必须重新建立跨编码体系的信息映射，需要重新翻译编码信息才能融入新的系统。

物品编码相当于"物"的身份证号码，是供应链信息化标准化的基石，供应链体系建设需要物流标准支撑，必须建立在物流单元基础之上，统一编码体系。

从"物"的标准化做起，三层标准并行推进，以单元化物流和流通为抓手，把物品单元作为订货单元、信息单元、计量单元，以全球统一编码标识（GS1）统一编码标准，实现物流与信息流的融合，进而与资金流和商流的融合，是推进供应链体系建设的重要工作。

四、满足四化要求：重点在于实现供应链高质量发展

企业是市场的主体，供应链体系建设应该由市场主导，但是供应链体系涉及的不是独立的企业，因此必然会遇到一些市场失灵的问题，制约着企业供应链的体系建设。在市场失灵的方面就需要政府积极有为，提出相关要求，指导企业供应链体系建设，推进供应链高质量发展。主要工作体现在供应链四化的要求。

一是标准化。我们知道，基础性和关键性的标准经常出现市场失灵，如物流供应链的衔接标准，任由市场自发形成，就会出现标准不统一问题。虽然每一条供应链，由于链主的地位与作用会统一标准，但不同的供应链链条间因链主不同，标准难以统一。物流与供应链是多层次的大系统，有企业供应链，也有产业供应链和国家供应链，供应链

的基础性衔接标准不统一就会在供应链互联互通方面出现很多问题。制定统一的基础性标准，推进基础性标准的协同，是提升供应链效率的关键。如物流系统的托盘标准、供应链信息系统的物品编码标识标准等都是基础性标准。

二是协同化。供应链的协同不是一个企业自身的问题，而是供应链体系中系统与系统间协同的问题，供应链组织形态高效协同是建设供应链体系的根本要求，是提升供应链竞争力的核心，需要政府积极有为，企业积极响应，建立统一规则，制定具体措施，才能建立高效协同的供应链生态。

三是绿色化。绿色供应链是现代供应链建设的基本要求。由于供应链绿色化往往带来成本的上升，需要供应链链主利用自身地位，贯彻绿色发展理念，大力推进供应链全链条的节能减排与可持续发展，推动供应链绿色化发展。

四是智能化。目前全球正在进入智能变革的新时代，智能化创新是供应链演进的方向。在进入技术与模式变革和创新的年代，发展智慧供应链，满足供应链智能化要求，是现代供应链体系创新的重要方向。

五、做好五个工作：重点是实现供应链的柔韧性

一是物流保障体系建设工作。以物流基础设施网络化建设为抓手，打造跨区域的全国性供应链物流枢纽，推动城际间供应链互联互通与高效协同；引导区域性物流配送中心转型升级，为建设本地区供应链高效协同组织形态提供基础支撑；推进全球物流网络的互联互通，建设国际物流保障体系等。

二是供应链实体网络建设工作。以单元化流通为抓手，发展单元化流通，提高供应链标准化水平，在适用领域加快推广规格统一（以下均指 1200mm×1000mm 平面尺寸）、质量合格的标准托盘，推动包装箱（以下均指 600mm×400mm 包装模数系列）、周转箱（筐）、货运车辆、集装箱等物流载具标准相衔接。鼓励把标准托盘、周转箱（筐）作为供应链的物流单元、计量单元、数据单元、采购订货单元、物流运作单元、计费单元、收发货和验货单元，减少中间环节和货物损耗，提升供应链单元化水平。鼓励托盘、周转箱（筐）、包装箱等物流单元化载具租赁和循环共用体系建设，减少用户自购自用；依托社会力量，探索建立物流单元化载具质量标准认证体系。

三是供应链信息化建设工作。以智慧供应链为抓手，规范供应链信息数据和接口，

加快推广基于全球统一编码标识（GS1）的商品条码体系，推动托盘条码与商品条码、箱码、物流单元代码关联衔接，实现商品和集装单元的源头信息绑定，并沿供应链顺畅流转。在此基础上，推动大数据、云计算、区块链、人工智能等技术与供应链融合，发展具有供应链协同效应的公共型平台，支持上下游用户的生产、采购、仓储、运输、销售等管理系统相对接，平台与平台之间相对接，实现相关方单元化的信息数据正向可追踪、逆向可溯源、横向可对比，发挥供应链的优化生产、加快周转、精准销售、品质控制、决策管理等作用。

四是供应链柔韧性评估与改善。柔韧性供应链具备四大特征。一是供应链强固性，通俗地说，就是产业链搬不走，物流链耐冲击。如何实现供应链强固？需要完善中国制造业供应链的基础设施，建设服务于产业链的完善物流网络，更重要的是针对产业链与供应链薄弱环节，大力推进技术创新，解决"卡脖子"技术问题。二是供应链韧度高，要考虑到技术的升级，做好供应链管理。三是供应链抗风险，就是面对突发的社会性冲击，要看供应链管理与应变能力，要有应急预案，具有抵抗供应链风险的应急能力。四是供应链的敏捷性，这是实现柔韧性供应链所必须要有的。未来企业要打造柔韧性供应链，需要对供应链进行一个全面系统的评估，然后有针对性地打造这4个特性，并进行升级。

五是集成供应链（ISC）建设。供应链的集成化，是指供应链的所有成员单位基于共同的目标而组成的一个"虚拟组织"，通过信息的共享、资金和物质等方面的协调与合作，形成紧密合作，优化组织目标，提升供应链整体效率。集成供应链（ISC）不是一个名词概念，而是供应链体系建设与变革过程，它的基础是供应链体系诊断与流程再造；在此基础上进行物流网络系统集成，内外部供应链网络系统集成；最后形成一个高效协同的组织形态。集成供应链流程变革覆盖范围广，既包括公司内部的销售、采购、制造、物流和客户服务等多个业务系统，又包括企业外部的客户和供应商，是供应链体系建设的重大挑战。任正非说："集成供应链（ISC）解决了，公司的管理问题基本上就全部解决了。"华为花费巨资完成了集成供应链变革，为应对全球供应链危机打下了坚实的基础。

中国仓储与配送协会副会长　王继祥

如何实现商贸物流高质量发展

一、商贸物流高质量发展的重要意义

2021年8月,商务部、国家发展改革委等九部门联合印发《商贸物流高质量发展专项行动计划(2021—2025年)》,文件开宗明义,指出:商贸物流是指与批发、零售、住宿、餐饮、居民服务等商贸服务业及进出口贸易相关的物流服务活动,是现代流通体系的重要组成部分,是扩大内需和促进消费的重要载体,也是连接国内国际市场的重要纽带。

文件对商贸物流的定义:一是界定了商贸物流范畴;二是明确了商贸物流在现代流通体系建设中的重要地位;三是指出了商贸物流在双循环战略新格局中的重要作用,是扩大内需和促进消费的重要载体,是连接国内国际市场的重要纽带。

构建经济双循环新发展格局需要现代流通体系的支撑,现代流通体系的完善需要商贸物流的基础支撑。随着中国经济进入高质量发展阶段,商贸物流作为现代流通体系建设的重要内容,需要通过高质量发展,发挥重要引领和支撑作用,推动现代商贸流通体系完善,支撑国民经济双循环,提升商贸流通服务质量,满足人民群众日益增长的市场需求。

在建设小康社会阶段,物流业的发展重点是满足人民的基本物流服务需求,发展的主题是"降本增效";进入现代化社会主义建设阶段,物流业的发展是满足人民日益增长的高质量生活需求,需要把发展主题升级为"提质增效",这是商贸物流发展的一个历史性转折点,因此《商贸物流高质量专项发展行动计划(2021—2025年)》是具有里程碑意义的重要文件。

商贸物流推进高质量发展也正逢其时。近年来,随着商贸物流技术装备水平不断升级,现代数字技术与模式创新不断涌现,既为商贸物流快速发展带来新机遇,也给商贸物流高质量发展打下了坚实基础。

二、商贸物流的高质量体现在哪些方面

（一）高质量的商贸物流服务水平

物流的本质是服务,商贸物流是衔接生产制造与消费者的重要纽带,是现代服务业的重要领域。随着经济发展,消费、制造、流通等领域都在加速提质升级,对商贸物流服务提出了很多高质量的要求。

第一,要求服务体验有温度。需要商贸物流从业人员加强培训,端正服务态度；推进商贸物流标准化,提升服务标准；杜绝野蛮装卸与分拣,确保货物质量与品相完好；做好物流系统运筹,提高物流配送准时率；此外还要在满足既定的服务水平下,实现物流系统服务成本最优,为客户降低成本费用。

第二,要求物流衔接更便利。商贸物流是个大系统,物流全链路调度与优化的目的是实现物流各环节高效协同和衔接。要实现物流衔接便利性需要创新服务模式,统一商贸物流基础性标准。托盘（周转箱）是物流系统衔接的接口标准,是单元化物流的底层基础性标准,关系着产品包装模数,以及叉车、货架、仓储、货位、集装箱、输送线等设施设备尺寸协同,以托盘（周转箱）标准化为抓手,支持叉车、货架、月台、运输车辆等上下游物流设备设施标准化改造,实现物流设施设备标准体系衔接；应用全球统一编码标识（GS1）,拓展标准托盘、周转箱（筐）信息承载功能,推动托盘条码与商品条码、箱码、物流单元代码关联衔接；鼓励发展带板运输,支持货运配送车辆尾板改造；对于提升货物交接效率、物流系统接口装卸搬运作业效率有重要意义。

第三,要求服务方式多样化。随着经济的发展、人民生活水平的提升,对物流服务提出了多样化、专业化、精细化的需求。在实践中,需要商贸物流服务企业创新服务模式,推广共同配送、集中配送、统一配送、分时配送、夜间配送等集约化配送模式,做好客户服务；需要完善前置仓配送、门店配送、即时配送、网订店取、自助提货等末端配送模式,做好对末端消费者的服务；需要加强弱项,大力发展冷链物流、中医药物流、海外物流等服务,补齐过去物流服务的短板。

(二) 高质量的商贸物流基础设施

物流基础设施是支撑商贸物流高质量发展的基础，主要体现在商贸物流网络布局、城乡配送体系的高效协同等方面。根据文件要求，需要推进"通道+枢纽+网络"建设，加强商贸物流网络与国家运输通道及物流枢纽衔接，提升全国性、区域性商贸物流节点城市集聚辐射能力。统筹推进城市商业设施、物流设施、交通基础设施规划建设和升级改造，优化综合物流园区、配送（分拨）中心、末端配送网点等空间布局。加强县域商业体系建设，健全农村商贸服务和物流配送网络。

城乡配送体系是现代流通体系的基础支撑，是实现国内经济大循环的关键性基础设施。根据文件要求，需要强化综合物流园区、配送（分拨）中心服务城乡商贸的干线接卸、前置仓储、分拣配送能力，促进干线运输与城乡配送高效衔接。鼓励有条件的城市搭建城乡配送公共信息服务平台，推动城乡配送车辆"统一车型、统一标识、统一管理、统一标准"。引导连锁零售企业、电商企业等加快向农村地区下沉渠道和服务，完善县乡村三级物流配送体系，实施"快递进村"工程，促进交通、邮政、商贸、供销、快递等资源开放共享，发展共同配送。

(三) 高质量的商贸物流技术装备

提高商贸物流技术水平，大力发展高标准仓储设施，提高立体库的比例，推进仓储与配送的机械化、自动化、智能化发展，是商贸物流高质量服务的基础保证。文件要求要推广应用现代信息技术。推动5G、大数据、物联网、人工智能等现代信息技术与商贸物流全场景融合应用，提升商贸物流全流程、全要素资源数字化水平。探索应用标准电子货单。支持传统商贸物流设施数字化、智能化升级改造，推广智能标签、自动导引车（AGV）、自动码垛机、智能分拣、感应货架等系统和装备，加快高端标准仓库、智能立体仓库建设。完善末端智能配送设施，推进自助提货柜、智能生鲜柜、智能快件箱（信包箱）等配送设施进社区。

(四) 实现商贸物流的绿色化发展

绿色化发展是经济社会高质量发展的题中之义，是实现经济可持续发展的必要条件。中国已经向世界宣布将力争于2030年前实现二氧化碳排放达到峰值、2060年前实现碳中和。这是中国对世界的重要承诺，也是中国经济高质量发展的现实需求。在这一背景下，实现商贸物流绿色化发展，也必然是商贸物流高质量发展的重要内容。

以标准化为抓手，通过推进绿色仓库等物流标准认证，提升仓储设施绿色化水平是实现仓储设施绿色化的路径；以绿色采购为抓手，编辑出版绿色物流技术与装备目录，推进物流作业中应用绿色物流技术装备，是实现商贸物流作业绿色化的核心；以数字化为抓手，大力推进共同配送等共享物流模式创新，实现车货智慧匹配，配送网络智能优化，调度管理智慧运筹是实现物流管理模式绿色化的关键；大力推进包装减量化、包装物循环共用、包装材料循环利用、包装废弃物的安全无害自然降解，是推进商贸物流包装绿色化的措施。围绕四大解决方案，中国仓储与配送协会还提出了推进绿色仓储与配送的十大措施，经过多年实施，取得了巨大成效。

三、商贸物流高质量发展的工作部署

围绕推动商贸物流高质量发展，《商贸物流高质量发展专项行动计划（2021—2025年）》部署了六项重点工作，有一条明确的逻辑主线。

第一，完善基础设施体。进一步完善和提升商贸物流网络，建立高效的城乡配送体系，促进区域商贸物流一体化，目的是夯实商贸物流高质量发展的基础。

第二，抓住两个关键。2013年习近平在山东考察时指出，物流业一头连着生产、一头连着消费，在市场经济中的地位越来越凸显，要加快物流标准化信息化建设，提高流通效率，推动物流业健康发展。这一重要讲话充分肯定了标准化和信息化是提高流通效率、推动商贸物流高质量发展的两个关键抓手。围绕两个关键抓手，推进以托盘为核心的商贸物流基础衔接性标准应用，推广数字化、智慧化等技术应用进行重点任务部署。

第三，强化创新驱动。创新是实现商贸物流高质量发展的核心驱动力，也是商贸物流高质量发展的引擎。围绕创新驱动，从发展商贸物流新业态新模式和提升供应链物流管理水平两个方面进行重点任务部署。发展商贸物流新业态新模式，是围绕物流全链条纵向推动全面创新，提升供应链物流管理水平；是围绕物流与生产制造、商贸流通、金融服务横向融合，推动物流、商流、资金流的三流合一，实现供应链、产业链、价值链创新。

第四，强弱项、补短板。围绕商贸物流发展与人民生活需求不适应的短板与痛点问题，在加快推进冷链物流发展、推动跨境通关便利化、保障国际物流通畅等方面进行了重点工作部署。

第五，推动绿色发展。围绕商贸物流绿色可持续发展，增强社会效益，围绕健全绿色物流体系布局重点任务。

第六，以点带面、标杆引领。围绕培育商贸物流骨干企业，通过骨干企业带动作用，推动高质量发展。

四、实现商贸物流高质量发展路径分析

实现商贸物流高质量发展，重点强调提升商贸物流网络化、协同化、标准化、数字化、智能化、绿色化和全球化水平。这"七化"环环相扣，是商贸物流高质量发展指导思想，也是落地实施发展路径。

网络化体现了现代物流基础设施的基本特征，只有完善的商贸物流基础设施网络，才能有效支撑现代流通体系，实现商贸物流服务高质量发展。

协同化是网络化的协同，让商贸物流各个环节更加高效衔接，推动商贸物流降本、提质、增效和方便快捷，提升商贸物流服务质量。

标准化是协同化的基础，没有标准化就没有协同化。首先是物流实体网络接口标准的协同，核心是托盘标准化；其次是物流数字网络的协同，核心是GS1信息编码标准。

数字化的前提是标准化，运用物联网技术，统一物品单元的标准与数字身份证的编码标准，才能实现实体世界与数字世界的映射，实现商贸物流一切流程数字化，一切数字流程化，建立虚拟的商贸物流数字孪生系统，为智能化打下基础。

智能化是数字化的应用，智能化建立在数字化基础之上。商贸物流智能化可以实现物流资源更加高效的运用，物流网络更加稳定畅通，为降本、提质、增效带来更大空间，是实现商贸物流高质量发展的关键。

绿色化建立在标准化和智能化之上，标准化是推动物流设施设备绿色化的主线；智能化是绿色物流模式创新的灵魂。绿色化是中国贯彻新发展理念以及推动双碳目标的要求，更是推动商贸物流提质增效的重要举措。

只有建立在上述"六化"基础上的全球化才是高质量的全球化。高质量的全球化是中国商品走向世界的重要引导与支撑，对于增强中国物流与商贸流通的国际竞争力、实

现以国内大循环为主体、国内国际双循环相互促进的新发展格局有重要作用。

做到"七化",一是需要全面落实好《商贸物流高质量发展专项行动计划(2021—2025年)》,形成工作合力;二是要充分发挥企业积极性;三是要发挥行业协会推动作用,加强宣传推广和培训;四是设计好政策路径和抓手,做到纲举目张,"七化"的纲在于做好标准化和信息化;五是这"七化"环环相扣,需要步步为营,系统推进。

中国仓储与配送协会副会长　王继祥

物流标准化建设十个方面经验

近年来,商务部以标准托盘推广应用及其循环共用体系建设为切入点,推进物流标准化建设,物流降本增效成效明显。现将在物流标准化实践中形成的十个方面经验总结如下。

一、建立健全物流标准体系

注重发挥不同层级、不同领域标准的作用,提升标准的权威性、专业性和实用性。一是提升标准的权威性。围绕标准托盘、周转箱(筐)等标准化载具,以及相匹配的标准货架、运输车辆等,制修订国家标准、地方标准及行业标准,发挥层级较高、影响范围较大的标准跨区域、跨行业的指引作用。二是提升标准的专业性。在农产品、药品、快消品等流通领域,以及物流单证、产品和服务质量、从业人员专业能力等相关方面形成了一批专业性较强、适应性较广的标准,推动物流向标准化、规范化、专业化发展。三是提升标准的实用性。相关行业协会和企业根据相关国家标准和行业标准,结合行业发展现状、实际业务需求等,推动制修订相关团体标准、企业标准,完善运输、配送、包装、装卸、保管、信息管理等方面的制度设计、工作流程及作业规范,指引企业经营和行业发展。

二、推动物流链全链条标准化改造

沿物流链上下游推动流通加工、物流设施设备、物流操作、交易流程等设施标准化改造,实现与标准托盘配套衔接。一是带动流通加工标准化。根据标准托盘和包装模数倒推产品包装尺寸,实现生产线传送带的带宽、产品以及外包装箱与标准托盘、标准周转箱尺寸匹配。二是统一物流设施设备标准。推动货架、叉车、月台、运输车辆与标准托盘衔接配套。三是建立标准化运营管理体系。适应标准托盘、周转箱（筐）单元作业需要，对货物品类管理、销售预测、物流操作、促销计划、库存控制、配送频次等环节进行优化调整。

三、提高管理运营智慧化水平

加强新一代信息技术应用，赋能托盘循环共用体系，实现精细化管理、精准化运营。一是加强物流标准载具统计监测。依托托盘循环共用信息服务平台，完善服务租赁网点监控设备、监控数据中心建设，对托盘使用情况、带板运输情况、托盘使用效果、集约共享使用等方面进行信息化监控和评估。二是打造智慧托盘运营系统。将金融清算及微服务处理引入托盘运营系统，实现托盘流转精准化清算管理，解决企业不同租赁模式带来的计费难题。三是强化标准载具在途跟踪。安装振动记录仪，分析其坐标轴中的数据，并建立特征数据值，实时监控物流标准载具受力情况，评估商品运输质量。安装电子容器，精确识别物流标准载具 ID，实现实时追溯，保证商品到达时间的可控性。

四、推进物流信息协同共享

深入开展信息化建设，推动物流信息互联互通，提高物流作业时效性，放大托盘循环共用效果。一是规范信息数据格式。积极推广应用 GS1 编码体系，推动托盘条码与商品条码、箱码、物流单元代码关联衔接，变传统托盘为数据交换单元、商品交易单元、费用结算单元。二是促进物流信息互联互通。以标准托盘为基本操作单元，搭建物流管理平台，推动上下游企业订单系统、采购系统、储运系统、销售系统有效衔接，实现单元化信息数据沿物流链顺畅交互。三是打造供应链协同平台。推动建设具有供应链协同效应的信息平台，加强资源整合，做好用户数据沉淀，以数据赋能供应链管理，提升企业在市场需求预测、发展趋势判断、行业风险防范和应急处置等方面智能决策能力。

五、完善标准托盘循环共用网络布局

加强统筹规划，整合优势资源，优化托盘循环共用网络布局，提高服务效能。一是建设托盘循环共用"三级运营体系"。部分全国性的第三方托盘循环共用企业，按照主要客户分布，科学规划布局，建设以托盘循环共用大型区域运营枢纽、标准运营中心、前端收发服务站为支撑的托盘循环共用网络，实现各个物流节点无缝衔接，实现"门对门、点对点"服务目标。二是整合现有资源建设托盘循环共用网络。部分快消品生产企业，充分利用一、二级经销商在全国范围内的渠道布局，搭建托盘循环共用网络，积极开展带板运输，向下游逐级推广应用标准托盘。

六、开展全流程标准载具循环共用

部分具备条件的行业积极推动从生产到流通全流程标准托盘、周转筐循环共用，放大物流标准化的工作效果。一是供应链全链条带板运输操作。部分第三方物流企业，主动融入汽车、电子、日用消费品等行业采购、生产、销售、服务等供应链各个环节，实现从原材料入厂到生产，再到产品分销、配送等环节全流程带板运输。二是从田间地头到餐桌全程"不倒筐"。部分大型连锁超市和餐饮企业，为部分生鲜商品确定标准件规格，由配送中心向上游专业合作社、农户提供标准周转筐，向下游门店开展带筐运输。

七、以标准化带动区域物流一体化和社会化

加强区域合作，积极推进标准互认、设施设备互联互通，提高标准体系区域兼容性。一是组建区域物流标准化联盟。在托盘一贯化运输、区域间托盘交换、托盘异地回收、区域物流信息服务平台、区域间企业合作交流等方面，建立有效工作联系对接机制，共同推广物流标准化。二是促进物流基础设施资源共享。推动区域性物流中心由存储型、自建自用型仓库向快速周转型自动化仓库升级，成为提供"一对多"社会化服务的物流节点。

八、创新标准托盘循环共用方式

根据不同行业领域的特点，建立多样化的托盘循环共用模式，实现各个节点有序分工与配合。一是集团整体推进。集团企业整合内部资源，统一托盘采购、租赁、带板运

输等业务，同时向集团内部以及供应链上下游提供标准托盘，拓展托盘社会化服务。二是供应链协同推进。商贸批发企业、连锁零售企业、相关生产企业通过托盘互换、统一租赁、建立联盟等方式，协同推进托盘循环共用。三是社会化服务推进。第三方物流企业、托盘运营服务企业依托服务供需两端的客户资源优势，引导客户从托盘自购向租赁转变，从仓库内部使用向带板运输转变，从企业自用向循环共用转变。四是平台整合推进。平台型企业发挥信息化优势，整合托盘供方、需方、运营方等各类资源，为用户提供开放式循环共用服务。

九、优化标准载具产品和服务供给

适应市场多元化需求，加快推动服务内容创新。一是提供"零距离"服务。部分大型托盘运营服务企业在战略性大客户工厂内设立托盘池，支持标准托盘随借随还，并为大客户提供从配送到回收全过程一体化服务。二是提供第三方托管服务。为客户自购托盘提供托盘破损置换、集团内拆借转租、闲置共享、异地回收、残值处置等全方位的增值服务。服务期内，客户使用托盘数低于自购数，可以获得共享收益。三是免费提供规划改造服务。部分大型物流企业组建物流规划专业团队，为不具备带板运输条件的小规模供应商进行库房规划及运输设备改造，实现供应商交货、物流中心收发货、门店收货的高效对接。

十、改进不同场景标准载具管理模式

一是改变订单交付模式。部分影响力较大的零售连锁企业，按照商品 TIHI（托盘单层码放数）的倍数下单订货，开通绿色通道优先卸货、免收装卸费等政策，鼓励供应商开展带板运输，推动商业流程和服务规范化。二是推行周转筐一贯式运作。以收取押金的方式将自购周转筐提供给合作社及农户，以标准周转筐为单位进行订货，农户按要求的单品、规格、数量采摘装筐，送货到配送中心后换回同等数量的周转筐待用。三是承诺托盘租赁正常破损免赔。根据用户使用习惯，不断改进托盘设计和提升品质，承诺正常使用破损免赔，解决破损责任界定模糊的难题，打消客户顾虑。

托盘标准化建设五种典型模式

一、以托盘租赁服务企业为核心推动托盘标准化建设

搭建标准托盘共用池。构建标准托盘池，扩大标准托盘、周转箱（筐）运营规模，将可供租赁的标准托盘纳入循环体系。对于非标准托盘通过回购置换、拆解再利用等方式，加速标准化进程。加快标准托盘数字化赋能，通过物联网、云技术等积极打造数字托盘，推动托盘"云管理"。

建设托盘循环共用网络。通过自建、共建、合作等方式加快托盘运营服务网点建设，在全国或区域范围内，构建包括大型区域运营枢纽、标准运营中心和前端收发服务站的三级运营体系。建立标准托盘循环共用租赁平台，整合托盘的生产制造商、托盘使用商、第三方服务商等，加强对仓储、运输等过程中标准托盘数据的汇总、分析、利用，提升托盘循环共用信息化、可视化水平，提高托盘循环使用效率。

提供托盘运营增值服务。根据用户的规模、性质、经营周期、主营业务等特点，提供标准托盘租赁、调校、回收、维修、应用培训等个性化服务，优化异地返租、代办互换、灵活计价、跨境运输、整体解决方案等定制化服务模式，推动托盘标准化及规模化带板运输。

该模式的核心优势在于集聚大量标准托盘、周转箱（筐）等资源，产生较强的规模效应，有效减少企业资源闲置。通过构建标准托盘循环共用网络体系，对托盘共用运作流程及操作细节提供专业支持，为客户提供多样化服务与定制化解决方案，增强相关企业应用标准托盘进而深入标准化建设的理念，进一步壮大标准托盘租赁市场，形成更高水平的社会化、开放式标准托盘循环共用体系。

二、以大型商贸连锁企业为核心推动托盘标准化建设

推动企业内部标准托盘循环共用。整合企业内部资源，统一托盘采购、租赁、带板运输等业务，加快各连锁门店与标准托盘关联的设施设备改造升级，促进有序衔接，实现系统内部托盘循环共用。发挥门店的作用，将门店作为标准托盘集散和回收的重要节点，实行到达门店托盘先进先出的管理方式，提升收货、卸货效率。

建设供应链上下游托盘循环共用体系。整合上游供应商、物流运输企业、连锁商超等资源，建立企业间战略合作伙伴关系，共同租赁同一家运营企业的标准托盘，或建立标准托盘共用互认机制，推动标准托盘在上下游企业间顺畅流转和循环共用。建立零供双方信任机制，优化收验货流程，通过多种激励手段如绿色通道、快速收验货以及诚信收货等，推动标准托盘在供应链全流程的使用，提升带板运输效率。

构建以标准托盘为基础的全流程商业模式。以标准托盘、周转箱（筐）作为集装单元和计量单元，在采购订货阶段，按整层、整板、整车托盘数量的倍数下单并计量运费；在产品运输阶段，实现全过程"不倒托""不倒箱（筐）"，减少货物损耗；在收货搬运阶段，对于带板运输货物给予优先，对于带板运输货物采取不同的验货方式。从零售终端推动供应链条企业间在信息管理、物流作业、商业流程、服务标准等方面形成统一互认规范体系。

该模式的核心优势在于依托门店资源和消费者资源，从零售终端出发，沿供应链反向推动标准托盘的应用及循环共用。该模式最大的特点是通过供应链核心企业的示范带动，逐步实现由单项作业到全部流程、由销售门店到配送中心、由集团公司到供应链上下游企业，以标准托盘为基础的标准化改造和规范化升级，将标准化的理念融入采购、运输、仓储、销售、服务等全部商业流程中，进一步提升物流效率、商业效益和社会效益。

三、以居民消费品生产企业为核心推动托盘标准化建设

提升生产基地、配送中心标准化水平。改造扩建生产基地成品仓库与材料包装仓库，升级与标准托盘配套的设备设施，增加管理软件、木质和塑料托盘、标准货架、叉车、

周转车、周转箱（筐）、运输车辆、箱式冷藏车等设施，采用穿梭车、堆垛机等完成立体库内部的标准托盘传输、装运。根据标准托盘修改系列包装模数，精简各类产品包装规格及型号。

由源头推动全链路带板运输。产品在生产源头即处于带板状态，建立以生产基地或田间地头为起点，中转库为承接转运点，各经销商门店、网点为终点的标准托盘循环共用网络，实现"点对点、端对端"的带托转运。工厂提前预估带托运输货量，托盘在生产地起租、在销售地退租，实现整个供应链环节的互联互通，降低生产、运营成本。

推动标准托盘、周转箱（筐）全流程循环使用。加强与下游分销商、零售商标准衔接，标准托盘在生产企业、批发企业、销售企业间循环流转，租金与管理责任随货物转移，实现由生产源头到仓储、运输，直至经销商、零售商的全链条带板运输。推动周转箱（筐）"一贯式"操作，搭建由农户到用户的生鲜供应链配送网络。

该模式的核心优势在于生产企业是供应链起点，位于标准托盘应用的源头，对物流标准化在降低生产、运营成本方面的体会最为直接，设备设施标准化改造也最为深入广泛，对全产业、全链条标准化有着较强的带动作用。从生产基地、田间地头向仓储方、运输方、经销商、零售商等"顺行"而下，"一贯式"推进物流标准化作业和全程带板运输，将在更大范围推动标准托盘、周转箱（筐）的循环共用。

四、以托盘生产企业为核心推动托盘标准化建设

提高标准托盘供给质量。提高标准托盘生产比例，扩大标准托盘市场供给量，开发标准托盘专用配方材料，推动机械化托盘生产线建设，提升托盘质量和性能。在托盘生产中添加信息标签，搭载 RFID、GS1 商品条码等，加快托盘智能化升级。加快模块化托盘设计研发，实现部件可拆卸、可更换，增加托盘循环次数，延长托盘使用寿命，降低标准托盘应用成本。

开展托盘租赁服务业务。除销售托盘之外开展托盘租赁业务，面向全国或特定服务区域，通过自建维修、租赁服务站点或与第三方企业合作的方式，实现托盘异地退租、回收、维修等，为客户提供托盘破损置换、集团内拆借转租、闲置共享、异地回收、残值处置等增值服务。

该模式的核心优势在于保证了标准托盘、周转箱（筐）等物流载具的供给，为物流

标准化提供了器具基础。托盘生产企业能够第一时间了解商贸物流企业、快消品生产企业、托盘租赁企业等标准托盘使用方的需求，并根据市场反馈优化产品和服务供给质量。同时托盘生产企业持续发展售租一体的经营模式，延伸托盘租赁、维修、回收等市场化服务，提升托盘使用便利性。

五、以第三方物流企业为核心推动托盘标准化建设

构建物流信息管理与服务平台。利用大数据、5G等技术，开发智能物流信息系统、仓储管理系统、智能化监管系统等，实现资源整合与物流信息共享，为用户提供仓储管理、产品定位、带板运输、在途监测、追踪溯源、数据分析等服务，提升物流服务智能化、信息化水平，推动供应链全流程的可视化和精益化管理。

搭建标准托盘循环共用系统。利用对接众多生产、销售等企业的优势，整合上下游企业标准化物流载具资源，发展标准托盘互认机制，盘活存量标准托盘、周转箱（筐），推进一贯化带板运输。通过信息化或组建联盟的方式串联企业间需求，为其他托盘租赁企业提供返程车辆回收托盘、网点就近收储、发放托盘等社会化服务。

满足不同行业和业态差异化物流服务需求。根据不同地域的商贸流通、快消品生产、药品流通等企业标准托盘应用特点和服务需求，将传统的物流业务延伸至行业工厂内、流水线边或门店，与相关企业物流需求无缝对接。通过区域合作、智能化改造、管理系统升级等方式，逐步实现从单一的运输服务向供应链整体解决方案升级。

该模式的核心优势在于第三方物流企业的专业性，能够对接供需双方，将分散需求整合，提升标准托盘服务的专业性，推动形成更为高效专业的标准托盘循环利用体系。随着第三方物流企业专业化、社会化水平的逐渐提升，商品流通、药品流通、快递物流等领域物流标准化水平相应提升。第三方物流企业在积极提升标准托盘租赁、信息化等服务质量基础上，逐步向供应链整体解决方案提供方转型。

氨与氟利昂制冷技术应用与发展浅析

近年来，随着我国食品加工、商贸流通、冷链物流现代化发展，制冷技术得到更为广泛的应用，市场前景广阔。与此同时，全球范围内环保问题日益突出，如何节能减排，如何实现低碳经济成为发达国家与发展中国家共同面临的课题。在制冷技术应用方面，特别是以氨、氟利昂为代表的制冷剂应用，需要业内企业审慎思考，并结合实际，适当选择使用。

本文通过制冷剂（制冷工质）的发展阶段、主要特性、对比分析，提出针对现状及未来市场应用的建议，仅供行业企业参考，不妥之处敬请批评指正。

一、制冷剂的发展

第一代制冷剂，以"能用"为选择标准，主要使用水、乙醚和空气等。

第二代制冷剂，以"安全和耐久性"为选择标准，应用氟利昂、氨和水等，以氟利昂为主流。

第三代制冷剂，以"保护大气臭氧层"为选择标准。1987年后，关于氟利昂CFCs破坏大气臭氧层的理论以及对南极臭氧空洞的观察，加深人们对保护大气臭氧层的认识和紧迫感，由此产生一系列国际协定，如《关于消耗臭氧层物质的蒙特利尔协定书》《京都议定书》等。1989年，第三代替代制冷剂开始商品化生产，经过十年实现对大多数"消耗大气臭氧层物质"进行了替代。1998年，南极上空臭氧层空洞面积趋于稳定（1998年前面积不断增加）。此时，一部分第三代制冷剂的"温室效应"问题凸显出来，例如替代R22的R410A，虽然不破坏大气臭氧层（"臭氧损耗潜能"ODP为0），但其"全球变暖潜能值"（GWP）比R22高16%，因而不宜长期使用。

第四代制冷剂，以"降低全球气候变暖"为选择标准。为此，一些应用历史悠久的制冷剂，特别是自然工质，如二氧化碳、氨、丙烷和丁烷等成为第四代制冷剂的重要选用对象，并已在汽车空调、冷藏冷冻装置中应用。

二、氨与氟利昂制冷剂特性

（一）氨制冷剂的特性

氨的适用性：氨在1874年被用于制冷，是目前应用较广的中温、中压的制冷剂，在常温和普通低温范围内压力适中。氨的压缩终温较高，因此不适用于直接膨胀等有一定过热度的制冷系统；另外对制冷回气管路的保温有严格要求，防止有害过热发生。氨在矿物油中的溶解度很小，溶解度低于1%。因此，氨制冷剂管道及换热器的传热表面上会积有油膜，影响传热效果。氨液的密度比矿物油小，在冷凝器、储液器和蒸发器中，油会沉积在下部，需要定期放出。

氨的特点：氨在蒸发器中的蒸发压力一般为0.098~0.491Mpa，在冷凝器内的冷凝压力一般为0.981~1.570Mpa，标准蒸发温度为-33.4℃，固温度为-77.9℃，氨具有较好的热力学性质和物理性质，单位容积制冷量大、黏性小、流动阻力小、传热性能好。此外氨的价格低廉，又易于获得。氨能以任意比例与水相互溶解，组成氨水溶液，在低温时水也不会从溶液中析出而冻结成冰。系统有水时不但会加剧对金属的腐蚀，而且使制冷量减小。

氨的主要缺点：有较大的毒性，也有一定的可燃性，安全分类为B2。氨蒸汽为无色，具有强烈的刺激性臭味，可以刺激人的眼睛及呼吸器官。当氨蒸气在空气中体积浓度达到0.5%~0.6%时，人在其中停留30分钟即可中毒。氨可以引起燃烧和爆炸，当空气中氨的体积浓度达到11%~14%时即可点燃（燃烧时呈黄色火焰）；空气中氨的体积浓度达到16%~25%时会引起爆炸。安全规定车间内工作区的氨蒸汽浓度不得超过0.02mg/L，若制冷系统内部含有空气，高温下氨会分解出游离态的氢，并逐渐在系统中积累到一定浓度，遇空气具有很强的爆炸性，所以氨系统中必须设置空气分离器，及时排除系统内的空气或其他不凝性气体。

（二）氟利昂制冷剂的特性

氟利昂的特性：分子量较大、密度高、黏度大于氨，在制冷系统中循环时需要考虑流动阻力。其中低温系统用量较多的 R507，为共沸混合制冷剂，标准沸点 -52.5℃，ODP 为 0，安全等级 A1。目前第四代 HFO 制冷剂如 R448A、R449A 等，虽然有较低 GWP，但依然不能完全排除温室效应，且依赖国际品牌价格过高，国产化之前暂不具备广泛使用条件。氟利昂 HFC 与 HFO 绝热指数小，压缩终温低；系统设计允许一定的过热度，采用直接膨胀方式制冷时，效率会高于氨直接膨胀方式（过热度影响因素）；氟利昂泵式系统可以应用于远距离输送系统（同时应更多考虑低倍率循环设计，降低氟利昂充注量）。

氟利昂的优点：氟利昂 HFC 与 HFO 基本无毒，为非易燃易爆性质。同时无色无味，使用中需要对系统气密性、真空度进行严格检查与控制，防止持续性泄漏。

注意事项：氟利昂系统中应严格控制水的含量，但当有水分存在时，会水解成酸性物质，对铜类部件有一定腐蚀作用，并且会引起氟利昂制冷剂分解、润滑油裂化等问题。

三、制冷剂对比分析

	氨	氟利昂
环保	氨为天然工质、对臭氧层危害小，属于绿色环保制冷剂	氟利昂第四代新的低 GWP 的 HFO 工质为人工混合工质，属于过渡制冷剂
节能	氨系统制冷系数 COP，理论上相对氟利昂高 5%~12%（不同冷媒），但在实际运行中，因为氨与润滑油不互溶，氟利昂与润滑油互溶，长时间运行后，氨系统蒸发器效率会呈下降趋势	
安全	氨系统一旦泄漏存在易燃易爆安全隐患	氟利昂系统则不存在安全隐患
价格	氨制冷剂价格优于氟利昂，整个制冷系统投资则因选用国产或是进口产品，以及自动化程度而不同	
使用维护	氨系统操作复杂，对人员专业性要求高	氟利昂系统操作简便，自动化程度易实现，对人员专业性要求较低

四、现状及未来市场应用

(一) 空调制冷领域

目前主要采用 R134、R410A 等制冷剂,未来会发展到 R1233zd 等 HFO 类制冷剂;二氧化碳(CO_2)会在民用与汽车等低温热泵领域得到越来越多的应用;氨(NH_3)也会在一部分 60℃~80℃ 中高温热泵中得到应用;而在 90℃ 以上的超高温工业型热泵领域,目前来看,国内外主要还是依赖于 HFC 和 HFO 氟利昂制冷剂。

(二) 低温制冷领域

一是以商超、便利店为主的商用制冷领域。主要使用的制冷设施为超市陈列柜、小型冷库、自动售货机、中大型生鲜加工配送中心、中央厨房、冷链物流配送中心的冷藏冷冻设施等。目前从国内外的发展情况看,主要以氟利昂 HFC、HFO 类制冷剂为主。近几年虽有部分外资企业开始应用二氧化碳(CO_2)制冷剂,但因为投资成本高,并没有得到快速更替与普及。碳氢工质丙烷(R290)作为环保制冷剂,虽在国外小型商用制冷设备有应用,但其易燃易爆的性质短时间内很难在国内推广使用。氨(NH_3)制冷剂同样由于安全性问题,很难适用于具有劳动密集型特点的商用制冷领域。目前这一领域使用的以日本、德国、美国生产的中小型商用涡旋/活塞/螺杆压缩机产品为主。这些压缩机几乎全部采用 R22、R404A、R507A 氟利昂制冷剂。

二是医药制冷领域。全球几乎所有制药厂都使用超低温冻干机,蒸发温度基本在 -40℃~-70℃。目前普遍采用的是氟利昂 HFC 制冷剂,并且以螺杆压缩机为主,因为防污染、安全性、高效率等需求,目前能进行替代的只有氟利昂 HFO 类制冷剂,其他如氨(NH_3)、二氧化碳(CO_2)等制冷剂均无法满足要求。

三是食品加工与冷链物流行业。在 1985 年以前,国内只有少量公共大型仓储类冷库,一部分工厂类冷库,制冷设备一部分为国产,一部分为日本、德国、美国等进口。1985 年以后,随着中国经济的发展,包括肉食、水产、乳品、饮料、速冻食品等食品加工业,以及冷库建设快速发展,这一领域多数大型的冷库为氨系统,商超类小型冷库为氟利昂系统,国内国际品牌竞争发展。根据主要厂商历年的中大型螺杆压缩机、活塞压缩机产销量初步分析，虽然氨系统占有一定比例，但从整体市场容量看，氟利昂系统的应用依然远高于氨系统。

综合上述分析，目前，氟利昂制冷技术应用依然占据中国制冷空调行业的主导地位，其原因主要是以氟利昂制冷技术为代表的国际化的制冷技术与品牌在中国的快速发展，适应中国市场对投资、运行、安全、管理等方面的实际需求。氨制冷技术在这一进程中没有得到像美国、欧洲那样良好的应用与发展，主要是因为涉氨责任事故导致社会对氨制冷技术的误解以及国内压缩机与零部件制造工艺水平不足、系统设计水平不足、自动化程度不够、施工管理不规范、安全事故频发等众多因素导致的。当然，中国同国际社会一样，面临共同的低碳环保发展问题，中国已经庄严承诺2030年前实现碳达峰、2060年前实现碳中和的目标。在制冷技术领域，未来必然会不断向低ODP、低温室气体的全球变暖潜能值（GWP）绿色环保制冷剂方向发展。绿色制冷剂既可以是天然的，也可以是合成的。针对各类氟利昂系统何时进行替代与更换、用什么工质替代、投资由谁承担等问题，需要从国际国内政策、制冷行业技术进步与发展，在较长期限内循序渐进加以解决。我国应该转变"谈氨色变"的观念以及一刀切的"氨改氟"的做法。发挥氨系统的环保优势，在未来国内市场化发展中，必须结合自身制冷设备设施整体制造水平、设计水平、安装水平、管理水平不断改进与提升，稳步推进。近年来，行业高度关注的氨（NH_3）／二氧化碳（CO_2）制冷系统具有明显降低氨充注量（约为氨制冷系统的1/20~1/30）的优点，在发达国家已经比较成熟应用，我国也进入市场化阶段，但技术水平、节能效果有待市场进一步客观检验评估，需要在有利于经济发展与环保建设双重条件下，科学有序、逐步改进，才能获得良好的经济效益与社会效益。

中国仓储与配送协会专家委员会副主任委员　李涛

城市地下物流发展报告

地面车辆和车次数量剧增是导致城市交通拥堵的主要原因之一，其中物流需求的增长占了较大比重。尽管货车占城市机动车总量不大，但由于货车一般体积较大、载重时行驶较慢，车流中混入货车，会明显降低该道路的通行能力，因此，其占用城市道路资源的比例较大。

城市地下物流系统（Underground Logistics System，ULS）是指在城市内部及城市间，通过地下管道或隧道等封闭空间来自动化运输货物，是符合未来城市发展需要的一种全新概念的运输和供应系统。发展 ULS 符合国家重大战略需求和"创新、协调、绿色、开放、共享"新发展理念。北京、上海等地已尝试将 ULS 列入城市地下空间规划纲要。自 2016 年起，国家自然科学基金立项重点项目《新型城镇化导向下的城市地下物流系统集成与管理研究》；上海市科委立项社会发展领域重大科研项目《城市地下物流系统规划关键技术研究》。ULS 已成为国家自然科学基金重点资助领域，说明我国已开始密切关注 ULS。

目前，ULS 在全世界范围内得到广泛的研究和应用。自 2016 年开始，瑞士的 CST 项目规划了一条 450 公里的隧道，用于运输包裹和货运托盘，目前已获得第一轮融资，项目有望成为首个现代 ULS。除此以外，法国、意大利、英国和比利时等国也对地下磁悬浮轨道运输技术、地下无人轨道运输技术、地下真空管道技术等进行了近 20 年的研究。我国的 ULS 也得到广泛的发展，包括上海市的连接港区和物流园区的地下集装箱专线，雄安新区结合综合管廊的 ULS，北京城市副中心的地下货运系统，青岛城区结合既有人防设施的 ULS 以及覆盖苏南地区的城际集装箱运输专线。

一、研究进展与创新点

（一）ULS 相关研究情况

1. 地下物流研究热点

本文采用数据挖掘软件 VOSviewer 分析近 20 年来的 ULS 的相关文献，热点研究主题如图 1 所示。

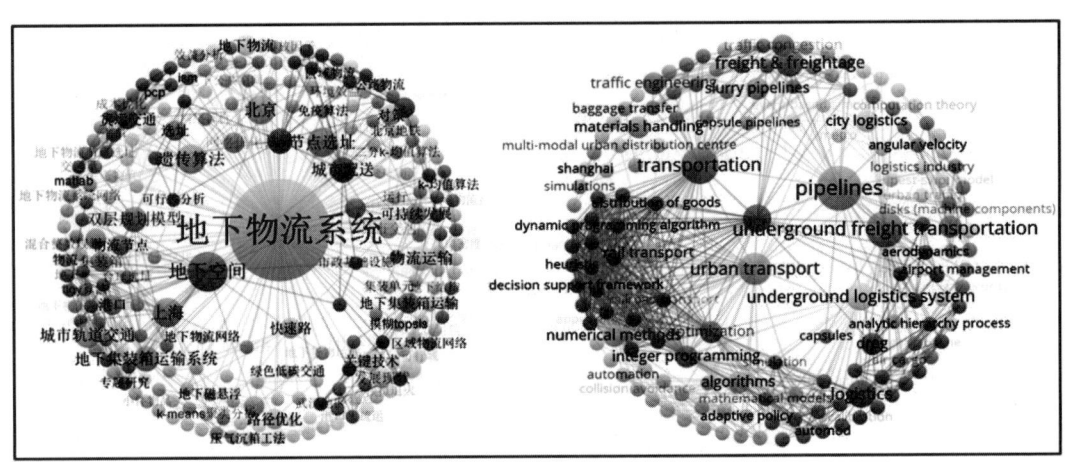

图 1　1998—2020 年 ULS 文献研究热力图谱

ULS 相关英文文献按照词频排序分别为：地下货物运输、管道运输、城市交通、ULS、整数规划、算法、延迟、交通拥堵、数学模型、胶囊等，所得图谱节点之间连线紧密，热点区域辨识程度较高，约 1/5 的研究集中在 ULS 的建模与优化方法领域。

中文文献根据 CNKI 检索获得，按关键词共现频率高低排序为：ULS、地下空间、节点选址、遗传算法、北京、城市配送、上海、双层规划模型、物流节点、网络优化和地下集装箱运输等，可见国内研究聚焦于地下空间与基础设施规划以及针对大型城市的网络设计方法，研究内容分布较为零散，尚不成体系。

2. 地下物流相关文献

针对地下物流相关的研究论文处在不断增长的趋势，从图2中可以看出左侧为"地下物流"相关的论文数量，右侧是"地下运输"相关的论文数量。在物流概念普及之前，相关研究集中在地下运输范畴，到21世纪物流概念普及之后，地下物流的相关论文不断涌现，而且近几年急速增长。

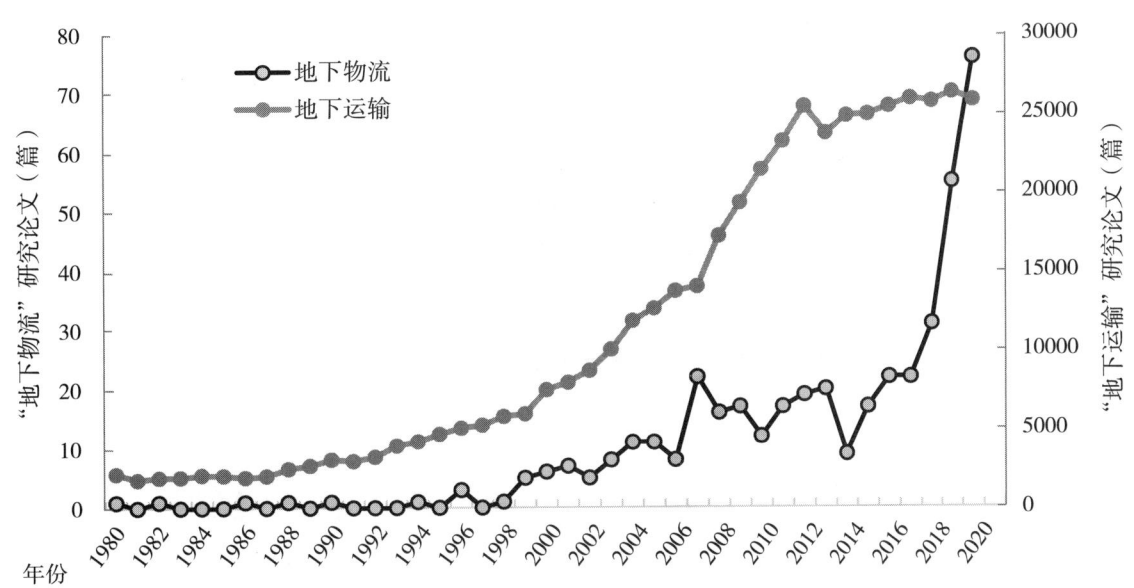

图2　1980—2020年地下物流及地下运输相关论文趋势

3. 地下物流研究相关技术专利情况

从20世纪80年代开始，各个国家纷纷申请地下运输领域的相关技术专利，美国、俄罗斯、日本、德国等国家的专利较多。21世纪后，中国的相关技术专利数量如雨后春笋般增加，占整个地下运输专利数的78%，如图3、图4所示。

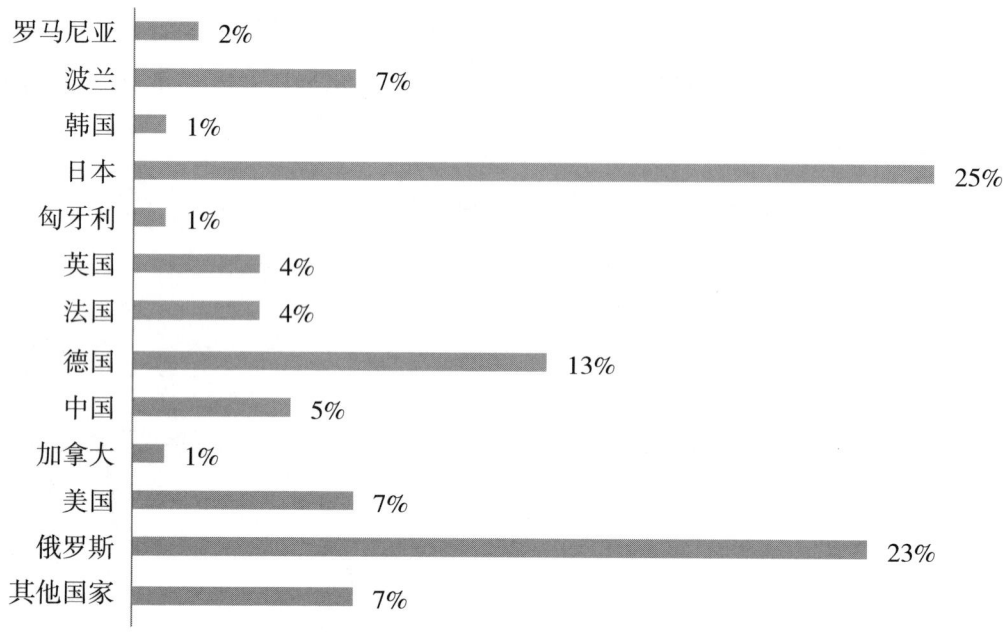

图 3　1980—1999 年相关地下运输专利各国比例

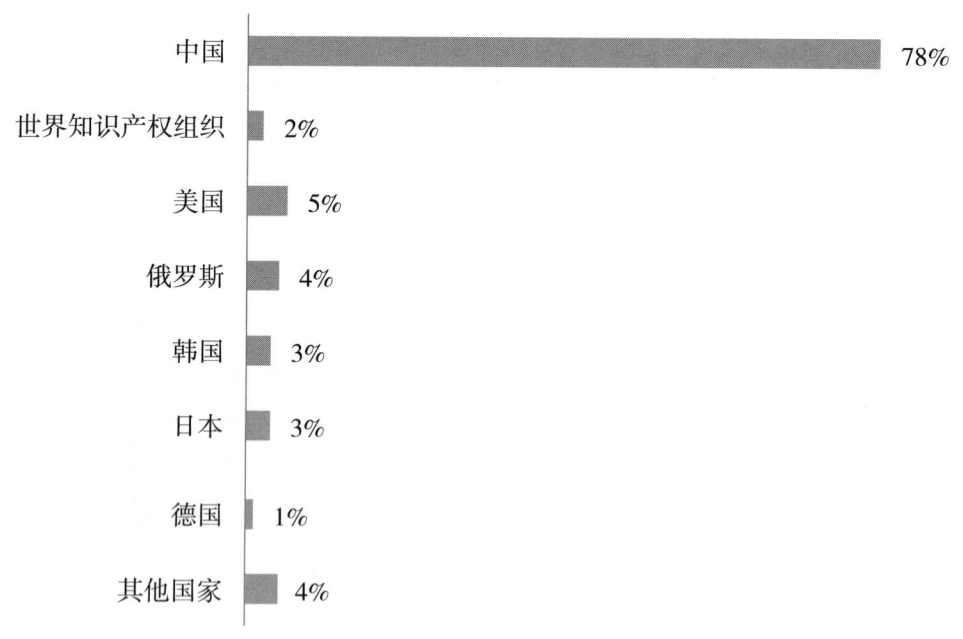

图 4　2000—2020 年相关地下运输专利各国比例

利用壹专利网站检索分析国内地下物流主题相关的发明专利，相关研究情况如表1、图5所示，近10年来，地下物流相关的专利数量逐年递增，其中，主要以上海海事大学、上海市政工程设计研究总院（集团）有限公司、西南交通大学等单位为代表。

表1 国内"地下物流系统"专利申请人地域分布表

申请人	中国大陆
上海海事大学	4
上海市政工程设计研究总院（集团）有限公司	3
西南交通大学	3
中冶京诚工程技术有限公司	2
中国人民解放军陆军工程大学	2
中建地下空间有限公司	2
合肥学院	2
徐州鑫路达配送服务有限公司	2
李伟超	2
中国科学技术大学	1

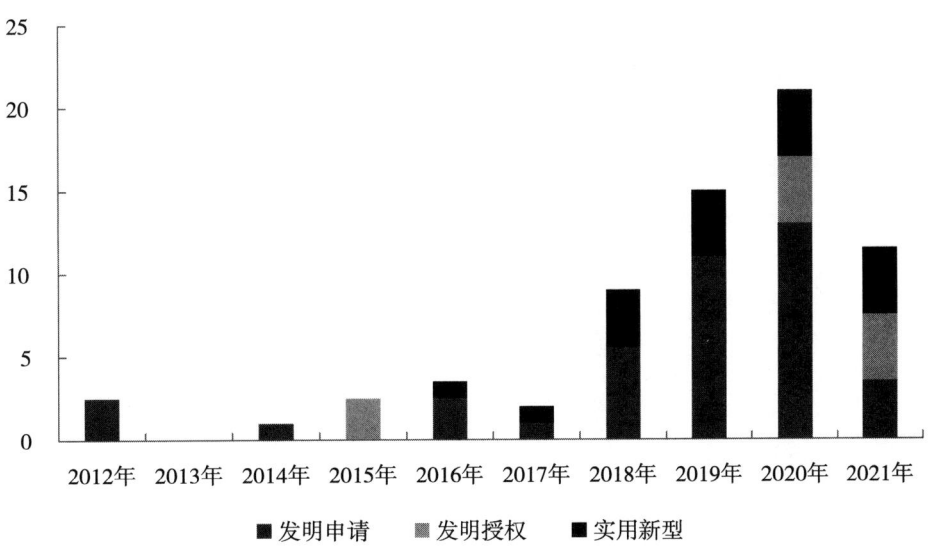

图5 国内"地下物流"专利年份分布图

（二）ULS 的发展战略

世界各国研究 ULS 的热情持续高涨，尽管仍以机电与工程技术人员为主，但已扩散至许多不同领域的研究者，如物流与供应链、地下空间、交通工程、土木施工技术、机械与机电工程等。研究内容主要集中于技术系统研发、可行性研究与应用方案的概念设计等方面。

作为一个新兴的研究领域，既有研究已为发展 ULS 提供了成熟的动因分析和技术支撑。①提出并设计了多种 ULS 技术形式，部分技术已进行了实体模型实验；②ULS 在环境、社会、交通、能源、物流等方面的优势已得到学术界的普遍认可，许多团队针对各国具体城市实际状况和规划 ULS 的可能性进行了一系列研究与探索；③提出 ULS 网络规划的基本概念与网络形式；④针对不同运输对象提出了许多应用方案的概念设计，如城市垃圾的地下转运系统、荷兰的地下花卉运输系统等。

近年来，部分研究开始关注可持续性优势的量化、网络优化、其他货运交通方式的协同等问题。动因和优势分析从定性分析转向定量化研究，如 Winkelmans 测算了 ULS 的单公里能耗，Deng 利用多元线性回归模型定量分析了物流业和区域经济之间的关系；多种决策模型应用于 ULS 网络优化，如李彤提出了 ULS 优化布局的模拟植物生长算法网络优化方法，Zhang 采用双层规划模型优化了多式联运网络节点，Mendoza 研究了基于定货与供应物流费用建模，Rijsenbrij 研究了利用地铁运输货物的可能性，Najafi 提出在德克萨斯建设地下物流的设想，并将地下运输整合至现有运输系统，优化现有多式联运（尤其是卡车）系统的能力，Hai 等以上海外高桥港为例，利用交通调查与交通流检测数据，构建交通模型，分析了"外高桥—嘉定" ULS 对城市路网交通状态和环境排放的影响。

1. ULS 的规划设计

ULS 网络规划设计，是指根据现有城市货运网络现状，在满足一定服务能力、客户需求、投资预算、共同安全、环境以及货物运输时空约束等条件下，以提高货运网络的综合效能为目标，设计 ULS 的节点、通道和路线，并确定相应的特征参数。国内外针对城市地下系统的网络设计进行了许多实践。早在 1996 年，荷兰开始针对史基浦国际机场、阿斯米尔鲜花拍卖市场和铁路终端之间的地下货运网络进行了规划设计。

我国 ULS 网络设计最早研究可以追溯到 2003 年陆军工程大学钱七虎院士团队针对北京市进行的 ULS 规划设计，提出了城市地理信息分析、地下物流可开发区域分析、网络节点确立、建立网络布局方案和网络优选评估等网络规划与设计步骤。

当前，国内外对 ULS 网络规划设计的研究大多数集中在网络节点或隧道工程建设的经济可行性上。其主要内容包括节点选址与布局、网络结构分析和通道建设方案决策等。其中，在节点选址与布局的研究中，为使货物运输费用最少，其目标函数一般表示为需求点（供应点）、需求量、价值和配送距离等因素的函数组合。当节点选址确定后，货物通过 ULS 以最短路径实现连通。由此可见，在 ULS 的节点选址研究中，对空间距离、货物需求量和种类等因素都进行了考虑，但对节点和路径的容量限制考虑较少。

目前，针对 ULS 网络结构分析和通道建设方案决策的研究相对较少。而考虑 ULS 的社会效益，其结构分析应包括三个部分：①在有限建设费用资源下，提高货运服务能力；②减少货物运输的时间，提高货物运输的可达性；③降低碳排放量和缓解交通拥堵，提高货运网络的可靠性。在未来城市地下物流网络的优化研究中，这些目标都应该进行综合统筹，从而合理规划与管理城市地下空间的开发与利用。然而，由于地下物流运输系统网络建设运营的成本和收益计算的复杂性、投资建设策略的随机性和工程建设的风险性，城市地下物流网络的优化求解过程还是很复杂的。

2. ULS 的装备选型

地下货物运输至少有 200 年以上的历史，1853 年英国伦敦利用气力运输皇家邮件的地下管道是现代 ULS 的原型。20 世纪 90 年代以来，现代 ULS 的研究受到了西方发达国家的高度重视，并作为未来可持续发展高新技术领域。

ULS 分为管道运输和隧道运输两种形式，世界各国对 ULS 的概念和标准很不统一，并发展出各具特色的地下物流技术系统。管道物流运输形式相对统一，可分为气力输送管道、浆体输送管道、舱体运输管道。对于隧道运输形式，美国称为地下管道货物运输（Freight Transport by Underground Pipeline or Tube Transport），加利福尼亚州立大学的 James 等以电磁为动力设计 ULS；德克萨斯州交通研究院的 Roop 提出安全货物机车（Safe Freight Shuttle，SFS）的概念；德国波鸿-鲁尔大学的 Stein 提出并设计了货物舱体（Cargo-Cap）的实体模型；日本称为地下货运系统（UFTS），运输的工具为两用卡车（Dual Mode Truck，DMT）；荷兰称为 ULS 或地下货运系统（UFTS），即 Underground Logistics System 或 Underground Freight Transport System，其运输工具为自动导向车（Automated Guided Vehicle）；瑞士 2016 年提出了建设城际 ULS（Cargo Sous Terrain，CST），运输工具为电动有轨车辆或自动驾驶车辆。

尽管形式多样,但都具有一些共同的特点:①独立于客运系统的地下长距离运输;②采用某种自动控制系统,均为无人驾驶;③新技术集成,如采用线性马达(LIM)作为牵引、物联网技术等。

3. 研究的趋势和不足

陆军工程大学在国家自然科学基金重点项目《新型城镇化导向下的城市地下物流系统集成与管理研究》等基金的支持下,围绕地下物流的成本效益分析、ULS 与城市发展互动机理、地下物流网络规划、ULS 运营、突发事件下 ULS 应急管理、基于 ULS 的物流服务供应链体系等关键问题,基于北京市、雄安新区、南京市、上海洋山港、苏南城际货运专线等案例,开展了深入研究。

上海市政工程设计研究总院(集团)有限公司积极开展地下物流相关前期规划研究,先后承担或参与国家自然科学基金重点项目《新型城镇化导向下的城市地下物流系统集成与管理研究》、上海市科委重大科研项目《城市地下物流系统规划关键技术研究》、上海建工集团《地下集装箱物流系统仿真模型研究与系统开发》以及上海市政总院《城市地下物流系统规划关键技术拓展研究》等项目。相关研究提出了特大城市地下物流发展方向与策略,为研究和推动 ULS 在我国发展的适用性、可行性和方向性上提供了全局性的把握和研究视角。

中建地下空间有限公司针对城市既有空间打造 ULS 以及城市新区规划 ULS 进行了深入的研究。《武汉长江新城(区)地下物流布局规划研究》经专家评审达到了国内领先水平,为新城(区)ULS 的规划提供了详实的基础理论。在推动试点项目落地的过程中,研发了一套针对受限场地进行加固的装备设施,并结合城市内部的既有闲置地下空间开展地下物流建设的具体工程研究。在商业模式研究方面,从点、线两个角度对地下物流建设进行分类,研究适用于不同形式地下物流建设的投融资商业模式。

上海海事大学地下物流技术研究中心为了解决日益严峻的港城矛盾,积极开展地下集装箱物流系统及其数字孪生系统的设计与实现,完成了上海市科委子项目《地下集装箱物流系统运输组织研究》,分别建立了地下物流实物模型、地下物流运营管理系统、地下物流半实物仿真系统、智慧地下物流设备数字孪生系统,并发表了本领域 SCI 期刊等论文 20 余篇,已授权国际发明专利 1 项、国内发明专利 3 项、软件著作权 12 项。相关研究提出了港口与物流园区、港口与铁路场站、港口群的地下集装箱物流集疏运模式,为缓解港城发展矛盾,提出了有效可行的方案。

长沙理工大学在 ULS 规划领域的理论研究部分做了积极的探索，从建设 ULS 的可行性与评估标准到 ULS 布局规划，再到 ULS 运营场景的构想和中微观的运营调度等问题都做了较为系统和深入的研究。在国内外核心期刊和国际会议发表论文十余篇，其中 EI 检索 3 篇。主持 ULS 相关研究的省级重点项目一项，校级项目多项。开发并运营"地下物流研究中心"公众号，已经成功运行 5 年，近年来以每周一推的更新频率向公众做地下物流相关知识的科普，具有一定的传播和推广效果。

总体而言，世界上对 ULS 的关注度极高，但研究与实践仍存在许多不足。①对 ULS 的定位尚不清晰；②发展 ULS 的目标体系与可行性评价研究尚不完善；③网络优化研究中 ULS 的特征并不明显，难以指导实践；④物流可靠性和仿真技术较多，但没有针对具有地下不可见、高度自动化等特征的相关研究；⑤ULS 的多种系统形式在地下空间的布局特征、技术系统的集成、运营过程与机制等方面的研究尚属空白。

4. 既有研究的启示

总结既有研究成果，针对中国发展 ULS 的环境，有以下启示：①大城市对 ULS 的需求非常大，理论研究也迫切需要与实践的结合，选择试点工程对 ULS 的理论与实践的发展至关重要；②综合分析发展 ULS 的政治、经济、社会和科技环境，寻找发展机遇，应对挑战是保证试点工程成功的基础；③对试点工程而言，分析其与城市发展的互动关系、设计合理的运营模式和可靠性比线网规划技术更重要；④ULS 具有半公共产品的性质，对城市可持续发展有重要作用，因此工程实践需要政策的支持和引导；⑤社会普遍认识不足，直接规划建设 ULS 网络为时过早，应从单线规划实施入手，作为综合交通运输的重要补充；⑥除了经济效益，更需要关注的是带来的交通、环境和社会效益；⑦ULS 是个具有多项功能，需应用多种技术系统的复杂系统，所以需做好自身的技术集成，及其与城市经济、交通、环境等各方协同作用；⑧要向高度信息化方向发展，全面实现自动化。

二、挑战与对策

（一）发展战略

引入 ULS，能很好地解决城镇化快速增长所带来的交通拥堵、环境污染和资源紧缺等问题。一方面，不占用地面道路，利用地下封闭空间优势，与外界环境物理隔绝，可采用全自动化技术保障货物可靠的运输，有效提高城市货运效率。另一方面，在城市地面有限扩展空间和空中管制的前提下，很难新建和扩建仓储中心和末端节点等物流设施，而依靠地下空间的深度和广度建立城市地下货运网络，能突破现有城市物流发展的瓶颈。

从当前的国家政策来看，ULS 已然成为热点话题。《交通强国建设纲要》中明确提出要积极发展城市地下物流配送。北京市的《北京物流专项规划》中也指出城市核心区中，物流末端配送尽量结合地下空间进行设置，城市副中心内考虑利用设施服务环地铁网建立地下物流配送系统。在《中华人民共和国国民经济和社会发展第十四个五年规划和2035 年远景目标纲要》中对智慧物流、"双碳"目标等也做了明确规定，这也为 ULS 的发展指明了道路。

"十三五"期间，ULS 在国家自然科学基金重点项目《新型城镇化导向下的城市地下物流系统集成与管理研究》以及诸多国家自然科学基金面上项目的支持下，国内针对 ULS 实施过程中的难点，围绕地下物流的可行性、网络规划、运营管理等问题，基于北京、上海洋山港等诸多实际案例，做了深入而系统的研究。总的来说，国内的研究仍然主要集中于网络规划和成本效益分析方面，对于系统运营和网络的可靠性方面的研究还相对较少，是下一步研究的重点。国外的研究则主要集中于 ULS 的原型设计，为国内的研究提供了理论支撑。

世界上，对现代 ULS 的研究与实践已有 20 多年，运输技术与隧道施工技术已经成熟，但至今仍无真正成功运营的线路，这说明在 ULS 应用的适用性和可行性上仍存在问题。ULS 有其特殊性，首先，打破了一般物流系统以运筹管理为主要内容的学科范畴，是基于复杂系统的工程与物流相结合的管理。其次，综合效益和对城市的影响尚无实际案例参考，并且各国对 ULS 的定位并不相同，需重点考虑 ULS 与城市综合交通运输系统、城市发展之间互动关系对运营过程和效益的影响。最后，ULS 对中国而言是一个新鲜事物，工程技术系统复杂，建设耗资巨大，地下工程的建设与运营风险高，若不成功则损失巨大。从中国交通货运的现状看来，快速增长的货运量和交通压力对新型货运方式有巨大需求。因此，在面临重大需求和良好政策、经济、社会和科技发展环境的机遇下，要正视中国起步较晚的事实，发展 ULS 同样面临巨大的挑战。

（二）规划设计

近年来，ULS 的相关研究工作引起了各国政府和研究者的广泛关注。需要特别指出的是，我国河北省雄安新区、北京城市副中心和武汉长江新区等地的规划设计，都引入了 ULS 这一前瞻性概念。尽管美国、英国、日本、德国和荷兰等国的工程实践，均因建造与运营成本预算过高和投资主体模糊等问题以失败而告终，但对于注重社会效益和面向未来城市的中国新城新区规划建设而言，已经将 ULS 的规划设计纳入城市基础设施网络建设的一部分，并为此预留空间。而以此规划设计为"契合点"，将 ULS 规划纳入城市规划范畴，有利于城市物流和城市发展的协调。相比于其他国家，ULS 的规划建设的试点性和示范性特点，使其在中国新城新区具有独特的后发优势。

以往研究利用城市规划设计和地下工程设计的相关理论，通常以最少建设费用或最短运输距离为基础，解决 ULS 的网络规划布局问题，均没有从城市地下空间规划、物流系统网络规划布局和交通运输等多个层面进行统筹规划建设。并且，在 ULS 规划设计研究中，均只表达了规划设计指的是"节点选址与网络布局"等"形态层"内容，而未明确 ULS 在货物运输过程中的功能和特征，即 ULS 运输设备参数、通道容量和节点处理能力等"性能层"的规划设计。然而在 ULS 规划设计的货运能力和可靠性分析中，系统"性能层"的属性是网络规划设计的依据，也是定量化分析货物运输效能和优化网络设计的基础，现有的规划设计理论框架难以解决 ULS 的适用性问题。

而且，目前针对 ULS 的研究通常在"形态层"和"性能层"这两个维度中分别进行规划设计的研究。而 ULS 中表述网络布局形态的"形态层"和规划性能状态的"性能层"是相互影响、相互联系的。"形态层"的规划设计，决定了 ULS 服务对象和区域。例如，针对 ULS 的客户和货物属性进行分析，才能明确货运流量和流向，更精准地设计网络中转节点的位置和数量。因此，对于 ULS 的规划设计的研究需要从双层维度上综合进行规划设计研究。

（三）装备选型

运输装备是 ULS 的核心，决定整个系统物流工艺设计、土建结构形式以及配套设施设备。应用于港城地下物流的运输装备，每种运输装备有各自适应性和优劣势。如何选择合理运输装备，在确保技术成熟可行和满足运输能力需求的情况下，尽可能减少投资成本和运维成本，需要综合比选研究。

三、中国建设地下物流系统的意义

（一）解决港城矛盾

集装箱港口大都依城而建，如我国的上海港、天津港、深圳西部港区，国际的东京港、洛杉矶长滩港等，在地理区位上都有共性的特征，与城市高度重叠。随着空间发展到一定程度后出现新的港城关系，使得城市和港口在发展过程中都出现了一定问题，港口和城市之间存在着显著矛盾，由于港口的集疏运模式不合理，公路运输比例过高带来的交通拥堵、环境污染等一系列问题。港口陆路集疏运交通需要大量穿越城市或占用城市道路资源，原本就不堪重负的城市道路还要额外承担港口产生的大量集装箱集散交通。以集卡车为主的货运交通极大地影响了城市道路的服务水平和通行能力，导致港口城市交通及环境日益恶化。地下集装箱物流系统则可利用地下空间，通过隧道连接港口和物流综合枢纽，采用自动化控制方式，实现全天候、大运量、稳定、高效、节能、环保的货物运输，有效解决港城矛盾，为未来我国港口城市建设发展提供参考。

（二）解决港口群集疏运模式

随着航运业的大规模升级，港口群的强强联手模式已经出现，长三角港口群、珠三角港口群、渤海湾港口群纷纷提出强强合作模式。从区域整合上看，港口群集疏运系统优化将区域内的港口群，通过整合将能产生单个港口所不具备的规模效应和结构效应，与单个港口的简单相加相比有质的提升。港口集疏运系统的整合优化是增加港口空间通达性的关键环节，如达不到足够的空间通达程度，港口将在竞争中失去现有市场。港口深水化及船舶大型化方兴未艾，庞大的货物流量将对港口集疏运网络构成巨大挑战。因此，如何实现港口群之间以及港口与腹地之间找到最优的运输方案，合理规划港口运输方式和运输路径，将对港口长远战略发展产生影响。地下集装箱物流系统将建立新模式的港口群集疏运模式，有效解决港口群之间、港口与腹地之间、港口与铁路场站之间等的高效运输，实现港口群之间的空间共享、设备共享、技术共享等问题，以达到整合的优化效果。

（三）促进电子商务和城市配送的发展

ULS具有低成本、准时、可靠的特点，可以很好地解决电子商务的物流瓶颈。如在城市范围内合理规划建设一些货物分拨中心，并与ULS相连。消费者在网上订购商品，生产商接到订单按要求生产产品后，将产品运到城市物流园区，城市物流园区将货物集中装在自动导向车上，通过地下通道就可以配送到中转站，再由中转站送到消费者手中。

（四）变革垃圾处置以及收运方式

目前国内生活垃圾仍采用人工收集、陆路或水路转运，不能承担垃圾长距离外运的高昂的成本。此外，在垃圾收运过程中，因人工收拣、垃圾遗落、污水渗漏、恶臭散发等所造成的二次环境污染，严重影响了城市的市容环境和居民的身心健康。传统的大型卡车运输方式不可避免地带来尾气污染和噪声污染，并占用了城市的土地资源与道路资源，越来越不适应现代城市高效、节能运转的需要。

解决垃圾危机的有效方法，除了做好垃圾分类以及垃圾"减量化、资源化、无害化"工作，提高垃圾处置能力和改善收运方式也非常重要。根据日本环境部统计年鉴提供的资料，即使做到垃圾分类和可回收垃圾的循环利用，仍然有80%的垃圾需要处理。而由于建设垃圾处理场会受到环境保护要求的限制，在城市周边设置大规模的垃圾填埋场或焚烧厂是不可能的。如果一个现代化大型垃圾处理场离城市越远，那么垃圾的收运成本会越高，为此，建设大城市地下垃圾物流系统是一个潜在的发展方向。

（五）促进区域物流的可持续发展

ULS具有绿色化、智能化、全天候运营等诸多特征，通过连接区域内部主要的陆港、铁港、空港、海港等物流园区，构建区域性的城际间地下物流货运干线网络，可以有效缓解现有城际货运的负外部性，节约苏南地区稀缺的土地资源，促进区域物流的可持续发展。

四、结语

ULS可以有效地解决经济发展和环境污染、道路拥挤之间的矛盾，提高城市居民的生活质量，减少环境污染、道路拥挤及交通事故的发生率，保护城市的历史风貌和各级文物古迹。另外，从投资成本来看，建设 ULS 比地铁和地上高架路的投入成本更低，其未来收益更大。因此，ULS 是一种可行的、创新的绿色物流方式，是可以替代中短距离道路运输的一种有发展前途的运输方式，值得推广建设。

ULS 凭借其低成本、高效、准时的优势，很好地解决了电子商务发展的城市物流配送"最后一公里"的"物流瓶颈"问题。一方面，地下物流能够对地面货运交通进行分流，促进货物运输的通畅性；另一方面，地下物流不受气候和天气的影响，可以实现智能化、无中断的物流运输，使运输过程得到有效衔接。未来，ULS 将作为一种可行的、创新的绿色物流方式，成为物流行业进行模式创新的重要方向。

据悉，在我国雄安新区的建设中，中国 ULS 的科学家已经提出了在雄安新区建设和运营中开始建设智能地下物流配送系统的规划方案，提出了雄安新区应用 ULS 来解决城市物流配送带来的拥堵问题的建议，希望从雄安新区开始，探索和应用智慧的地下物流配送创新模式，让我国 ULS 取得跨越式发展。

上海市政工程设计研究总院（集团）有限公司
上海海事大学地下物流技术研究中心
中国岩石力学与工程学会地下物流专业委员会

动产质押监管项下监管方责任承担研究

在动产质押监管实践中,常有质权人诉诸法庭要求监管方承担因质权实现不能,从而对质权人造成损害的赔偿责任的案例发生,究其原因,主要在于质押物未实际交付导致质权设立不成或在质押期间质押物出现毁损灭失的情形。对此,监管方应承担何等法律责任?是与出质人承担连带责任,抑或是承担补充赔偿责任?是承担全部补充赔偿责任还是部分补充赔偿责任?具体而言,监管方责任承担应区分质权未设立及质押期间质押物毁损灭失的具体原因,进而分析认定其责任承担的法律性质及其责任承担份额。

一、动产质押监管概念和实践意义概述

动产质押监管是出质人以其合法占有的动产向质权人出质,作为向质权人融资的担保措施,为妥善控制质押物并监督出质人提取更换质押物的行为,质权人将质押物交付给具有仓储监管能力的第三方(以下称"监管方"),由监管方代为占有质押物并在质押期间按质权人要求(如最高质押率要求)对质押物进行监管(此处监管并非国家标准意义下的监管模式)的业务模式。动产质押监管是物流服务和金融服务相结合的业务模式,是动产担保融资的主要方式之一,动产质押监管模式的应用,扩大了银行放贷规模并解决了银行难以自行监管动产质押物的难题,从而大大缓解了中小企业融资难的困境,也给仓储企业带来了增值业务。

二、动产质押监管项下监管方被起诉司法案例

实务中也常有监管方被质权人诉诸法庭,要求监管方承担质押物损失或质权不能实现的赔偿责任的案例发生。监管方被起诉的主要原因分为以下两类:一是在出质时质权

未设立因而造成质权人质权无法实现；二是出质期间质押物毁损灭失造成的质权人质权无法实现。基于以上被诉原因的分类，笔者整理了以下两则案例供读者参考（以下案例中均以出质人、质权人、监管方指代案例当事人）。

（一）案例一：出质人、质权人、监管方三方以书面形式交付质押物，监管期间，监管方出具监管台账，后质押物出现短缺，监管方承担部分补充赔偿责任。

【案例索引】（2018）最高法民再 102 号

【案情简介】

（1）2013 年 5 月 16 日，出质人与质权人签署《最高额动产质押合同》及附件动产质物清单，约定对质权人在最高融资余额限度内，连续向出质人融资形成的债权，提供最高额动产质押担保。

（2）就质押物的监管，质权人、出质方及监管方签署《动产质押监管合作协议》，并办理《质物价格确定/调整通知书》以及《质物最低价值通知书》，该两份通知书由监管方盖章签收确认。另出质人向质权人出具《质押清单》《查询及出质通知书（附确认回执）》，确认质押的原煤及精煤数量和价格，且该质押财产已悉数交付给监管方占有、保管、监管（注：此处的"占有、保管、监管"指合同中约定的用词），存入监管方指定的仓库/场地。监管方在质押清单上加盖骑缝章予以确认。

（3）监管期间，监管方向质权人出具监管台账。2014 年 5 月 12 日，监管方向质权人出具《工作联系函》称："我司监管员对洗煤厂内现存煤堆进行了盘点，预估 2800 吨……"2014 年 6 月 23 日，质权人复函称："……贵司所承认的洗煤厂内现存煤炭预估数仅有 2800 吨的事实表明贵司已经严重违反《动产质押监管合作协议》的约定，贵司有义务赔偿我行因此而受到的全部损失。"

（4）再审审理期间，监管方提交新证据，拟证明监管方员工和质权人客户经理联系煤炭库存及监管台账编制等相关事宜，并主张质权人主导制作虚假监管台账等。该组证据未获再审法庭认可。

【裁判要旨】

（1）质权人、出质人、监管方通过书面形式交付质物，未到场清点质物数量、品种、确定质物权属，三方认可该事实，后质押物出现短缺，监管方未能提供证据证明质押物自始不足。

（2）《动产质押监管协议》约定了监管方在监管期间的责任，即监管方应当建立完善的出入库台账登记制度，登记、核实出质人提货或换货后的质物最低价值是否符合合同约定。监管方再审中提交证据主张监管台账是由质权人主导编制的虚假监管台账，反映出监管方未尽合同约定的监管义务，就监管质物短损存在过错。再审期间监管方仍未能就其存在免责事由进行举证，应承担举证不能的后果，对质权人因其过错导致质物减损而受到的损失承担相应责任。

（3）该赔偿责任应当为补充责任而非连带责任。对于质权人而言，监管方作为其受托人监管质物，仅是帮助质权人实现质权的辅助人，而非质权实现的直接义务人。故在质物短缺、灭失的情况下，应该先由主债务人偿还债务，不足部分由监管方承担补充赔偿责任。质权人（同时为债权人）在质物移交时未到场核实清点确认质物，对自己质权的实现疏于管理并放任质权不能实现的风险放大，亦存在过错，也应承担相应责任。

（4）综合案件具体情况，判定监管方对质权人质权不能实现部分承担80%的补充赔偿责任。

（二）案例二：出质人虚构质押物并抽逃质押物致质权人遭受损失，监管方对虚构质押物承担部分补充赔偿责任，对抽逃质押物承担全部补充赔偿责任。

【案例索引】（2019）最高法民终833号

【案情简介】

（1）2014年1月7日，质权人（债权人）与出质人（债务人）签订《人民币借款合同》，同日签署《最高额质押合同》。《最高额质押合同》约定出质人将其数量为18万吨、评估价值为3.78亿元的玉米质押给质权人，担保自2014年1月7日至2015年3月6日，债权人对债务人的债权，所担保的最高债权本金金额为2.5亿元人民币。

（2）同日，出质人、质权人、监管方签署《动产质押监管协议》，并办理《出质通知书》及《收到质物通知书（代质物清单）》，监管方确认已接收18万吨玉米。

（3）就上述质押物，另案刑事判决书中查明，其中的8.5万吨系出质人法定代表人及监管方工作人员等伪造凭证虚构出来，该批质物自始不存在。就剩余的9.5万吨，监管方根据上述刑事判决中检察机关举示的司法鉴定意见，主张实际存放玉米不超过4.573万吨，最高院对该证据内容予以采信。故对于剩余9.5万吨玉米质物的实际情况确认为：虚构质物4.926万吨，实际抽逃4.5598万吨，剩余140.38吨。

【裁判要旨】

（1）出质人作为案涉主债权的债务人和出质人，应对质权人承担第一位的还款责任以及虚构质物、质物灭失导致债权人损害的赔偿责任。

（2）对于虚构13.426万吨玉米质押物给质权人造成的损失（该等质押物对应的债权总额计算为1.8647亿元），监管方没有严格按照案涉《动产质押监管协议》履行监管义务，应对质权人实际损失承担与其过错相当的责任，监管方应在人民法院对出质人及其他担保人强制执行后，质权人仍然不能获得清偿的部分承担30%赔偿责任，由于质权人对于质押权未设立本身存在过错，其承担不能清偿部分的70%。

（3）对于4.5598万吨玉米被抽逃给质权人造成的损失（该等质押物对应的债权总额计算为0.6333亿元），监管方应承担相应的赔偿责任。对于该责任的范围应当根据监管业务收取的费用、监管难度以及交易习惯综合认定监管方的过错大小，承担的是与其过错相当的相应责任，监管方在人民法院对出质人及其他担保人强制执行后质权人仍不能清偿部分，承担全部赔偿责任。

（4）确认质权人在人民法院对出质人及其他担保人强制执行后质权人仍不能受偿部分，对监管方享有1.19272亿元（1.8647亿元×30%+0.6333亿元）赔偿责任的债权。

三、监管方责任承担法律依据分析

（一）动产质押监管协议法律性质

《中华人民共和国民法典》（以下简称"民法典"）第九百零四条规定，仓储合同是保管人储存存货人交付的仓储物，存货人支付仓储费的合同。民法典第九百一十九条规定，委托合同是委托人和受托人约定，由受托人处理委托人事务的合同。为确保能够做到实质监管，在动产质押监管实践中，仓储运营方和监管方常为同一公司或为关联公司。在仓储运营方和监管方为同一公司的情况下，监管方的职责实则涵盖了仓储与受托监管的双重职能。但在实践中，在签署动产质押监管协议前，出质人常常已经以货权人的身份与监管方（仓库方）签订了货物仓储合同，并由出质人向监管方支付仓储费用。这种情况下，从费用构成以及监管方的义务构成这个角度来讲，质权人、监管方之间形成的仅仅是代为占有保管及受托监管的关系。因此，在司法实践中，鲜见将动产质押监管协议单纯定性为委托合同或仓储合同（或保管合同），而更多的是以"一种新型的复合的法律关系"加以认定，监管方承担的是与其过错相应的责任。[①]

（二）监管方责任承担法律性质

动产质押监管协议项下，监管方的主要义务在于出质时的审核查验义务、质押期间的保管监管义务以及质押解除时的返还义务。结合司法案例以及动产质押监管交易过程可以看出，认定监管方责任承担法律性质应根据质权人质权不能实现的原因加以区分：如果质权未能设立，基于质押合同的生效与质物的交付行为相互独立，即质押合同的生效不以质物移交质权人占有为条件，故此时动产质押监管协议也已生效，监管方应根据生效的动产质押监管协议承担违约损害赔偿责任；如果质权已经设立，由于监管方行为导致质押物毁损灭失，本质上也是侵害质权的行为，故其应根据动产质押监管协议承担违约责任，或对质权人承担侵权责任，构成责任竞合。

（三）监管方责任承担比例法律依据分析

1. 质权未设立情况下监管方责任承担比例

质权未设立情况下，监管方承担的责任是根据生效的动产质押监管协议承担的违约损害赔偿责任，因此确定监管方在本环节的合同义务就是分析此处问题的基础。动产质押监管协议中对监管方在出质时的监管义务一般有以下两种情况的约定：一是约定监管方仅负有对质押物进行外观查验、数量清点及收取并占有的义务，二是约定监管方不仅仅负有前述义务，同时应对质押物的权属归属进行实质性审核。显然，第一种约定下，监管方的义务界限已然非常清晰，而第二种情况下，质权人拟通过协议约定将对质押物权属的实质性审核义务完全转移给监管方，此类约定能否得到法庭支持，从而免除质权人自身在出质环节的审核义务，由此认定质权人无过错并进一步要求监管方承担全部赔偿责任？

《中华人民共和国商业银行法》第三十六条规定："商业银行贷款，借款人应当提供担保。商业银行应当对保证人的偿还能力，抵押物、质物的权属和价值以及实现抵押权、质权的可行性进行严格审查。"据此，作为质权人及出借方的商业银行对质押物权属和价值进行严格审查乃是其法定义务，是其风控措施的重要组成部分，应不得通过协议约定

[①] 《最高人民法院民法典担保制度司法解释理解与适用》第481页述"我们认为，监管人承担责任的基础是委托监管协议，而委托监管协议在性质上属于委托合同。根据民法典第九百二十九条的规定，只有在监管人有过错时才承担赔偿责任。"

完全转移至监管方。另外，民法典第五百九十二条规定，当事人一方违约造成对方损失，对方对损失的发生有过错的，可以减少相应的损失赔偿额。据此并结合司法案例，笔者认为，在质权设立不成的情景下，应结合质权人及监管方各自在此过程中的过错程度予以分析，如监管方在此环节存在违约行为造成质权人损失但质权人本身亦存在过错的，质权人的过错应可以减少监管方责任承担份额。

基于上述分析，如在动产质押监管协议中约定监管方仅负有对质押物进行外观查验、数量清点及收取并占有的义务的情况下，若因监管方未全面履行前述义务，如未能发现质押物数量不足或因监管方过错未实际控制质押物，导致质权人质权未能全面有效设立从而遭受损失的，此时监管方的过错是显而易见的，那监管方原则上应对质权人因此遭受的实际损失承担全部赔偿责任，质权人在此环节若具有过错的，可以减轻监管方的责任承担。但是，若是因为质押物权属存在瑕疵从而导致质权未有效设立的，笔者认为，需要结合法律规定以及合同约定具体分析过错究竟在质权人还是监管方从而认定各自应承担的损失份额：在监管方权属审核标准约定清晰的情况下，可以据以分析监管方在权属审核上是否具有过错；在监管方权属审核标准约定模糊或未约定的情况下，结合上述法律规定，质权人既负有对质押物权属进行严格审核的法定义务，那这里更多地应考虑的是质权人在此过程中的过错。

同时，基于出质人才是依约交付质押物的第一义务人，故监管方承担的赔偿责任无论份额多少，在顺位上均应次于出质人按照动产质押协议或动产质押监管协议承担的未依约交付质押物的赔偿责任，即在对出质人执行后仍不能获得赔偿的部分由监管方和质权人按照各自过错承担相应的责任。

2. 质押期间因监管方过错导致质押物毁损灭失的监管方责任承担比例

对质押期间的质押物进行控制和监管是质权人签订质押监管协议委托监管方的主要合同目的，亦是监管方的主要义务，故对于因监管方过错导致质押期间质押物毁损灭失的，监管方应根据法律规定及合同约定承担赔偿责任。那么，是否可以据此要求监管方对质押期间质押物毁损灭失造成质权人的损失与出质人承担连带责任？笔者认为针对此问题应基于监管方造成质押物毁损灭失的行为的法律性质分析。例如，在监管方与出质方恶意串通抽逃质押物的情况下，监管方与出质方共同构成了质权侵权行为，根据民法典第一千一百六十八条规定，二人以上共同实施侵权行为，造成他人损害的，应当承担连带责任。据此，可以要求监管方与出质人承担连带责任。对于非共同侵权的情况下，基于监管方并非债务的直接义务人，其应承担的并非连带责任，而是质权人在人民法院对出质人及其他担保人强制执行后质权人仍不能受偿部分承担的补充赔偿责任。针对此补充赔偿责任，根据监管方是否能够举证证明存在依据上述民法典第五百九十二条可主张减少其责任承担份额的情形，监管方承担全部补充赔偿责任或部分补充赔偿责任。

综上所述，结合司法案例以及理论分析，笔者认为，排除出质人与监管方实施共同侵权的情况，动产质押监管项下监管方的责任承担应区分质权未设立及质押期间质押物毁损灭失具体原因认定监管方是否具有过错，并结合监管方是否能够举证证明存在依据民法典第五百九十二条可主张减少其责任承担份额的情形，具体分析其应承担的补充赔偿责任份额。

从上述案例看，监管方在业务水平、管理水平、专业知识、业务流程、现场作业、风险控制等方面均需要进一步完善和提高，为信贷机构提供标准化规范化的担保存货监管（CMA）和担保存货监控（SMA）服务，为降低信贷风险，发挥应有的价值和作用。

上海汉盛律师事务所 合伙人律师　印兰

第三部分

行业典型案例

京东物流 | 天狼货到人系统助力仓储物流数字化转型

一、企业情况

(一) 企业简介

京东集团自2007年开始自建物流,并于2017年4月正式成立京东物流集团。2021年5月,京东物流于香港联交所主板上市,是中国领先的技术驱动的供应链解决方案及物流服务商,以"技术驱动,引领全球高效流通和可持续发展"为使命,致力于成为全球最值得信赖的供应链基础设施服务商。

近年来,京东物流聚焦"互联网+物流",技术上专注于无人设备、应用软件、物流技术研发及应用,致力于对外提供供应链技术和服务赋能,打造着眼未来的智能仓储物流系统,为客户提供供应链数字化、智能化解决方案。

(二) 产品与服务优势

一体化供应链服务:一体化供应链物流服务是京东物流的核心赛道。目前,京东物流主要聚焦于快消、服装、家电家具、3C、汽车、生鲜等6个行业,为客户提供一体化供应链解决方案和物流服务,帮助客户优化存货管理、降低运营成本、高效分配内部资源,实现新增长。同时,京东物流将长期积累的解决方案、产品和能力模块化,以更加灵活、可调用与组合的方式,满足不同行业的中小客户需求。

高效物流网络:京东物流建立了仓储网络、综合运输网络、配送网络、大件网络、冷链网络及跨境网络等6个高度协同网络,具备数字化、广泛性和灵活化的特点。截至2021年9月底,京东物流运营约1300个仓库,包含管理的云仓面积在内,仓储总面积约

2300万平方米。京东物流服务范围覆盖了我国大部分的地区、城镇和人口，不仅建立了电商与消费者之间的信赖关系，还通过211限时达等时效产品和上门服务，重新定义了物流服务标准。2020年，京东物流助力京东平台约90%的线上零售订单实现当日和次日达，客户体验持续领先行业。

技术创新应用：京东物流始终重视技术创新在企业发展中的重要作用，基于5G、人工智能、大数据、云计算及物联网等底层技术，持续提升自身在自动化、数字化及智能决策方面的能力。通过自动搬运机器人、分拣机器人、智能快递车、无人机等，在仓储、运输、分拣及配送等环节大大提升效率；通过自主研发仓储、运输及订单管理等系统，支持客户供应链的全面数字化；通过专有算法，在销售预测、商品配送规划及供应链网络优化等领域实现决策。凭借这些专有技术，京东物流已经构建了一套全面的智能物流系统，实现服务自动化、运营数字化及决策智能化。京东物流现在已经拥有及正在申请的技术专利和计算机软件版权超过4400项，其中与自动化和无人技术相关的超过2500项。截至2021年9月底，京东物流"亚洲一号"大型智能仓库在全国已运营41座。

协同共生体系：京东物流构建了协同共生的供应链网络，全球各行业的合作伙伴参与其中。2017年，京东物流创新推出云仓模式，将自身的管理系统、规划能力、运营标准、行业经验等赋用于第三方仓库，通过优化本地仓库资源，有效增加闲置仓库的利用率，让中小物流企业也能充分利用京东物流的技术、标准和品牌，提升自身的服务能力。截至2021年6月底，京东云仓生态平台运营的云仓数量已超过1600个。通过与全球合作伙伴的合作，京东物流已建立了覆盖超过220个国家及地区的国际线路，拥有约50个保税仓库及海外仓库。

随着人工智能、无人技术等技术战略的不断深化，京东物流在无人机、智能快递车、无人仓、服务机器人等一系列智能物流设备研发以及WMS、TMS、BMS、OMS等一系列系统管理软件方面加大开发和应用，为客户提供供应链一体化的智能仓储解决方案，致力于创建出更丰富的应用场景，满足复杂多变的用户需求，实现运营效率和用户体验的提升。

二、天狼货到人系统

在电子商务蓬勃发展的推动下，我国仓储行业快速发展，智能机器人逐渐成为大型仓储物流中心必不可少的关键组成部分。在3C、服饰、工业品、医药、汽车等行业中，品类多、人员少、差错高、空间小等仓储问题日益凸显，如何通过技术创新改变物流高成本、低效率的现状，实现企业降本增效，是国内物流企业不得不面临的难题。针对此类难题，京东物流基于拥有的自建物流体系优势，探索并实践出一套较为有效的实施方案。

天狼系统是京东物流自主研发的密集存储系统，由多种自动化设备、软件系统组合而成，可以解决目前仓储物流行业存储能力不足、出入库效率不高等痛点，并缓解仓储占地及人力问题。6年时间里，京东物流不断优化天狼系统，进行了两次版本迭代升级，第三代天狼系统应运而生，如图1所示。

图1　天狼智能仓储拣选系统

第三代天狼系统的硬件部分包括水平搬运的穿梭车、垂直搬运的提升机和兼具拣货、盘点于一体的工作站；软件部分则由自主研发的仓储管理系统WMS、控制系统WCS和监控系统3D SCADA组成智能调度系统，借助5G网络快速、精准地下达任务，最大程度地发挥设备效率，实现高效、精准、密集。

第三代天狼系统的行走速度和加速度都达到国内领先水平，穿梭车行走速度4m/s，加速度$2m/s^2$；提升机升降速度5m/s，加速度$7m/s^2$；工作站自动供箱，效率达600箱/时，拣货效率提升3~5倍。在设备运行精度及识别精准方面，穿梭车定位精度±3mm；提升机定位精度±1mm；拣货准确率可达99.99%。同时，穿梭车采用超薄车身，减少占有空间；提升机超高立柱可达20米，单位面积存储密度提升3倍以上。通过提升拣货效率和存储密度，更好地服务外部客户。

三、3C电子应用案例

（一）项目背景

广东亿安仓供应链科技有限公司（以下简称"亿安仓"）隶属于中国电子信息产业集团（CEC）旗下，前身是中电港的供应链业务部和仓储物流部，承接着平台上电子元器件的分销业务，服务于上游100多家元器件厂商以及下游超过5000家的电子设备生产制造商。据亿安仓相关负责人介绍，在亿安仓传统的仓储作业中，主要依靠人到货的拣选方式，拣货效率与拣货准确率都是难题。而且仓内既有完税商品，也有保税商品，只能通过不同楼层进行物理隔离，效率低，管理难度大。

为了破解这些难点，仓储的自动化升级成为关键。作为整个供应链体系建设中最小的建筑单元，自动化仓的建设尤为重要，但也因存储产品特性导致建设难度大，需要综合考量的因素多。具体来看，可归纳如下。

（1）SKU种类多、效期管理严格、存储分散导致人工拣货效率低、拣货准确率低，影响业务快速发展。

（2）存储商品类型中存在完税商品和保税商品，实际作业过程中只能通过不同楼层进行物理隔离，人工作业效率低，管理难度高。

（3）3C行业产品存储环境要求高，对温度、湿度、防尘、防电等级要求非常高。

基于以上问题，京东物流结合客户实际业务痛点及现场条件，通过对产品升级调整，打造3C行业领域具备密集存储、精准拣选、智能分单的综合性解决方案。

（二）解决方案

亿安仓虎门中心仓的仓库占地面积为2万平方米，总高度为23.8米，建筑面积约为3.4万平方米，其中保税仓面积为2.4万平方米、非保税面积为9039平方米、公摊面积为565平方米。通过前期调研发现，原有作业流程有较多优化空间。如仓库有效利用高度不足、坪效低；完税和保税商品通过楼层物理隔离，不易管理；大多为托盘地堆或隔板货架存储，上万种 SKU 采用人工搬运、补货、拣选方式，效率低、作业时间长、易出错等。

根据实际情况和需求，将改造方案的设计思路确定为以下 4 点。

（1）现有仓库原址技改，在不影响生产作业的前提下，保留物流作业通道，综合考虑消防、土建要求，合理安排施工计划。

（2）最大化地利用现有的有限空间，在 20 米高的净空内满足大小托盘不同层高设计，满足整箱与周转箱共库存储，储量最大化设计，提高坪效。

（3）与客户 WMS 系统无缝对接，做系统匹配，根据电子元器件订单特性，设计符合人机工程学的拣选工作站，提高拣选效率，减少差错。

（4）最大化发挥设备效能，预留足够扩展空间，增加效率，提升空间。

最终，确定立体仓库区占地面积 1800 平方米，用于打造高密度储存空间，70% 的面积做托盘存储，30% 的面积做箱式存储，实现托盘存储 3200 托以上，箱式存储 2 万箱以上。

（三）项目亮点

在不影响现有物流作业的情况下，在 2 个月内完成设备安装调试，如图 2 所示。

（1）采用托盘及箱式存储相结合的存储形式，有效解决了原有存储空间不足、SKU 数量多、箱式拣选的难题。

（2）实现存储最大化，在满足消防安全的前提下，使托盘货位、箱式货位存储容量达到最大。

（3）保税区输送线采用定制化滚筒输送，可满足不同尺寸原箱自动出入仓库，解决原仓库存储空间不足、拣选效率不高的问题。

（4）箱式立体库采用纸箱与周转箱共库存储，采用可变距穿梭车自动存取，提高仓库柔性。

（5）采用超级电容供电驱动的穿梭车、19 米的料箱提升机（加速度可达到 $7m/s^2$，速度达 $5m/s$），输送线配有多功能工作站，可实现入库、拣选、理货、盘点，提高通用性，提升工作效率。

（6）WCS 控制系统通过输送线实现原箱自动分配工作站、空箱自动供给、出入库调度共享。

（7）周转箱采用防静电箱，可有效保护电子商品安全。

（8）穿梭车支持原箱输送存取，满足多种尺寸原箱混合存储、直接出入库；支持超级电容方式供电，减少滑触线和电池使用，更加节能经济；车辆额定载荷达50公斤，最远伸叉距离达1.2米，在不增加车辆的基础上，保证储位数量和出入库效率要求；在满足消防安全的前提下，实现托盘货位、箱式货位存储容量最大化。

图 2　天狼智能仓储拣选系统仓内操作场景

（四）实施效果

通过项目升级改造，在同一库区，可实现完税商品与保税商品自动存取，有效提升仓储管理能力，提高仓储运营效率。根据分析对比，京东物流助力亿安仓节省10000平方米以上仓储面积，提升拣选效率80%，提升作业人效230%，提升拣货准确率至99.99%。在大幅提升拣选效率的同时，有效降低人员作业强度，解决了复杂仓储作业环境下的自动化升级改造难题，打造全新智能仓储模式，从而助力亿安仓逐渐实现产业供应链现代化。

物美集团 | 以数字化为底层，推动供应链敏捷协同，实现效率创新

一、企业简介

北京物美商业集团股份有限公司（以下简称"物美"）是我国重要的现代流通企业之一，在全国 26 个省区市有 2000 多家门店，年销售超 1100 亿元，年近 30 亿人次到店。近年来成功并购整合德国麦德龙、英国百安居中国公司，混改西南地区最大流通企业重庆商社、重庆百货。

物美坚持全面数字化、线上线下一体化战略，打造以生鲜为核心的数字化供应链，通过建立辐射华北、华东、西北、西南地区的采购、物流和营运体系，高标准地支撑快速增长的 B2C 业务、B2B 业务以及会员店、超市、便利店等多业态的综合发展。

二、主要做法与成效

随着物美线上线下一体化运营持续深化，以及到店、到家、到餐厅食堂的多场景需求，不同渠道的订单在何时、何地以及如何交付，远比单一线下渠道复杂得多。为此，物美建立了一套基于云端的数字化系统来支持前端业务，有效解决到家履约、物流效率、货物管理、成本控制等一系列痛点和难题，不断提升订单满足率、门店有货率、网上有货率，优化库存周转，提高零供协作水平，实现端到端供应链效率提升，有力保障了民生商品供应。

（一）线上线下一体化，全面提升履约效率

物美依托数字化建设从单一卖场扩展成为"三个场"：一是"现场"，即遍布全国的

2000多家门店，为消费者提供即时购服务；二是"近场"，即通过多点App，实现3公里商圈内半小时送达，为消费者提供便利服务；三是"远场"，通过在多点App开设全球精选栏目，为消费者提供次日送达的差异化商品，更好地满足消费者计划性采购需求。截至目前，物美会员总数已经突破4300万个，年活跃会员突破2300万个，App的销售占比达到了87%。

在履约体系搭建中，物美采取的办法是实现资源复用和共享，如图1所示。在仓储端实现实体店和线上App的商品统一采购、共享库存和一体化配送，最大限度地复用和共享人员、设备和场地。在门店端开展"仓店合一"改造，并通过电子围栏和拣货流程优化，推动门店端提升拣货效率，实现单店仅需11人即可完成1000个订单分拣，后仓1人可同时支援前店8人的拣货工作。

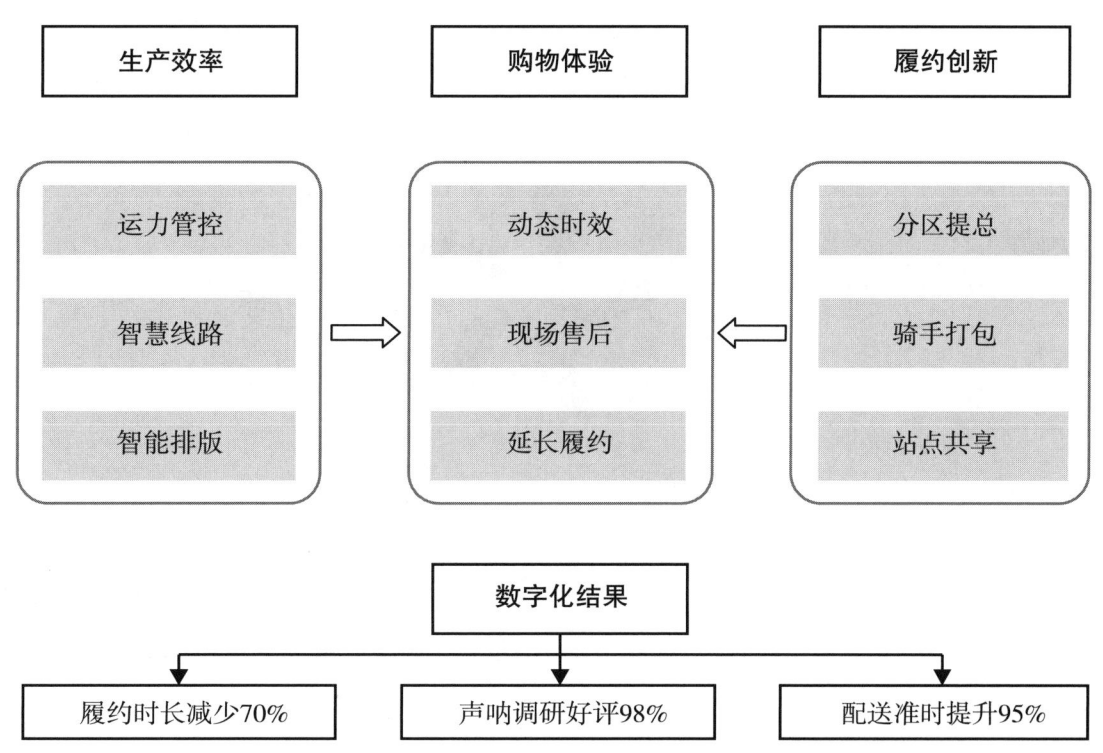

图1 数字化系统："算法+智能+运营"，有效支撑履约提效

2020年面对突发的新冠肺炎疫情，物美快速推出"社区抗疫提货站"末端配送模式，消费者通过多点App下单后，物美通过自有物流渠道并加强配送环节防疫管理，及时将订单配送至提货站，消费者到提货站自提，有效缓解封闭小区、边远小区购物难题，

避免人流集中交叉感染的风险。"对接社区、集中配送"等服务方式，在特殊时期发挥了巨大的作用。

(二) 物流配送集约化，全面提升作业效率

集约配送：物美在华北地区共有12个配送中心，包括常温、恒温保鲜、低温冷藏和冷冻多温区，仓储面积约20万平方米，配送车辆700多辆，月吞吐量约30万吨，承载着为华北地区所有门店配送职责，是集多温度带、多业态、多库存形式、多品类和多作业方式于一体的集约化配送模式，如图2所示。集约化配送缩短了基地、供应商到配送中心再到门店的空间和时间，推动整个供应链的高效运转，实现物美门店周转效率显著提高，库存周转天数从31天降至21天，仓内作业准确率稳定在99.9%以上，到店及时率稳定在99.6%以上。

多温度带
常温、恒温（15℃）、冷藏（0℃~5℃）、冷冻（-18℃）

多业态
大卖场、便利店、B2C业务、B2B业务

多品类
食品、用品、百货、日配、果蔬

多库存形式
零库存直流、库存配送、逆向物流

多作业方式
拆零作业、整箱作业、称重作业

图 2　多样化、集约化的业务形式

智能自动补货：物美自动补货系统现已实现"智能预测—智能补货—订单可视—零供协同"一体化，系统可以进行多维度订单汇总，保证同类订单高效聚合。同时，每日计算缺货率、高库存等核心业绩指标，报警高库存、售罄等急需关注的重要数据，跟踪业务变化、快速做出决策，提升作业效率和准确性。自动补货实施以来，试点门店缺货率由最高时7%降至2%以内，补货人效大幅提升，30人覆盖管理近千家门店，节约门店人力成本约5000万元/年。

线上预约送货：为缩短供应商交货等待时间，物美推出线上系统预约，交货等待时

间控制在 30 分钟内。供应商将商品装载到通用流转的标准托盘上运输到物美配送中心，由配送中心使用叉车、电子拣选等设备将整托商品卸货并收货，实现信任交接。

夜间无人收货：收货部门根据夜间来货量预留库位，提前摆放好司机需要运走的周转箱和托盘。夜间送货司机通过扫码自动开启收货仓门，并将货物运送到指定位置，送货结束后，司机扫码关门并拍摄货仓门照片，上传至系统后结束送货任务。无人收货监控系统全程通过视频 AI 系统识别，若送货司机行为、路线、时长出现异常，系统自动推送给门店防损人员。

（三）供应链实时化，提升端到端协同效率

在疫情的大考之下，零售企业面临着商品供应、价格稳定、物流配送等诸多问题，每个环节都需要与上下游实现稳定高效的协同。企业即便拥有完善的仓配网络，也需要借助数字化工具，才能保证供应链持续运转不中断和高效协同。物美通过对供应链管理系统进行大量的数字化改造，实现订单自动化处理、数据实时管理和订单流程简化，各级管理人员可以随时观测物美各门店和仓库的产品效期、订单处理等细节，实现信息共享、流程在线，提升端到端供应链效率。

以物美和宝洁的合作为例，双方从订单处理、高效物流、档期协同与复盘、优化到家供应链等方面展开深入合作，实现物美大仓到门店的配送时间从之前的 48~72 小时加速至 12~24 小时，端到端的物流效率从 96 小时加速至 36~48 小时。根据产品箱规、品牌露出以及历史销售等因素，探索合理的线上安全库存及补货参数，全品类缺货率从 4% 降至 1%，推动到家供应链优化和扩大销售。

三、下一步规划

物美以"发展现代流通产业，提升大众生活品质"为己任，彻底回归商业本质，持续探索业态、商品和服务转型升级。在物流供应链方面，将继续发挥协同优势，加快网络资源整合，在物美华北区和麦德龙北区的仓储资源共享经验基础上，将全国 30 个大仓总计面积将近 60 万平方米的仓储资源进一步整合和提高协同效率。持续加快数字化技术、业务和经营标准流程的深度融合，逐步建立"一切数据标准化""一切业务数字化"的能力，实现供应商、物流商、制造商和零售商的无缝衔接、统一标准和协作高效，形

成以客户需求为中心，联合可靠、快速高效的零供协作模式，驱动流通方式创新，打造全国性的数字供应链，努力做好"米袋子、菜篮子"，让百姓吃得更放心、更方便、更新鲜。

复星商流 | 基于 SaaS 模式的家庭健康消费全程供应链管理平台

一、企业情况

复星商业流通产业发展集团（以下简称"复星商流"）是复星旗下基于 SaaS 模式的家庭健康消费全程供应链组织者，创立于 2015 年 8 月，提供以数智科技为引领，以 GSP 标准园区为场景，聚焦于食品、药品等有温度、湿度、时效要求产品的商业流通全程服务，旗下业务覆盖母婴商品、美妆个护、营养保健和药品器械等家庭健康消费产品，服务于零售终端的专业 SaaS 系统以及符合食药监全程管理的供应链服务。

自 2015 年起，复星商流就启动自建仓储物流网络，在国内布局 6 大枢纽群，建设 GSP 标准物流园区，实现 48 小时覆盖核心城市圈的服务终端网络。截至 2021 年，已经在华北、华中、华东、华南、西南、西北的 10 余个核心经济区构建枢纽仓体系，投产、在建等仓储面积超过 120 万平方米，形成了一套较为成熟的"信息网+仓网+运输网"的物流体系，构建了国内 24-48 小时配达"一件代发"能力和全球"门到门"供应链服务能力。

二、易链康一体化 SaaS 平台

（一）平台概述

市场上，以 SaaS 为基础的供应链整合与服务平台增长迅猛，如美国 Shopify 通过提供 SaaS 工具、平台和服务，帮助 B 端商家启动、发展、营销和管理任何规模的零售业务，同时为全球家庭用户提供更好的购物体验。复星商流"易链康"在此背景下，基于市场需求并顺应数字经济发展趋势而打造。

复星商流"易链康",是家庭健康消费智慧供应链综合服务平台,以改善供应链服务为目标,立足于社区 B 端需求,通过全球寻源、线上直采,打造海量商品体系,为终端提供透明、高效的一站式采购和管理服务,为生产商、品牌商实现高效和低成本的多渠道销售,并提供"数字化管理工具和物联网技术",实现货物可溯和流通信息可溯。同时,基于国内 GSP 标准仓库、分布全球的服务网络,为客户提供可信赖的全程供应链服务,通过线上线下协同,实现信息流、资金流和货物流的一体化整合。

基于云计算和中台构架以及多年供应链的业务沉淀,复星商流搭建行业领先的软硬件一体化体系——易链康一体化 SaaS 平台(以下简称"易链康"),"易链康"包括智能仓储可视化管理系统、私域和公域的全域营销智能社交化客户关系管理系统(SCRM)、社区终端店铺运营管理系统以及远程药学服务、药学终端服务及智慧监管系统,可以全面完成数据累积沉淀、挖掘分析,精准客户管理、进销存管理与柔性供应链,实现多方共赢。

(二)平台建设背景

在《"健康中国 2030"规划纲要》出台、人口老龄化增长、人民健康意识增强、技术与消费升级等因素的共同驱动下,服务于家庭健康消费的大健康产业已经成为中国的重要朝阳产业之一。在目前的大健康市场中,复星商流所聚焦的母婴商品、美妆个护、营养保健以及医疗器械等细分领域已超过 8.5 万亿元人民币,占 GDP 的比例达 6.5%。

从供应链视角看大健康产业,这个产业的供应链表现出复杂程度较高、管理难度较大、受政策影响等总体特征,供应链管理还处于较为早期的阶段,一些典型问题表现为供需不匹配的现象较为突出、三流协同的程度还比较低、以产品主导逻辑为主、对服务的关注较少等。当然,随着产业的发展,供应链链条正在不断缩短、供应链扁平化程度也在不断提高,大健康产业供需一体化、供应链扁平化是未来发展的趋势。

在当前新的商业环境下,以实体产业结合网络的信息传播能力形成产业互联网业务服务模式越来越受到认可,成为各行各业包括大健康产业先行企业寻找新的增加点的突破口,复星商流"易链康"在此背景下应运而生。"易链康"利用云计算、大数据、智能化等先进的信息技术,构建了统一的中台服务基座,并提供一体化、多渠道共享的商城交易服务、库存共享管理服务、柔性调度物流配送服务、B 端专业服务以及海外贸易服务等 SaaS 功能，以在家庭健康消费供应链领域达成下述目标。

（1）支撑全球"门到门"供应链服务体系，实现信息全程贯通。

（2）提供更优的全球商品服务、更高配送效率服务的可能性，持续更好地服务客户。

（3）为供应链下游的零售终端提供 SaaS 工具，便于终端可以更好地服务客户。

（三）平台构架

基于上述 3 个目标，即支持全球"门到门"供应链服务、更好地服务客户以及帮助客户更好地服务客户，"易链康"在设计时以一体化为中心思路，兼顾新零售场景下的全域运营需求，以及柔性供应链的业务创新和敏捷交付需求，整个应用架构以微服务架构为基础，分为前端、全渠道统一服务、统一中台、后台系统等 4 个层次，如图 1 所示。

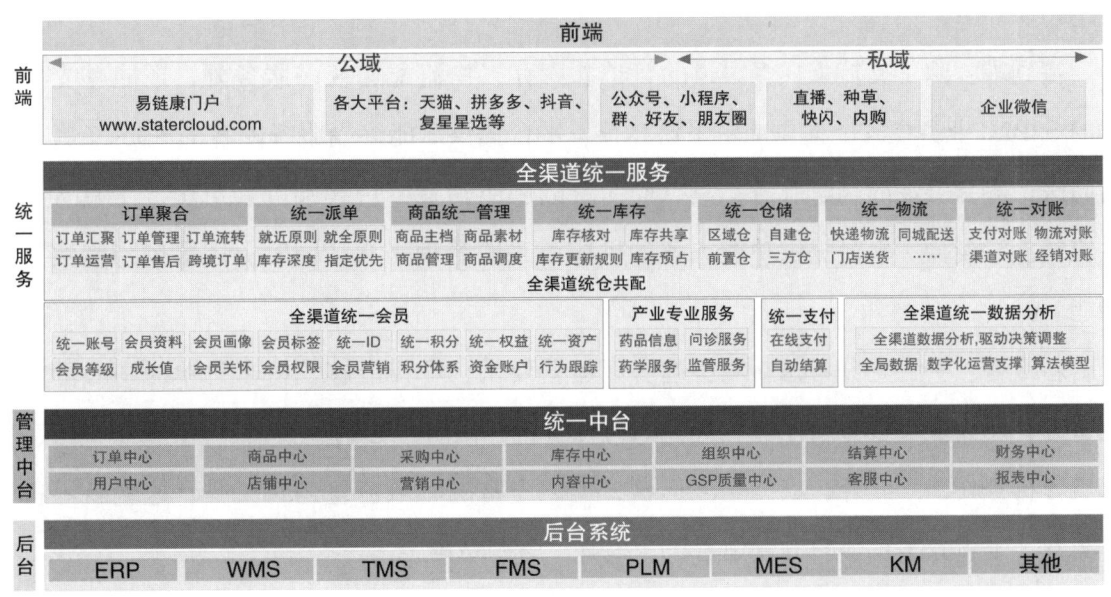

图 1 "易链康"平台构架

前端：提供面向供应链产业链上下游的全部用户的使用入口。在设计时，充分考虑了当前互联网经济环境下的全域运营需求，在提供统一的公域访问电商门户、支持外部电商平台及云 ERP 系统接入的同时，也支持基于微信为载体的多种私域服务。

全渠道统一服务：提供统一面向所有渠道的标准接口服务，支持外部渠道系统的敏捷接入。由此，供应链各环节不同类型的用户可以便捷加入产业生态，共享"易链康"

全球优选产品、优质物流服务、行业健康 SaaS 等多种服务，快速实现市场效益。

统一中台：给运营管理人员提供统一中台，打通信息壁垒，提升管理效率与决策精度，支持生态业务的平滑增长。中台包括订单、商品、采购、库存、用户、营销、内容、质量、财务、结算、客服等一系列中心，可满足绝大部分运营管理的需求。

后台系统：包括 ERP、WMS、TMS、FMS 等多类管理应用。

（四）平台特点与优势

一体化：平台采用分层架构，实现了统一的中台管理，既支持自营商场，也支持各大互联网平台、外部 ERP 系统等多渠道的统一接入，支持统一的订单管理、库存共享管理和物流配送服务。借助统一中台，可提升经营管理效率；借助多渠道统一服务，可提升订单服务质量。同时，还具备很好的可扩性，可根据业务需要，敏捷集成各种销售渠道，拓展业务。

端到端：除了支持上述多渠道的订单、库存、物流配送统一服务外，还能够支撑全程的 S2B2C 业务模式。向供应链下游延伸，平台提供赋能终端服务顾客的 SaaS 工具，如面向医药零售终端的药学服务工具、面向家庭健康消费零售终端的会员服务工具等；向供应链上游延伸，平台提供功能完备的供应商采购管理平台，同时，还提供跨境贸易的功能。

新零售：平台充分考虑新零售趋势下运营要求，不仅能够支持以订单为中心的一体化服务，还内嵌了很多新零售工具，如内容营销、微店、分销、直播、代销、一件代发、商机分析等功能。此外，支持全域运营，提供丰富的私域流量运营工具，这些新零售工具丰富了平台及平台客户的营销手段，提升了营销精准度。

（五）应用案例

1. 助力供应链数字化升级

《天猫隐形眼镜行业人群洞察白皮书》显示，彩色隐形眼镜于 2019 年、2020 年、2021 年上半年的市场增速分别达到 20%、45%、83%，是一个快速崛起的市场。在 2003 年和 2012 年，隐形眼镜、彩色镜片先后被纳入三类医疗器械监管范畴，按最高风险级别监督管理，因此，需要实现对产品入库、存储、出库、运输过程中的全程监管。

随着隐形眼镜、镜片等产品在电商渠道的销售量不断增长，在向一体化、标准化和智能化模式转变的过程中,也需要对产品的入库、存储、出库、运输进行全程监管。

复星商流为某国际知名隐形眼镜品牌制订了供应链管理解决方案,提供包括库存管理、S2B2C 在线订货管理和一件代发等服务。尤其在仓库信息化管理方面,在深入了解该品牌的仓储业务痛点和提升优化需求后,为其量身定制了符合电商需求的仓储管理系统 WMS、运输管理系统 TMS、物流计费结算系统 BMS、供应商协同系统 TPL 等,实现 VMI 库存实时在线管理、JIT 及时补货、订单进度实时跟踪、产品有效期和库存状态实时监控,从而优化产品在供销配运环节中的验收、存储、分拣、配送等作业过程,提高订单处理能力,缩短库存及配送时间,减少流通成本;严格执行产品批次先进先出,实现近效期预警和库龄管理;严格执行 GSP 的制度要求,不超范围经营;通过采用 RF 拣货,提高拣货准确率、批次正确率;实行拣存分离,仓库管理更加规范化;增加退货扫描功能,严格把关过期商品不允许退回,提高仓库的退货操作效率和准确率等。

复星商流负责该品牌天猫国际旗舰店的整体运营,从线上店铺运营,到线下仓储配送,复星商流杭州 GSP 仓每天处理线上 2C 订单 10000 多个,通过订单优化、应用智能化拣选设备等,订单在消费者付款后 5 小时内即可完成订单处理、拣选、复核,并打包发运,区域内订单 24 小时送达率达 95% 以上。

2. 搭建 WMS 智能仓储管理系统,构建抗疫"全球运输动脉"

2020 年新冠肺炎疫情暴发,武汉的防疫物资告急,复星商流启动驰援模式,在上海浦东设立了上海复星基金会防疫物资分拨中心,第一时间紧急启动医疗物资全球调配,仅用 4 天时间,将 5 万件防护服从德国运到武汉等抗疫一线,这是中国第一批从海外运回的大批量防护物资。凭借强大的全球化能力,复星商流从 23 个国家运回防护服、口罩、呼吸机等重要战略物资,为中国战胜疫情提供有力支持,复星商流整合社会资源搭建防疫物资"运输大动脉",通过 24 小时不间断的行动接力,构建"生命防线"。

在抗疫的第二阶段,复星商流以国际人道主义精神驰援全球抗疫,运送核酸试剂、呼吸机、口罩、防护服、防护手套等超 1.47 亿件,构建面向亚洲、欧洲、美国等方向的多条运输渠道,打通抗疫物资运输上下游仓储、物流、分拣、通关、清关、接收等各环节,保障全球驰援物资的快速输送。

复星商流在疫情资源紧缺、春节物流运力严重下降的情况下,基于国内自建仓储、整合社会物流资源以及辐射全球综合物流服务能力,第一时间在中转仓搭建 WMS 智能仓储管理系统,该系统已经在复星商流杭州医药仓有效运营,可以实现订单全流程的实时在线管理。利用 WMS，合理编排医疗物资不同订单的优先顺序，通过国际国内空运、汽运、快递等方式，确保物资第一时间运抵全国 100 多个省市以及全球 50 个国家和地区。所有国内分拨订单均在 2 天内处理完毕，库存准确率达到 99% 以上。

中国移动 | 构建实物数智化管理的全生命周期大协同体系

一、企业概况

中国移动通信集团（以下简称"中国移动"）作为国内通信三大运营商之一，成立于2000年4月20日，注册资本3000亿元，资产规模超1.8万亿元，每年物资采购额约2000亿元，基站总数近400万个，是全球网络规模最大、用户数量最多、盈利能力和品牌价值领先、市值排名前列的通信运营企业。历经20多年的发展，中国移动作为我国通信产业的龙头企业，于2022年2月入选十大"国之重器"品牌特大型企业。中国移动设立采购共享中心，负责全集团采购与物流的生产运营与供应链管理，承担着推动通信产业内外的物资供应链向绿色、循环、低碳方面健康发展和打造数智、低碳、绿色、节能供应链物流体系的重要任务。

中国移动通信集团广东有限公司（以下简称"广东移动"）是中国移动在广东省设立的全资子公司，是我国通信行业中规模最大的省级公司，下设21个地级市分公司，负责辖管中国移动五个大区库中的华南大区库。广东移动自成立以来长期关注自身物流管理水平的提升，深入探索和实践物流作为"第三利润"源泉理论，目前广东移动已成为中国移动内部供应链管理水平最高的子公司之一。

二、案例介绍

（一）项目建设背景

党的十八大和十九大相继提出要推进绿色、循环、低碳发展。企业库存闲置资产作为一种放错位置的资源，如果能够有效盘活，势必创造出新的利润增长点，推动建设资源节约型社会。"十四五"规划明确提出要坚持经济性和安全性相结合，补齐短板、锻造长板，以深化供给侧结构性改革，分行业做好供应链战略设计和精准施策，形成具有更强创新力、更高附加值、更安全可靠的产业链供应链。

中国移动高度重视供应链绿色发展，2021年明确提出，夯实央企领先，加快大数据、人工智能、互联网、一码到底等先进技术与企业生产高度融合，持续强化物资前端需求、中端库存与后端建设大协同管控，坚持"管变量、压存量、控增量"原则，标本兼治，避免清理完旧呆滞又产生新呆滞，推动建设现代化、数字化、智慧化供应链，全面提升供应链管理效率，释放供应链管理价值。为支撑转型需求和加速融合当前供应链新技术、新理念，中国移动大力构建基于实物数智化管理的全生命周期大协同体系，其中下属公司广东移动在实践中获得了较大的成果。

（二）主要做法

中国移动实物供应链，是指中国移动作为实物采购甲方，由中标的供应商向甲方供应实物，在中国移动内部的实物协同管理涉及网络规划、实物需求、采购订单、库存管理、生产建设、设备维护、资产管理等多个环节。

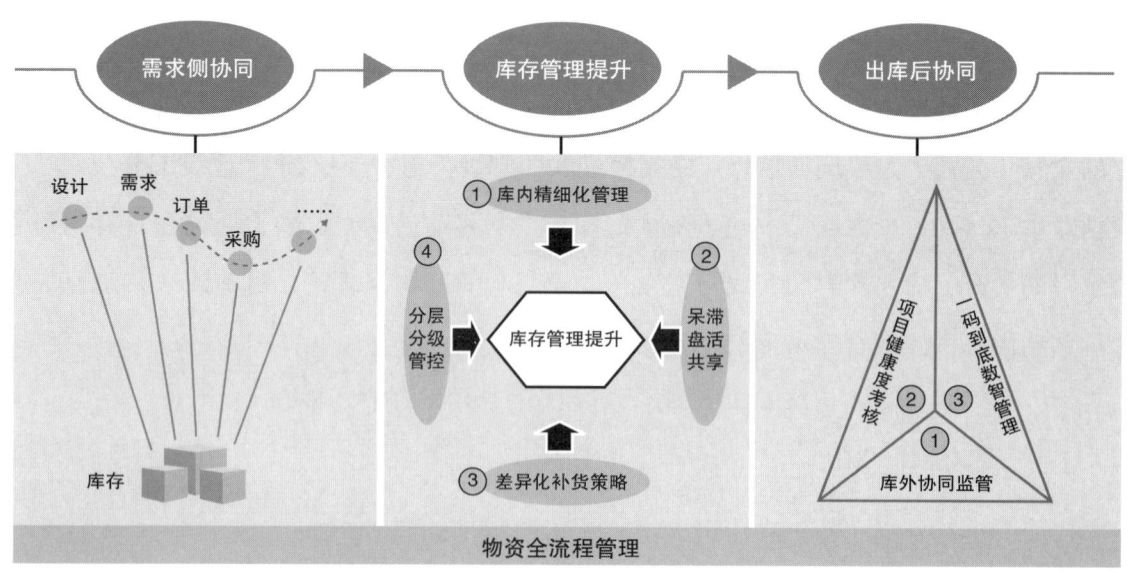

图 1　大协同提升关键业务图

实物数智化管理全流程大协同体系的主要做法是，构建起覆盖外部供应商、内部供应链各专业部门管理的大协同，分别为需求侧协同管理、库存协同管理、库外物资协同管理。具体包括：需求侧加强库存与设计、需求、订单、采购的业务协同；库存管理环节，更加注重库内精细化管理、呆滞物资盘活、差异化补货和库存分层分级管理；物资出库后，加强与建设、维护等部门业务协同，并实施物资库外监管、项目健康度考核以及物资一码到底全流程协同管理工作，如图1所示。

1. 需求侧协同管理

首先，是设计与库存协同。近年来，广东移动逐步实现了设计与采购、物流的业务协同联动。在重大项目规划阶段，物流侧主动参与需求设计，合理引导设计走向，确保现有的库存物资/工程物资余料项目得到优先使用；日常以月度等形式通报库存信息，引导需求部门优先通过锁定存量来满足需求，从源头减少采购量，如图2所示。

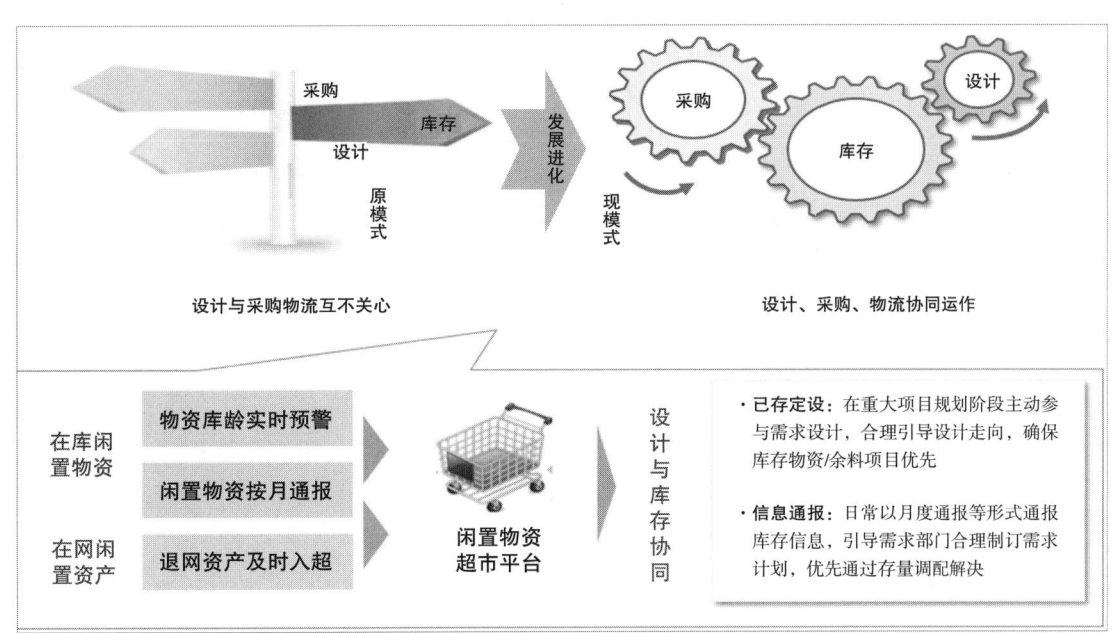

图 2　设计、采购与库存协同示意图

其次，是需求、订单与库存业务协同。在需求管理阶段，以供应商为物资供应协同核心点，针对不同物资类型制定差异化供应链策略，提高物资需求报送准确性。

例如，对投资无线主设备物资采取 5/3/2 管理模式（根据工程建设进度，第一阶段下达采购需求订单的 50%，第二阶段下达需求订单的 30%，最后阶段下达剩余需求订单的 20%），标准化通用物资采用 1/3/3 管理模式（市公司每月向省公司报送 1 次物资次月使用需求计划，供省公司下达订单，地市每月有 3 次向省仓正常申领物资机会，地市每年有 3 次向省仓紧急申领物资机会），家庭客户类物资采用 7 天基数法协同管理模式（根据家庭类物资近 7 天的日均安装量，为省仓向市公司补货的计算依据，若地市低于安全库存时将由省仓进行补货）。同时，全面应用供应商协同体系，供应商到货前发起到货预约，工程制订出库计划，物流开展实物管理全程监控，如图 3 所示。

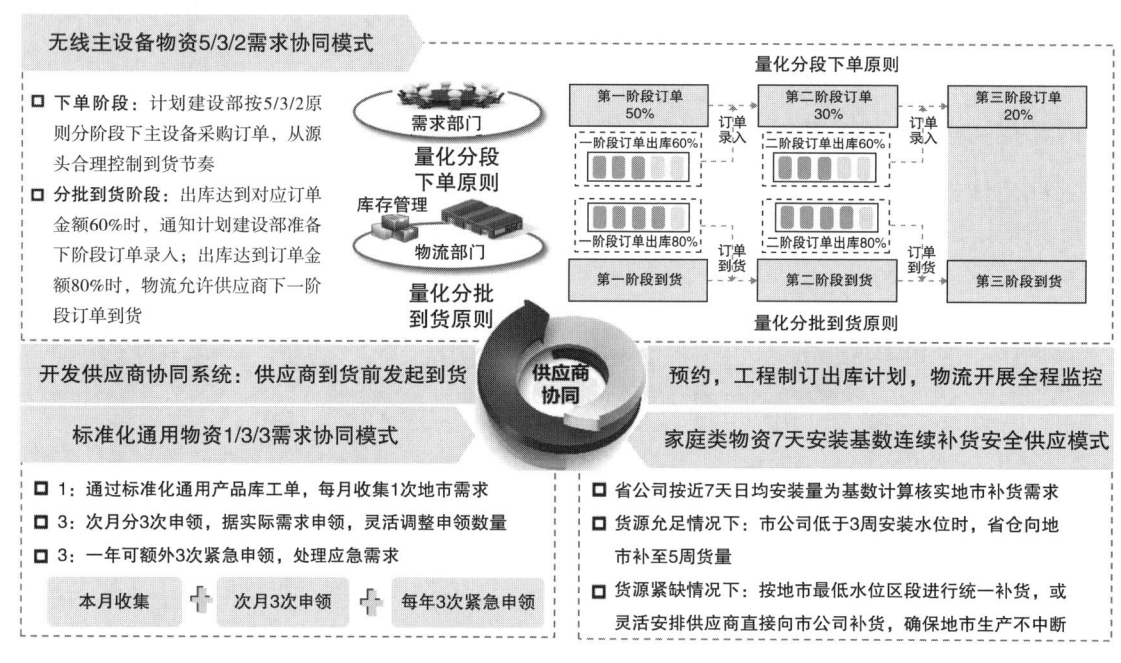

图 3　差异化的实物供应模型图

在采购与库存协同阶段，广东移动建立超市平台（将闲置实物进行大范围共享的业务平台）易查库机制，扩大"以存定购"核查范围，将超市共享物资、营业厅物资、在途物资、暂存点物资等均纳入核查范围，做好需求过滤，最大限度杜绝重复采购。同时，深化"以存定购"采购核减机制，如优先请购权、核定采购量、以领代订，实现多系统数据融通。

2. 库存协同管理

在库存管理领域，实行精细化管理，充分利用 ABC 管理法、安全库存、出入库计划等构建多样化管控策略，实现时间、项目、品类多维度预警机制，针对不同库龄物资触发相应的管控机制，如图4所示。

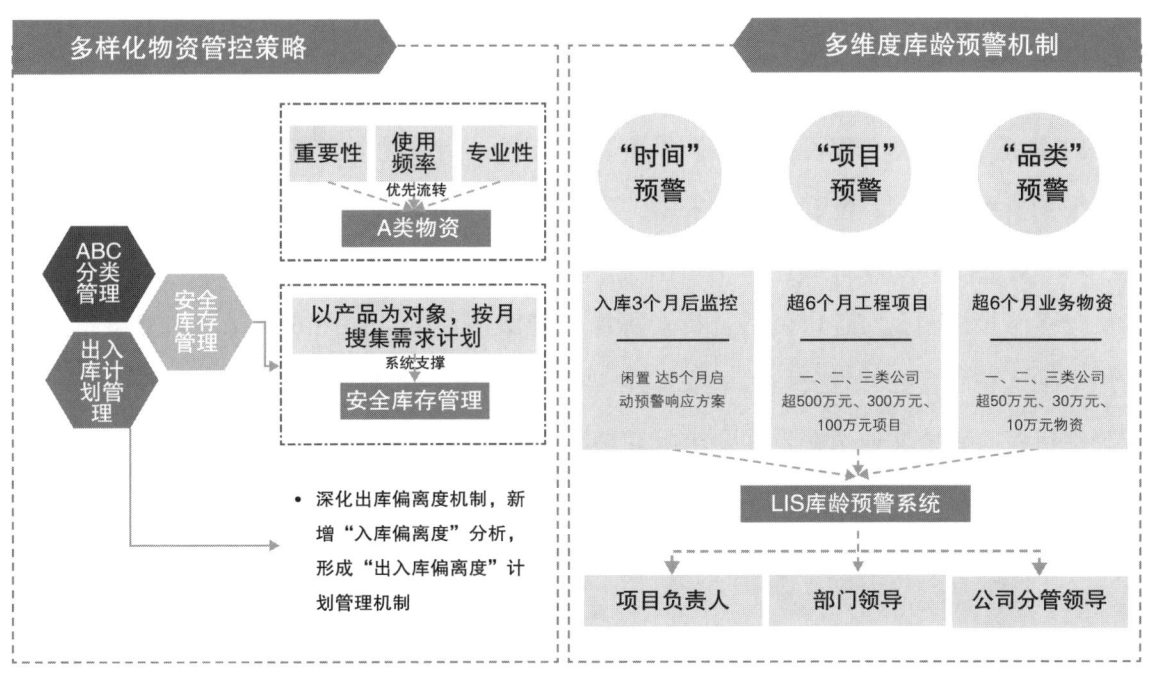

图4　多样化、多维度库存管控机制

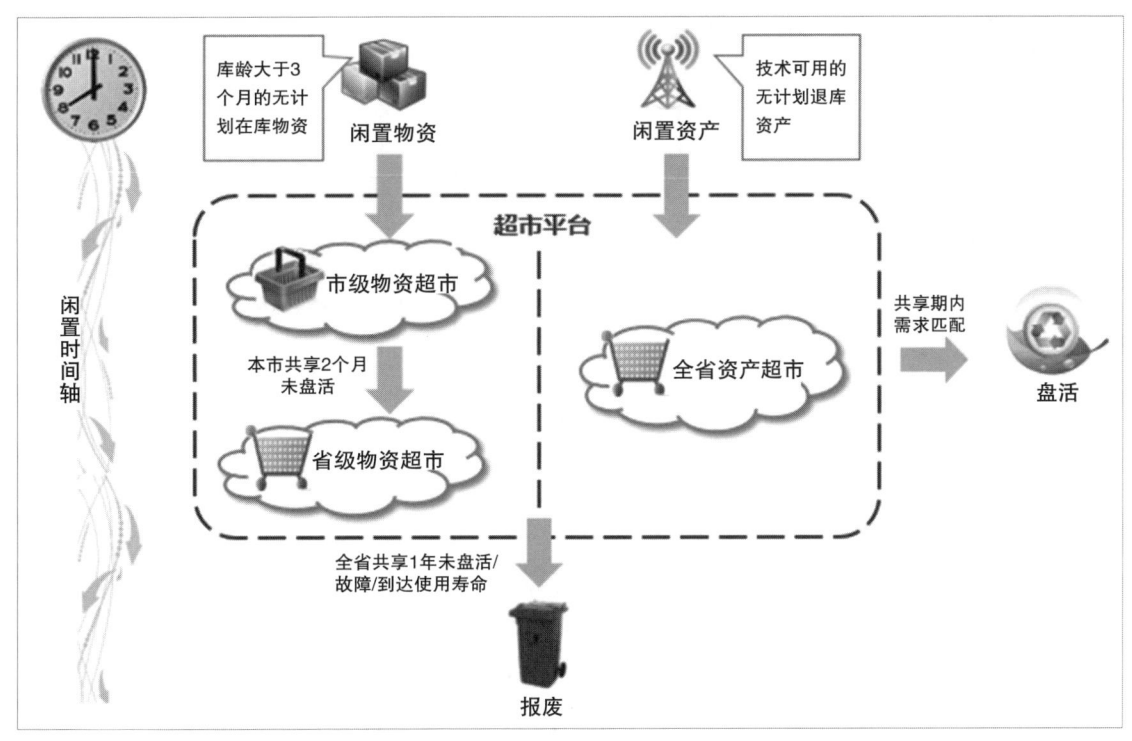

图5　闲置库存分级共享管理机制示意图

针对闲置与呆滞库存，建立省市联动的物资及资产超市共享平台，跨地市、跨部门、跨项目共享，实现呆滞物资与资产的全省轻松领用，如图5所示。

采购下单后，对不同物资建立差异化补货机制，主设备采用5/3/2分阶段下单及协同到货模式进行管控，并在库存和领用过程进行"存+用"协同分析，包括到货率、匹配度、出库率、剩余率、建设进度等多维度精准统计，相关的项目建设进度滞后可触发调整后继物资到货计划；配套物资则采用供应商协同到货机制进行管控。

此外，广东移动还从库存和项目两个维度，对关键指标进行日常监控，设立红黄蓝分层分级考核机制，对各市公司进行指标综合健康度评分，如图6所示。对月度得红牌的地市纳入一级管控，省公司将采取督办、约谈等方式，督促地市限期改善并确保落实；黄牌地市将收到公文通报警告并要求限期整改。

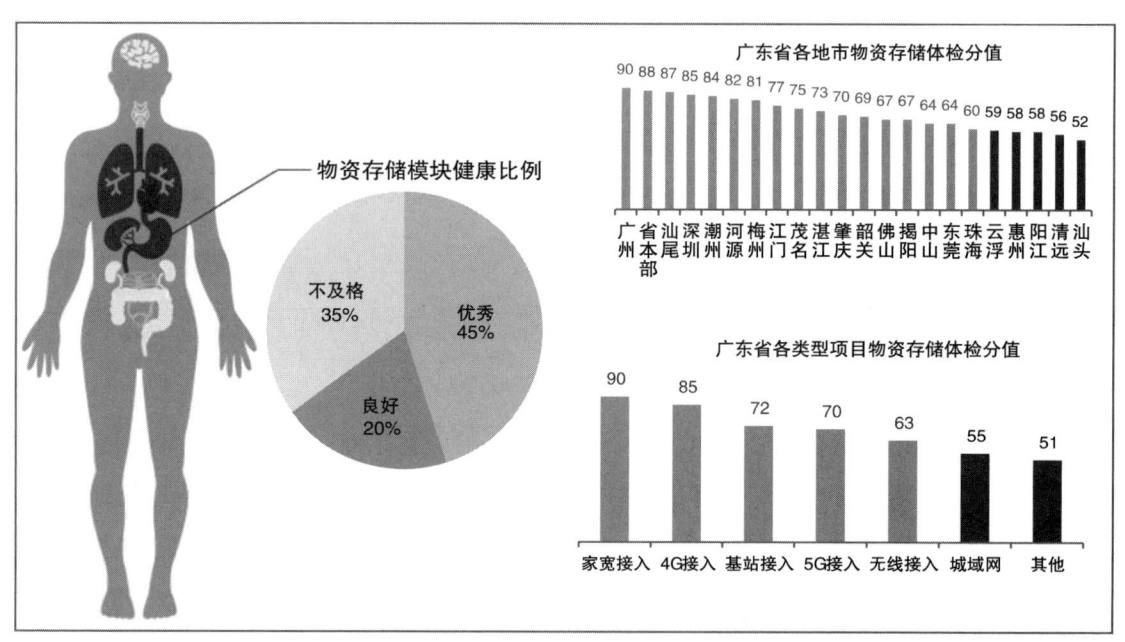

图 6　物资生产精细化健康度示意图

3. 库外物资协同管理

通过物流与建设部门业务协同分工，由工程部门牵头，物流部门紧密配合，将管理触角延伸至库外物资暂存点，遏制库外物资管控不当导致的风险。物资库外暂存原则上不超过30天，特殊情况最长不超90天，超期即触发退库系统预警，如图7所示。

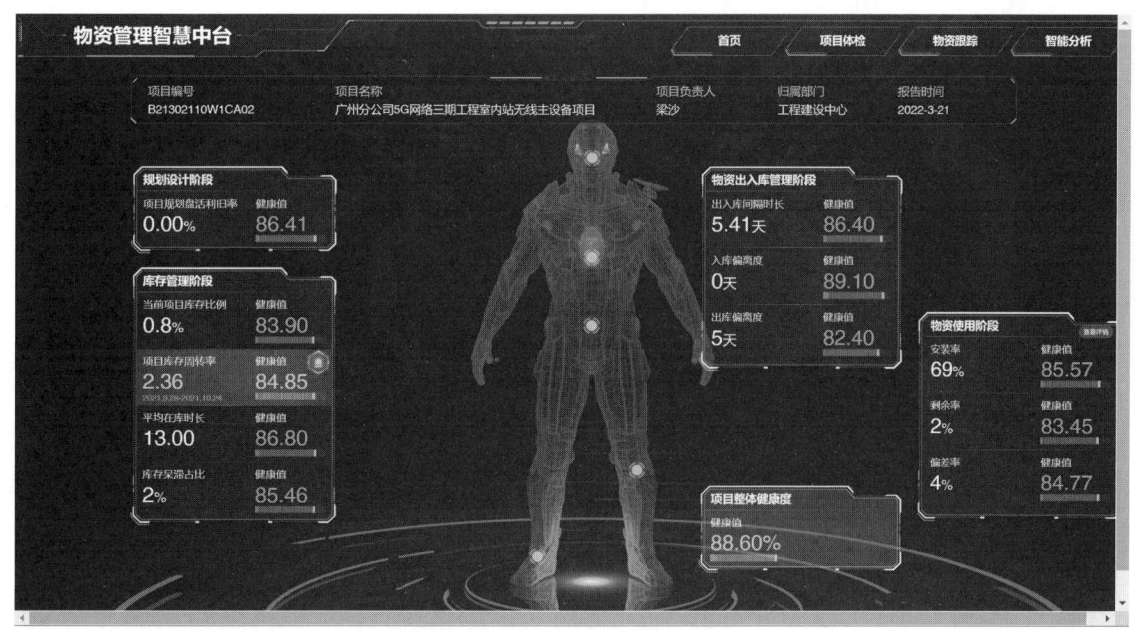

图 7　重点工程项目物资生产监控图

针对工程项目已领用出库的物资,建立项目健康度跟踪机制,从领用、暂存、上站、安装、转资、退库、报废等多角度分析项目物资使用的合理性,促进项目加快物资使用和转资。并持续按照市公司和项目维度跟踪订货总量、到货比例、出库比例、安装比例、建设进度数据,科学评价项目建设健康度。

同时,在库外环节还基于实物 SN 码实施"一码到底"数智化管理,加强对物资出库后,包括暂存点、上站安装、转资直至资产退库报废的持续信息化管理。通过建立 SN 码智慧管理中台,将供应链系统、财务 ERP 系统、工程 PMIS 系统、家庭终端管理系统、网络综资系统、资产 EAM 系统等相关系统数据融通,通过区块链技术收集各关联系统关键数据进行全流程数据挖掘分析,实现全流程系统实物信息的融合贯通。

三、主要创新与成效

中国移动顺应行业发展趋势,一方面,创新性探索物资管理内部纵横协同及外部产业协同相融合,充分发挥物资管理价值,构建"设计、需求、采购、库存、建设、资产"融合闭环的供应链业务大协同的创新管理体系,如图 8 所示。

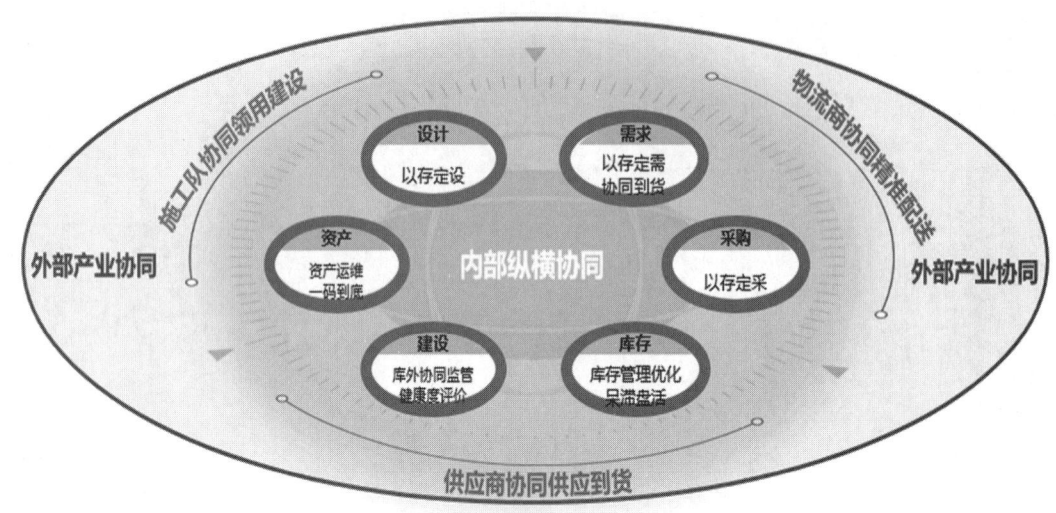

图 8　基于业务模式的内外部产业协同图

另一方面，创新性将供应全流程各环节的系统打通数据接口，构建起物资管理智慧中台，可实时为重点建设项目提供健康度的智能分析、能实时查询到实物在全生命周期各环节的使用状态。既为生产建设提供高效物流支撑，又确保了实物生产全生命周期的管理安全，如图 9 所示。

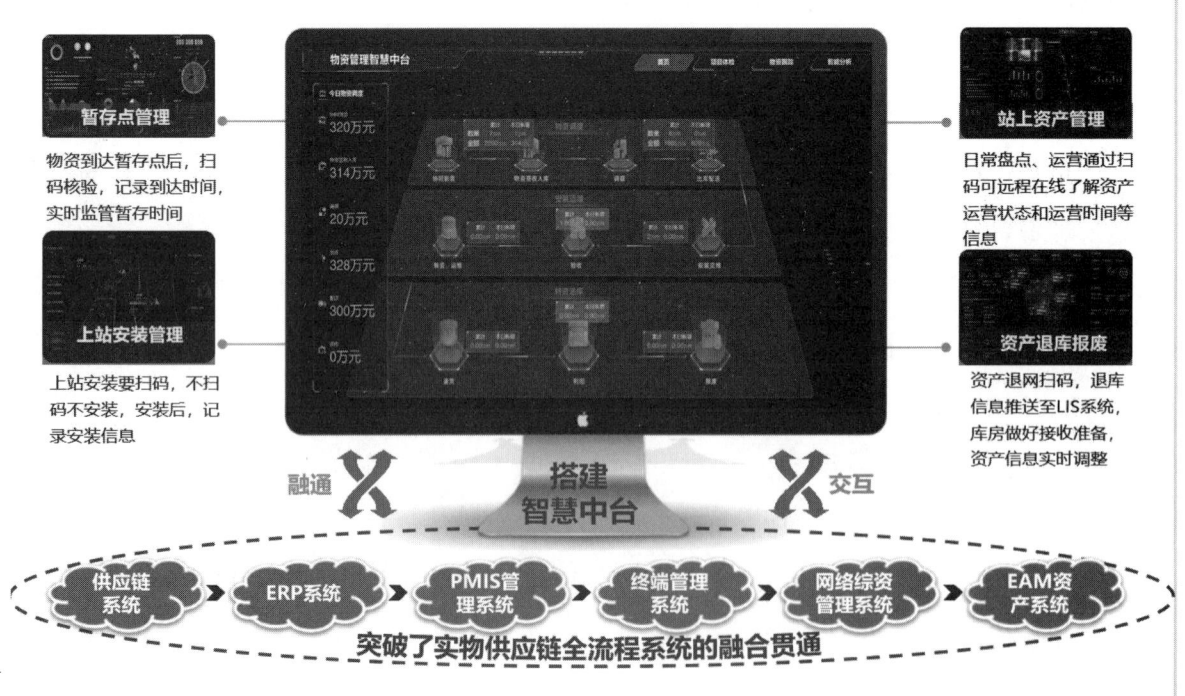

图 9　实物"一码到底"全生命周期业务贯通图

中国移动通过构建实物数智化管理全生命周期大协同提升体系，面向企业内部，大幅提升了公司实物生产效率，明显降低企业运营成本。以试点公司广东移动为例：在供应链管理方面，2021 年较上年度库存周转率提升 53%，月均超一年呆滞库存金额下降 47%，年度呆滞库存占比下降 87%；在工程建设方面，物资出库偏离度降低 50%，退库及时率提升 50%，出库安装结单率超 87%。仅 2021 年度就实现了成本效益约 9.3 亿元，经济效益较显著。

中国移动面向企业外部，将公司内部实物全业务流程管理提升与各生产企业业务相结合，优化产业供应链各环节的业务流程，以实物 SN 码为物资生产与使用企业的全生命周期管理提供贯通接口，引导通信产业实物管理向绿色、循环、低碳健康方向可持续发展！

中国移动通信集团采购共享服务中心　肖建明、郑祝良、咸宏伟、李佳佳
中国移动通信集团广东有限公司　刘晓兵、张勇、陈海华

冀北电力 | "五零三强六控"冬奥电网工程物资供应管理

一、企业介绍

国网冀北电力有限公司（以下简称"冀北电力"）隶属国家电网有限公司，于2012年2月9日正式独立运作。冀北电力位于北京，内设22个部门（中心）及1个冬奥办，所属供电、施工、培训等基层单位22家及合资公司3家，职工总人数23282人。

由于独特的地理区位和历史沿革，冀北电力肩负着"一保两服务"的特殊职责使命。"一保"是保障首都供电安全，即承继原华北电网有限公司的主要职能，负责运行维护华北地区"西电东送""北电南送"大通道和首都500千伏大环网。"两服务"是服务冀北地区经济社会发展和服务国家新能源发展，一是作为国家电网有限公司中最年轻的省级公司，以构建坚强智能电网为己任，努力为冀北地区的五个地市（唐山、张家口、秦皇岛、承德、廊坊）的经济发展和社会民生提供可靠电力保障和优质供电服务；二是地处国家可再生能源发展规划中的千万千瓦级风电基地之一——河北省（其境内张家口、承德地区风电、太阳能资源丰富），冀北电力以保证新能源及时并网、可靠消纳为重要责任，努力为新能源发展提供网架支撑。

二、项目介绍与背景

（一）项目介绍

冀北电力立足冬奥建设主战场，依托现代智慧供应链建设应用，创新推进"五零三强六控"冬奥电网工程物资供应管理。"五零三强六控"冬奥电网工程物资供应管理始于

2018年，以冬奥六大工程物资供应为使命，创新实践、持续改进，为冬奥工程高质量建设提供了先行保障，为重大项目供应链管理贡献了良好实践。

（二）项目背景

1. 为2022年冬奥会提供优质可靠供电保障的迫切需要

2022年冬奥会是世界体育盛会，是展现国家形象、促进国家发展、振奋民族精神的重要契机。办好冬奥会是党和国家的一件大事，冀北电力肩负冬奥赛区电力安全供应的重大使命，全面建设六大冬奥电网工程，对物资供应质效提出了新的更高的要求。

2. 提升冬奥工程物资供应保障能力的重要举措

近年来，冀北电力通过一系列体制机制创新，物资管理水平显著提升，但仍面临严峻的冬奥工程物资供应新形势、新任务。亟待探索新型物资供应管理模式，构建全方位、立体化物资供应体系，提升物资保障能力，满足冬奥工程建设要求。

3. 推动物资管理智慧转型的内在要求

提升供应链现代化水平已经成为国家战略。冀北电力以冬奥工程为试点，结合现代智慧供应链的建设要求，推进现代信息技术与物资业务的融合应用，打造"融合贯通、便捷高效、全程可视、快速敏捷"的智慧运营新模式，促进物资供应业务智慧转型升级。

三、项目主要做法

"五零三强六控"冬奥电网工程物资供应管理主要内容包括：聚焦"五零"目标，确保安全零事故、供应零延误、质量零缺陷、服务零投诉和廉洁零问题；紧抓"三强"建设，强化管理组织、运营平台、党建工程等体系建设；健全"六控"机制，持续优化迭代智慧驱动、资源统筹、闭环管控、监造抽检、协同联动、风险防控等运行管控机制。

（一）聚焦"五零"目标

坚持政治引领，坚决贯彻落实党中央重大决策部署，把保障冬奥电网工程物资供应作为重大政治任务，对标一流供应链实践，确保物资供应实现"五零"管理目标。一是安全零事故。认真落实安全办奥要求，深化备料排产、监造抽检、仓储配装、物流运输、交接验收等作业现场安全防控，确保物资供应全过程不发生安全事故。二是供应零延误。

紧密对接工程建设需求，统筹全项目、全过程管控，实施网格化、场景化现场供应，确保物资到货及时率100%。三是质量零缺陷。强化质量全流程管控，加大监造抽检管理，推广应用"云诊断"，确保设备零缺陷入网。四是服务零投诉。提升服务意识，推进运营平台应用，加强与专业管理部门、项目参建单位、外部供应商的高效协同，确保供应链服务百分百满意。五是廉洁零问题。实施廉洁教育和自律承诺全员覆盖，明确"八不准""八严禁"，营造干事干净的工作环境，确保不发生任何廉洁问题。

（二）紧抓"三强"建设

1. 强组织，打造"运营中心、现场服务、驻厂联系"的三级管理架构

建立以供应链运营中心为中枢、现场项目部为供应单元、驻厂联系为支撑的三级管理架构，形成了全面覆盖、资源共享、上下联动的一体化组织网络，如图1所示。

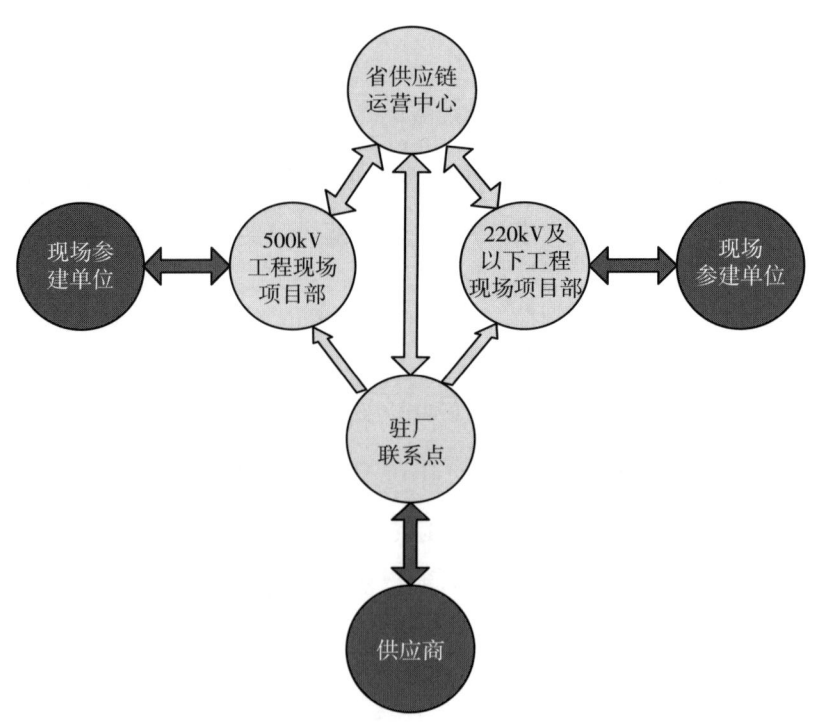

图1 "运营中心、现场服务、驻厂联系"三级管理架构

一是强化中枢管理，建设供应链运营中心。内部建立"运营分析决策、资源优化配置、风险监控预警、数据资产应用、应急调配指挥"职能，服务六大冬奥工程和公司供应链两个全局。外部与发展、建设、运检等专业部门建立横向联系，与总部供应链运营

中心纵向对接，满足工程项目紧急物资需求，如图 2 所示。

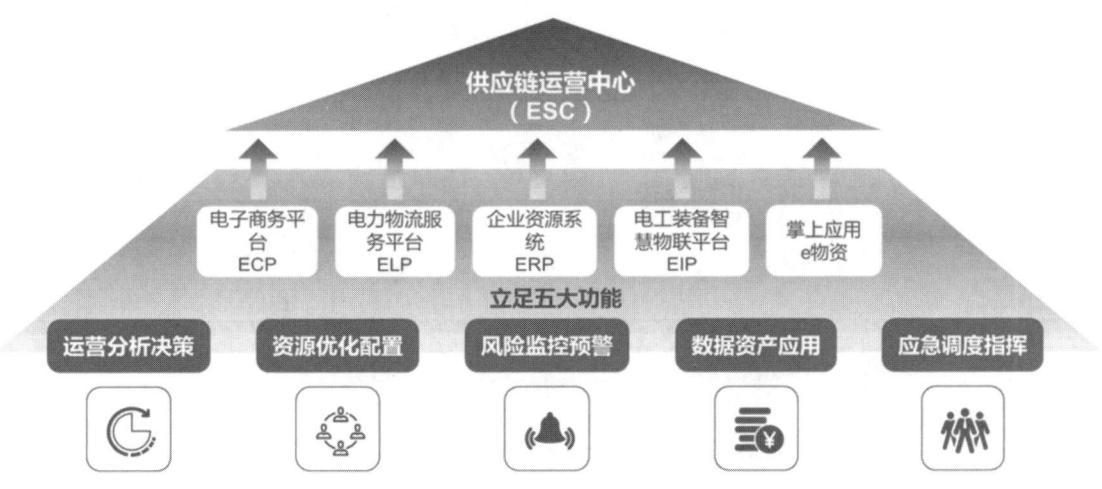

图 2　供应链运营中心业务架构

二是细化供需协同，建设现场项目部。现场项目部承担清洁能源外送、张北柔直工程示范、主网强化等 500 千伏及以上工程的物资供应管理，张家口现场项目部承担智能配网、高铁配套、清洁供暖等 220 千伏及以下工程的物资供应管理，精准对接建设现场需求，细化管控节点状态，组织供应商现场服务。

三是落实催交催运，建设驻厂联系点。依据供应商区位分布，划分五大区域，组建专业化生产巡查团队进驻。定期预判供应商生产风险，统筹厂内资源，对重点、难点的供应商备料、生产、运输实施点对点管控，有力支撑冬奥工程建设。

2. 强平台，建设智慧供应链运营平台

依托数据中台，整合企业资源管理系统 ERP、新一代电子商务平台 ECP2.0、电力物流服务平台 ELP、"e 物资"移动作业 App 等信息平台，打造智慧供应链运营平台，如图 3 所示。

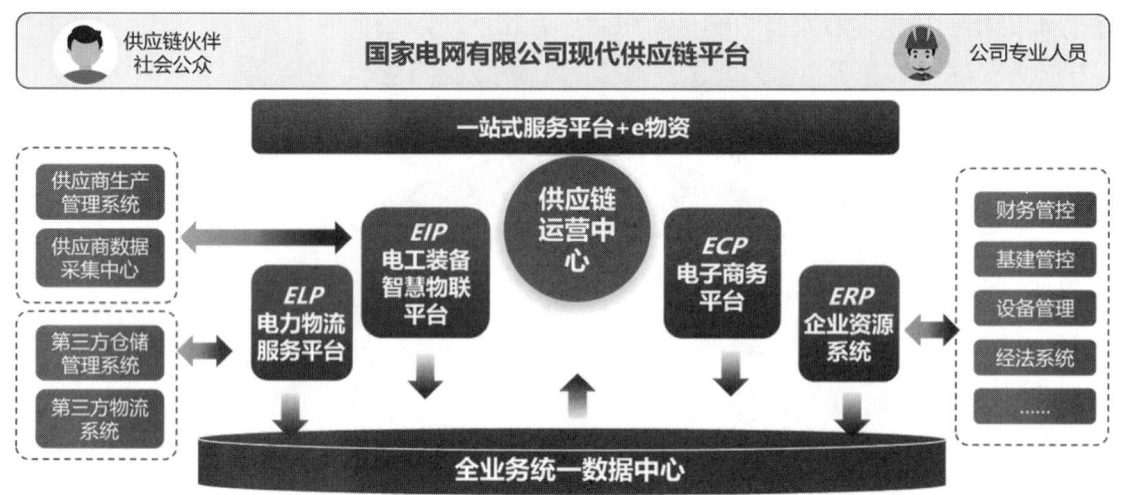

图 3　智慧供应链运营平台架构

一是实现"资源一盘棋"。应用大数据技术，打造全要素资源池，涵盖实物库存、协议库存、在供合同、产能运力、物资检测等全量物资资源①，链接基建管控、智慧物联、公共服务等外部平台，实现物力资源可视化查询、调取和应用。二是实现"业务一条线"。打造全业务可视管控，覆盖采购计划、招标采购、合同物流、质量监督、运行评价等全链流程，配置 47 个供应链监控点，动态预警业务状态，为冬奥工程物资保障提供依据。三是实现"物联一张网"。打造全开放电工装备物联板块，对接供应商产能变化、订单进度、关键工艺控制、主要技术参数等信息，实现智能监造、试验感知、供应商互联、实时感知、智能检测，实施生产能力、订单进度监控。四是实现"物流一张图"。打造全过程物流监测，实时采集分析货物、车辆状态，实现电力物流配送全程监测预警，统筹相关数据资源优化运输路线。五是实现"业务办理指尖化"。打造"e 物资"掌上应用，打破物资业务办理在终端、时间、地点上的限制，实现供应链全业务移动办公，促进供应链向移动互联、无纸化办公延伸。

3. 强党建，大力实施"党建+冬奥供应"

一是实施理想信念"铸魂"行动。强化思想理论武装，坚持学习党中央重大决策部署和习近平总书记系列重要讲话及重要指示精神，推动学习教育入脑入心；充分发挥理论学习的指导作用，推动党的创新理论进冬奥、进链路、进现场。二是实施组织建设"强基"行动。坚持党建引领，弘扬"支部建在连上"的优良传统，组建物资供应共产党员服务队，

---

① 全量物资资源，是覆盖实物库存、协议库存、供应商库存、合同订单等全部物资资源。

把党的基层组织建在冬奥工程主战场、物资供应最前沿，构筑"四铁"一线战斗单元。三是实施物资战线"清风"行动。坚持把纪律挺在前面，开展"守正创新、清风同行"活动，深化党风廉政建设"学习教育、承诺践诺、谈话谈心、风险防控"，廉洁教育、自律承诺覆盖全员，构建风险防控防线。四是实施物资队伍"聚力"行动。推进"三亮三比"主题活动，设立党员责任区、示范岗，围绕安全生产、优质服务、质量强网、创新创效等重点工作，凝心聚力发挥党员先锋模范作用，打造优秀冬奥供应链文化。

（三）健全"六控"机制

1. 智慧驱动机制

应用数据挖掘和信息赋能技术，开展多维分析、诊断和预测，提出策略优化措施和解决方案，实时监控供应流程和关键环节，改善提高供应效率效益。

一是智能采购运营驱动。运用人工智能与大数据分析技术，实现采购策略智能生成、物料标准化智慧精简、年度需求精准预测、招标文件智能审查、专家库资源优化配置，如图4所示。

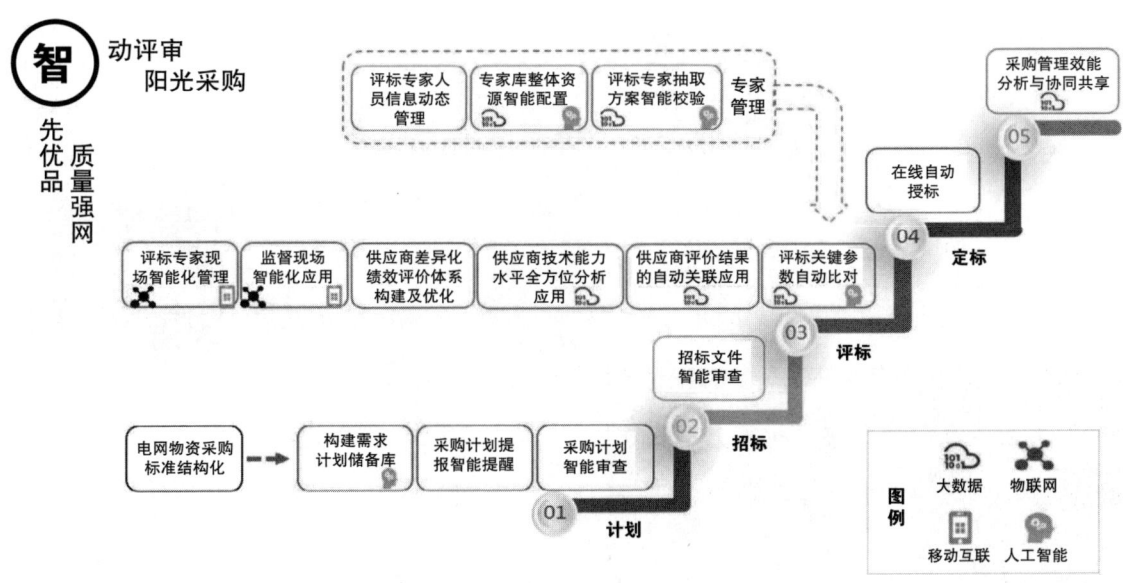

图 4　智能采购运营驱动

二是数字物流运营驱动。打造全量物资"资源池"、重点工程物资智慧供应、协议库存智能匹配、仓储配送可视化监控、应急保障线上指挥等模块，实现物资供需精准匹配、物流动态全程感知，全面提升资源统筹灵活性，如图5所示。

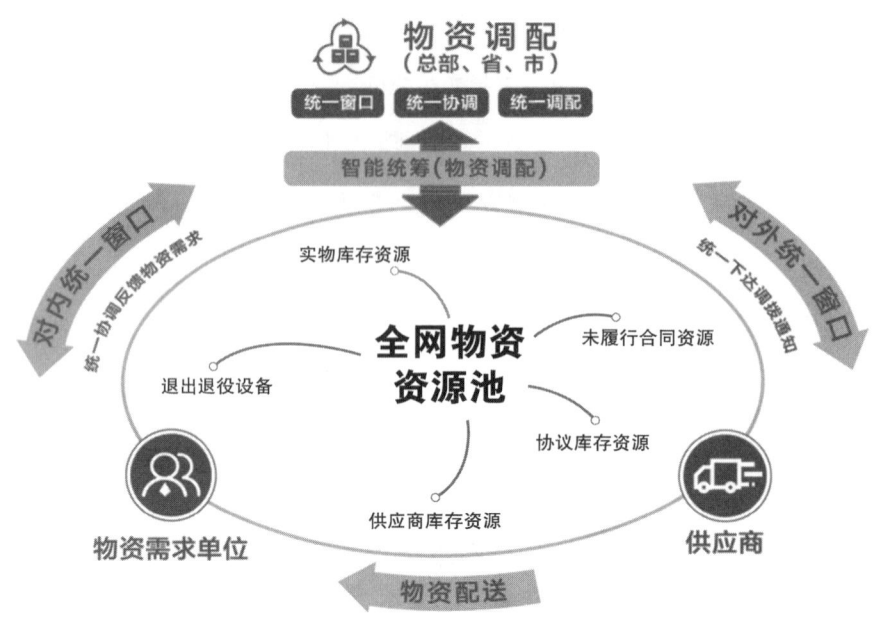

图 5 数字物流运营驱动

三是全景质控运营驱动。深化实物 ID 设备全生命周期应用，打造质量监督、供应商管理创新模式，汇聚融合生产制造、监造、试验检测等质量监督信息、征信信息，实现供应商及产品全景多维评价，如图 6 所示。

图 6 全景质控运营驱动

2. 资源统筹机制

汇集共享全量物资资源，动态研判供需风险，统筹协议匹配、实物调拨、履约协调等工作，推进网格化管控、场景化供应，精准提高物资供应时序。

一是汇集共享全量物资资源。全面汇聚供应链物力资源信息数据，各类物资信息共享、全网全省可视，有效整合库存、合同、产能、运力等资源信息。

二是动态研判供需风险。搭建供应商产能运力、项目进度与物资供应匹配度等分析模型，智能判断重点物资供需形势，提前预警潜在供应风险。

三是加强统筹调配管控。协议库存匹配，日常严格匹配规则，应急开展跨省调剂；实物库存调拨，统筹省、市、县三级物资系统，规范库存物资出库领用；履约问题协调，分级解决紧急物资问题。

3. 闭环管控机制

强化冬奥工程供应链全过程管控，规范现场项目部履约过程管理，工程逐项建立"一书四表"，紧密对接工程项目全过程，确保物资供应可控、在控。

一是抓实全过程管控。初设阶段抓策划，对接发展、建设等专业，分析物资需求，建设项目部，编制保障方案，完善管理制度；土建阶段抓管控，加强物资备料、生产、发运管理，履约问题闭环处理；安装调试阶段抓服务，发挥现场项目部组织协调作用，强化现场物资问题消缺，如图7所示。

图7 前期、中期、后期全过程管控重点

二是建立"一书四表"。工程逐项建立物资供应保障任务书、冬奥工程基础信息表、合同履约跟踪表、合同变更表、全过程大事记录表，规范物资供应全过程管理，随时掌握履约进度信息，确保可控、在控，如图8所示。

图8 "一书四表"履约过程记录

三是强化供应计划管控。物资合同生效后，组织建设、施工、监理、供应商，按图纸、备料、加工、试验、包装、运输等工序维度，制定物资供应计划。强化刚性执行管控力度，事前预判风险、事中加大管控、事后解决问题，确保及时有序供应，如图9所示。

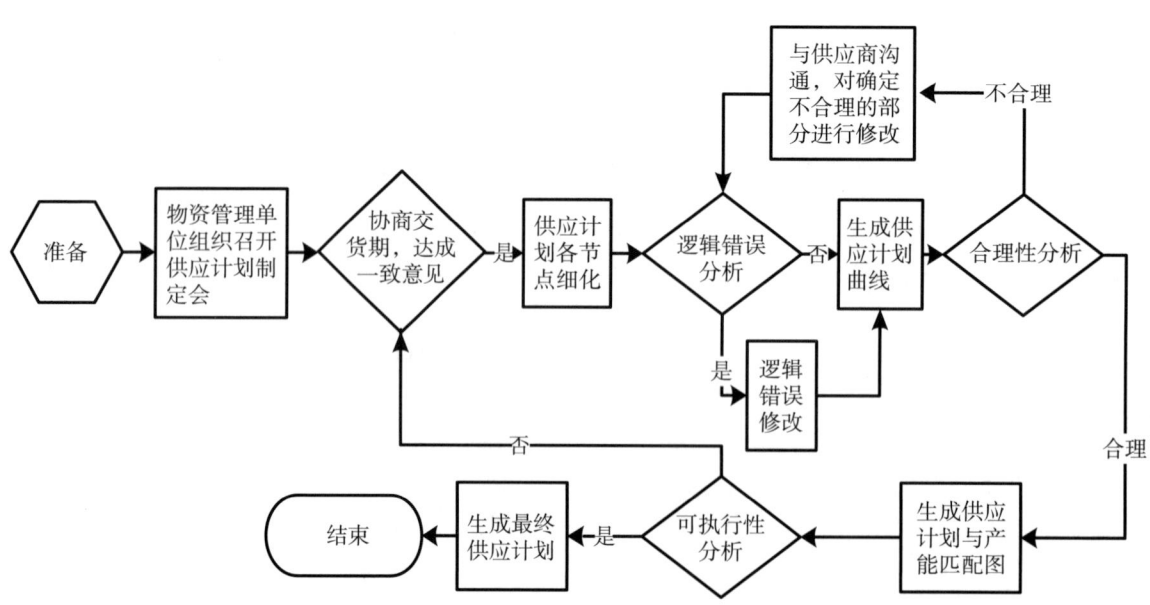

图9 物资供应计划制定流程

4. 监造抽检机制

输变电设备实施"线上+驻厂"逐台监造,配网设备执行"三个百分百"抽检全覆盖,从源头严控设备入网质量。

一是开展"线上+驻厂"监造。开展变压器、电抗器、组合电器、断路器等常规驻厂监造,现场见证全部生产工序,确保不遗漏;扩展其他品类,应用电工装备物联开展数字化远程监造,实时上传工序见证结果,确保可溯源,如图10所示。

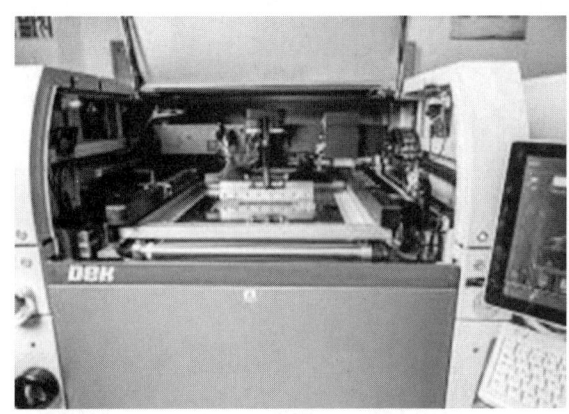
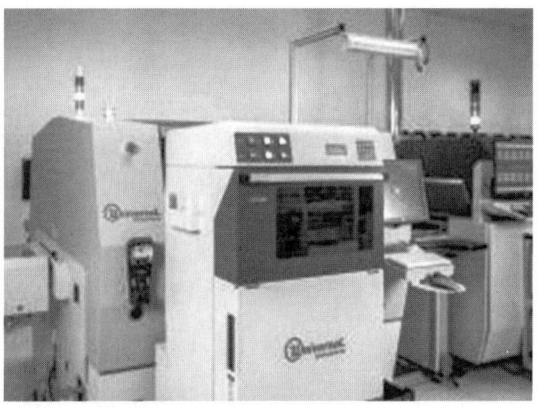
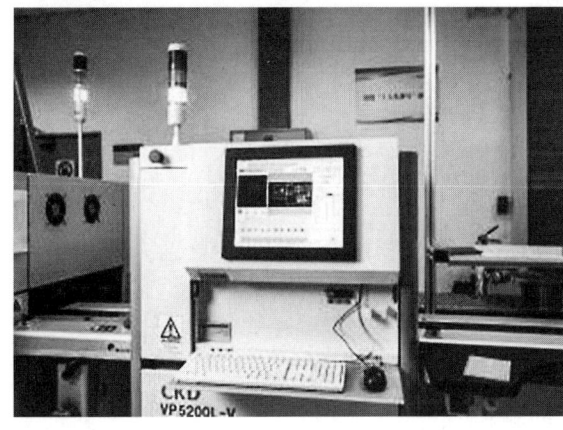

图10 监造流程线上实时监控

二是加强物资到货抽检。严格执行抽检定额,按月编制抽检计划,实现检测结果直连供应链运营平台,所有数据上链存证,确保检测数据真实可靠。

5. 协同联动机制

强化采购、物流、质控等供应链业务前后贯通,强化发展、财务、项目管理等部门之间的同步协调,强化与供应商、设计单位、质检单位、第三方物流的供需联动,如图

11 所示。

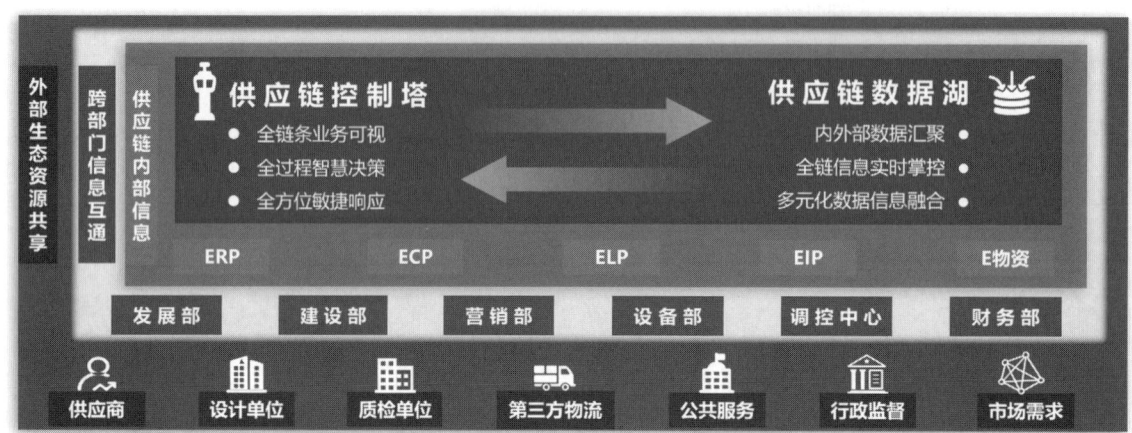

图 11 供应链内外部协同联动

一是供应链业务联动。整合供应链上计划、采购、合同、供应、质量等业务板块，对业务管理成效开展系统梳理和研究，深化供应链专业间数据与业务联动。

二是跨专业信息互通。建立物资与规划、建设、营销、运检、财务等专业协同机制，将跨专业数据纳入供应链业务分析，增强不同条线之间的业务互通性、数据可用性、资源共享性，实现供应链管理与前后端实时联动。

三是外部生态资源共享。强化与供应商、设计单位、质检单位、第三方物流等供应链伙伴以及公共服务、行政监督等供需联动和资源共享，畅通信息沟通渠道，促进供应链高效运营。

6. 监控预警机制

聚焦安全生产、合规运营和廉洁从业，开展风险智能化识别和结构化监督，开展专业监督、专项监督、交叉检查和突击检查，提示预警事件，督促问题整改，全面防控供应链风险。

一是安全生产监控预警。构建冬奥现场物资供应安全责任清单，编制安全风险案例库和应对措施库，建立安全生产风险评估机制，邀请外部专家开展专业监督、专项检查和突击检查，全面防控安全风险。

二是合规运营监控预警。监控供应链全环节运转情况，开展业务流、实物流、资金流风险预警，设置关键业务阈值，配置相应预警规则，实行分级预警处理机制，实现核心业务全面监控、重大风险实时预警、违规行为及时纠偏、问题事件闭环处理。

三是廉洁从业监控预警。加强廉政检查力度，以抽查、第三方评价等形式，加强现场服务、供应商巡查，通过发放手册、上墙等方式展示"八不准""八严禁"等相关规定，营造一个干事干净的环境。

四、项目实施效果

（一）保障冬奥电网工程物资精准高效供应

"五零三强六控"冬奥电网工程物资供应管理于2018年全面实施，显著提升物资供应效率、入网设备质量，供应时长较常规模式缩短45%，保障张北—雄安特高压、张北柔性直流示范等冬奥工程的109.3亿元物资精准供应；优质供应商提升到98%，设备入网质检一次合格率达到98%，实现入网设备质量零缺陷。

（二）促进供应链管理提质增效

"五零三强六控"冬奥电网工程物资供应管理全面应用，有力推动供应链管理向精益高效、智慧卓越发展，全面提升整体管理效益和运营效益。供应链运营成本每年节约1787万元，实物资源盘活1.64亿元，供应延迟导致的窝工费用减少1798万元，项目临时仓储点、作业人员分别减少60%、37%，仓储成本节约1446万元。

（三）带动供应链上下游和谐共赢

通过提升供应链内外部协同能力，强化关联企业优势互补，引领创造良好营商环境，带动民营企业可持续健康发展。投标、签约、验收全线上办理，为供应商节约资金约4800万元；实施ESC合同款项线上监控，确保付款零逾期，平均回款周期缩短25天；推广供应链金融服务，应用小额投标保证保险、履约保证保险替代大额保证金，为供应商释放资金达5.92亿元。

（四）助力2022年实现绿色办奥

"五零三强六控"冬奥电网工程物资供应管理的实施，保障了六大冬奥工程投产运行，为冬奥会供电保障奠定扎实基础。冬奥配套电网的高效建成和安全运行，将满足冬奥会及配套项目电力供应需求，同时将张家口地区清洁能源引入冬奥赛区，实现奥运历史上首次场馆用电全部采用可再生能源，保障所有奥运场馆用电零排放、零污染，助力2022年实现绿色办奥。

准时达 | "仓储技委会"助力全球供应链降本增效

一、关于准时达

准时达国际供应链管理有限公司（以下简称"准时达"）是富士康科技集团授权的供应链管理平台服务公司，具备制造链及分销链的整合实践经验，为企业提供从原材料采购到工厂制造、再到终端消费环节（C2M2C）的供应链垂直整合解决方案。

准时达具备 AEO 企业高级认证、ISO 9001、无船承运人、世界货运联盟等多项主要资质。与全球超过 3000 家 3C 零组件厂商及客户密切合作，服务超过 1000 家知名品牌客户，以卓越的全球供应链管理经验成为业界的佼佼者。

准时达已经在北美、欧洲、日本、韩国、印度、东南亚、澳大利亚等国家和地区建立全资或合资公司，在全球管理仓库面积超过 250 万平方米，与策略伙伴合作建立起覆盖全球范围的海外跨境转拨中心及国际海陆空铁全网线路布局。

2019 年，准时达获得 24 亿元人民币 A 轮融资，是 B2B 供应链物流领域获得的最大的单笔融资，估值达 170 亿元。2021 年，准时达营收突破 176 亿元。2019—2021 年，准时达连续上榜中国物流服务行业独角兽企业榜单，入选胡润全球独角兽榜单。

二、仓储技委会的产生背景

近年来，跨境电商发展迅速，全球物流订单剧增。伴随着外贸工厂、内贸企业争锋出海东南亚，东南亚地区海外仓的需求量在逐步增加。疫情催化的市场红利，为东南亚贸易发展创造了契机；但与此同时，东南亚地区因仓储资源匮乏、基础设施不完善、信息系统及新技术推广应用进展慢、当地人员能力参差不齐、人才培养机制缺失、仓库操作标准制定不规范、投入与产出不匹配等问题一直被诟病。面对疫情下国际市场环境的"双刃剑",准时达是如何应对的呢?

2021年春季,准时达接到来自印度尼西亚客户的紧急电话,客户表示因为近期订单量暴涨,人力资源配备不足,仓储管理面临巨大压力。在了解客户需求以后,准时达迅速成立印度尼西亚仓储项目小组,派遣3名资深仓储专家前往印度尼西亚深入调研,针对客户问题定制了一套详细的解决方案。出于疫情原因和成本考虑,所有作业人员、管理人员需在当地招募,仓储运作模式也由原来的"板进箱出"改为"依订单拣货",这给仓库的管理工作带来巨大挑战。

准时达作为一家国际化的供应链管理企业,拥有覆盖全球的海外跨境转拨中心及国际海陆空铁全网线路布局,在全球疫情和国际政治经济形势不稳定的环境下,这样的情况每天都有可能发生。

一方面,为应对全球仓储运作统一协同带来的挑战,降低仓储运作成本、提升人员工作效率,让全网仓储资源利用效率得到提升;另一方面,随着全球业务量的不断提升,客户在精益化供应链管理领域的需求不断增加,准时达成立"仓储技委会",旨在培养专业的仓储人才、制定标准、推广新技术及项目支持。

三、仓储技委会介绍

(一)主要职能

"仓储技委会"的成立,一方面,可加快和提升准时达标准化仓储管理规范的运用、打造体系化仓储人才队伍,实现全球范围内仓储理论和实践经验的应用结合;另一方面,可有效解决整体仓储效率低下的问题。与此同时,需要解决准时达仓储管理以下难题:一是人才梯队储备缺乏,知识体系需要健全和完善;二是多能工作岗位培训养成不足;三是应急管理过于注重属地责任,规划调度力偏弱;四是决策效率与决策能力不一。进而,实现和打造电子制造行业管理一流、技术领先、服务专业的仓储标杆团队,推动准时达仓储管理与标准化建设达到更高水平。

仓储技委会立足于人才培养、标准制定、技术推广、项目支持,致力于打造成为电子制造行业内管理一流、技术领先、服务专业的仓储标杆团队及案例解决方案者,与此同时，着力推进仓储数字化转型，提升企业信息化管理水平、打通"信息孤岛"、实现作业数据透明化、实时性、真实性、标准化，分阶段实施自动化、智能化作业，为促进仓储行业降本增效、提升客户服务满意度提供可行性应用案例。

仓储技委会由技术专家、职能委员及干事组组成，技术专家来源于仓库管理、运营、账务、异常处理等专家团队，职能委员来源于IT、人力资源、运营、质量等资源及监管部门，干事组来源于仓储行业的资深人士组成的实践组织。

仓储技委会负责关键流程优化、运营管理体系、KPI指标、人才培育、仓储运营绩效监管，各项工作指标依专家委员会指导与决策、总干事督导负责、仓储技委会干事落实执行、各级仓储专家听调行动的原则执行。

仓储技委会以虚实相结合的组织开展工作，干事组为实线组织，技术专家、职能委员为虚线组织。经仓储技委会审核批准，干事组结合公司发展规划及目标，确保落实人才培养、标准制定、技术推广、项目支持等事项；组织技术专家、职能委员结合年度计划制订项目展开计划；定期参与项目研讨及资源协调，确保项目顺利完成，并接受专案组织的考核。

（二）人才培养的创新性

为充分挖掘准时达仓储人才，由人力资源部与仓储技委会联合，采用笔试、分组讨论、案例实战、问题改善等方式选拔出仓储"黑/绿/黄带专家团队"。该专家团队将作为仓储技委会的技术骨干，按目标负责进行内部专业技能人才培养、标准制定及新技术推广。为满足准时达全球开仓需求，由仓储技委会组织各部门制订开仓技能培训计划，在全网报名中筛选出45名经验丰富的人员进行深入训练，经过多轮的课堂训练及线下实操，最终选拔出13名优秀学员作为种子选手负责全网开仓任务。

选拔出来的仓储专家和种子选手，周期性参加精益管理、仓储专业技能的培训。准时达与富士康大学联合举办精益管理、专业技能培训系列课程，每场参加学员达160人左右，总计2500人次参与学习，通过精益管理及专业技能的培训，为准时达提供更专业的仓储人才。为拓宽专家成员视野与行业实际运营接轨，仓储技委会在2022年邀请外部咨询公司，为黑、绿、黄带专家及种子选手做进一步的能力提升。

参训学员将所学技能运用在日常管理及业务实操中，协助完成各项目及仓储日常管理。为确保准时达仓储专业人才的选、育、用、留，建立仓储专家考评体系，实现准时达专业仓储人才源源不断输送。

（三）案例标准的规范性

仓储技委会组织仓储绿/黄带专家，开展全流程的文件盘点，按照文件分级标准及文件总清单，查漏补缺，更新文控体系框架。制定标准化手册、指导性文件110余份，视频版SOP 80余份，为仓储的标准化运营提供可执行依据，从而提升准时达的服务能力。

搭建由标杆仓评选、VI标识管理、8S推广、作业可视化、流程标准化、危险源辨识、安防管理等模块组成的成熟度体系，逐步打造富有准时达特色的标准化仓库。

四、仓储技委会的借鉴意义

（一）支持仓储专案建设

应急事件处理：针对重大仓储专案或重大异常情况，仓储技委会将牵头组织应急小组，迅速建立专案组织，制定应急预案及行动实施规划，启动紧急仓储异常处理，支持人员调度。

新案/新仓项目：对企业具有重大战略决策意义的专案、重点业务、新增仓储项目等做专项规划，主要包含新业务导入、建新仓评估、前进小组支持安排。

运营稽核：把日常运营稽核作为仓储技委会重点工作项目，针对重点仓、重点专案实施专人专管、专家协助，主要工作包含定期专家交叉巡视、运营数据评比分享、异常专家诊断与改善。

SOP升级：规范化和标准化仓储作业流程，定期对SOP作业体系做统一升级维护及宣导，并运用图文搭配、小视频等生动形式对作业体系做简化易懂说明。

（二）带动数字化转型

在仓储技委会的全力推动下，准时达仓储全网初步实现了数字化管理的转型，如图1所示，具体效益表现在以下5个方面。

（1）PDA功能优化及新功能推广：PDA使用率93%，单件工时降17.2%，备料正确率99.99%。

(2) eVMI 功能优化、自动化处理：自动理货上架使用率 95%，人力工时省 18.4 万/月；自动 Pull 单使用率 75%，人力工时省 8.4 万/月。

(3) EBS 功能上线及推广：各仓库 EBS 上线率 94%。

(4) 仓库温湿度智慧管理：全网仓库按照要求布点温湿度设备达 100%。

(5) 仓储营收业务量监控预警：业务报表可视化广告牌植入系统，完善系统的可视化界面。

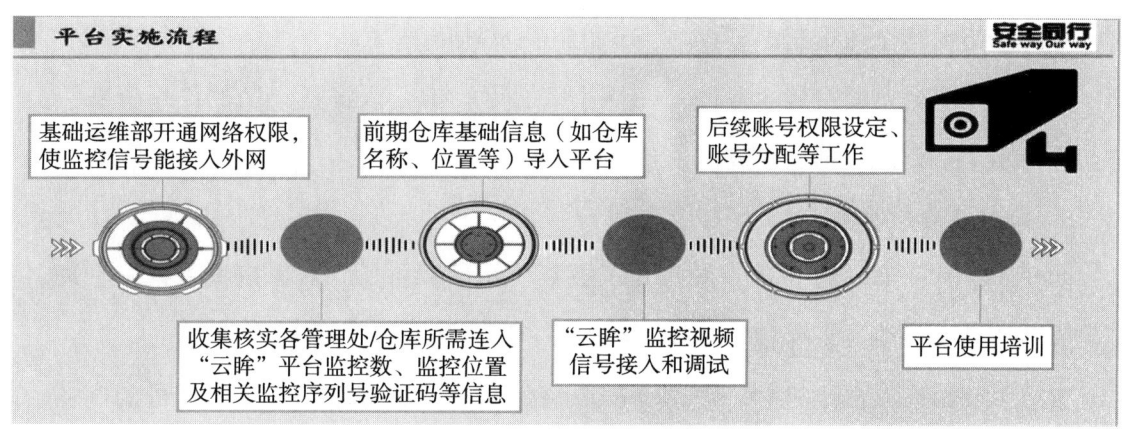

图 1　安全监控管理

（三）打造"仓储知识库"

1. 知识库功能

仓储技委会给员工提供了信息、资源、学习分享的综合性管理平台，充分利用公司现有员工共享平台、畅话社区、富学宝典等网站，以达成知识的交流、推广、分享、传承。

2. 知识库版块

员工共享平台：行业快讯、交流活动、精益管理三大模块，包含但不限于行业新闻快讯、标准流程文件、活动分享、现场运营、改善提案。

畅话社区：培训、活动、主题交流、经验分享的交流互动。

富学宝典：培训、SOP、WI、岗位职责等数据上传，以考核结果为输出。

3. 知识库流程

仓储技委会每月定期完成各平台模块的数据编写或收集，各数据传送单位应在规定时间内传送数据或随时主动传送数据至仓储技委会，包括但不限于网络收集、部门提报、个人提报等一切有价值的数据。

传送单位负责本单位数据提交前的初审，仓储技委会收到数据后在 3 个工作日内进行复审，可用数据纳入数据库待上传，不可用数据协助修正或退回。

传送单位在收到修改通知后，应在 3 个工作日内完成修改，经多次修改仍无法达到发布要求的数据，仓储技委会应对发布人或单位提供单独的修改指导。

数据发布更新后，准时达员工可登录员工共享平台、畅话社区、富学宝典等专区查阅，适用于准时达全体员工浏览查阅，不得下载及外传。

员工共享平台资料对接企业微信畅话小区，可一键导入畅话小区的论坛资料，员工参与平台资料的讨论互动，形成讨论互动环节。

4. 知识库运行管理

负责知识库日常运行管理，做好知识更新、知识库备份、数据审批、权限管理、更新淘汰等工作，保障知识库稳定有效运行。

建立知识库有效激励机制，每季度获取每份知识的浏览量，按照浏览量的高低，取前三名为本季度的优秀知识，由仓库技委会评定最优价值知识并颁发活动奖项。

配合公司主管部门定期开展知识库安全检查，包括病毒查杀、敏感信息筛查、权限管理等。

运作互动论坛，全员可自行在互动论坛上传互动知识，知识发布、回复等均可赚取积分，积分可以定期到仓储技委会兑换对应的互动奖品。按照积分高低，每年度产生 12 名优秀知识贡献者，并获取相关奖项。

负责知识库互动论坛开发建设，完善知识库的交流、讨论、互动功能。

五、总结

一直以来全球仓储的整体发展面临物流系统效率低、成本高，基础设施配套性、兼容性差，标准化建设落后，管理体制机制方面滞后等问题，尤其在资源相对匮乏的东南亚地区，这类问题越发突出。在此背景下，行业内急需一个强有力的供应链协同管理机构来提升东南亚地区的物流仓储管理能力，从而实现全球供应链的降本增效。

准时达仓储技委会的成立，通过企业员工在标准化的互动平台上分享着不同模块的知识经验，加强各部门的经验交流与学习互动，提升企业人员整体综合素质，加强企业运营管理能力。仓储技委会作为行业创新型的规范案例，从企业的根本上解决能力和运作问题，促成企业物流的一体化和合理化管理。仓储技委会的亮点还在于，运用积分奖励机制，激发员工学习与分享的积极性，不断挖掘自身的能力及学习他人的长处。

准时达仓储技委会从企业的根本上解决能力和运作问题，促成企业物流的一体化和合理化管理，在应用场景上拥有实操性、领先性、创新性，具备行业借鉴价值，有效提升了东南亚地区乃至全球的供应链物流效率。

飞力达 "5G+智能制造" 无人化供应链共享协同平台

一、关于飞力达

江苏飞力达国际物流股份有限公司（以下简称"飞力达"）成立于1993年4月，是一家致力于为制造企业提供一体化供应链解决方案的综合物流服务企业。飞力达于2011年7月，在深交所创业板上市，服务领域覆盖IT、通信、汽车、医疗器械、精密仪器、快消品等产业，为企业提供仓储运输、货运代理、供应链金融、供应链解决方案及综合物流服务。

二、"5G+智能制造"无人化供应链共享协同平台

在《中国制造2025》大背景下，物流产业正处于新技术、新业态、新模式的转型之际，飞力达的愿景是成为数据科技驱动的智造供应链管理专家，在此战略导向下，助力中国制造企业提升供应链管理效率，实现客户价值主张。与此同时，客户对自动化及智能化需求越来越高，规模相当的物流企业也将自动化及智能化纳入企业的发展规划。

（一）平台概述

"5G+智能制造"无人化供应链共享协同平台（以下简称"协同平台"），是对供应链全链路的信息进行管理，从管理思路、制度、趋势等方面模拟和分析数据，进行辅助决策建议。从敏捷分析到智能决策，构建企业决策大脑，打通数据分析全链路，确保数据应用高效落地。同时，控制供应链库存，优化供应链效率，创造长期价值，助力企业数字化转型。

协同平台核心功能包括：智能化设备管理、安防监控平台、园区大数据、数据分析预警推送、基础数据管理、业务运营管理等。可以实现自运营系统、静态数据接入、动态数据接入。适用于园区所有系统应用、数据管理、设备管理。

平台愿景旨在以下 4 个方面。

（1）打造创新发展新动能：充分发挥信息技术在优化园区环境，激发园区活力，提高创新能力，为园区的协调发展提供新动力。

（2）提升智慧服务新体验：利用移动互联网技术，不断完善服务方式、丰富服务类别，打造园区服务新模式，建成覆盖供应链、制造与物流协同、一体化运行体系，不断提升服务的精准化、便捷化水平。

（3）构建协同治理新环境：以互联网、大数据、人工智能等技术为支撑，创新园区治理理念，优化流程和模式，推进园区网络化、平台化和智能化，推动园区管理从局部到整体、从被动到主动、从粗放到精准的模式转变。

（4）探索数据决策新方式：融合业务系统数据、设备实时动态、园区安全等数据资源，运用大数据辅助领导决策，助力日常运营决策研判、重点工作督查落实，提高决策的精确性和预见性，提升园区现代化治理能力。

（二）应用案例

智能制造及物流业发展的痛点表现在管理模式传统、资源不能共用、异常事件难预防、需求响应慢、物流过程不可视、缺乏决策的数据支撑等方面。

协同平台是由飞力达西南区和供应链科技事业部合作完成。项目整体由飞力达西南区主导，供应链科技事业部协助，并联合旭硕科技、寸滩保税港区、中国电信、庆铃汽车、联想集团及重庆邮电大学等单位落地实施。供应链科技事业部经过充分的业务流程梳理、技术评估、供应商调研，筛选出最适合的业务模式，以支撑后续业务发展、模式创新的方案为项目规避风险，最大化地发挥人力、设备、资本效能。通过 5G 通信技术的应用，改造无人驾驶配送车，运用 AGV 无人小车、RFID 等，直接从仓库配送至生产线工位上，实现从有人驾驶到无人驾驶配送的转变，实现配送的全程无人化，从而有效降低物流配送成本。

（三）案例实施

协同平台项目重点实施分为四个部分：可视化控制塔、智能仓储、智能运输、智能交付。

（1）可视化控制塔对供应链全链路的信息进行管理、模拟和分析数据，进行决策建议。从敏捷分析到智能决策，构建企业决策大脑。打通数据分析全链路，确保数据应用高效落地。同时，控制供应链库存，优化供应链效率。

（2）智能仓储运用了料箱立体库、影像识别应用、无人叉车、自动贴标、AGV、数字孪生、机械臂等自动化设备以及最新技术，以达到少人化、无人化作业。

（3）智能运输运用了 5G 网络技术、分析传感器、影像处理系统等多项最新技术，联合了车辆监控及调度系统实现无人驾驶短途配送货物。

（4）智能交付运用了 RFID 自动交互应用和自动交互可视、料架台车应用、厂内 AGV 搬运应用、循环包材、连廊与皮带线等设备以及最新技术。

5G 的超低延时，大大提高了自动驾驶车辆和 AGV 无人小车的应急反应速度，分析传感器及影像处理系统的快速场景反应可进一步提高工作效率。将 5G 技术与自动化、数字化、网络化、智能化、可视化等技术相结合，具有较强的行业示范效益，如图 1 所示。

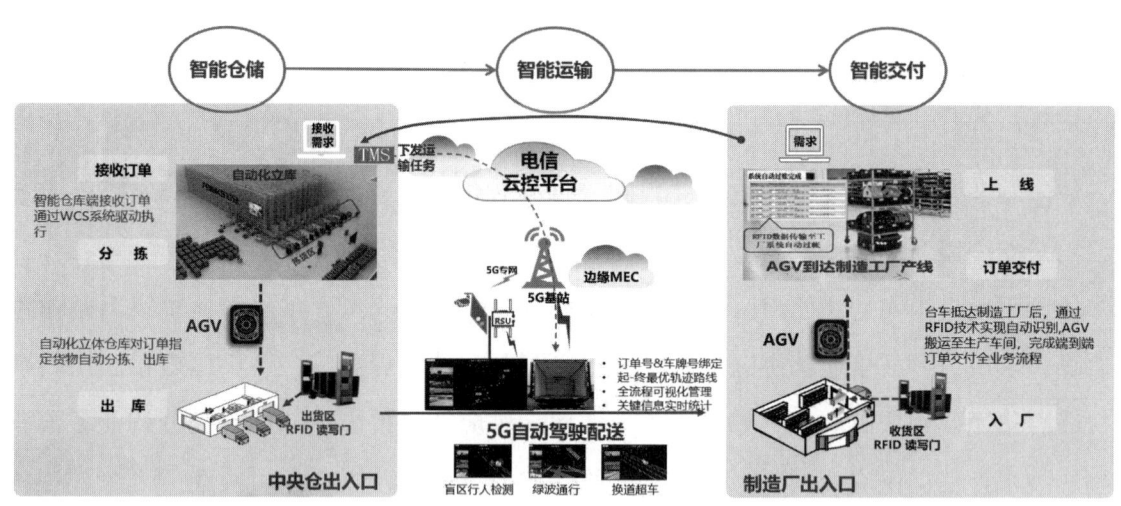

图 1 "5G+智能制造"无人化供应链协同共享平台

（四）项目亮点

协同平台运用于供应链一体化产业链，实现了物料从仓库到产线无人搬运、无纸化交接，为客户提供更安全（无人车实时更新动态地图，避免施工路段；视频共享和协同环境感知，避免司机盲点；5G-V2X 的 RTT 交互控制在 20 毫秒内，响应距离偏差在 0.6

米，是 LTE-V 的 10%）、更高效（解决货车司机短缺问题，提升效率；车队编排能降低 9%~25%功耗）、更便捷（5G 无人驾驶、AGV 无人搬运、RFID 无人交付）的服务。

协同平台实现了 5G 智能高阶自动驾驶场景和无人智能网联汽车供应链一体化协同应用场景，成为西南地区智能终端产业首个使用 5G 新能源智能网联汽车的运营商，具有较强的创新性和代表性，对于促进重庆市智能终端上下游产业链协同发展，推广先进供应链协同平台技术与成果具有较强的带动作用。

1. 智能仓储核心设备以及最新技术运用

（1）可视化控制塔用于融合综合业务系统数据、监督设备实时动态、园区安全等多源异构数据资源，为数据分析、数据可视、辅助决策提供能力支撑与数据资源池，如图 2 所示。

（2）料箱立库应用：料箱可以堆叠方式存储，可以选择单伸位/双伸位、单工位/多工位等不同类型的料箱堆垛机存储，适用于小体积、小载荷的物品，料箱式立体仓库具有操作简单、施工方便、高效率、易管理、灵活性强等特征。

（3）托盘立体库运用：托盘堆垛机立体仓库系统是以托盘为存取单元的高密度存储解决方案，堆垛机在高架立体仓库存取货品，在货架间的巷道内运行。

图 2　智能仓储应用

（4）影像识别应用：用于贴标后复检作业，复检产能从原来每人 300pcs/小时，提升至 600~900pcs/小时，效率预计提升 100%~200%，且复检准确率 100%。

（5）无人叉车应用：满足原料上线、物料流转、成品下线、立库对接等多场景需求。托盘上下架存取，一次配置，自动搞定，多场景适用，助力降本增效。通过5G无人叉车的应用，替代人工叉车搬运，降低人工操作成本。

（6）机械臂运用：常用于码垛、分拣、组装、搬运等作业。

（7）数字孪生运用：利用"数字孪生+BIM管理平台"展现虚拟现实的三维空间，以BIM模型为载体，融合物联网的实时运行数据，将各种零碎、分散、割裂的信息数据，引入物流中央仓管理功能，创造一种基于BIM模型的虚拟现实仓库空间与设备运维管理。同时也提供了设施、设备的三维空间位置，快速定位。直观而全面的信息记录用于库区操作的全过程管理，为统计、分析、数据挖掘、管理决策等功能创造条件，如图3所示。

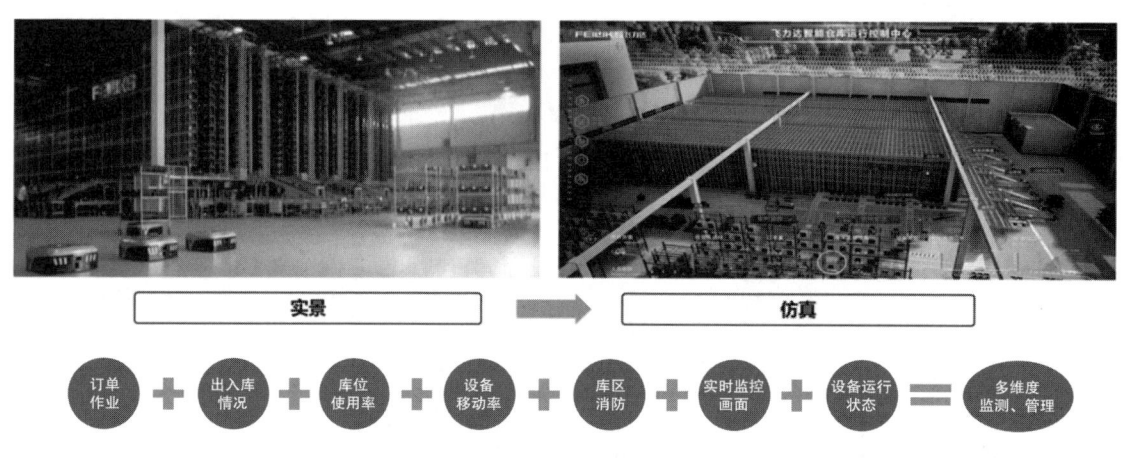

图3 数字孪生建模

2. 智能运输核心设备以及最新技术运用

5G无人驾驶利用5G信号传输、车载传感器来感知车辆周围环境，并根据感知所获得的道路、车辆位置和障碍物信息，控制车辆的转向和速度，从而使车辆能够安全、可靠地在道路上行驶。涉及自动控制、体系结构、人工智能、视觉计算等众多技术，是计算机科学、模式识别和智能控制技术高度发展的产物。

3. 智能交付核心设备以及最新技术运用

智能交付采用了RIFD技术，绑定物料标签与母托盘RFID标签，通过RFID管理，实现货物在库、在途各物流环节无人化作业，如图4所示。

同时采用了RFID自动交互可视技术，提高仓储信息的准确性与可靠性。高效无误地采集数据,大大提高了作业效率,降低了物流运营成本。

图 4　数控平台——智能配送

(五) 项目成果

人力优化:人力数量减少,人力成本降低。项目上线实现部分业务无人化,精简搬运、交接、对账人员等 30 人。其中,客户处搬运、交接等人员由 32 人降至 7 人,飞力达西南区精简 5 人,每人费用约 9.7 万元/年,总计人力效益 291 万元/年。

运营提升:运营效率、准确率提升。在出库环节,由原来 300 箱/小时,提升至 360 箱/小时,提升 20%,准确率由 99.8% 提升至 100%。在搬运环节,实现无人化搬运、交接、自主控制与电梯交互穿梭上下楼,实现端到端全程无人化。

数据深度对接:自动过账、无纸化交接。

经济效益:原来每年每部配送车辆 50 万元运输费用,配送费用降低约 10%。

"5G+智能制造"无人化供应链共享协同平台项目的成果还体现在:一方面,应用智能化、物联网等新型技术,实现了供应链的四流合一,为供应链货主企业提供更精益、敏捷的物流解决方案与供方服务,形成企业完整的合理化物流体系,提高企业的物流能力和管理水平,增强企业竞争力;另一方面,高效、智能的物流服务可增强客户黏性,提升企业影响力和品牌效应。

江苏飞力达国际物流股份有限公司　徐国庆

阿里巴巴集团 | 负责任的科技，可持续的绿色供应链

气候变化正成为备受瞩目的全球议题，减碳行动需要长期的坚持和努力，绿色供应链发展在其中至关重要。尽管挑战重重，但我们深信，建设以新技术和新能源为驱动的绿色低碳循环经济，是阿里巴巴作为一家负责任的科技公司必须有的自我要求。作为数字技术驱动下绿色低碳循环经济的建设者，生态伙伴协同、共赴绿色进程，有着广泛的创新空间。

一、企业简介

阿里巴巴集团控股有限公司及其子公司（以下简称"阿里巴巴"），因运用数字技术助力中小企业发展而诞生。"让天下没有难做的生意"，是阿里巴巴二十多年来坚持不变的使命。如今，这一使命被赋予了新的时代意义。阿里巴巴将肩负平台企业的社会职责，把社会最大的挑战当作企业自身最大的挑战，全力推动科技和商业创新，用负责任的科技，为社会实现可持续的未来贡献自己最大的力量。在实现碳中和这一广泛而深刻的经济社会变革的过程中，实现阿里巴巴自身的绿色转型，同时探索技术和商业创新，在帮助消费者提高生活品质的同时，也能真正帮助企业，尤其是中小企业，在减碳的同时实现高质量发展。

为响应国家碳中和碳达峰的历史性战略部署，如图1所示，阿里巴巴对于碳中和做出以下3点承诺。

（1）做好绿色阿里巴巴。不晚于2030年，阿里巴巴实现自身运营（范围1和范围2[①]）碳中和。

（2）做强绿色价值链。不晚于2030年，阿里巴巴协同上下游价值链实现碳排放强度

[①] 源于《温室气体核算体系》。

比 2020 年降低 50%。其中，云计算作为数字化基础设施，在同阿里巴巴一起实现范围 1 和范围 2 碳中和的基础上，率先实现范围 3 的碳中和，成为绿色云。

（3）做大绿色生态。在自身运营和供应链之外，承诺用平台的方式，通过助力消费者和企业，激发更大的社会参与，到 2035 年的 15 年间，带动生态累计减碳 15 亿吨。

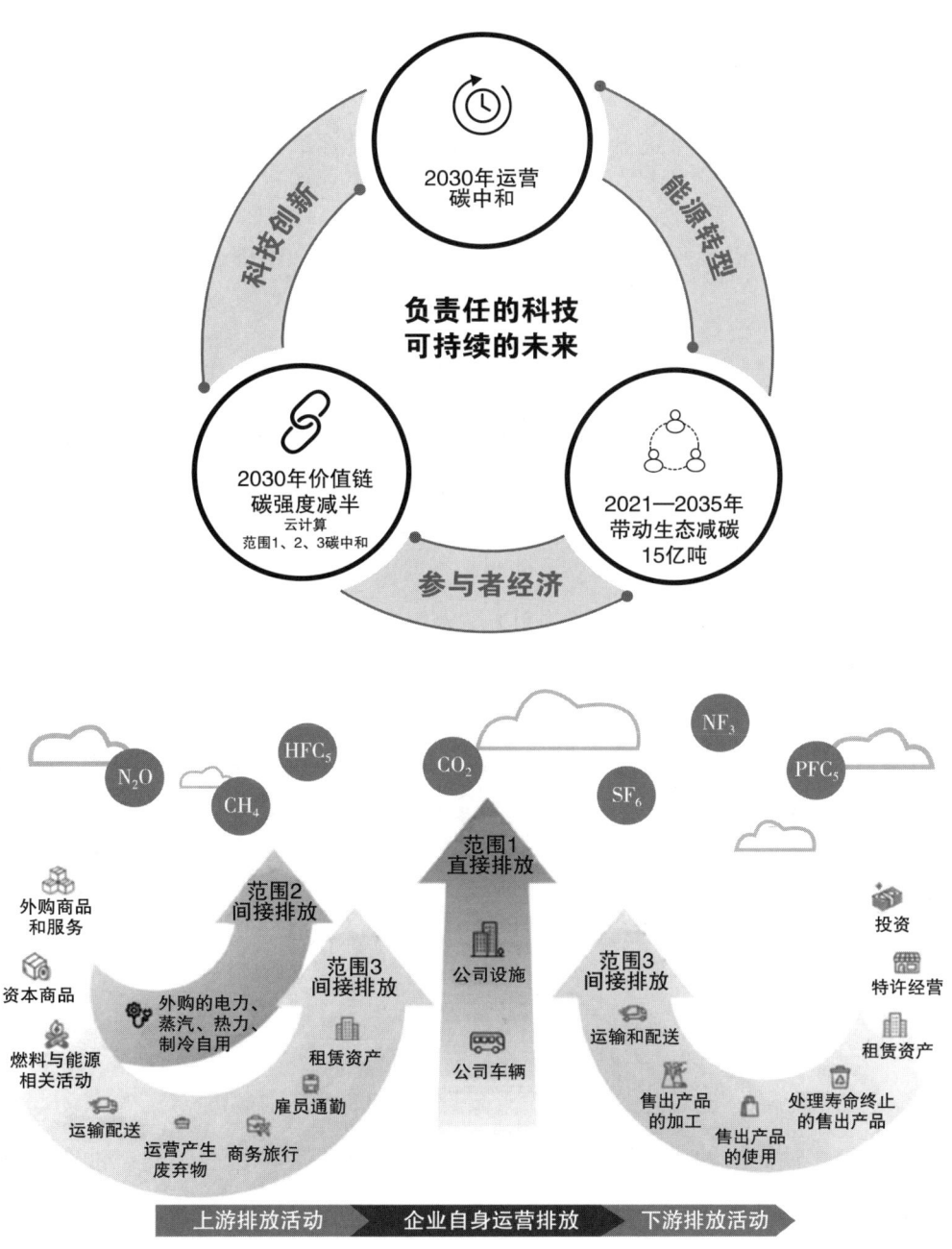

图 1　阿里巴巴碳中和行动

作为数字平台的运营者,阿里巴巴希望通过技术和模式创新,和成千上万的企业一起完成碳减排目标,在数字化与绿色低碳循环成为两大根本趋势的时代,让天下没有难做的生意。为此,阿里巴巴在治理架构、披露制度和资金资源上都做出了充分准备。

完善治理组织保障。推动碳中和作为当前阿里巴巴环境、社会责任和公司治理(ESG)的一个首要任务;同时设立从集团董事会到业务单元的三层治理架构,提供充分的组织保障。

不断提高相关信息披露水平。从2022年开始,每年披露包括碳排放在内的环境表现具体进展。所有信息披露都将遵循国内外最权威的衡量标准,通过国际认可的权威机构审计。

推动创新突破。积极投身低碳创新,专门投资于全社会整体碳中和急需的一些关键科技创新和需求。

截至2021年,阿里巴巴已经取得了一定的经验和亮点成绩。但减碳注定是一项长期事业,尤其对一家平台企业而言,只有基于正确的原则,把能源转型、科技创新和参与者经济中的商业创新真正相结合,才有可能助力全社会绿色低碳转型的达成。只有从生态文明的高度去系统理解碳中和目标的本质,才能更好提升企业的社会价值。

二、推动绿色发展的实践

阿里巴巴绝大多数的业务都处在中国等新兴经济体中,城市化和数字化的增速都比较快,能源结构和自身资源禀赋不尽相同。以化石燃料为主的能源结构,决定了中国仍将经历一段排放总量增加的时期,但数字化可以帮助在这一过程中大幅提高效率,降低单位产出的碳排放。这决定了基于数字化的绿色进程会成为阿里巴巴及生态伙伴的共同选择。

(一)构建绿色供应链

打造绿色物流运输。电气化是减碳的重要路径,即用技术逐渐成熟的电动车替代燃油车,有效降低燃油产生的排放。阿里巴巴计划在2030年前将所有短途燃油车辆替换成电动车;对于长途燃油车辆,一旦技术成熟,阿里巴巴将尽快引入电动或氢能重型运输车。2021年3月,Lazada[①]在印度尼西亚与物流供应商合作,建立了首支合作电动车队,

---

① 来赞达(Lazada)成立于2012年,是东南亚领先的电子商务平台。

减少大雅加达地区"最后一公里"配送的碳足迹。

推进物流运输工具的智能化。智能化和电动化相结合,可以提高运输效率,从而起到减碳作用。2020年,阿里巴巴达摩院自动驾驶实验室研发了一款电动无人物流车"小蛮驴",续航里程超100公里。截至2021年11月,已在部分高校和社区菜鸟驿站投放350台,提供末端配送服务。正在研发自动驾驶卡车"大蛮驴",将面向城市配送场景,主要负责将货物从配送站送往物流末端。

探索可持续低碳供应链的解决方案。依托商品库存数据和智能算法,阿里巴巴与同行业商家一起建模优化箱型设计,建立B2B循环箱体系。依托自身技术积累,为商家提供减碳包装、环保包材、循环箱、原箱发货等一系列绿色包装解决方案,目前已与雀巢、联合利华、飞利浦等多家品牌合作。2021年天猫双11期间,菜鸟通过在"物流详情"中对绿色包裹打标等形式,鼓励更大范围商家采用环保寄件袋、无胶带拉链箱等绿色包装。

(二) 建设绿色仓库

提供原箱发货比率。包裹在出库过程中,仓库可直接贴面单出库,该发货方式可有效减少快递包装箱、包装袋和胶带的使用,减少温室气体排放,目前已有40%的商品实现原箱发货。

加强线下场地节能建设。银泰百货也开始逐步对商场能效进行改造。正在改造的15家门店中,已经完成改造的3家商场半年节能率提升26%。还有12家施工中的门店将逐步完成节能改造,预计每年节约用电850万千瓦时。盒马鲜生正着手改造能耗最大的冷链系统,一方面减少启动次数;另一方面提升运行稳定性和效率,完成后预计每年可节约540万千瓦时电力。

推进仓库节能改造。在处于城市化进程中的中国,实体零售业仍在增长。对于盒马鲜生、高鑫零售、银泰百货这三个拥有线下实体店面和仓库的业务,取暖、照明和冷冻是主要排放源,采取更高效的技术以及发展可再生能源是推动零售低碳运营的主要手段。阿里巴巴在高鑫零售仓库和门店开展照明LED光源改造、高效中央空调自动化改造和排油烟机自动化控制改造等多项工程,仅排油烟机自动化控制改造每年节约用电超过2000万千瓦时。此外,在物流仓储方面,菜鸟旗下的中国智能骨干网济南历城仓库获得"一级绿色仓库"标识,是目前国内绿色化程度较高的仓储物流设施。

（三）打造绿色配送体系

智能运维减少碳排放。除了加大清洁能源使用和提升硬件设施外，通过智能分仓这一重要环节，实现前置分拣和集装运输，可有效减少非必需调拨带来的交通能源消耗。在跨境物流场景中，阿里巴巴应用了智能合单引擎，将多个包裹合单发货，有效降低了国际航空物流线的碳排放，并将加大海外仓布局，减少对航空运输方式的依赖，降低单包裹碳排放量。

推动快递末端绿色自循环。快递包裹在方便人们生活的同时，也带来了很多碳排放连锁问题。目前，阿里巴巴正在尝试将10万多个菜鸟驿站铺设绿色回收箱的快递包装回收，鼓励消费者将旧的快递箱放到菜鸟驿站，在下次消费者寄快递时使用，让其再次进入物流末端可回收再利用环节。截至2021年10月，菜鸟绿色回收箱已经覆盖全国31个省区市315个城市，每年预计可以回收上亿个快递纸箱。2021年天猫"双11"活动，8.7万家菜鸟驿站、480万消费者参与了线上线下绿色回收倡导行动。此外，菜鸟还推出物流领域首个"个人减碳账单"，为每个消费者生成"个人绿色物流足迹"。消费者可在淘宝、菜鸟App搜索"快递包装回收"进入绿色互动页，查看2020年11月1日以来的个人减碳量，晒出"绿色物流足迹"，成为"绿色合伙人"。

（四）全面推行绿色包装

包材使用的可持续更新。盒马鲜生已在线下门店完成用可降解购物袋和纸质购物袋对传统塑料购物袋的100%替换，开始推进线上配送服务购物袋的替换。高鑫零售通过制定耗材使用标准，对办公用品进行分类管理，每周追踪材料使用情况。同时发布政策，鼓励供应商提高包装效率，增加纸板箱的循环回收再利用，减少包材浪费。仅在2020年就回收了12.6万吨的废纸板。从2021年起，银泰百货把快递包装改为可回收的拉链纸箱，废弃原来染色的胶带封箱。用户可以选择用手提袋直接送货，替代额外的物流包装，预计全年可节省至少1500万个纸箱。

推广电子面单。2014年，菜鸟物流在中国全行业率先推出基于电子面单的数字化包裹管理工具，取代传统纸质面单，通过减少纸张使用，降低碳排放。通过对电子面单持续升级迭代，目前每个一联单包裹相较传统五联单可节省至少4张纸，已累计应用于超过1000亿个快递包裹，帮助全行业节省纸张4000亿张。

实施包装回收计划。银泰百货从2018年起开始推行化妆品空瓶回收计划，至今已回收超过4.1万个化妆品空瓶，仅2020年就回收2万个。2021年初，银泰百货开始提供智能空瓶回收机，消费者不仅能兑换化妆品小样或获得红包奖励，次日还能通过和植树机构合作转化成植树承诺。盒马鲜生从2019年发起了"绿色盒区"计划，只要消费者在盒马鲜生门店消费时不买塑料袋，就能获得第三方合作伙伴的相应植树承诺，一年倡导3.2亿人次参与。2021年7月，菜鸟与雀巢合作推出上门回收咖啡包装服务。

智能算法支持包裹"瘦身"。最好的"瘦身"就是没有包装。阿里巴巴在推广原箱发货和旧包装发货，目前在天猫超市、零售通这两个渠道已实现70%的包裹发货不再用新纸箱。从2018年起，我们通过开发智能切箱、装箱算法等多项技术应用来减少包装用量，结合大数据算法模型优化和设计纸箱型号，并由算法推荐最合适的装箱方案，让箱型更匹配、装箱更紧凑，平均减少15%的包材使用，截至2020年已"瘦身"超过5.3亿个包裹。

倡导无餐具订单。在饿了么外卖平台上，上线了无需餐具功能，仅2021年已经有超过6亿无餐具订单。通过这些举措，既帮助消费者提高了生活品质，也帮助绿色商品的生产者解决了需求问题。

应用绿色包材。菜鸟物流积极探索用非石油基包装材料替换不可降解部分（主要是塑料）的可行性。菜鸟同时开始试点B2C循环箱发货方案，探索将可循环的包装模式推广到更多物流场景。

（五）积极推动绿色办公

发展绿色低碳循环经济体系，涉及仓储配送体系的全链条流程，除了业务流程外，还需关注企业组织内部的绿色化，加快绿色办公。

无纸化办公增效减排。数字化可以减排的一个重要原因，是数字协同彻底改变了组织沟通和协作的方式，大大提升了组织的敏捷性和效率。钉钉通过服务企业和个人用户，加速了远程办公和协同的普及。居家办公省去的通勤碳成本，以及视频会议减少的差旅需求，都可以减少企业用户的碳排放。此外，很多企业通过钉钉实现了人力、财务等管理流程办理和审批的在线化，在提升企业运营效率的同时，也减少了文件打印、信息填表、审批签字等传统办公流程中的材料消耗，带动企业实现节能减排。2021年，钉钉升级绿色办公碳减排项目，将减排认证覆盖至10余个减碳场景，为组织、部门、个人多维度呈现低碳效果。截至2021年9月，已经有1900万个企业和组织通过钉钉绿色办公，累计碳减排量逐年增加，相比上年同期涨幅已超30%。

激励员工绿色减排行动。在工作中，通过多种机制鼓励员工主动参与减排行动。员工在办公场景中有14种节能减碳行为，例如随手关闭闲置空间的灯和空调、使用双面打印、回收纸箱等，都给予内部积分奖励。2020年6月至2021年8月，有12万名员工参与，完成了近75万次减碳行为，累计减碳量约336吨。此外，员工的低碳出行选择，可以获得内部积分奖励。截至2021年10月，参与拼车出行的员工数超过9万人，拼车行为次数超过76万次。

建设智能绿色园区。阿里巴巴坚持办公建筑的可持续发展设计，截至2021年底，超过67万平方米的自建办公区域获得了LEED认证（国际绿色建筑标准）。未来，所有自建园区都将达到LEED（金级）认证和中国绿色建筑标准。数字技术已大规模投入园区整体节能管理。通过安装环境传感器和智能IoT设备，主动监测办公环境的节能情况。基于人流和天气，自动控制投屏、灯光、空调等高能耗电气设备，并将用能情况在智能中心集中显示，以便实时管理。这些不断优化园区建筑碳排放管理能力的举措，使得过去两年间人均能耗下降了10%以上。

（六）完善绿色供应链的管理体系

绿色供应链的建设是一系列流程优化与完善的综合结果，包括建立绿色管理制度、成立节能管理机构、建立能耗统计评估制度、建立绿色采购制度、制定绿色标准、组织绿色培训等。

建立完善的内部治理机制。为确保碳中和目标和ESG（环境、社会责任和治理）目标的达成，阿里巴巴特别设立了三层治理架构：董事会层面的可持续发展委员会，负责日常统筹和管理的可持续发展管理委员会，再到跨业务单元的ESG工作组。由可持续发展委员会定期向董事会成员报告和建议环境相关事项，监督内部环境相关战略规划和落地情况；可持续发展管理委员会，负责管理阿里巴巴环境可持续发展，包括碳中和及环境议题的目标制定、策略设计、项目落地；ESG工作组由各业务单元代表组成，保持业务单元紧密协作，还将在高碳排的业务单元设立专门的碳管理岗位。

建立外部专业咨询机构。在外部，计划建立阿里巴巴环境专家咨询委员会，在技术和环境影响分析、国际和国内政策、内外部碳管理机制设计等多个方面提供专业指导，并共同探讨可行方案。在实现阿里巴巴自身碳中和之外，期待以创新的数字技术和市场机制助力阿里巴巴的生态伙伴实现碳中和目标。

持续改进碳计量和管理系统。2020年，阿里巴巴第一次对温室气体排放开展全面盘查，总温室气体排放为951.4万吨。从2022年开始，阿里巴巴会持续改进碳计量和管理系统，不断扩展监测和汇报范围。阿里巴巴保证至少每年进行一次遵循国际准则的信息披露，对外展示碳中和相关计划、行动和效果信息。

设计碳中和的实现路径。阿里巴巴的减排策略，将通过减碳、清洁能源替换、抵消和消除的组合来实现，主要秉承的优先顺序是：直接减碳优先于消除，消除优先于抵消。这一策略符合实质性降低大气圈中温室气体浓度的国际标准，且与《巴黎协定》的1.5℃温控目标的基本原则一致。进一步来讲，阿里巴巴会针对不同的业务形态开展最适合的减排方式组合以完成碳中和的目标。这一转型的过程中，伴随企业继续发展还会面临用电提升。因此，在实现碳中和之旅的第一个十年，将更多地通过数字化和电气化减排提效，以及大幅提升清洁能源使用，如图2所示。

支持可持续采购。在办公集中采购的供应商选择上，阿里巴巴制定了绿色采购标准，对供应商提出绿色资质要求，并发布了绿色供应商标签管理体系，促进阿里巴巴与众多供应商伙伴携手完成碳中和目标。在商品选择方面，阿里巴巴也在尝试扩展二手办公家具和用品的采购，在兼顾实用性、安全性的同时，达到节约节能。在选择服务时，阿里巴巴已经在租赁数据中心和物流服务上制订了明确的逐步绿色低碳化的计划，逐步扩大到其他的服务采购领域。

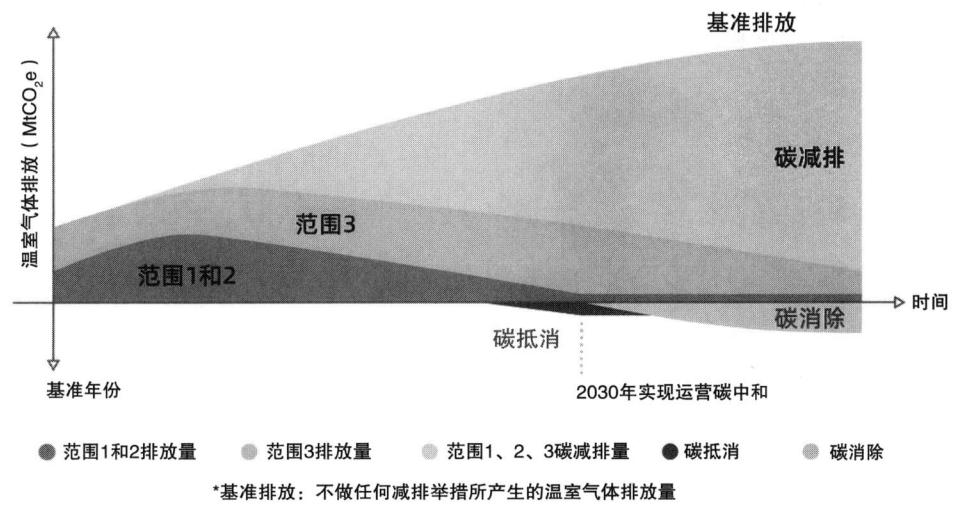

图 2　碳中和路径图

(七) 鼓励绿色消费行为

作为千万商家和 12 亿以上消费者的连接者，阿里巴巴将从消费者侧和商家侧两端推动绿色转型，倡导绿色行为，提升绿色商品供给，从消费侧发力，推动绿色低碳物流和认证服务的发展。

引导消费者购买绿色商品的力度。在 2021 年双 11 购物节期间，阿里巴巴在天猫专门设置了绿色会场，从一级能耗家电、新能源汽车、节水产品、绿色食品等品类开始，提升消费者对绿色商品的感知度。"双 11"后，绿色家电会场调整为绿色家电专区，长期在线，持续面向各大家电品牌开放。通过设计激励机制，进一步鼓励消费者在使用商品的过程中实践绿色行为。在东南亚，Lazada 与联合利华携手合作，在 2025 年前在该地区培育 500 万绿色消费者，原生塑料使用降低 50%。

发展闲置经济。闲鱼运用数字技术和机制创新，激发了参与者经济的建立。目前，闲鱼有 3 亿多用户，构成了世界最大的闲置消费市场，每天有超过 2000 万用户在上面交流，超过 100 万件商品成交。此外，闲鱼也正在成为新的回收商业模式的实验场，通过融合多种交易模式，同时拓展线下上门回收、寄卖和省心卖等交易形式，闲鱼目前已经支持超过 60 类商品的上门回收。2019 年，闲鱼回收了近 3 万吨旧衣、942.7 万本图书、122.2 万部手机和 50.85 万台大家电。

提高平台上绿色认证商品的供给和渗透率。首先，鼓励符合国家标准的绿色产品更多入驻平台，并给予支持，提升其销量；鉴于目前绿色商品标准的认证范围还相对较小，同时也在积极推动国家相关标准的建设和实施，邀请认证机构入驻平台为商家提供合规服务。将和领先的品牌一起总结共享低碳可持续的经验，还会邀请相关的服务商提供配套的解决方案，并鼓励平台上的商家和阿里巴巴一起设定和实现碳中和目标。此外，天猫还携手 14 个品牌成立"绿色商家联盟"，共同发出《绿色商家联盟倡议书》，以平台与商家的身份共同发出绿色低碳倡议，呼吁市场从更多元的维度扩大绿色低碳供给，在保障消费者品质生活的基础上，提供更丰富的"绿色产品"。

(八) 持续建设绿色数据中心

数字技术低成本、可信赖、成规模的特性，可以帮助衡量和管理仓储配送各环节的生态足迹，可以推动数字和绿色技术与仓储配送机制深度融合，让绿色转型成为经济转型发展的核心驱动力。

云计算是绿色智能仓储配送体系建设的数字基础设施。和传统 IT 设施相比，从企业本地部署的 IT 基础设施转向云的迁移，通过 6 个方面的改变，平均可使碳排放降低 84%。其中，降低碳排放的六项措施是：①用电和散热效率的提升；②硬件效率上的提升；③计算利用率上的提升；④软件工程设计在能耗上的节省；⑤云原生架构在计算效率上的提升；⑥云计算中心集中使用新能源和硬件的材料循环。在能源使用上，阿里巴巴承诺自 2030 年起云计算电力供给 100% 采用清洁能源。

采用全球一流的散热和供电技术。从 2015 年开始，数据中心开始部署液冷技术，实现了数据中心无机械制冷，节能效果比机械制冷提升超过 70%。2020 年 9 月，阿里巴巴浙江云计算仁和数据中心部署了全球规模最大的液冷集群，数据中心的电源使用效率（PUE）可低至 1.09，在 ODCC 2020 开放数据中心峰会上获得绿色等级 5A（设计类）认证，成为全国首座绿色等级达 5A 的液冷数据中心。此外，数据中心目前使用的 10kV 交流输入一体化直流不间断电源系统，减少了系统 66% 的配电环节，降低系统电力损耗，使全链路效率达到 97.5% 以上，相比传统方式提升超过 3%，处于行业领先水平，该创新设备已入围 2021 年《国家通信业节能技术产品推荐目录》，行业标准即将正式发布并已在国际电信联盟 ITU 标准立项。

计算利用率的优化与提升。阿里巴巴自主研发的磐久服务器、神龙计算架构和数据库提供按需服务，实时计算峰值处理能力达每秒 3.63TB，可提高服务器的资源利用率达 10%~40%，远高于行业平均水平。自主研发的人工智能推理芯片含光 800，搜索算法性能提升 200%，能源成本降低 58%，且搭载首颗 CPU 芯片倚天 710，采用 5nm 工艺，单芯片容纳高达 600 亿晶体管，服务器性能超过业界标杆 20%，能效比提升 50% 以上，这一芯片未来会应用到数据中心。此外，达摩院自研的全球最大规模参数的大模型 M6，通过低碳、高算力的算法模型，帮助 AI 相关业务提升算力且降碳减排，目前已用于 40 多个业务场景。M6 实现了业内极致的低碳高效，与同等参数规模相比，耗能仅为 1%。

充分回收能源和资源。将循环经济原则嵌入能源使用管理，把服务器在运行过程中产生的大量余热循环使用，是绿色数据中心的新尝试。当前，张北数据中心已与政府及热力公司合作，利用热泵技术向市政热力管网供热，间接为企业和居民供热。项目完全建成后至少可回收余热总量约 104MW，理论上可支持 180 余万平方米建筑供暖，每年可助力减少能耗标煤达 5.5 万吨，相当于减排 13.5 万吨二氧化碳。同时，在张北数据中心，阿里云及其合作伙伴，将数据中心余热用于温室农业大棚内的供暖，为坝上欠发达地区生态农业开辟创新示范项目。

（九）合同能源管理

绿色生产的能源智能管理。阿里云开发碳排放管理 SaaS 产品"能耗宝"，基于清洁能源发电预测和负荷预测算法，为中小企业提供节能建议，并在产品上集纳了多种低碳认证服务。计划到 2025 年将该服务扩展至 10 万家中小企业。此外，也在开发城市低碳智能监管系统"碳眼"，旨在为政府提供碳排放全景监视、碳足迹分析追踪、碳智能决策调控、碳交易与公众服务等功能。

充分利用可再生能源。阿里巴巴在符合条件的业务场所大力发展分布式光伏。自 2017 年起，菜鸟网络就开始在上海、广州、杭州、武汉和东莞的智慧物流园内配备屋顶光伏发电项目，用清洁能源替代电力，以减少碳排放。2020 年，6 个屋顶光伏物流园区年发电量超过 1800 万千瓦时，相当于节省 12000 吨碳。阿里巴巴计划在 2030 年前，实现有铺设条件的菜鸟物流园区全面完成光伏铺设。

积极采购再生能源电力。2021 年 1 月至 10 月，阿里巴巴已采购可再生能源 2.54 亿千瓦时。阿里巴巴张北数据中心成为行业内首个碳普惠试点项目。2021 年 9 月，张北数据中心集群，在国家发展改革委、国家电网等主管部门和企业的组织与支持下，通过冀北电力交易中心，采购合计 1 亿千瓦时太阳能光电，用于 2021 年第四季度供电。并获得北京电力交易中心颁发的"绿色电力消费证明"，在全国首次实现数据中心大规模直接使用可溯源的绿色电力。在过去几年中（2018—2020 年），阿里巴巴积极采购可再生能源电力，交易量和使用量均为中国互联网行业首位。此外，2020 年 11 月，在浙江电力交易中心的促成下，银泰百货向大唐浙江分公司采购了 3000 万千瓦时的绿电，这也是浙江省首笔百货零售行业的绿电交易。

道阻且长，行则将至。阿里巴巴希望能推进包括环境保护、社会责任、组织治理等方方面面的革新，也是跟中国和世界的发展和安危同呼吸、共命运，和更多同路人一起共同努力，用负责任的科技，创造更绿色、更美好、更可持续的未来！

凯乐士 | 自动化物流技术在新华制药转型升级中的创新应用

凯乐士科技集团（以下简称"凯乐士"）是领先的物流机器人与智能装备提供商和技术服务商，以四向穿梭车技术为内核，成为物流行业密集型箱式立体仓库的创新领导者，并逐渐发展到自动搬运和输送分拣领域，拓展和延伸不同的应用场景。通过自主研发多层穿梭车、堆垛机、高速提升机、AMR、输送分拣系统等高端物流装备，为客户提供集咨询规划、软件开发、装备制造、项目实施、运营辅导和售后服务于一体的端到端服务。凯乐士总部位于浙江嘉兴，在德国和奥地利设有技术研发中心，在上海、北京、广州、深圳、武汉、嘉兴、无锡、昆明、莫斯科等城市设有子公司或工厂。

随着应用场景日渐复杂化，凯乐士建立人工智能研究院，利用人工智能技术扩充智能物流装备系统的应用范围和协作规模，大幅提升作业效率，为客户提供高度智能化、高柔性、高可靠性和高性价比的解决方案。截至2021年，凯乐士已拥有190多项专利和150项软件著作权，已实施600多个物流项目，广泛应用于医药、汽车半导体、新能源、零售、电商、图书馆、轨道交通、文体、制造业及第三方物流等20多个细分行业。

医药产业是国家重点培育发展的战略性产业，在"智能制造"大背景下，医药企业的生产流通安全性和对外的服务质量优质性显得尤为重要。为适应发展趋势，越来越多的企业依托新兴物流技术与装备，推动实现内部物流的智能化改造升级，满足生产运营的合规性（GMP）、安全、高效、高质量、节能环保等要求。

一、项目企业

山东新华制药股份有限公司（以下简称"新华制药"）前身为山东新华制药厂，1943年创建于胶东抗日根据地，1948年迁至淄博。新华制药是亚洲领先的解热镇痛药生产和出口基地，是国内重要的抗感染类药物、心脑血管类药物、中枢神经类药物、激素类药物、驱虫类药物等药物的生产企业，也是国内主要骨干企业、国家高新技术企业，拥有国家级技术开发中心。新华制药曾先后获得国家质量奖、全国企业管理奖、国家级技术进步奖等荣誉，是首批国家一级企业，连续多次被评为全国用户满意企业和质量效益型先进企业，"新华牌"被认定为"中国驰名商标"。

历经70多年的发展，新华制药正向新世纪迈开步伐，已开始实施以科技为先导的国际化发展战略，启动建设现代医药国际合作中心项目，致力成为世界级原料药供应商、医药制剂、精细化工重要生产企业。

二、项目概况

面对劳动力成本的上涨、制造业竞争日益激烈，以及自动化技术发展应用日渐广泛的大趋势，新华制药大力推进"机器换人"工程，以自动化、智能化技术装备促进企业转型升级。

自2015年开始，新华制药启动现代医药国际合作中心建设项目，包括西园新建物流中心、现代医药国际合作中心和现代医药固体制剂中心。该项目是新华制药实现制剂国际化、新产品产业化的重要依托，是公司实现产业结构升级的重要项目，也是山东省重点建设项目、淄博市重大项目。该项目规划设计年产片剂为200亿片，项目一期达到100亿片，总建筑面积2.87万平方米。

三、项目实施

新华制药与凯乐士科技子公司湖北凯乐仕通达科技有限公司（以下简称"湖北凯乐仕"）开展合作，规划设计西园新建物流中心。凭借湖北凯乐仕的专业优势，实现信息化和智能化水平提升的总体目标，使物流中心的生产运营管理具有"分析"能力；以高配置的人力及智能装备确保生产安全平稳、管理可视化，提升物流中心运营效率，实现物流中心从传统生产到智能制造的升级，增强企业竞争力。

新建物流中心位于淄博市的新华制药总部，占地面积为11500平方米，整体建筑包括25米高自动化立体仓库及4层楼库，其中自动化立体仓库面积为6890平方米，4层楼库面积合计为9960平方米，使用面积共16850平方米。

物流中心完全按照国际最先进的 cGMP（动态药品生产管理规范）标准建设，存储能力达 27 万件，支持年销售 30 亿元；采用从生产制造、成品存储及销售出库等流程的全自动化管理，可实现对单件商品从生产到销售全过程的自动化跟踪管理；引入 WMS，实现生产到销售的信息无缝对接，通过入库、出库、仓库调拨和库存调拨等功能，结合批次管理、物料对应、库存盘点、质检管理和即时库存管理等功能的综合运用，有效控制并跟踪仓库业务的物流和成本管理全过程，实现完善的企业仓储信息化管理。

（一）自动化立体库

自动化立体库由计算机通过 WMS 系统进行控制和管理，无需人工搬运，实现自动收发货作业。采用 11 层立体式存储货架，合计 17160 个托盘位，预计存储能力达 20 多万件；共设计 13 个巷道，采用双立柱型堆垛机进行出入库作业，具有空间利用率高、人力成本低、作业效率高及管理信息化等优点。自动化仓储系统能充分利用存储空间，通过计算机可实现设备的联机控制，以先入先出为原则，迅速准确地处理物品，合理进行库存管理及数据处理；可持续检查过期或查找库存商品，防止不良库存，提高管理水平。

图 1　立库区

(二) 楼库

楼库一层为收、发货作业区及原辅料存储区，物流中心无线网络全覆盖，使收货作业可通过无线射频（RF）智能无线收货台车对商品进行收货入库作业，具有灵活便捷及操作准确等优点。对于尺寸较大、不宜入立体库的原辅料采用压入式高位货架的存储模式，共设计270个托盘位，可存储原辅料2500件。

楼库二层为与生产车间相连的箱式输送及自动码垛区，可将生产车间成品通过输送线送至自动码垛区进行自动码垛入库。

图 2　码垛区

自动码垛机可按照要求的编组方式和层数，完成对料袋、胶块、箱体等各种产品的码垛，通过最优化的设计使得垛形紧密、整齐。自动码垛机采用"PLC+触摸屏"控制，实现智能化操作管理，简便、易掌握，可大大减少劳动力和降低劳动强度。

图 3 　码垛分拨区回流线

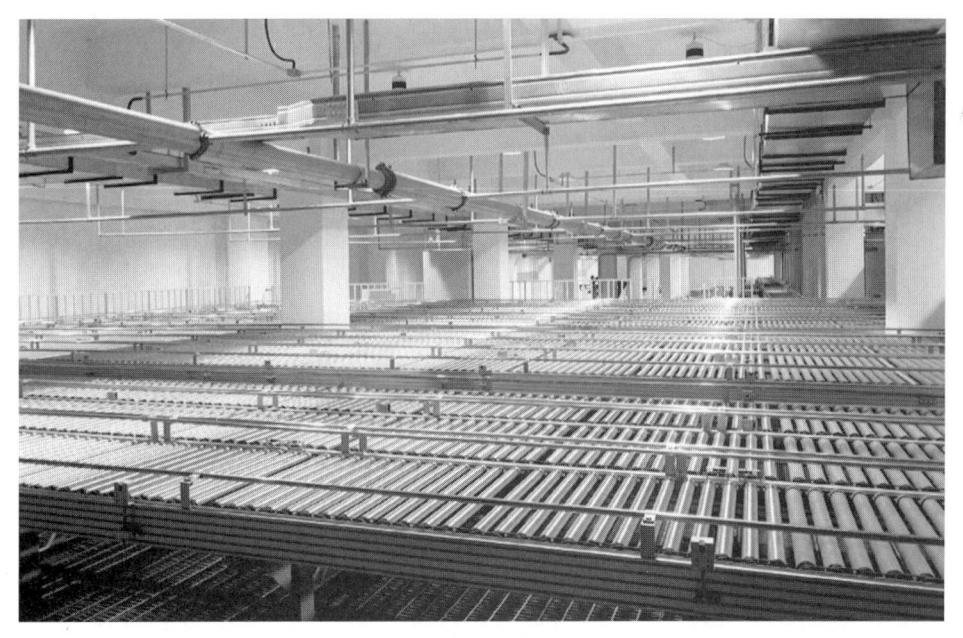

图 4 　箱式集货线

楼库三层为专管库房（冷库、麻精库），共设计托盘位461个，存储能力为7000件。

楼库四层为整件堆垛区，共设计 558 个托盘位，存储能力为 8400 件。出入库作业均采用手持 RF 无线终端设备，通过信息化系统管理，实现流程化、无纸化作业。

四、项目建设挑战及成果

在新华制药西园新建物流中心项目中，生产车间设备与物流设备的对接方案成为本项目的关键点，直接影响了整个项目物流动线的完整性。由于物流中心在前期规划时，生产车间已建设完成，水、电、消防及暖通等工程都已结束，留给物流系统设计及设备安装的空间非常狭窄，给对接方案设计造成较大难度。在减少现有设施改动的前提下，湖北凯乐仕积极与客户沟通，通过实地考察、现场会议、设备选型比对及设备供应商考察等措施，历时近 3 个月，前后共设计出十余套方案供客户参考选择，最后通过产线生产效率及提升机效率分析对比，成功确定了最终方案。

在物流中心的功能设置方面，根据药品种类多、包装规格多的特点，采用 KUKA 全自动码垛机将车间产线与物流中心连接，打破了成品搬运入库动线长、人工码垛费时费力的瓶颈；根据 GMP 的要求，定制开发了货位状态监控系统，可实时监控商品在库状态。

在仓储系统方面，严格按照 GMP 对仓库的管理要求进行设计，参考医药行业法规中对药品生产企业物流系统的要求，结合企业的实际情况，实现了既满足企业的业务需求，又符合药品监管机构要求的自动化仓储系统。

项目主要成果：

（1）采用从生产制造、成品存储及销售出库等流程的全自动化管理，可实现对商品全过程自动化跟踪管理。

（2）仓库管理系统 WMS 不仅实现生产到销售的信息无缝对接，同时能对药品进行全程自动跟踪，实现完善的企业仓储信息化管理。

（3）实现生产车间设备与物流设备的无缝对接，打造全面覆盖新华制药生产流通环节的物流网络。

（4）采用全自动码垛机械臂，打破了长动线的成品搬运入库、人工码垛费时费力的瓶颈。

（5）提升仓库运行能力，由人工操作、手工账目过渡到全智能管理，立库存储能力高达 27 万件，支持企业年销售 30 亿元。

（6）按照 cGMP 标准建设物流中心，以智能化技术装备促进企业转型升级。

制药行业承载着国计民生、人民安全的重要责任，在智能化技术趋势影响下，正在进入全面转型升级的新阶段，尤其是后疫情时代，医药自动化产业布局迎来更大的升级空间。

基于全球 600 多项自动化供应链实战经验，凯乐士作为自动化物流系统领域的中流砥柱，为医药领域企业打造安全、高效、智能化的供应链整体解决方案，有效解决了药品存储难、易污染、难追溯等供应链难题。

未来，凯乐士将继续怀揣敬畏之心，以更敏锐的洞察力深挖医药行业需求，以更加开放的态度，为中国医药行业持续打造更贴合客户需求的智慧供应链解决方案。

瑞泰格 | 数字金融服务平台创新助力乡村振兴

一、瑞泰格简介

北京瑞泰格科技有限公司（以下简称"瑞泰格"）是一家专注于提供分布式协同监管科技平台解决方案的金融科技公司，是中国监管科技理念的倡导者与先行者，可提供一系列构建在区块链、物联网、产业数据基础上的专业化、智能化风险管控服务。专业服务领域覆盖数字资产尽职调查、资产评估与评价、信息披露、风险动态监测与预警等方面，致力于在资金端、资产端、监管机构以及科技创新之间构建起"自治、互信、专业、透明"的分布式监管服务平台，将"事前风控、主动风控、渗透式风控"理念贯穿资产全生命周期风险管控环节，促进区块链行业与产融深度结合，实现监管透明、行业自律、风险可控，构建更规范、更健康、更透明的数字资产世界。在风险可控的前提下，实现"审批快、放款快、随贷随还"的新一代数字资产供应链金融服务模式，如图1所示。

瑞泰格始终围绕"数字金融服务平台"，积极探索数字资产全生命周期的管理，并充分发挥专业团队核心竞争力，自主研发"鼎链、鼎控、鼎融、鼎易"四层架构，如图2所示。瑞泰格面向金融机构为中小微企业提供普惠金融和产业数字供应链金融服务的辅助风险管控服务，并在大宗商品（黑色金属、有色金属等）、生物资产（肉牛、奶牛等）、碳资产等领域积极探索，取得一系列的落地成果。

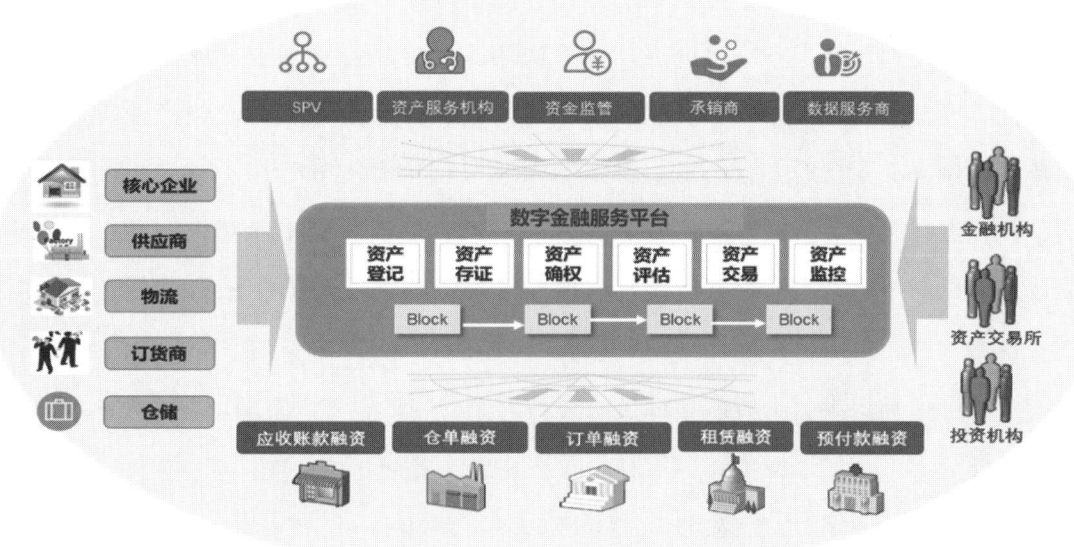

图 1 新一代数字资产供应链金融服务模式

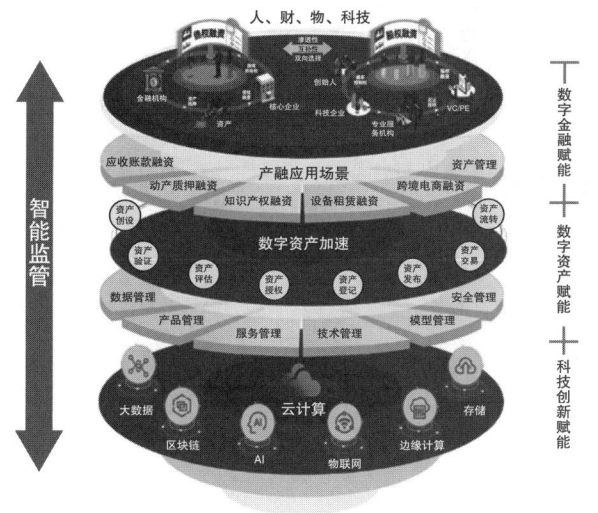

图 2 瑞泰格数字金融服务平台整体架构

二、金穗农牧云平台介绍

金穗农牧云平台是瑞泰格为中国农业银行青海省分行量身定制，落地畜牧产业的示范项目。青海省是畜牧大省，中国农业银行青海省分行作为全行数字化工程的示范单位，如何运用科技手段解决传统金融的痛点，让金融更好地渗透到产业中成为中国农业银行青海省分行科技创新的当务之急。为切实解决中小企业及专业大户、家庭农场、农民专业合作社等经营主体融资难、融资贵、担保难问题，扩大金融支持农牧产业发展，更好地服务乡村振兴，支持地方经济发展，中国农业银行青海省分行携手省农担公司、保险公司、乡村振兴局、瑞泰格以及养殖户，共同推出金穗农牧云平台解决方案，以生物资产为依托，以科技手段为抓手，运用物联网、区块链与产业数据相结合的创新型科技手段，实现农牧产业数字化、标准化与线上化。在化解农牧民融资难、融资贵的同时，解决生物资产登记确权难、贷后监管难与监管不到位的问题，如图3所示。

图3 金穗农牧云平台

金穗农牧云平台定位是服务于畜牧全产业链条。应用主动式智能耳标解决供应端养殖户融资问题，更有助于解决肉牛产业供应链上下游追踪溯源，终端消费者可通过扫描食品溯源码，一目了然地了解肉牛产地来自哪里、经过哪些环节加工处理、物流运输、通过哪些渠道销售、什么时候到达终端用户，如图4所示。

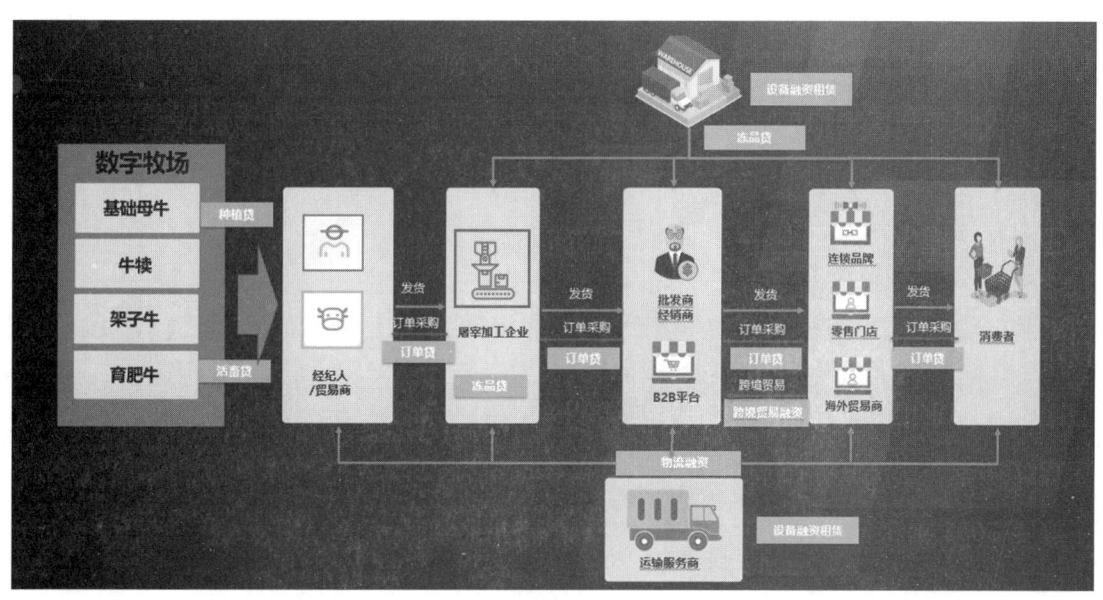

图 4　金穗农牧云平台业务流程

在屠宰加工环节,瑞泰格推出数字监管仓技术,能够实现冷鲜品在库期间形成仓单质押融资服务,如图 5 所示。

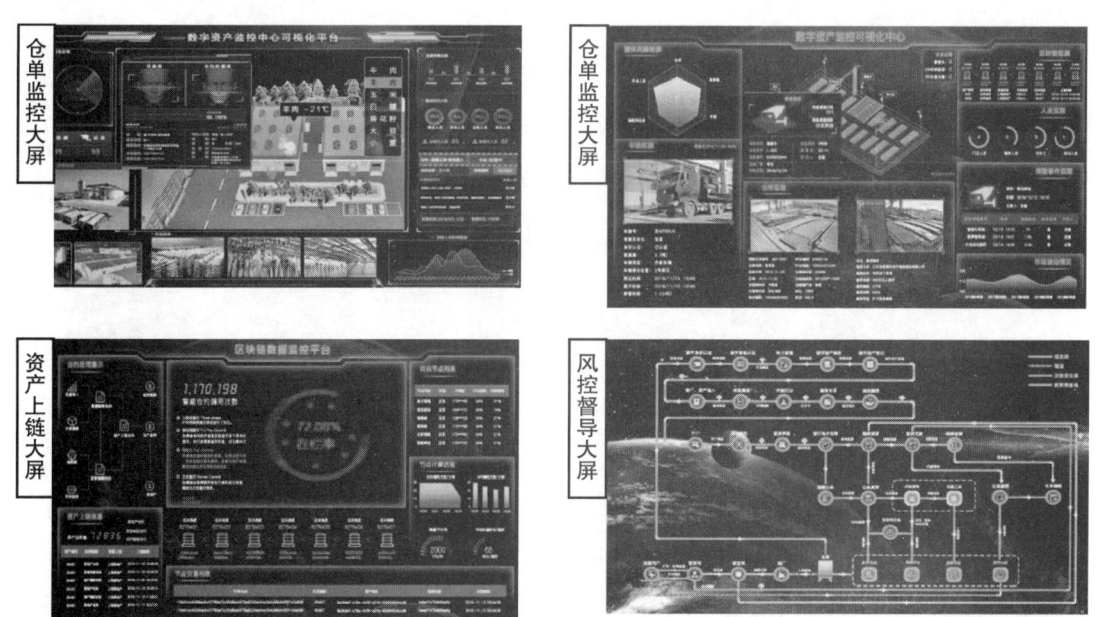

图 5　数字监管仓的解决方案

三、传统畜牧产业面临的痛点与挑战

（一）活畜贷资产监管难、评估难、处置难

传统金融体系很难接受生物资产作为抵押资产，素有"能跑的不贷、有毛的不贷"的说法，其难点在于生物资产贷后监管难、评估难、处置难。当地的养殖户反映虽然中国农业银行推出的惠农e贷能够解决30万元以内的贷款，但是想养更多的牛，想借更多的钱，却缺少可抵押的其他资产。

没有跟着银行信贷经理下到基层养殖户走访的亲身经历，很难体会当地养殖户对银行贷款的殷切期待。青海省西宁市大通县有个养牛村，需要驱车2~3小时翻山越岭才能进村，村里家家户户养牛，每户人家少则几头，多则几十头，都用简易牛棚养黄牛或牦牛，如图6所示。

图6 青海省养殖环境

青海省畜牧产业发达，同时地域辽阔，不同区域结合自身特点形成了多样化的养殖模式，不仅仅是圈养，更多的是半散养、散养、四季游牧等方式，有机牦牛在山坡上半散养，以天然草料为饲，为了保护草场，牧民们会定期游牧，如图7所示。如何实现对"移动中"抵押资产进行监管，也是技术创新需要解决的难题之一，更何况大山里经常信号不好，甚至没有信号。物联网设备技术需要因地制宜地结合不同的养殖模式进行定制化方案设计，增加了技术创新难度、技术部署难度与监管成本。

图7 有机牦牛散养环境

（二）畜牧产业链存在断点与堵点

青海省当地牧民视牦牛如同家人，大多数有机牦牛都是自繁自育、自生自灭，并不以追求商业利益最大化为目的，缺乏商业驱动力，尚未形成规模化的产业供应链。当地畜牧产业链上下游各环节是孤立的，从种牛和饲料交易、繁育养殖、屠宰加工、冷鲜冻品、物流运输，到精加工以及终端销售等各环节，并没有形成很顺畅的畜牧产业供应链。由于当地冷链、运输、精加工能力不足等问题，导致牦牛运不出去、销不出去。

（三）畜牧产业信息采集难、共享难

生物资产的信息涉及农业农村厅、乡村振兴局、保险机构、评估机构以及担保机构等多方协同与配合，如何打破"信息孤岛"、避免重复投入、实现互惠互利是当务之急。

四、金穗农牧云平台在活畜贷领域阶段性成果

瑞泰格为中国农业银行青海省分行设计主动式智能耳标创新技术，充分考虑金融机构贷后监管要求，不仅能够实现远程在线实时监测千里之外的生物资产，提升抵押资产的安全性与存在性，提高贷后管理的效率，同时还减少了管户人员舟车劳顿之苦，大大节省了贷后管理时间与精力，如图8所示。

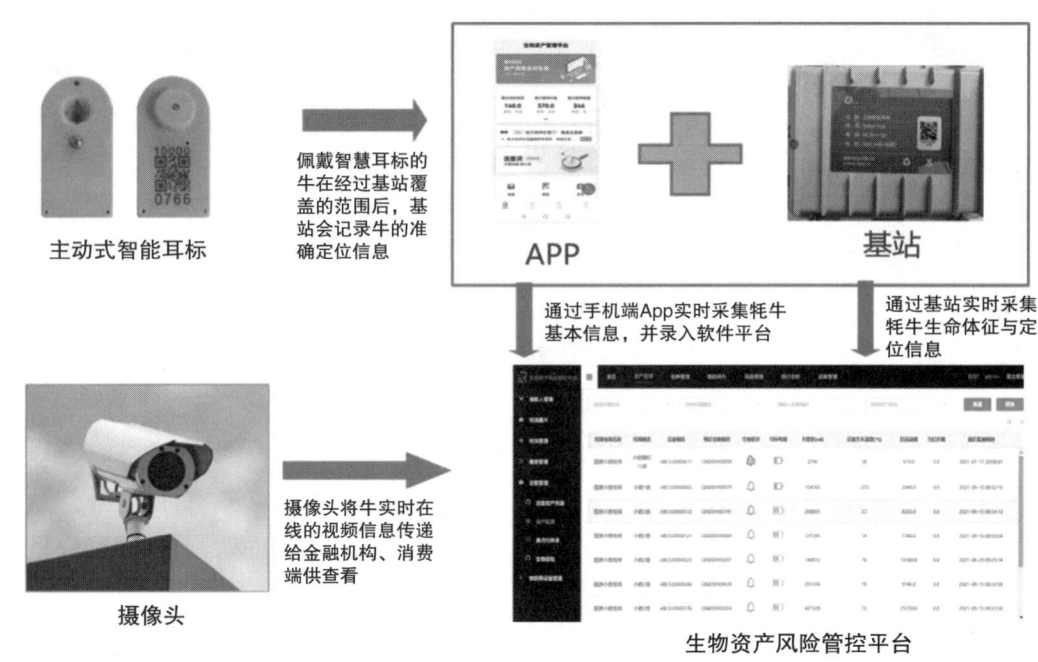

图 8 主动式智能耳标部署方案

（一）实现活畜资产数字化

通过主动式智能耳标与蓝牙网关等物联网设备为每个活畜资产提供唯一数字身份识别码，实现一物一码、一物一卡，并建立活畜资产360度全息数字档案，全面了解活畜资产的生命体征、活动量、定位以及生存环境，如图9所示。

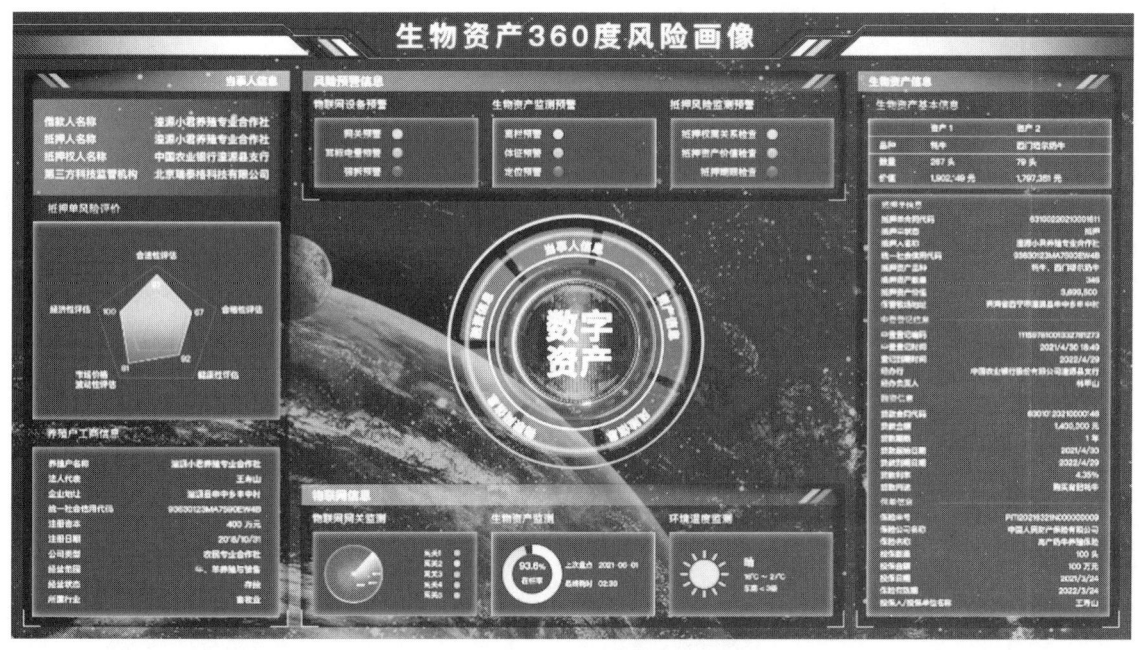

图 9　生物资产 360 度全息数字档案

(二) 解决活畜资产登记确权难问题

通过区块链技术不可篡改、隐私加密、可溯源等技术特点,搭建监管方、金融机构以及养殖户之间多方协同互信的可信环境,将链上生物资产抵押单通过中国人民银行征信中心的动产担保登记系统进行登记与公示,确保抵押资产的有效性与合规性。

(三) 解决活畜资产监管难问题

通过物联网设备实现线上实时监测与预警,实现 7×24 小时网络信号覆盖的区域均可以实时了解活畜资产的生命体征情况、健康情况以及存栏情况。管户人员可远程实时线上盘点活畜资产,真正实现生物资产的贷后监管的可视、可控与可管,如图 10 所示。

(四) 解决活畜资产评估难问题

活畜资产价值随着市场价格的变化、地域性差异以及活畜自身成长情况而不同,中国农业银行定制的活畜资产动态价值评估模型能够实时动态地评估生物资产价值,确保抵押资产的价值充足性。

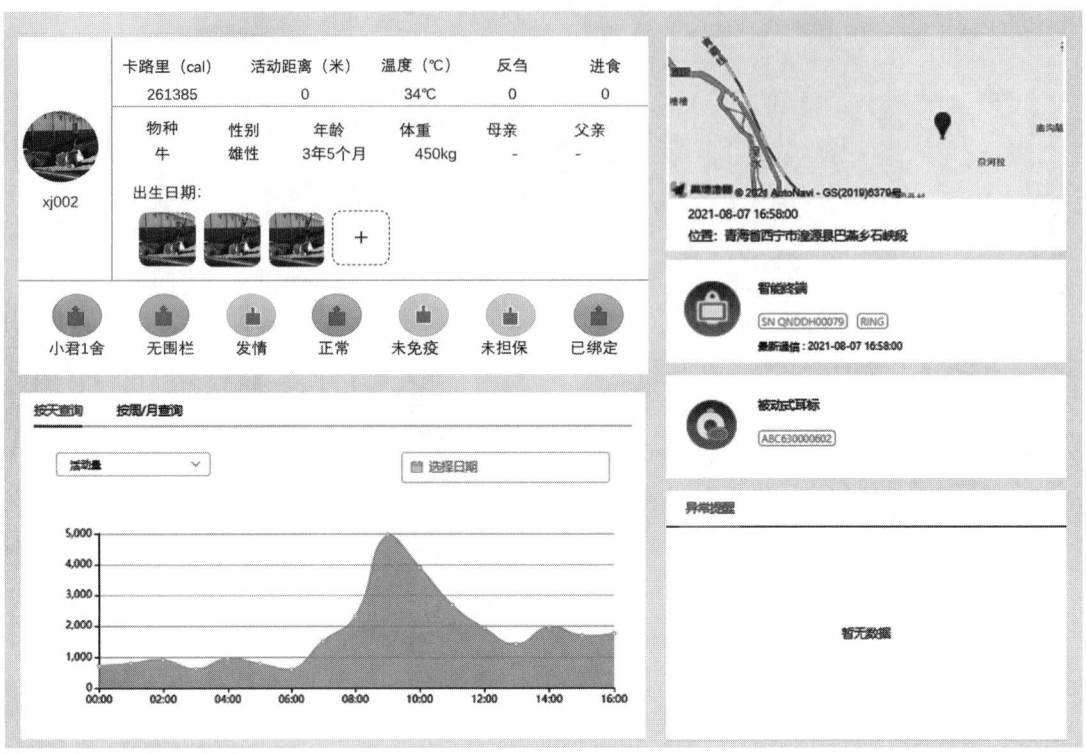

图 10 生物资产监测概览

同时瑞泰格运用主动式智能耳标等物联网设备，打造一款"金穗畜牧宝 App"实现养殖户线上融资、抵押、解押与补栏等操作，满足客户经理远在千里之外实时线上监测与盘点，运用科技创新技术大大提升养殖户与中国农业银行客户经理之间的工作效率，降低金融风险，解决中小养殖户融资难的问题，如图 11 所示。

管户人员可以实时查看每个生物资产的生命体征，并根据历史活动量情况判断生物资产的健康性。如果有离线情况就会预警，避免人为干预或人为作恶的可能性，让客户经理远程实时掌控生物资产的存在性和健康性。该主动式智能耳标具有离线巡检的功能，牧民四季游牧时在无信号或信号不好的情况下，可以通过手机蓝牙巡检的功能实现离线盘点，并在有信号的情况下上传至云端服务器，解决"移动中"资产盘点难题，如图 12 所示。

图 11 金穗畜牧宝 App

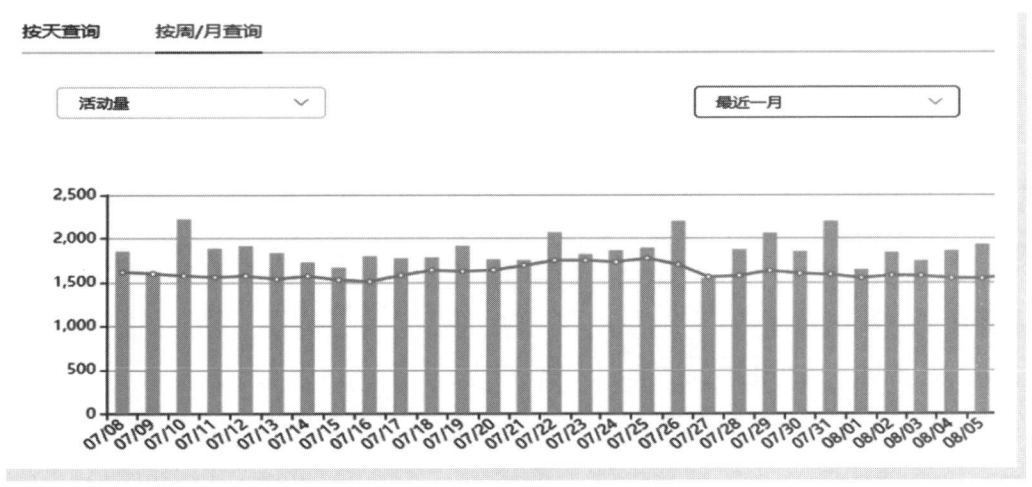

图 12 生物资产月活动量监测

以青海省西宁市湟源小君养殖专业合作社为例，该合作社牧场面积为40亩，最大存栏量1500头，现实际存栏量980头，养殖活畜以牦牛和西门塔尔牛为主。小君牧场正逐步实现智慧牧场管理，牧场配有摄像头、智能耳标，实现全牧场智能监测，该牧场于2021年5月通过主动式智能耳标抵押资产346头，获得中国农业银行活畜贷140万元，农户通过中国农业银行活畜贷享受政府优惠补贴利率，不断拓展养殖规模，银行通过科技创新技术实现生物资产实时线上监管模式，解决贷后监管不到位的难题，如图13所示。

图 13 智慧牧场试点案例

截至 2022 年 3 月底,中国农业银行青海省分行和瑞泰格共同努力,大胆尝试创新,快速迭代探索,已经在全省两市六个自治州全面开展"乡村振兴活畜贷"业务,地域覆盖西宁市、海东市、玉树州、黄南州、果洛州、海北州、海南州、海西州各乡镇,全面推广主动式智能耳标 60000 头,生物资产抵押规模超过 6 亿元。

五、金穗农牧云下一步发展规划

瑞泰格将会在屠宰加工环节,推出数字监管仓技术,能够实现冷鲜品在库期间形成仓单质押融资服务。数字监管仓的解决方案如图 14 所示。

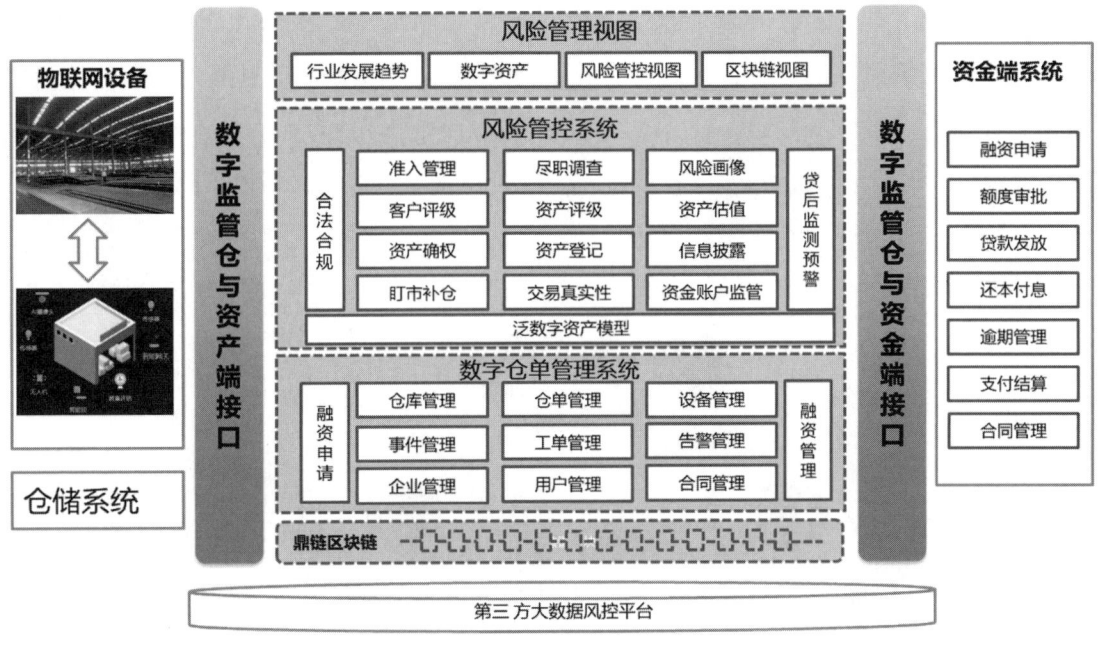

图 14 数字监管仓的解决方案

数字仓单管理：实现仓单从创建到消亡全生命周期管理，包括注册、申请、质押、解押、冻结、注销、清仓等，以及融资过程中所需要的各类补偿、保险等业务，如图15所示。

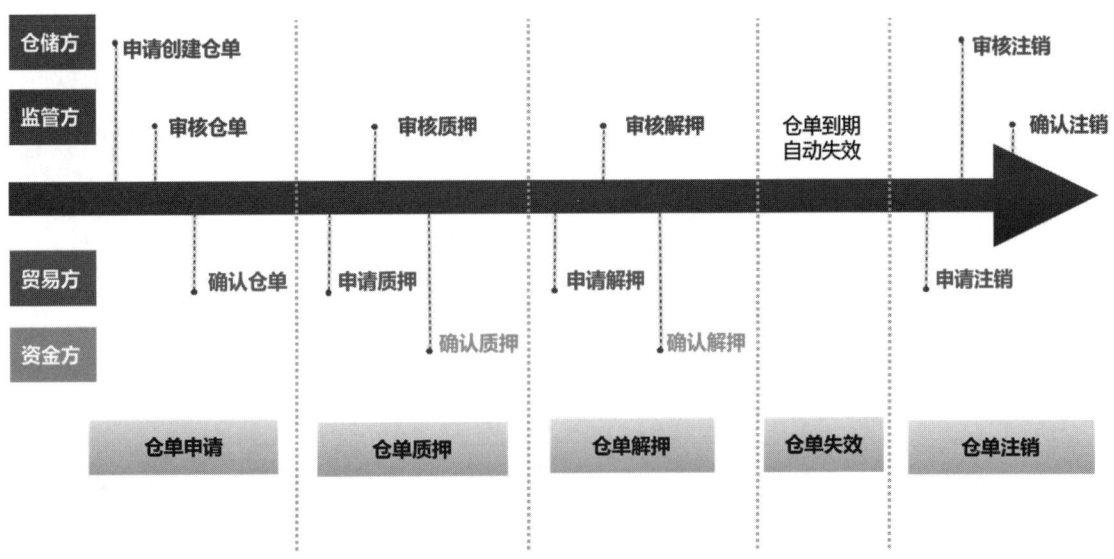

图 15 数字仓单管理流程

数字资产风险管控：更侧重于数字资产层面的风险监控，涉及仓库、货物与人相关的设备、流程、系统在操作过程中可能存在的潜在风险，还会涉及当事人违约信用风险、交易真实性风险、价格波动引起的市场风险等，包括资产尽职调查、资产风险评估、资产估值与定价、风险监测与预警，如图16所示。

图16　数字资产风险管控

风险监测与预警：建立智能风险监测与预警视图，通过制定关键风险指标体系与分析图表，针对冷库商品相关的市场价格走势、宏观经济发展、产业政策、集中度风险、授信额度使用情况等关键指标对比或历史趋势变化情况，设定相应的阈值预警。

区块链服务平台：基于Hyperledger Fabric 1.4.3联盟链技术框架构建的区块链基础设施平台，基于区块链的分布式账本技术和共识机制，为数据的存储提供高度防篡改和可追溯的特性，进而为瑞泰格生态合作伙伴提供高度可信、安全、便捷的区块链服务，如图17所示。可赋能的区块链服务有以下4点。

（1）提供定制化的智能合约。既可以实现业务数据的存证，又可以实现业务逻辑的可信执行。

（2）提供联盟链成员管理机制。对各个加盟组织都有完善的授权准入机制。

（3）提供数据隐私保护机制。通过二次加密技术和匿名交易，各个参与成员在通过身份认证的基础上，进一步加强了各个成员上链数据隐私保护。

（4）提供多数据通道（多链），实现组织间的数据隔离。支持在大联盟的基础上，围绕不同的核心组织构建"小联盟",形成完整的鼎链—链服务生态圈。

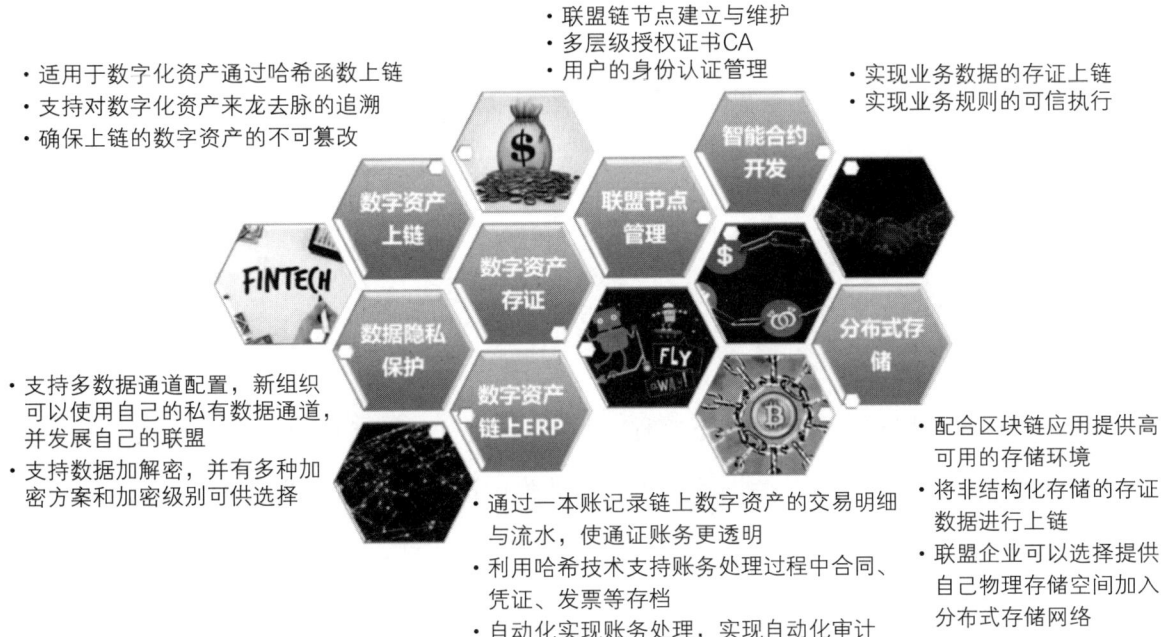

图17 区块链服务平台

畜牧产业数字化、智能化与金融化的道路任重道远,但肉牛产业关系到国计民生,关系到老百姓的菜篮子工程,在国家"乡村振兴"政策引导下,在金融机构"普惠金融"的助力下,瑞泰格将数字金融服务平台落地畜牧产业,坚定不移、脚踏实地地运用科技创新手段解决金融与畜牧产业之间信息不对称、不透明、不互信的问题。

民熙科技 | 民农云仓助力粮贸企业实现玉米资产数字化

一、民熙科技简介

民熙供应链科技有限公司（以下简称"民熙科技"）成立于2014年，是民生电商旗下供应链数字化基础设施服务商，致力于以科技为手段，突破产业链金融服务瓶颈。

民熙科技基于民生电商集团科技、电商、金融等业务场景的综合优势，在全国范围内建设运营民熙现代金融物流产业园，以园区标准化智能金融监管仓为物理载体，以资产数字化管理云服务平台为中枢，联合地方政府、产业、金融机构，提供"科技+金融"数字化供应链金融综合解决方案，为产业赋能，助推区域产业升级与发展。

二、民农云仓——供应链数字化综合服务平台

民农云仓是民熙科技推出的聚焦粮食行业的供应链数字化综合服务平台。基于物联网和区块链等技术，以货物智能监管、设备反欺诈、仓单实时动态评价等系统组成资产数字化管理平台，用物联网生成数据，用区块链来管理数据，用视频来管理事件，用仓单综合评价管控结果，用多终端实现多方互相监督，从而实现实物资产向数字资产的转化。

民农云仓通过智能科技手段搭建的货物数字管控平台，将粮食供应链的粮食资产与银行等金融机构的资金成功对接，构建粮食供应链融资的科技通道，帮助银行等金融机构管理粮食产业链上大、中、小微企业的资产安全，为银行动产风险管控提供服务和手段，为粮食行业提供了货押模式等供应链金融解决方案，有效解决粮食行业传统货押业务确权难、监管难、评估难、处置难的痛点。

第三部分 行业典型案例

(一) 实现全方位货物监管

民农云仓智能监管仓基于数量自动监测、品控自动监测、车辆识别，由人工品控作业、人盯监控视频升级为机器和系统规则判断，做到监管 24 小时不间断的智能化盯防，从控货的本质出发，解决一物多押、货不对板、货物丢失等多重问题，如图 1 所示。

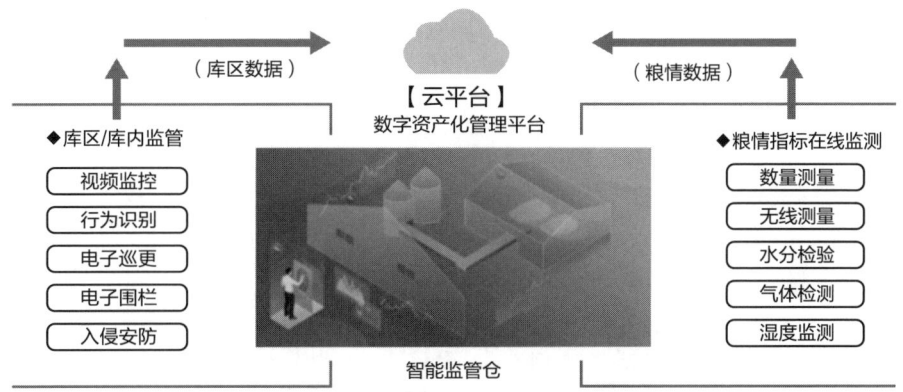

图 1　民农云仓智能监管仓

以玉米为例：民农云仓根据玉米的储存特点，库内通过配置温湿度传感器、水分测定仪等物联网设备，及时监管在库玉米的品质；通过配置 AI 摄像头、粮食数量扫描仪等设备可实时监控粮食数量变化；同时通过 AI 摄像头及配置信息，及时监测陌生人、车闯入、仓门开启等预警事件，保障在库货物安全，如图 2 所示。

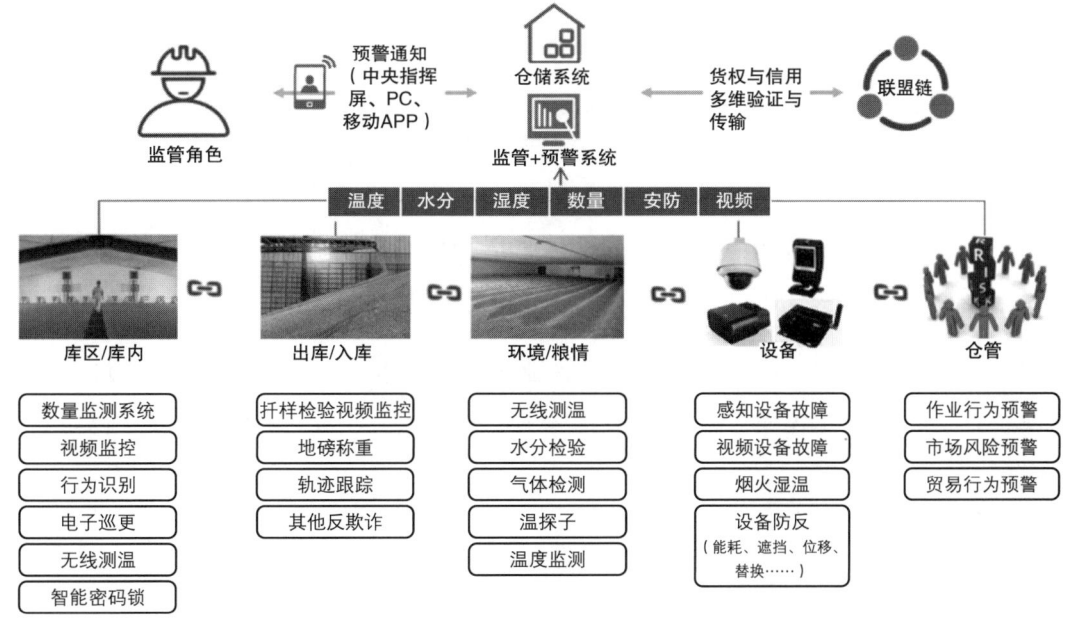

图 2　民农云仓 IoT 设备监控示意图

(二) 不间断动态监测，形成可信数字仓单

基于区块链技术，民农云仓围绕智能监管仓内资产形成的数据多维度进行交叉安防验证并加密传输到联盟链各节点的账本中，通过智能合约规则形成数字化仓单，如图3所示。同时，民农云仓作为参与《全国性可流转仓单体系运营管理规范 第2部分：玉米仓单》标准建设的仓单运营平台之一，为玉米从实物资产到可信数字资产的转变提供标准化指导。

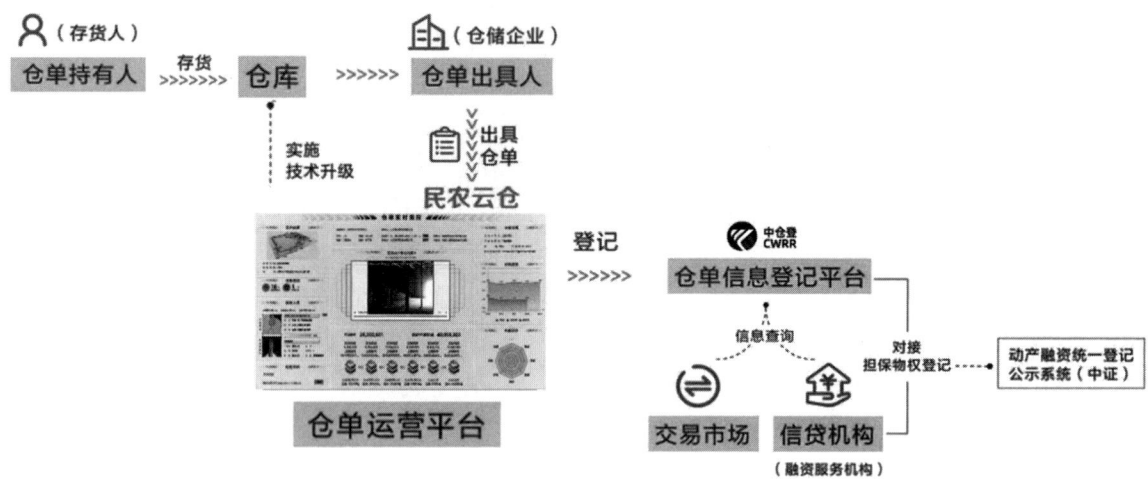

图 3　全国性可流转仓单体系运营管理流程

(三) 全方位互动，实现风险不间断集中监管和督导

民农云仓采用多屏互动模式实现全天候可视化不间断集中监管与督导，包括对电子仓单整体情况动态跟踪与评价、货物全方位监控与风险预警提示、数据监控以及风险事件管理人员管理决策等。

存货人、仓储企业、监管企业、融资企业和银行类信贷机构等，均可通过云仓监控督导平台、云仓管理小程序，及时监控货物及数据情况，及时跟进各预警事件进展，如图4所示。

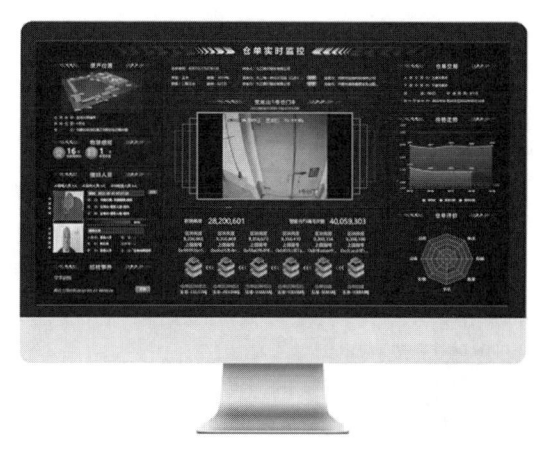 

图 4 民农云仓资产数字化科技平台

三、民农云仓助力粮贸企业实现玉米资产数字化

（一）项目背景

山东省某核心粮贸企业主营业务涉及饲料生产、食品加工、种畜禽繁育、进出口贸易、养殖担保等，集团有下属企业近 300 家，员工 5 万多人，饲料与禽肉销量均居国内领先位置。

面对发展迅速、竞争激烈的市场环境，随着收粮季的到来，该粮贸企业一方面需引入资金，来帮助其关联子公司进行代收代储存业务，扩大玉米采购规模，解决产业链中相关小企业融资难的问题；另一方面，因银行对监管仓的数字化要求，该粮贸企业需寻求科技公司对监管仓进行改造升级，解决人工管理效率低、货物信息获取不及时、核查难等问题，提升在仓货物的科技监管，逐步向着规模化、智能化的模式转变。

（二）解决方案

民熙科技分析该粮贸企业的需求，利用民农云仓与下游客户核心粮贸企业子公司合作，通过"代理采购+科技监管"模式，助力实现玉米资产数字化管理，如图 5 所示。

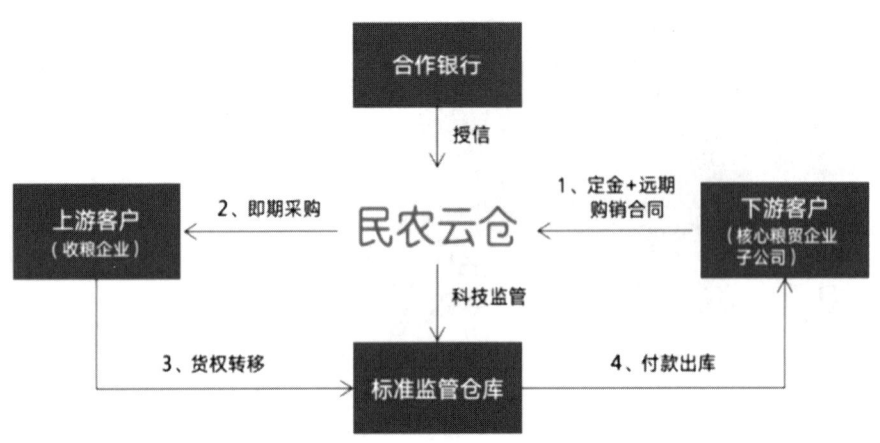

图 5 民农云仓解决方案

在资金方面：民农云仓和下游客户签订远期代理采购协议，和上游客户购买协议标的物，存入监管仓后，办理抵（质）押完成银行相应手续后放款，下游客户还款提货。民农云仓平台利用第三方仓库开具的仓单进行融资完成银行授信，为核心企业上下游企业提供融资，为产业链提供资金服务。

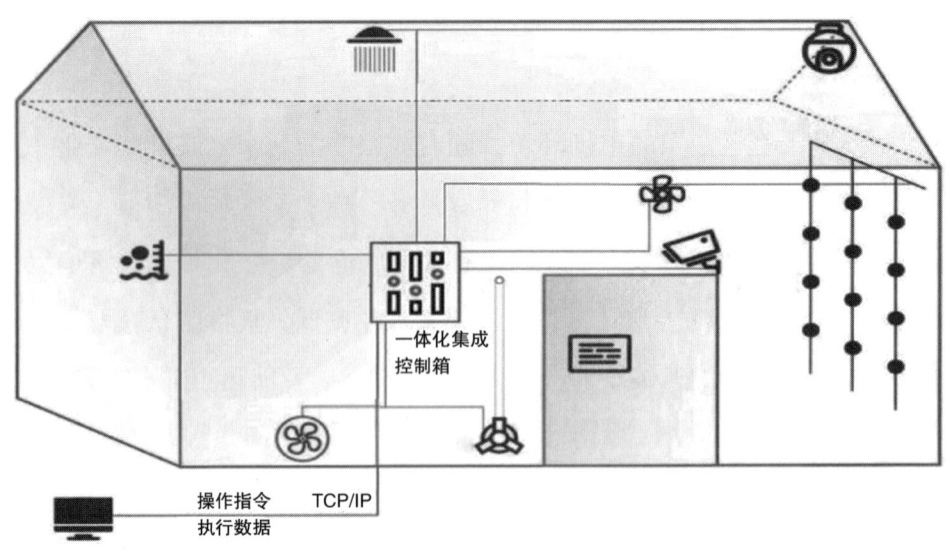

图 6 智能监管仓改造示意图

在科技监管方面：民农云仓利用科技手段，在标准监管仓库上增加物联网设备，对仓库进行数字化改造升级为智能监管仓，加强对仓库实时监控；建立粮情监控系统，对粮食温度、湿度、气体浓度、虫害、水分等参数进行采集、存储，向平台发送数据。改造后的智能监管仓基于数量、品控自动监测、视频结构化、车辆识别、人脸识别等技术，由人工品控作业、人盯监控视频升级为机器和系统规则判断，减少人工干预，实现了监管仓内货物24小时不间断智能化盯防，如图6所示。

（三）项目成果

满足企业资金引入需求：通过民农云仓平台对第三方仓库的数字化改造，使得该粮贸企业达到银行对监管仓的要求，完成资金引入，提升企业采购规模，实现金融科技赋能。

提升企业融资交易便利性：民农云仓基于物联网、区块链、大数据等技术对货物进行监管，利用区块链技术，链接产业中各方上链及金融机构，打造多方互信的联盟链网络，将智能监管仓内实时采集的玉米数据多维度进行交叉安防验证，并加密传输到联盟链各节点的账本中，通过智能合约规则形成可信数字仓单。同时平台对接"仓单信息登记平台"，对数字仓单进行登记，可在金融机构的支持下进行全国性流转，促进仓单担保融资等，为企业融资交易带来便利。

提升仓库科技监管能力：民农云仓通过在仓库部署AI摄像头、传感器、电子地磅称等智能设备，结合物联网、区块链、大数据等技术对仓库进行数字化改造；通过多屏互动可及时监控库区货物情况，实现风险不间断的集中监管和督导，提升风险处置效率，节约人力成本。当前已形成标准化规则，可快速布置到其他仓库进行监管作业。

四、取得业绩

民农云仓推出以来，已与东方集团股份有限公司、山东新希望六和集团有限公司、黑龙江供销粮食产业有限公司、河南粮食投资集团有限公司、牧原食品股份有限公司、内蒙古通粮粮食购销集团有限公司、江西正邦科技股份有限公司、呼和浩特粮食收储有限公司、四平市四粮集团有限公司、双胞胎（集团）股份有限公司等核心企业，就玉米、水稻、大豆、小麦等粮食品种展开合作。目前已经为核心企业实现融资近10亿元，交易规模约 30 亿元；并与多家主要国有商业银行和地方性商业银行等达成长期合作，获得授信近 60 亿元。

五、下一步计划

民熙科技未来在数字化供应链科技服务方面将继续秉承和围绕服务三农的目标，坚持以"乡村振兴、助力小微企业"为业务发展方向。在接下来的业务发展中，民熙科技将以市场需求为导向，依托先进数字技术，以及民农云仓的成熟经验，根据粮食品类调整监管逻辑，实现模式复制和品类拓展。

作为民熙科技在农业中的重要实践，未来民农云仓平台不仅对接银行机构可实时为供应链上、下游提供金融服务，还将陆续上线期货、保险、物流等诸多相关业务服务，以供应链金融创新推动多行业数字化发展转型。

乐歌乐仓 | 制造业公共海外仓助力中小跨境电商企业出海

一、乐歌乐仓简介

乐歌人体工学科技股份有限公司（以下简称"乐歌"）致力于以线性驱动技术为核心，打造创新家居生活与办公方式，为全球用户提供更加健康、舒适、安全、高效的整体智能解决方案。公司主营产品包括智能升降桌、智能电动床、智能学习桌、智能升降台、健身运动椅等。经过多年的发展，公司已经形成了智慧家居产品和公共海外仓两大成熟产业。2013年，乐歌首个海外仓在美国旧金山硅谷开仓，服务于自身跨境电商业务。2020年，随着中小跨境电商卖家对海外仓的需求不断增加，乐歌注册成立了乐歌乐仓，致力于打造优质高效的公共海外仓储平台，提供从头程运输到尾程配送的一体化海外仓配套服务，帮助更多的中国企业跨境出海。乐歌不断摸索更加科学、高效的运营模式，建设300多人的专业仓库运营团队，其中100多人的IT团队有力支撑了乐歌乐仓的数字化、信息化建设，通过打通融合OMS、WMS、ERP等系统，实现仓储关键流程的可视化。截至2022年3月底，乐歌在美国、德国、日本等布局17个海外仓，其中美国海外仓14个，总仓储面积32万平方米，并不断在美国中西岸重点港口附近购置仓库资源，优化仓储布局，大仓并小仓，滚动发展。

疫情蔓延、贸易摩擦，外贸发展形势严峻。在线上广交会上，李克强总理充分肯定发展跨境电商的意义，鼓励乐歌带动中小型外贸企业众智众力，共生共荣。2021年5月，李克强总理莅临乐歌，乐歌乐仓服务中小跨境电商卖家的模式受到了李克强总理的高度肯定。

二、乐歌乐仓发展历程

(一) 自建海外仓，补齐跨境电商物流短板

随着乐歌跨境电商业务的快速发展，为追求更低的物流成本、更快的送货时效，通过仓储管理优化实现订单处理更加方便高效，乐歌率先在旧金山硅谷租赁场地建成首个海外仓。当时跨境电商企业主要是利用亚马逊等第三方平台的仓储物流，鲜有企业自建海外仓，一是由于成本投入高，二是需要专业人员管理。

实践证明，自建海外仓显著提升了海外配送时效和客户满意度，尤其是乐歌的跨境电商业务以中大件产品为主，自建海外仓的作用更加凸显。降成本、提效率成了乐歌后续扩仓的动力。2015年乐歌以自购的形式在旧金山硅谷建设海外仓；2016年增加孟菲斯仓库，主要负责美东订单；2017年新增休斯敦仓库，初步形成了覆盖美西、美东的布局。

(二) 从自用转向公用，助力中小跨境电商企业品牌出海

2020年，乐歌发现越来越多的跨境电商企业在寻找海外仓，尽管有些企业也开始尝试去建立海外仓，但是零星布点，会导致东西部发货不平衡和物流成本高昂，而乐歌积累多年的运营经验及仓库规模、布局优势，恰好可以转型提供公共海外仓服务。由于产品一般是海运发货、体积大、难以在海外开展售后维修工作，江浙一带的跨境电商企业对海外仓依赖度较高，乐歌乐仓快速吸引了一批企业入驻。

从自用海外仓转型公共海外仓，乐歌乐仓快速形成了优势。①高安全性。乐歌乐仓以乐歌作为坚强后盾，资金雄厚，现已斥资1.2亿美元，建成全球超20万平方米的自有产权海外仓集群，可保障仓库的稳定运营。②高合规性。乐歌乐仓所有的仓库和账号均为自有，发件更加符合当地规则。③高性价比。乐歌乐仓已经形成了多点布仓，现有12个美国仓库全部在2小时车程之内，其中有5个在半小时车程之内，拖车费用更低。由于乐歌乐仓以大仓库为主，规模效应使得仓库成本为行业平均水平的2/3。并且，快递账号专注于大货区段（大件商品），能够为客户降低物流成本。④服务专业化。乐歌自身做垂直品类，不存在与入驻跨境电商卖家的竞争，多年来，乐歌积累了丰富的大中件产品物流、配送经验，仓库的功能布局、设备配置、发货流程更适合大中件货品，发货准确

率基本可达 99.99%。

乐歌乐仓公共海外仓运营至今,已服务 300 多家中小企业,未来乐歌将形成 100 万平方米的公共海外仓规模,通过整合头尾程资源,进一步提升海运运输与目的国的议价权,未来将服务超过 1500 家中国品牌出海,带动出口额 200 亿元人民币。

三、乐歌乐仓服务案例

"安吉智能家居"是椅子跨境贸易的公司,其原来的海外仓服务商是一家规模较小的仓库,主要是做小件产品。那对于椅子这类大件产品来说,库内以及尾程的快递价格都较高,导致客户使用海外仓的成本非常高;而且租赁小仓库,容易发生卸柜不及时,产生很多额外费用的问题,导致客户体验非常不好。后来找到专业做大件产品的乐歌乐仓,效率远远高于其他海外仓,尾程价格非常有优势。这样降低了海外仓成本,提升了发货速度,对于客户店铺的绩效也有了很好的改善。

因为"安吉智能家居"主营办公椅,和乐歌办公桌能够形成很好的互补,通过把产品上到乐歌独立站,享受乐歌海外仓的独立站分销服务,提升了海外的销量。刚开始每个月销量 4~5 个货柜,现在每个月销量提升到 20~30 个货柜,极大提升客户品牌出海的信心。随着合作越来越紧密,客户几乎把从工厂到海外仓,再从海外仓到终端消费者,所有物流相关业务都委托给乐歌乐仓。客户只需要专注于产品研发和线上销售,跨境电商物流"门到门"的全程一站式服务全部交给了乐歌乐仓,进一步提升电商购物快速到货的用户体验。

同时,乐歌乐仓依托乐歌电商,拥有菲律宾夜班售后客服团队,卖家可把售后客服委托给乐歌海外仓处理,买家有疑问时,菲律宾客服会第一时间通过邮件或者电话回复,提高了客户满意度,降低了退货率。

总体来说,乐歌乐仓助力中小跨境电商企业减少中间沟通成本,缩短交货周期,提升存货周转率,降低物流成本对品牌运营的波动,加强跨境供应链安全,提高跨境供应链协同效率,降低运输成本,为中小跨境电商企业出海,创造了有利条件。

易仓科技 "仓网联盟"数智化海外仓网络平台助力企业提质增效

一、关于易仓科技

深圳市易仓科技有限公司（以下简称"易仓科技"）成立于2013年，从精研跨境电商管理软件开始，一直致力于构建智能协同的跨境电商网络。目前，易仓科技已为超1000家月销售额超100万美元的中大型跨境电商卖家企业、超500家跨境电商海外仓企业和超300家跨境电商物流货代企业提供ERP、WMS、TMS等专业SaaS软件服务。其中WMS系统服务的海外仓数量已超1700个，主要分布在北美洲、欧洲等发达地区。

"仓网联盟"是易仓科技旗下专门为建设数智化海外仓网络而设立的重要项目，基于易仓科技多年积累的海外仓资源及扎实的SaaS软件基础，通过互联网技术和智能分仓大数据算法，辅以精准的商品历史销量热力图（访客统计图），预测并协助跨境电商卖家选择合适的海外仓，帮助优化供应链路径，实现降本增效。

二、"仓网联盟"应运而生

随着经济全球化发展和"互联网+"战略的实施，跨境电商发展势头猛进，推动了跨境海外仓的发展。跨境海外仓服务给跨境电商卖家带来便利的同时，也存在着许多痛点。

（1）难：多平台销售库存无法共享，备货压力大。
（2）贵：分仓不合理导致头程、尾程运费高。
（3）慢：派送距离长，时效没优势，跨系统效率低。
（4）乱：市场价格混乱，仓库数据监控差。

跨境电商海外仓配一站式服务平台"仓网联盟"采用轻模式连接全球仓库，是高度可视化、数智化的线上海外仓服务平台,通过大数据和智能算法让库存更靠近终端消费者,预测并协助跨境电商卖家决定货物存放在哪个仓库和订单从哪个仓库发出。以仓库为节点,通过整合头程的空运海运干线运输、目的港清关、尾程派送等资源,将更多的资源和服务串联,提供跨境物流、智能分仓备货、头程/尾程全美一口价透明的报价模式,有效解决难、贵、慢、乱等跨境电商卖家难题,为跨境电商卖家带来更好的国际物流履约体验,也有助于海外仓企业提高仓库使用率。

三、"仓网联盟"助力企业提质增效

(一)智能分仓节约配送成本

易仓科技研究院数据验证报告显示,中国跨境电商卖家的美国跨5~8区的订单占比高达72%,其中跨8区订单占比最多,达24%,而距离越长,尾程运费越高,单个家具类产品的物流成本已占销售额的34%。对于中大件产品的卖家来说,即使市场大、利润高、竞争相对较小,高额的物流成本也让跨境电商卖家难以承受。

"仓网联盟"依托易仓科技 ERP、TMS、WMS 系统端的用户基础,尤其是 WMS 的用户比较广,可实现多仓联动,并通过多维度的大数据分析本地买家分布区域和购买习惯,有效帮助跨境电商卖家把货物存放在离消费者更近的海外仓,减少跨区订单。订单生成后,"仓网联盟"平台智能匹配出库最优路径,为卖家提供尾程全美一口价、"最后一公里"快速配送服务,对想在全链路减轻出海负担的跨境电商卖家来说,既有了利润,也有了商品竞争力。

(二)"全流程+全局库存"互通可视

"仓网联盟"打通易仓科技不同类型 ERP、WMS、TMS 系统之间的数据接口,实现了易仓科技全生态 SaaS 软件互通互联。不仅如此,"仓网联盟"融合性高,企业只需提供接口与"仓网联盟"对接,就可以实现信息一体化,只需登录一个系统就可以查询和追踪全流程,包括订单处理和库存实时更新等信息。

在信息一体化的基础上,"仓网联盟"通过规范物流仓储服务中各环节的条码一致性和唯一性、库内操作标准化,实现货物在不同海外仓之间任意调转。多平台运营时,同一份库存可多平台共享,在旺季时提供库容保障,帮助跨境电商卖家解决库存管理困难。

四、"仓网联盟"成功案例

某工贸一体化大件家具公司成立于2013年,主营亚马逊和沃尔玛平台,拥有成熟的电商运营团队。为降低整体运输和仓储成本,该公司从2019年开始使用自建仓和3个合作仓联合布点,并制定一套分仓逻辑。近年来花费了大量的人力物力不断完善分仓逻辑,而美国跨5~8区订单的尾程价格仅仅只能努力到6区价格。无论是海外仓的管理成本,还是分仓逻辑优化的成本,由于团队人力和海外仓资源有限,整体成本大于效益。

在此背景下,该公司了解到"仓网联盟"的全美一口价业务模式,并基于对易仓科技在跨境电商SaaS软件技术精细化经验的信任,随即定制2个SKU的"仓网联盟"尾程降本方案。希望通过"仓网联盟"的大数据算法,减少人力投入、提高分仓合理性、优化尾程费用。在制定方案时,该公司期待将原本的6区价格优化为4区价格,并主动分享内部未完善的分仓逻辑和历史订单数据,以便更有效地制定分仓方案。"仓网联盟"帮助其智能分仓,"头程备货+库存管理+透明一口价计费"的全局库存运营管理,省时又省力。借助"仓网联盟"平台的大数据算法,缩短尾程派送物理距离,分析买家区域占比,使货物尽可能地靠近终端消费者。得益于"仓网联盟"的智能分仓,该公司尝试的2个SKU,没有了5~8区的订单,最终尾程成本降低了21%,尾程派送时效可以实现两日达,极大提升商品竞争力和终端消费者的购物体验。对于这份答卷,该公司给予"仓网联盟"团队高度的认可,并表示会选择更多SKU来定制"仓网联盟"的降本方案。

"仓网联盟"将继续以"成为全球领先的海外仓服务平台"为使命,发挥自身团队的大数据、人工智能优势,整合资源,革新传统跨境电商物流和海外仓模式,真正提升时效、降低成本、解放卖家,不断推动新外贸的发展,让每一立方海外仓更有价值。

纵腾集团 | 以数字技术驱动公共海外仓智慧升级

一、关于纵腾集团

福建纵腾网络有限公司（以下简称"纵腾集团"）成立于 2009 年，总部位于深圳，以"全球跨境电商物流基础设施服务商"为发展定位，为跨境电商商户提供海外仓储、专线物流、供应链等一体化物流解决方案。旗下拥有"谷仓海外仓""云途物流""沃德太客"等知名服务品牌。

自成立以来，纵腾集团不断加强自身基础能力建设，在全球拥有员工 4000 余名，100 余条自营国际专线，40 余家分支机构，订单处理中心和集货中转中心总数超 80 个，全球海外仓总面积在业内率先突破 120 万平方米，是中国首家海外仓总面积跨越"百万级"的海外仓企业。目前已构建遍及全球的跨境电商物流网络，为全球超 1.5 万家跨境电商客户提供服务，年订单处理量超 3 亿单，业务覆盖 200 多个国家和地区。先后荣获"国家级电子商务示范企业"、商务部"首批优秀海外仓实践案例"、中国服务业企业 500 强等多项荣誉。

二、纵腾集团海外仓服务与优势

纵腾集团以仓储服务为中心，构建从国内揽收中转、国际海运空运、海外仓储、末端 2B2C 配送一体化的物流服务。在宁波、东莞、广州设立头程运输中转仓，可为卖家提供国内揽收、海运空运快递头程送仓服务；整合优质海运资源，配套建设航空资源，提供稳定的头程服务；在海外 21 个国家建设有 120 万平方米海外仓，提供全球标准化仓储服务，承诺 24 小时内出库，最高可免仓租 120 天；整合海外主流尾程资源、区域优质尾程资源和卡车资源，提供不同时效和性价比的尾程配送服务，满足电商订单配送、批量转运第三方、线下门店配送等多场景服务。

纵腾集团海外仓服务，为客户提升以下六个方面的优势。

（1）提升买家购物体验。海外仓采取本土直接发货，缩减了配送时间；此外，采取批量运输至海外仓再使用本土渠道配送的方式可大大降低丢包率，确保货物安全。

（2）降低物流费用。相比国际快递、邮政小包等物流方式，海外仓模式下的物流服务降低了跨国运输成本，规模化海外仓运作价格优势明显。

（3）获得平台流量支持。通过与亚马逊、eBay等多家海外主流平台的商务合作，使用纵腾集团海外仓将给予更高排名权重，获得更多的流量。

（4）扩充产品品类。海外仓服务突破了传统物流对于品类和产品重量的限制，周期长、高动销、高价值的产品凸显竞争优势。

（5）提供退换货服务。提供退货收件、质检再上架服务，免去了客户退回国内造成的高额费用或无法再次销售造成的弃货。

（6）打通仓储与平台对接。自主研发订单管理系统（OMS）、仓储管理系统（WMS），实现卖家、仓储、平台的互联互通，卖家库存订单管理更方便快捷。

三、以数字技术驱动海外仓智慧仓储物流升级

（一）建立数字生态体系

为顺应跨境电商数字化发展形势，纵腾集团加快数据生态建设，通过近几年的探索与发展，已逐步构建了从底层数据采集（数据接入系统）、数据处理计算、数据治理到数据应用服务等从接入到输出的整条数据生产链条的工具体系。在建设数据工具体系的同时，根据共性需求，逐步形成数据产品体系。纵腾集团大数据平台的建设以系统数据、运营数据、系统日志构建起的三类业务的数据湖，并建设统一的数据库，对外提供统一数据服务。一方面，以一站式服务实现海外卖家供应链的线上化、场景化、智能化和数字化，为产业链上下游、供应链企业和银行等多主体提供以数据和科技为驱动力的服务方案和专业风险评估解决方案；另一方面，全面实现运营管理全景信息监控，提供包含库存、货值、订单等全景监控，多维度分析，通过用户隔离、细粒度数据权限、数据加

密等安全技术手段保证数据隐私合规、可审计、可回溯，实现数据共享和应用。

(二) 实现智慧仓储运营

为适应高速增长的业务，越来越多的仓储向自动化、智能化模式变革，纵腾集团通过大数据算法、视觉、机器人以及数字孪生打造智慧仓储。一是建立分类专业智能仓，按货型、业务场景进行分类建立标准化、场景化、自动化专业仓，助力仓储服务体验升级；二是基于现有仓库布局和作业流程，在关键环节采用自动化技术辅助及AMR智能设备等，降低工作强度，提升2~3倍工作效率，保证准确率达99.99%；三是通过建立虚拟仓库模型、智能算法中心，实现虚拟生产和实际生产双轨运行（仓库数字孪生），预测生产瓶颈，提前调整订单生产计划和资源安排，实现智能排产、智能运营，保障订单以及现场作业高效平稳运行。通过智慧仓库的建设，实现存储容器化、搬运自动化、作业无人化以及运营标准化。

(三) 打造智慧物流服务体系

为提高企业核心竞争力，纵腾集团致力于智慧物流的建设，向国际三大快递企业看齐，制定"十四五"规划发展目标，打造自主可控的国际快递供应链体系，建设经济型国际快递网络。一方面，纵腾集团自主研发"业务+数据"双中台，为企业提供"揽、干、关、仓、配"的全链数字化服务体系，借助旗下谷仓海外仓、云途物流90多条物流专线以及沃德太客专业跨境物流解决方案技术支撑，立足中国，辐射全球，物流服务覆盖触达全球220多个国家和地区，实现全球物流网络无缝对接，提高物流后端的服务范围和能力。另一方面，纵腾集团在深圳申请筹办货运航空公司，引入两架波音777宽体货机战略资源，在欧洲组建航空枢纽，同时，开展当地"最后一公里"末端配送网络体系建设，保障物流配送时效。通过智慧物流建设，实现服务流程的智能化、可视化与高效化，引领跨境电商物流行业进入智慧时代。

四、纵腾集团海外仓服务案例

易佰科技有限公司（以下简称"易佰"），是一家采用泛供应链泛SKU模式，依托亚马逊、Wish、Lazada等第三方电子商务平台将汽车摩托车配件、工业及商业用品、家居园艺、健康美容、户外运动等高性价比品类的中国制造商品销售给境外终端消费者的跨境电商行业标杆企业。易佰全球雇员超过2000人，业务覆盖美国、德国、法国、意大利、西班牙、葡萄牙、英国、俄罗斯、日本、加拿大、东南亚等100多个国家和地区，构建了覆盖欧洲、北美洲、大洋洲、亚洲、南美洲、非洲等多个地区的全球性销售网络。

纵腾集团基于自身成熟的仓储物流服务体系，与易佰签订了"国际货物运输服务合同"，为其提供优质高效的仓储物流服务解决方案。与纵腾集团合作前，易佰同时在多个电商平台销售商品，总运营成本高，客户不敢大量备货；与纵腾集团合作后，开始在美国、英国、法国等几个主要发达国家进行全面备货。一方面，每批次货品可以免30~120天仓租费，成本大大减少；另一方面，获得平台流量支持，为买家提供退换货服务，服务质量大幅度提升，销量也越来越好。同时，配合应用纵腾集团自主研发的海外仓储管理系统和物流管理系统，借助全球海外仓体系及与中国邮政、USPS、UPS、DHL、FedEx、英国皇家邮政等全球主要快递公司长期稳定的合作，提高物流后端的服务能力，将易佰产品稳（交付稳定）、准（说到做到）、快（快速响应）地送达终端消费者手中，使得易佰销售网络深入市场最终端。

双方不断加强深度合作，构建互利双赢、可持续发展的紧密型战略合作伙伴关系。通过双方战略合作，易佰快速拓展国际市场，赋能品牌扬帆出海，实现业绩飞速增长。

陕西移动 | 着力推进"三中心"定位转型，提升物资供应保障能力

一、企业介绍

中国移动通信集团陕西有限公司（以下简称"陕西移动"）隶属于中国移动通信集团有限公司（以下简称"集团"），是集团在陕西设立的全资子公司。陕西移动注册资本31亿元，于1999年7月成立，2002年7月1日在香港、纽约成功上市。目前，陕西移动已经建成覆盖范围广、通信质量高、业务品种丰富、服务水平一流的移动通信网络。公司客户规模、网络规模、服务水平、品牌价值等综合实力指标均在陕西通信行业名列前茅。陕西移动与陕西省各级政府单位在网络基础设施、大数据与云计算、"互联网+"等领域开展深度合作，共同建设丝路网络工程、智联三秦工程、云端陕西工程、宽带乡村工程、数字赋能工程，助力陕西大力发展枢纽经济、门户经济、流动经济。

集团在全国建设大区库和省库两级集中仓储物流体系，分别建设了华北、华东、华南、西南和西北五个大区物流中心。陕西移动负责西北大区物流中心的运营和管理，服务范围包括陕西、甘肃、宁夏、新疆、青海、西藏6个省区，提供通信建设类物资的集中调度供应，同时西北大区物流中心与陕西移动省物流中心同址合署办公，负责陕西移动全省通信建设物资的集中仓储和配送管理。

集团西北大区物流中心自2013年正式投产，累计周转物资超过100亿元，通过VOI库存管理模式（供应商拥有库存），深入推进西北大区物流中心"三中心"——通用物资供应中心、紧要物资备份中心和多级融合协同中心职能定位转型，提升物资供应保障能力，实现集团与供应商的高效协同，促进通信产业链的持续、健康发展。

二、案例内容

通过集中物流、统筹运营，有效牵引各省公司快速构建省内物流供应体系，大区物流中心有效平抑了各省需求的波动，保障通信物资的顺畅供应。但随着各省公司物流体系建设逐步完善，各省公司自行开展物资仓储物流执行的能力显著提升，大区统筹运营优势在逐步减弱。集团要求大区运营要顺应公司当前战略发展变化，围绕创世界一流企业、做网络强国、数字中国、智慧社会主力军的目标，结合集团在新形势下的业务定位，客观分析国际国内形势下供应链发展现状以及各省公司物流管理水平的变化，对大区现有的运作模式进行优化调整，提出大区物流"三中心"定位转型，即构建通用物资供应中心、紧要物资备份中心和多级融合协同中心。

陕西移动按照集团"转模式、调结构、降总量、提效率"的战略规划，切实强化降本增效，融合信息化发展，结合西北大区运营工作实际，稳步推进大区"三中心"定位转型，着力提升通用物资供应能力、应急物资储备能力和多级融合协同中心运营能力，充分发挥大区实体价值；强化大区实体入库物资的质量管理，深化大区与各省公司的协同运营，积极落实运营整改，不断提升大区运营价值。

（一）巩固提升通用物资辅助供应能力

1. 做大VOI库存管理体量，强化大区物资实体供应能力

西北大区始终将提升大区实体供货体量，为陕西、新疆、甘肃、宁夏、青海、西藏等省公司提供更高质量的实体供应服务作为发挥大区运营价值的首要任务。通过大区物资运费减免政策的引导，进一步拓展新疆、甘肃、宁夏等省公司通过大区实体方式进行对光缆、光缆交接箱、光缆接头盒、光纤配线架等物资的领用，节约省公司运费。2021年，西北大区为陕西、新疆、甘肃、宁夏和青海等省公司供应物资包括普通光缆、带状光缆、光缆接头盒、光分路器、光缆分纤箱、馈线、配线架、光缆交接箱等10大类，实体流转占比超过73%，流转物资金额超过4.75亿元。

2. 开展主动需求预测，提高物资供应安全性

通过历史领用数据建立需求数据模型，发现需求与实际使用的偏差，对存在较大偏差的需求进行修正，为大区备货提供良好支撑。

建立常态化的主动备货机制,随时响应物资需求。变"以省公司需求计划为依据"的备货模式为"大区库主动预测主动发起"的动态备货机制,提升大区库备货的灵活性和高效性,如图1、图2所示。

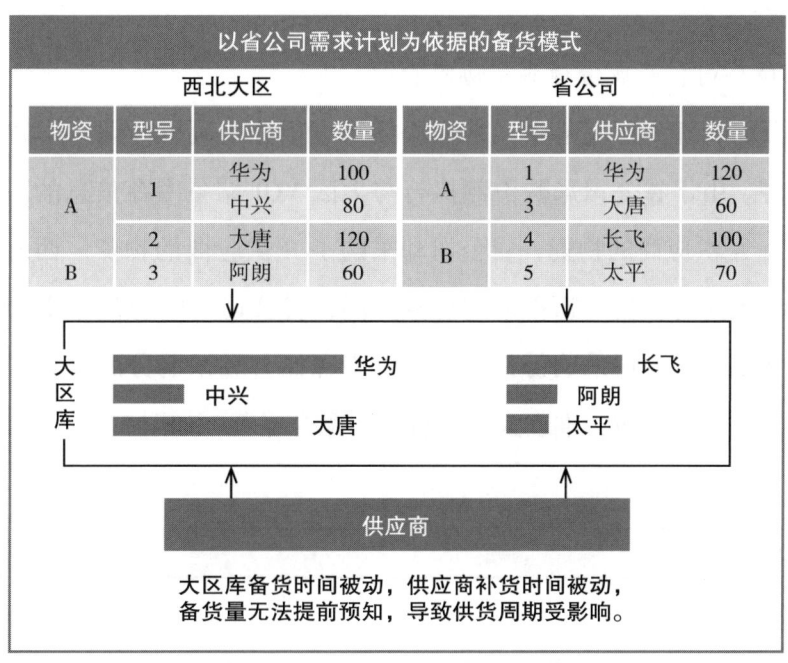

图1 "以省公司需求计划为依据"的备货模式

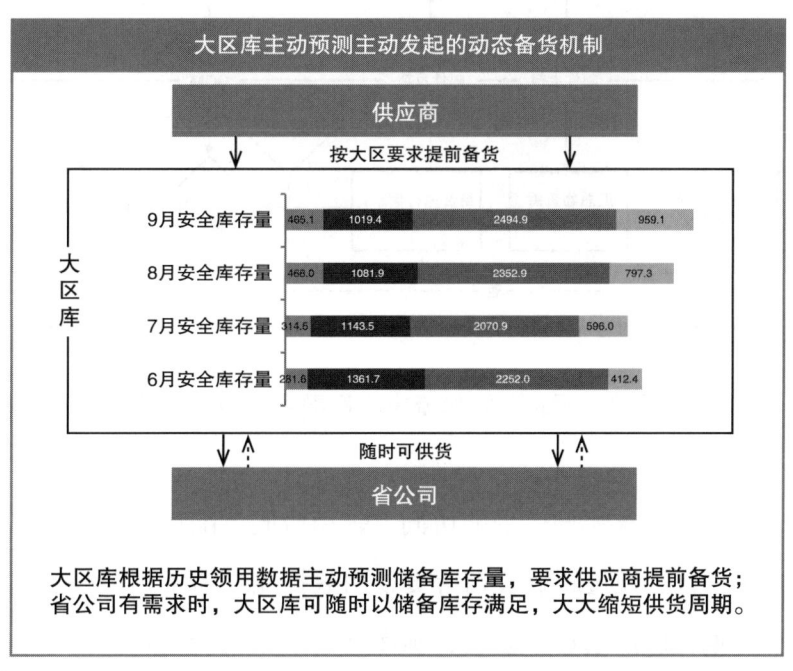

图2 "大区库主动预测主动发起"的动态备货机制

大区库根据主动预测或需求汇总结果，建立大区补货模型，指导补货计划和补货批次的制定。供应商根据补货计划进行备货，并把物资配送至大区库，各省市公司根据自身需求占用物资并按时领用，各省公司定期根据领用物资量与供应商进行结算，提升供应商与大区库的协同水平。

3. 联合新疆公司，开展份额共享协同管控

集团集中采购管理流程规范中，采购份额是直接分配到省公司，由省公司负责采购份额执行和管理。由于省公司采购份额执行与大区 VOI 储备库存信息的不对称，会发生大区库存储备有 A 供应商的物资，省公司却采购了 B 供应商的物资。西北大区联合新疆公司，深入开展大区与省公司物资采购份额协同，省公司采购份额移交给西北大区代为执行，西北大区根据省公司采购份额，灵活进库存储备和采购分配，实现大区库存快速周转、省公司需求快速响应，推进大区与省公司融合运营，如图3所示。

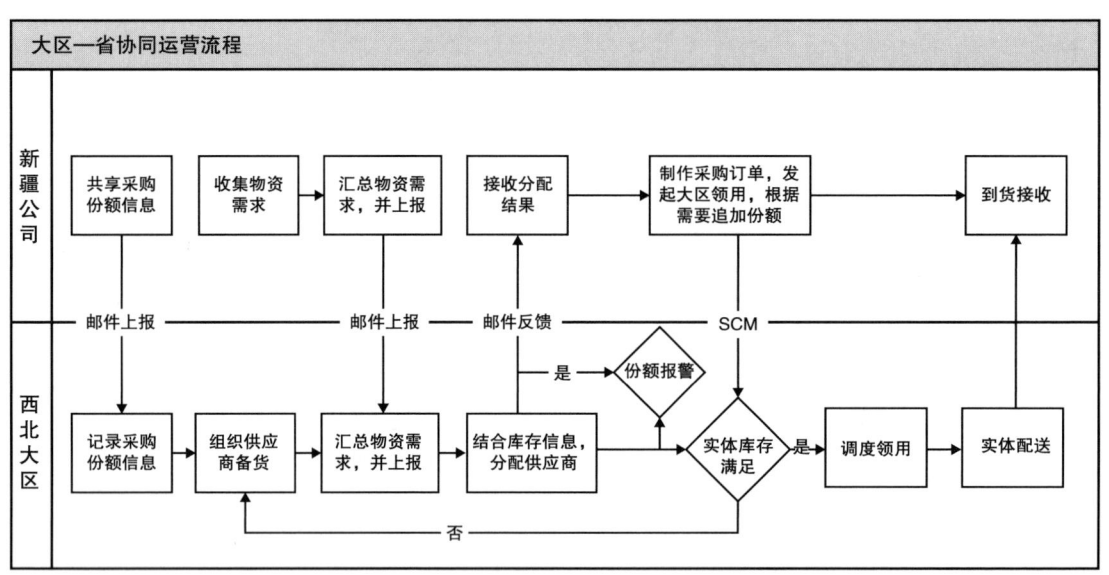

图 3　西北大区物流中心份额共享协同流程

与此同时，建立从需求协同、采购协同、领用协同、配送协同、结算协同的全流程协同规范。①需求协同，通过新疆公司历史领用数据建立需求预测模型，制定库存上下限值，对存在较大偏差的需求进行修正，确保预测数据的合理性。②采购协同，新疆公司光缆物资采购份额由西北大区代管，西北大区根据份额执行情况，按照时间进度，对各供应商份额进行灵活分配，实现大区备货物资的快速周转，防止发生滞库。③领用协

同，西北大区指导新疆公司推进"以领代订"，以领用单数据为基础，生成采购订单。④配送协同，西北大区建立配送信息通报机制，对新疆公司的物资配送任务进行每日通报，加快配送和到货信息的传递，确保新疆公司掌握发运信息，提前做好到货接收准备。⑤结算协同，西北大区结合SCM系统调度数据，定期向新疆公司核发大区领用结算核对单，新疆公司以核对单为依据，向供应商完成到货付款。

(二) 逐步搭建紧要物资备份供应能力

1. 建立西北大区应急物资储备目录，提高应急响应能力

为满足新疆公司维稳需求，在西北大区实体管控目录的基础上，针对新疆公司特殊维稳需求，建立西北大区应急物资储备目录，明确大区应急物资的储备范围、储备规模、储备时限、供应要求等管控标准，确保大区储备应急物资能够真正发挥应急功能，如表1所示。

表1 西北大区物流中心应急物资储备目录

产品小类	物料编号	物料名称	储备规模	单位
普通光缆	10170109	普通光缆/GYTS/G.652D/12芯	1000	皮长公里
普通光缆	10170115	普通光缆/GYTS/G.652D/24芯	1000	皮长公里
普通光缆	10170127	普通光缆/GYTS/G.652D/48芯	500	皮长公里
普通光缆	10170151	普通光缆/GYTS/G.652D/96芯	300	皮长公里
带状光缆	10178099	非骨架式带状光缆/GYDTA/G.652D/144芯	100	皮长公里
光分路器	10396794	光分路器/插片式/SC/UPC/1:8	3000	个
光缆分纤箱	10392904	金属光缆分纤箱/抱杆/旋转结构/340mm×265mm×120mm/插片式/16路SC	1000	个
光缆分纤箱	10392945	非金属光缆分纤箱/壁挂/旋转结构/340mm×265mm×120mm/插片式/16路SC	1000	个
光缆交接箱	10399172	传统光交/不锈钢/落地型/144芯/束状尾缆/FC	10	个
光缆交接箱	10399173	传统光交/不锈钢/壁挂式/144芯/束状尾缆/FC	10	个
光缆交接箱	10399180	传统光交/不锈钢/落地型/(双面)576芯/束状尾缆/FC	10	个

续表

产品小类	物料编号	物料名称	储备规模	单位
光缆接头盒	10402928	双端光缆接头盒/一次开启/螺栓紧固/非螺帽密封/架空/束状/24芯	500	个
光缆接头盒	10402930	双端光缆接头盒/一次开启/螺栓紧固/非螺帽密封/架空/束状/48芯	500	个
光缆接头盒	10402932	双端光缆接头盒/一次开启/螺栓紧固/非螺帽密封/架空/束状/96芯	500	个
馈线	10040250	1/2普通铜馈线	20000	米
光纤配线架	10172430	光纤配线架/设备侧Ⅱ型/封闭式/2200mm×600mm×300mm/288芯/FC	10	架
光纤配线架	10460427	光纤配线架/封闭式/线路侧/2200mm×600mm×300mm/288芯/FC/束状	10	架

西北大区专门在与新疆公司光缆采购份额协同运营的基础上，积极推进拓展份额协同范围，计划将光缆交接箱、光缆接头盒也纳入份额协同管控，提高西北大区应急物资的储备能力和管控能力。西北大区向新疆公司承诺服务时效，应急物资可在接到需求后2日内完成发货、5日内送达新疆公司省库。2021年，西北大区向新疆公司通过实体供应普通光缆112799皮长公里、馈线181公里，物资金额超过1.39亿元。通过大区中心实体库存供应的物资，可以减免供应商到大区中心之间的运费，为新疆公司节约运费130万元。

2021年7月24日，郑州发生洪涝灾害，按照集团统一部署，紧急了解河南公司物资需求，西北大区即刻成立应急保障小组，积极协调各方资源，筹备河南公司抢险救灾物资，开展跨区应急供应。7月25日，西北大区一次性向河南公司发送光缆物资2805皮长公里，物资金额约为500万元。

图 4　西北大区物流中心应急物资供应

2. 提升质量检测能力，应对潜在质量风险

按照集团质量管理"品质护航"行动部署与"网格化"检测深化要求，陕西移动建设质量检测实验室，稳步提升西北大区质量检测能力，抵御潜在质量风险。在大区现场配合支撑质量管理"四位一体"体系，开展大区检测、到货检测、飞行检测等手段提前把关物资质量，大区实体储备物资为经检测质量合格的物资，减少省公司收货的重复检测工作量。

质量检测实验室具备配置查验、抽样自检、第三方测试送检和省内飞行检测等能力。目前可以完成检测22类一级集采重点产品、二采可检测产品12类。配置查验和自检方面，已全部涵盖了大区实体物资的检测需求，如图5所示。按到货批次抽取产品到实验室用检测仪器进行各类指标检测。自检涉及通信物资8类：光缆、天线（除TD天线外）、无源器件、馈线、馈线连接器、分纤箱、光交箱、软跳纤。2021年，累计开展1504批次到货验货，随机抽检320批次，应用"云抽检"设备46次，收集334个"质量随手评"问题工单，问题解决率100%，存在质量问题的产品批次均按合同追责，有力保障公司通信网络建设及市场拓展。

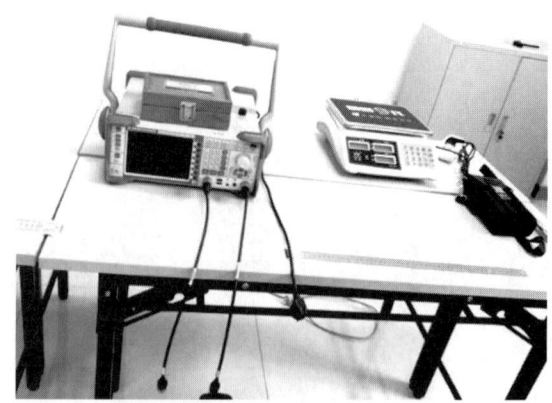
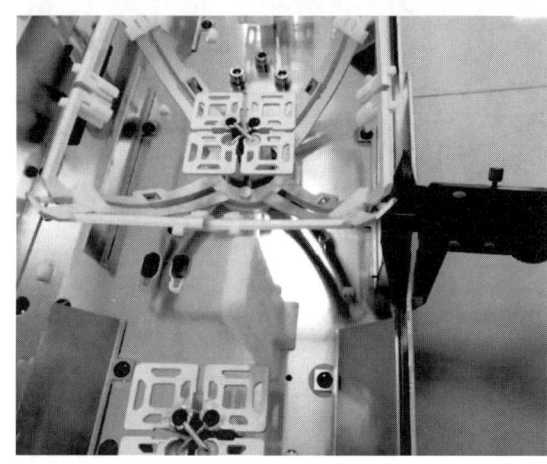
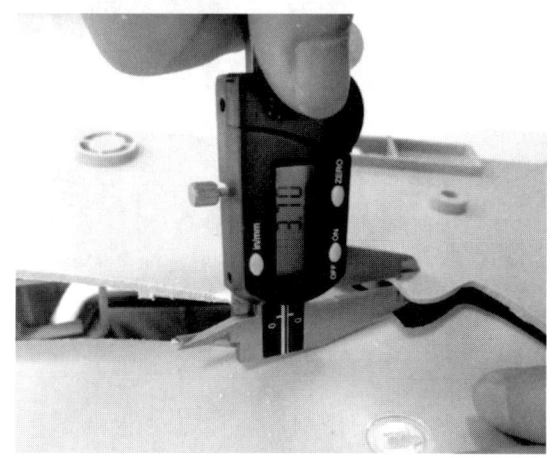

图 5 西北大区物流中心质量检测设备

（三）持续增强多级融合，协同供应能力

1. 大区库—省库协同运营，提高周转效率

发挥大区库—省库同址优势，对新纳入大区管控的小型化 PTN、天线、无源器件等物资进行大区 VOI 实体储备管控，降低陕西移动省库库存量，发挥大区运营价值。通过梳理大区—省库实体协同对接流程，通过供应链系统"以领代订"集成管控，明确融合协同运营流程，实现从物资需求、大区补货、省公司领用、大区调度、省公司订单下达、物资到货接收的全流程衔接管控，大区库存与省库库存动态协同平衡，实现以大区 VOI 储备，省库库存快速响应需求的高效协同运营，发挥大区运营价值，如图 6 所示。

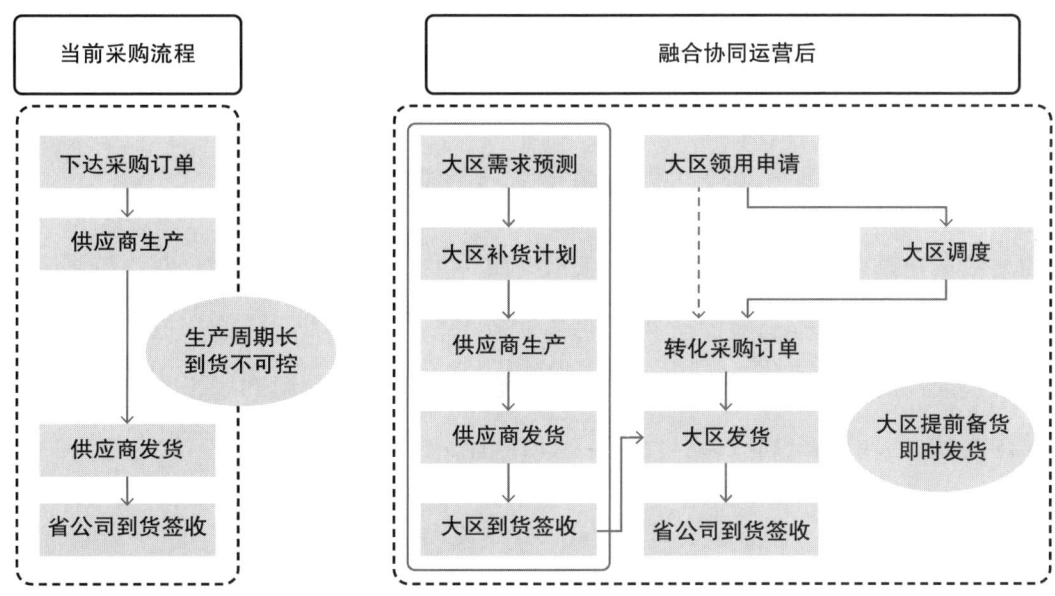

图 6 融合协同运营流程

2. 完善产品化库存管理机制

拓宽 VOI 模式在省库产品化物资的应用范围,强化安全库存管理,并推进全省库存联动管理,形成科学化和精细化的库存控制策略,实现库存成本控制和服务响应水平的平衡。

推行基于内外部协同(省公司、地市公司、供应商)的产品化库存策略。推行省公司、地市公司和供应商的内外部协同机制,通过分批补货和省市调拨机制对库存进行有效管控,实现库存与需求、采购、供应商协同的产品化库存管理策略。

推进省内 VOI 管理模式应用。产品化管理物资因实施批量采购,常因需求预测不准确导致库存偏高,为降低全省库存水平,实施集约化运营,在省内推进 VOI 管理模式的应用,加强与供应商的协同。

三、主要创新点

（一）做强 VOI 库存管理，提高物资周转效率

西北大区通过 VOI 库存管理，强化大区—省—供应商的协同运营，在物资所有权仍属于供应商的情况下，提高集团对物资的管控效率，实现集团所需物资的快速响应，同时降低了供应商的存储压力。西北大区物流中心在供应链条中起到了平抑需求波动，实现从需求端到供应端的全面收益，促进了通信产业链的健康发展。

（二）建立大区—省份额共享机制，有效发挥大区战略意义

西北大区建立了大区—省份额共享机制，该机制有效提升了大区集中存储、紧急供应的战略意义。

（1）提前备货，解决信息不对称矛盾。通过大区—省份额共享机制，省公司每月 18 日将供应商份额比例信息上报大区，降低省公司需求计划不准确对大区备货的影响，解决了双方信息不对称的管理矛盾。

（2）及时补货，减少供应风险。大区根据省公司所提供的供应商份额比例信息，进行安全库存比例调整，并监控库存水平，及时补货，减少物资供应的风险。

四、取得成效

（一）内部协同管理更加规范高效

通过制定产品化采购管理办法等制度文件，以规范化文件形式明确对各部门、各环节协同管理的标准要求和规范操作指引。加强内部计划部、网络部、工程部、采购部、各市公司等部门的协同管理，构建一流的供应链协同管理体系。

（二）全省库存水平大幅下降

通过提升大区三中心职能服务能力，推进大区—省融合协同管理，全省库存量下降

明显,全省库存总量从 4.4 亿元下降到 3.46 亿元,下降幅度超过 21.3%,全年节约资金占用成本超过 450 万元,取得了良好的经济效益。随着库存量的下降,仓库数量和面积也同步下降,取消地市租赁仓库 1 个,年度节约库存租金 80 万元。

(三)物资供应效率快速提升

通过公司内外部的协同管理,形成了"大区库—省库—市库"的多级仓储体系,一体化物资的响应及时率得到明显提升,物资需求响应率从 95% 提升到 98.6%,有效发挥一体化协同供货效应,降低物流成本。逐步强化省公司对全网物资的集中管控能力,实现全网物资供应情况在省公司层面的可见、可控、可管,实现一体化协同供应集中运营管理价值。

昆仑保险经纪 | 商业保险助力供应链金融、存货担保融资良好发展

一、企业基本情况

（一）公司简介

昆仑保险经纪股份有限公司（以下简称"昆仑保险经纪"）成立于2003年11月，是中国石油集团资本股份有限公司的下属子公司，英国劳合社注册经纪人。现有16家分公司、9家办事处、1家海外办事处和1家全资子公司（竞胜保险公估有限公司），注册资本金2.5亿元。昆仑保险经纪河北分公司于2019年成立，目前主要服务于河北省内中石油单位及全国其他非中石油单位企业。

昆仑保险经纪的业务涵盖风险咨询、保险经纪、保险公估三大业务板块，为中国大陆及非洲、中亚、中东、南美等多个国家和地区的客户及项目提供服务，服务客户及项目涉及石油石化能源、建筑工程、交通运输、装备制造、进出口贸易、信息技术、金融等多个行业，在能源险、责任险、工程险、特殊风险保险、再保险以及人身险等方面经验丰富，为近40个大型建设项目（投资额100亿元以上）提供风险咨询与保险经纪服务。

多年来，昆仑保险经纪与国内外多家保险、再保险机构建立了良好的合作关系，拥有畅通的再保险渠道，打造了专职的风险工程师团队，在石油、石化、基础设施建设等领域有着丰富的实践经验，自主研发了风险管理信息系统（RMIS）及客户关系管理系统（CRM），以信息和数据为支撑为客户提供优质高效服务，如图1所示。

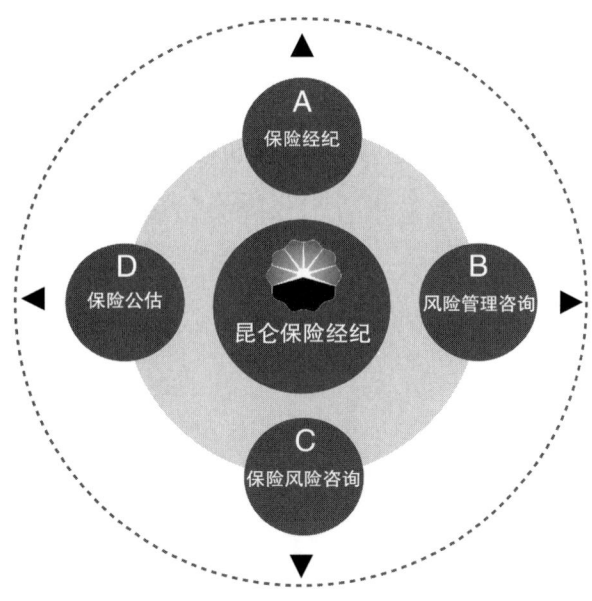

图 1　昆仑保险经纪业务

(二) 业务介绍

保险经纪人是指基于投保人的利益,为投保人与保险公司订立保险合同提供中介服务,并依法收取佣金的机构。

昆仑保险经纪作为保险经纪人,服务内容主要包含以下 6 个方面。

(1) 协助投保人对现有的保险管理模式及操作情况进行分析、评价和梳理。

(2) 根据投保人的风险状况、项目资料和需求,为投保人提供保险建议或设计适合的保险方案。

(3) 按照投保人同意或批准的保险建议或保险方案协助投保人进行保险采购:应投保人要求,采用询价或招标等方式,协助投保人选择实力强、信誉好、服务优的保险公司,在最大程度上保证投保人的利益。

(4) 协助投保人进行投保:根据投保人的意愿和意见协助投保人向选定的保险公司投保,在核实保险公司出具的正式保险单、发票以及相关文件和单证准确无误后,及时交付给投保人;保险经纪人应提示和敦促投保人按照保险合同的约定按时足额缴纳保险费。

(5) 为投保人提供日常咨询:在投保人与本协议项下有关的保险合同的有效期内,投保人向保险经纪人提出的关于保险合同相关事宜的咨询,保险经纪人应在投保人要求的合理时间内作出解释或解答;在保险合同期限终止前,及时提醒投保人续保。

(6) 协助投保人进行索赔：在接到投保人发生保险事故的通知后，及时通知保险公司；必要时前往保险事故现场，进行保险事故调查；协助投保人准备索赔文件、单证和资料；及时与保险公司沟通，促进赔案处理；告知投保人公估人的作用，必要时协助投保人选定公估人；协助投保人就索赔事宜与保险公司谈判，为投保人争取最大的合理利益。

二、项目情况

（一）行业背景

我国担保存货第三方管理企业代表银行承担对动产存货质押物的监管或监控服务，在业务执行过程中存在监管流动资产风险较大、货物意外损毁灭失、借款企业以暴力胁迫等手段强行出货、监管或监控人员因疏忽未及时通知银行、监管人员忠诚度不足、不尽职监管等道德风险导致银行作为债权人无法追回货物或贷款等问题，担保存货第三方管理企业因此需要向银行承担经济赔偿责任。在行业初期阶段，各大保险公司陆续开发专业责任险——"资产监管责任保险"，为担保存货第三方管理企业承接银行业务时提供一定的风险保障。

受上海钢贸案、青岛有色金属案件的影响，以及行业内出现的一些重大事件，保险公司理赔损失严重，在2015年后各大保险公司拒绝监管企业续保"资产监管责任保险"，此类的责任保险均从市场下架。即使有个别保险公司有此险种，也很难通过审批。

随着金融仓储市场的优胜劣汰，行业的标准化、规范化，监管企业业务规模的不断提升，银行对监管企业的风险控制，以及企业对自身风险管理水平的不断增强，监管企业对投保监管责任保险的需求也日益增强，昆仑保险经纪根据监管企业的业务需求，也在不断与各大保险公司沟通，探索如何实现监管责任保险的重启工作，目前已取得一定成果。

（二）项目背景

河北省安国市是我国重要的中药材集散地之一，有制药企业百余家，主要从事中药饮片的生产、加工、销售等。这些制药企业多为无国企背景的中小企业，交易过程中缺乏话语权，长期以来，赊销作为制药企业最为普遍的贸易形式且无法得到改善，在此过程中产生大量的应收账款，造成制药企业资金短缺甚至资金链断裂。由于制药企业的固定资产很少，银行愿意为其提供贷款有限，无法满足制药企业的资金需求，最终制约企业发展。因此，目前大部分制药企业通过信用贷款、应收账款、存货担保等组合方式向银行进行融资。

制药企业欲通过监管企业的渠道，利用存货担保方式向银行进行贷款，监管企业为降低银行对自身及制药企业的风险评估，委托昆仑保险经纪河北分公司，希望通过昆仑保险经纪实现借款企业与自身监管的风险转嫁，协助借款企业完成银行的贷款工作，以及自身与银行的监管合作。

(三) 昆仑保险经纪为银行提供风险咨询服务

通过监管企业的渠道，昆仑保险经纪与银行方面进行沟通，为银行提供风险咨询服务，对制药企业的经营模式、业务覆盖范围、企业的管理水平、上下游企业情况等进行调查。制药企业良好的整体情况获得了银行方面的认可，制药企业、监管企业、银行三方达成融资意向协议。

(四) 昆仑保险经纪为企业提供保险经纪解决融资难题

昆仑保险经纪针对制药企业想通过"信用+动产"向银行进行融资的情况，分析借款企业的经营情况、监管企业可能面临的风险，综合分析对比，发掘市场上对应商业保险产品，同时与制药企业、监管企业、保险公司进行沟通与洽谈，以期将相关风险进行转嫁，打消银行顾虑，使制药企业能够顺利获得银行的资金支持。

1. 银行提供供应链金融服务，引入信用、保证保险

昆仑保险经纪现场考察制药企业的经营情况，配合银行对制药企业的业务合同、银行流水等进行调研，与中国人民财产保险股份有限公司合作，使用国内贸易短期信用保险单，为借款企业提供信用保险。银行能够将部分风险转嫁到保险公司，解决银行的后顾之忧，实现中小企业信用贷款。

2. 企业向银行抵押流动资产，引入财产一切险

制药企业运用存货作为担保物进行融资的部分，昆仑保险经纪通过对存货的价值、处置等方面的风险了解，向制药企业引入财产一切险，以防止货物的意外损毁灭失，解

决银行在动产质押上针对货物本身存在风险的后顾之忧。

3. 为监管企业提供职业责任保险，转嫁监管企业的风险

银行委托监管企业对制药企业的流动资产进行监管，除了确保货物本身的风险外，还要考虑监管企业在监管过程中存在的风险，如监管人员疏忽大意等造成监管物的受损、丢失等情况。昆仑保险经纪对监管企业的监管制度、风险预警及处置等管理方面进行风险预测，对监管企业所从事过的监管业绩及问题处理能力进行评估，后与保险公司进行沟通，为监管企业推荐了"职业责任保险"，被保险人为监管企业，受益人为银行，如图2所示。

/ 第三部分 /
/ 行业典型案例 /

中国人民财产保险股份有限公司　职业责任保险保险单（电子保单）

保单号：PZIW2□□□00000001

鉴于投保人已向本保险人投保职业责任保险，并按本保险合同约定交付保险费，保险人同意按照《中国人民财产股份有限公司职业责任保险条款》及附加险条款(若投保附加险)的约定承担保险责任，特立本保险单为凭。

投保人	有限公司			
被保险人	有限公司		统一社会信用代码	MA0A03JD19
被保险人地址	街17号			
被保险人电话			邮编	
责任限额	每次事故责任限额	3922□□92		
	累计责任限额	7845□□84		
每次事故绝对免赔额		两者以高者为准。		
保险期间	12个月，自202□□□□□□日二十四时止			
保险费	(大写)			增值税额总计：8
保险合同争议解决方式选择	□提交　　　仲裁委员会仲裁 ■诉讼			
适用法律	本保险单受中华人民共和国（不含港澳台地区）的司法管辖			
特别约定	一、保险责任 质押期限内存放在位于监管仓库的全部质物数量或最低监管余额与委托监管方要求一致，监管过程符合协议要求，且仅对质物数量或最低监管余额与投保人提供的账目保持一致负责。 二、违约责任 1.下列原因造成的损失、费用和责任，乙方不负责赔偿： (1)投保人、被保险人及其代表的故意、重大过失或违法犯罪行为； (2)投保人、被保险人及其代表的欺诈、恶意串通行为； (3)投保人、被保险人及其代表对委托人诽谤或泄露委托人的商业秘密； (4)政府有关部门的行政行为或执法行为； (5)公共供电、供水、供气及其他的公共能源中断； (6)自然灾害或意外事故； (7)大气、土地及水污染或其他各种污染； (8)战争、类似战争行为、敌对行为、军事行动、武装冲突、恐怖活动、罢工、骚乱、暴动； (9)核裂变、核聚变、核武器、核材料、核辐射及其他放射性污染； (10)质物自身变质不属于保险责任。 2.下列损失、费用和责任，乙方不负责赔偿： (1)甲方与委托人未订立书面委托合同的情况下发生的索赔； (2)未列入被甲方向乙方申报的雇员名单中的雇员给委托人造成的损失、费用或责任； (3)罚款、罚金、惩罚性赔偿； (4)精神损害赔偿； (5)任何形式的间接损失； (6)按照本合同的约定应当由甲方自行承担的免赔额； (7)乙方不对委托人所委托的质物质量负责，不替代保证金； (8)若质物存在权利瑕疵、隐蔽瑕疵，则乙方不负责赔偿。 3.其他不属于保险责任范围内的损失、费用和责任，乙方不负责赔偿。 三、保险期间 除另有约定外，本合同的保险期间与质押贷款期间相同，最长不超过一年，以保险单中载明的起讫时间为准。如贷款延期，保险的相关事宜另行协商。 四、保额及免赔 保单累计赔偿责任限额为质押人储存在监管仓库的质物总数量的价值，每次事故赔偿责任限额为累计赔偿责任限额的50%，每次事故免赔额为□□□□□□□%以高者为准。 五、已投保财产一切险保单，保单号为：2010491□□□000001			

（盖章）

本公司联系地址：　□□□□路909号
邮政编码：050000　　全国统一服务电话：95518　　传真：
核保：　　　　制单：　　　　经办：
网址：www.picc.com

图2　职业责任保险单样本

（五）项目成果

通过昆仑保险经纪的推荐，制药企业从中国人民财产保险股份有限公司购买了信用保险、财产一切险，转嫁风险的同时，采用"信用+动产"融资的方式向银行借到了所需的资金。制药企业、监管企业、银行三方签订了监管协议，监管企业购买了"职业责任保险"，也顺利通过银行的资质审核，获得了对制药企业的监管业务。银行作为所有保险的受益人之一，评估所有的保险对此项动产存货融资业务的风险，认为风险很低，因此对昆仑保险经纪也很满意。

同时，昆仑保险经纪未来还将为企业提供协助理赔服务。如果被保的担保物受自然灾害影响造成货物品质下降、数量减少等情况，昆仑保险经纪将协助企业向保险公司要求理赔，理赔的费用直接偿还银行的贷款。

三、项目价值

保险经纪公司不同于保险公司，保险经纪公司是接受客户委托，代表的是客户的利益，而保险公司代表的是保险公司的利益。昆仑保险经纪与多家保险公司合作，根据客户需求，为客户挑选最合适的产品，同时为客户提供风险管理、保险方案定制、代为索赔等全过程服务。

供应链金融、存货担保融资引入商业保险的价值在于：担保存货第三方管理企业通过昆仑保险经纪花费极少的保费成本，转嫁监管过程中自身的风险，同时加速借款企业获得银行的充足资金支持，为促进企业的良好、快速的发展提供服务，也为借款企业、银行、监管公司、保险公司等多方共赢打开局面，促进中小企业发展，推动市场经济的高速发展。

昆仑保险经纪股份有限公司河北分公司

第四部分

综合资料汇编

2021年中国仓储配送行业十件大事

一、国家布局"十四五"规划，为仓储配送行业发展指明方向

《中华人民共和国国民经济和社会发展第十四个五年规划和2035年远景目标纲要》从设施建设、产业升级、体系完善三个层面提出了物流现代化建设的任务；《"十四五"冷链物流发展规划》提出了加强国家冷链骨干枢纽、产销集配中心及前后两端仓配设施建设的任务；《商贸物流高质量发展专项行动计划（2021—2025年）》明确了商贸物流标准化、数字化、智能化、绿色化的发展方向。

二、中国物流集团成立，行业重组加速，市场竞争加剧

以中国物流集团成立、顺丰控股收购嘉里物流51.8%股权等为标志，预示着培育壮大具有国际竞争力物流企业的趋势；以同城配送企业"云鸟科技"和供应链企业"飞马国际"申请破产为标志，表明优胜劣汰、市场竞争加剧。大而强、中而专、小而精的企业将成为现代物流产业的骨干力量。

三、政府加强行业监管，营造公平有序的行业发展环境

各政府部门加大对社区电商"低价倾销"、直播电商"物流刷单"等不正当竞争行为处罚力度，严控资本无序扩张给市场带来的消极影响；关注货运司机和配送骑手劳动

保障、合法权益和生命安全；国家反垄断局挂牌，预示着行业规范有序发展将成为下一阶段主旋律。

四、受各种因素影响，企业运营成本明显上升

受国际原油价格上涨、"招工难、用工贵"等多重因素影响，仓配企业运营管理成本上升，经营压力加大。只有"苦练内功"、强化管理、技术升级、创新服务，才能渡过难关。

五、智慧物流成为发展方向，智能仓储取得新成果

习近平总书记在第二届联合国全球可持续交通大会开幕式上发表讲话，要大力发展智慧交通和智慧物流，强调智慧发展方向；普洛斯发布《2021智慧物流园区白皮书》，分享物流园区"智慧升级指南"；智能机器人在仓储场景中更广泛应用，智能仓储取得成果显著。

六、REITs政策放开，推动仓储设施向规模化、网络化、标准化发展

自基础设施领域不动产投资信托基金（REITs）试点启动后，远洋资本、新宜中国等地产企业加速布局，我国首支"仓储物流类"基础设施公募REITs（普洛斯）在上交所上市；经中国仓储与配送协会标准化评价的"星级仓库"达近百个，推动仓储设施建设与运营向规模化、网络化、标准化发展。

七、"双碳"目标与相关政策推动仓储配送绿色化加速

国家相继发布《中共中央 国务院关于完整准确全面贯彻新发展理念做好碳达峰碳中和工作的意见》《2030年前碳达峰行动方案》，强调推动低能耗低碳建筑规模化发展，创新绿色低碳、集约高效的配送模式；一些地方政府出台鼓励政策；大批企业积极申请

"绿色仓库标识"，仓储配送绿色化加速推进。

八、县域物流中心与产地冷链设施成为仓储业发展热点

商务部等15部门联合发布《县域商业建设指南》，重点推进县乡村三级物流配送中心体系建设；商务部联手中国银行提供千亿元专项融资额度支持冷链物流发展，尤其是产地冷链设施设备；中药材物流基地建设纳入国家"实施道地中药材提升工程"重要措施，物流基地与种植基地衔接成为发展热点。

九、"全国性可流转仓单体系"正式运营，中国参与制定国际《仓单示范法》，供应链金融向最难处、最需处发力

多家行业协会联合发布标准《全国性可流转仓单体系运营管理规范》及细分品类实施细则，与相关地方政府共同建设"全国性可流转仓单体系"，"全国仓单信息登记平台"上线运营；中国参与联合国国际贸易法委员会（UNCITRAL）和国际统一私法协会组织的《仓单示范法》调研制定工作。

十、海外仓向网络化、标准化发展，支撑内外联通的国际物流体系运行

海外仓总体规模持续扩大、全球网点布局持续完善，基于团体标准《公共海外仓设施技术要求与运营管理规范》评价的标准化公共海外仓持续增加，为构建内外联通、安全高效的国际物流体系提供有力支撑。

2021年物流节点城市租金和空置率

城市	租金（元/平方米·月）			空置率		
	平均	最低	最高	平均	最低	最高
北京	48.19	47.32	49.56	4.86%	4.18%	7.04%
成都	24.04	23.87	24.22	16.50%	10.91%	20.16%
大连	22.86	19.50	24.28	28.05%	21.84%	35.02%
东莞	30.88	30.33	31.99	8.70%	3.47%	13.58%
佛山	29.92	29.25	30.48	4.56%	2.31%	6.08%
广州	32.43	31.74	33.24	5.68%	4.61%	7.71%
贵阳	23.02	22.79	23.27	6.09%	3.67%	8.05%
哈尔滨	23.21	21.50	24.03	6.04%	4.32%	11.08%
杭州	32.51	31.99	33.17	8.97%	8.06%	10.21%
合肥	24.87	24.18	25.65	5.10%	2.75%	7.94%
济南	26.09	24.80	27.85	12.40%	8.98%	17.61%
嘉兴	32.52	31.90	33.79	17.83%	14.64%	20.16%
昆明	25.30	24.90	25.71	7.30%	5.05%	9.08%
兰州	20.30	19.78	20.80	4.63%	3.88%	5.31%
南昌	21.30	20.58	22.71	15.18%	6.40%	24.99%
南京	28.87	28.62	29.24	14.71%	12.52%	16.34%
宁波	29.83	29.38	31.30	17.15%	9.32%	25.42%
青岛	23.20	22.66	23.96	7.57%	4.83%	10.52%
上海	46.65	44.95	47.32	7.81%	6.25%	9.47%

续表

城市	租金（元/平方米·月）			空置率		
	平均	最低	最高	平均	最低	最高
深圳	42.11	42.02	43.38	11.37%	3.30%	15.45%
沈阳	20.80	20.00	21.32	19.46%	16.25%	23.57%
石家庄	20.87	20.38	21.67	19.49%	16.17%	22.87%
苏州	34.78	33.58	35.94	4.58%	3.48%	6.00%
太原	17.49	17.07	17.80	8.20%	7.12%	10.78%
天津	30.13	29.78	30.67	13.43%	11.42%	15.98%
无锡	30.13	29.50	30.80	4.44%	1.16%	7.42%
武汉	25.31	24.03	25.78	17.21%	13.98%	19.19%
西安	25.85	25.28	26.27	10.22%	8.11%	12.24%
长春	21.45	19.80	21.55	24.51%	17.45%	30.12%
长沙	26.27	25.77	26.45	13.76%	12.35%	15.59%
郑州	23.15	22.83	23.72	12.39%	11.00%	13.55%
重庆	24.85	24.58	25.18	26.03%	23.24%	29.35%

2021年生产和流通行业库存周转率

库存管理是供应链管理的核心内容,是生产和流通企业合理利用库存资源、提高资金使用效率、提升竞争力的重要手段之一,也是降低物流成本的主要因素。

库存周转次数(ITO)是能够体现企业库存结构优化效果的参照值。中国仓储与配送协会通过测算行业ITO,为生产和流通企业管理库存提供参考。根据《国民经济行业分类》,从中筛选出16个生产制造行业、2个商贸流通行业,基于788家上市公司的公开财务报表,测算行业2018—2021年化ITO,如下表所示。

序号	行业	2021年均	2020年均	2019年均	2018年均
1	批发业	9.76	9.83	9.85	9.85
2	零售业	5.82	5.29	8.47	8.56
3	化学原料及化学制品制造业	8.26	7.38	7.02	7.73
4	食品制造业	7.60	7.20	6.82	6.87
5	造纸和纸制品业	6.86	6.72	6.45	7.00
6	汽车制造业	5.66	5.68	5.46	6.29
7	电气机械和器材制造业	5.50	5.37	5.43	5.77
8	橡胶和塑料制品业	5.00	4.84	4.85	5.04
9	计算机、通信和其他电子设备制造业	4.37	4.71	4.68	4.83
10	通用设备制造业	4.33	4.24	3.85	4.16
11	酒、饮料和精制茶制造业	3.57	2.98	3.41	3.26
12	金属制品业	3.47	3.40	3.40	3.49

续表

序号	行业	2021年均	2020年均	2019年均	2018年均
13	文教、工美、体育和娱乐用品制造业	3.43	3.10	3.10	3.12
14	专用设备制造业	2.95	3.08	2.98	2.89
15	医药制造业	2.74	2.69	2.68	2.59
16	纺织服装、服饰业	2.51	2.61	3.07	3.24
17	铁路、船舶、航空航天和其他运输设备制造业	2.44	2.71	2.71	2.36
18	仪器仪表制造业	2.23	2.40	2.45	2.40

从数据来看，商贸流通行业（批发业和零售业）年度平均ITO高于生产制造行业。在生产制造行业中，各行业ITO差别较大，其中化学原料及化学制品制造业远高于其他行业。

近3年，各行业ITO总体保持平稳，但零售业自2020年起ITO下降幅度较大，究其原因，零售业中上市公司以实体零售为主，受新冠肺炎疫情影响，部分样本企业ITO下降明显。

2021 年仓储配送相关重点政策汇总

发布时间	文件名称	发布机构	发文字号
2021 年 10 月	关于印发 2030 年前碳达峰行动方案的通知	国务院	国发〔2021〕23 号
2021 年 1 月	关于加快中医药特色发展若干政策措施的通知	国务院办公厅	国办发〔2021〕3 号
2021 年 7 月	关于加快农村寄递物流体系建设的意见	国务院办公厅	国办发〔2021〕29 号
2021 年 11 月	关于印发"十四五"冷链物流发展规划的通知	国务院办公厅	国办发〔2021〕46 号
2021 年 6 月	关于加强县域商业体系建设促进农村消费的意见	商务部等 17 部门	商流通发〔2021〕99 号
2021 年 8 月	关于印发《商贸物流高质量发展专项行动计划（2021—2025 年）》的通知	商务部等 9 部门	
2021 年 6 月	关于印发《城乡冷链和国家物流枢纽建设中央预算内投资专项管理办法》的通知	国家发展改革委	发改经贸规〔2021〕817 号
2021 年 12 月	关于印发《县域商业建设指南》的通知	商务部等 15 部门办公厅（室）	

续表

发布时间	文件名称	发布机构	发文字号
2021年4月	关于做好标准化物流周转箱推广应用有关工作的通知	交通运输部办公厅、国家发展改革委办公厅、工业和信息化部办公厅、农业农村部办公厅、商务部办公厅、市场监管总局办公厅、国家邮政局办公室、中华全国供销合作总社办公厅	交办运〔2021〕30号
2021年12月	关于组织开展可循环快递包装规模化应用试点的通知	国家发展改革委办公厅、商务部办公厅、国家邮政局办公室	发改办环资〔2021〕963号
2021年1月	关于推动电子商务企业绿色发展工作的通知	商务部办公厅	
2021年5月	关于进一步加强农产品供应链体系建设的通知	财政部办公厅、商务部办公厅	财办建〔2021〕37号
2021年4月	关于2021年进一步推动小微企业金融服务高质量发展的通知	中国银保监会办公厅	银保监办发〔2021〕49号

第五部分

优质企业推荐

2021 年中国星级仓库

根据国家标准《通用仓库等级》（GB/T 21072）、《中国通用仓库等级评定办法》规定，经企业自愿申报、中国通用仓库等级评定工作办公室初审和现场审定，且公示无异议，确定 2021 年获得"中国星级仓库"称号的企业库区如下表所示。

序号	库区名称	等级
1	东莞中外运供应链管理有限公司郑州仓储中心	五星
2	嘉里厦门物流中心	五星
3	嘉里上海物流中心	五星
4	武汉四方交通物流有限责任公司四方交通物流园	五星
5	安博（嘉兴）仓储有限公司安博嘉兴物流中心	五星
6	山东日照中瑞国际物流有限公司日照中瑞库	五星
7	湖北良品铺子供应链科技有限公司良品产业园	五星
8	浙江中通通信有限公司中通通信物流园区	五星
9	东莞安博盈顺仓储有限公司东莞洪梅物流中心	五星
10	华润湖南医药有限公司物流中心	五星
11	重庆安沙仓储有限公司安博重庆西部国际物流中心	五星
12	上海青浦安同仓储有限公司安博上海青浦配送中心	五星
13	安博（成都）仓储有限公司安博成都空港物流中心库区	五星
14	安博京顺空港（北京）仓储有限公司安博北京首都机场第一物流中心	五星
15	山东雅利安供应链管理集团有限公司雅利安集团济南仓储中心	五星
16	武汉捷利物流有限公司武汉市东西湖库区	五星
17	江苏中博通信有限公司滨江分公司园区	五星

续表

序号	库区名称	等级
18	中国移动通信集团江苏有限公司华东大区物流中心	五星
19	广州速诚仓储有限公司安博广州开发区物流中心	五星
20	中粮可口可乐饮料（河北）有限公司中央仓成品库	五星
21	中国移动通信集团浙江有限公司杭州RDC仓库	五星
22	盈置（上海）仓储有限公司安博上海九亭物流中心	五星
23	南京中电熊猫现代服务产业有限公司熊猫物流园库区	五星
24	上海核工程研究设计院有限公司海阳分公司设备仓库	五星
25	广东合捷国际供应链有限公司合捷国际南沙综合保税区库区	五星
26	张家口龙辰博鳌物流有限公司龙辰博鳌物流产业园	五星
27	广东世必达物流有限公司棉纱供应链金融中心总仓	五星
28	中国移动通信集团内蒙古有限公司巴彦淖尔RDC仓库	五星
29	慈溪太平鸟物流有限公司太平鸟慈东服饰整理配送物流中心	五星
30	中国移动通信集团湖南有限公司长沙分公司东方红中心库区	五星
31	河南九州通物流有限公司河南九州通"神州一号"库区	五星
32	国药控股湖南有限公司物流中心	五星
33	安博（鄂州）仓储有限公司安博葛店物流中心	五星
34	五矿无锡物流园有限公司物流园库区	五星
35	五矿物流（上海）有限公司五矿上海物流园库区	五星
36	五矿物流园（东莞）有限公司物流园冷热轧库区	五星
37	宁波中外运物流有限公司霞浦库区	五星
38	沈阳天厚仓储有限公司安博沈阳沈西物流中心	五星
39	四川物流集装箱有限公司四川物流集装箱基地仓库	五星
40	成都润宝物流有限公司新都库区	五星
41	华诚沿江国际物流（苏州）有限公司华诚国际常熟库区	五星
42	成都城嘉物流有限公司青白江库区	五星
43	国能供应链管理集团有限公司神华公用型保税仓库	五星

续表

序号	库区名称	等级
44	中国移动通信集团吉林有限公司省中心库	五星
45	中通服供应链管理有限公司湖南分公司易家湾库区	五星
46	中通服供应链管理有限公司湖南分公司星沙智慧物流园	五星
47	宁波天翔货柜有限公司霞浦库区	五星
48	中国移动通信集团河南有限公司郑州分公司RDC仓库	五星
49	安博新浒（苏州）仓储有限公司安博苏州新区浒关物流配送中心	五星
50	中国移动通信集团福建有限公司泉州分公司市级仓库	五星
51	北京中盾国际物流有限公司物流中心	五星
52	中国移动通信集团山东有限公司青岛省库	五星
53	国网北京市电力公司大兴中心库	五星
54	陕西商储物流有限公司六村堡物流园区	五星
55	陕西商储物流有限公司凤城七路物流园	五星
56	完美（广东）日用品有限公司完美华南生产基地库区	五星
57	湖南省康程物流有限责任公司长沙配送中心库区	五星
58	深圳美团优选科技有限公司美团优选合肥中心仓	五星
59	深圳美团优选科技有限公司美团优选天津中心仓	五星
60	深圳美团优选科技有限公司美团优选无锡中心仓	五星
61	广东时捷物流有限公司茶山物流园区	五星
62	上海北芳储运集团有限公司金山物流库区	五星
63	上海宝湾国际物流有限公司物流中心	五星
64	上海医药物流中心有限公司绥德库	五星
65	上海全方物流有限公司东兴路仓库	五星
66	国药集团医药物流有限公司上海库区	五星
67	广东时捷物流有限公司总部库区	五星
68	江苏台达物流有限公司红鑫德仓储（昆山）物流园区	五星
69	欧浦智网股份有限公司库区	五星

续表

序号	库区名称	等级
70	百利威现代供应链（西安）有限公司国际电子商务园（一期）	五星
71	常熟城配供应链管理有限公司城市配送中心	五星
72	重庆安美仓储有限公司安博重庆空港物流中心	五星
73	重庆深国际综合物流港发展有限公司深国际重庆（双福）城市综合物流港	五星
74	中国移动通信集团云南有限公司滇东RDC仓库	五星
75	蒂卫家具（东莞）有限公司第一产业集团松湖物流产业园	五星
76	上海鸣延实业有限公司龙地松江天马物流园	五星
77	青岛龙锐物流有限公司龙地青岛港物流园	五星
78	浏阳东鸿供应链管理有限公司龙地长沙浏阳物流园	五星
79	乐歌物流（南通）有限公司龙地南通崇川物流园	五星
80	乐歌仓储（常熟）有限公司龙地常熟经开物流园	五星
81	广州鼎富商业运营有限公司龙地广州空港物流园	五星
82	安博京滨（天津）仓储有限公司安博天津京滨物流中心	五星
83	安博新达（无锡）仓储有限公司安博无锡梅村物流中心	五星
84	安家（昆山）仓储有限公司安博昆山物流中心	五星
85	常熟市宏民物流中心有限公司库区	五星
86	常熟市天境物流有限公司天境物流园	五星
87	合肥供水集团有限公司物资公司库区	五星
88	中捷通信有限公司夏茅物流园	四星
89	醴陵陶润实业发展有限公司仓储中心	四星
90	浙江绿恒物流有限公司浙江绿恒物流园库区	四星
91	上海久江国际物流有限公司久江（绿色）现代物流园	四星
92	湖南达嘉维康医药有限公司含浦库区	四星
93	上海唯新企业投资有限公司上海嘉定区科茂路库区	四星
94	中储发展股份有限公司大连分公司中储发展大连中心库	三星
95	上海友谊集团物流有限公司复兴岛仓库	三星

2021 年中国绿色仓库

为贯彻落实国务院及相关部门关于加快绿色仓库建设、推动绿色仓储物流发展的有关精神，根据行业标准《绿色仓库要求与评价》（SB/T 11164）、《中国绿色仓库认定办法》，经企业自愿申报、中国绿色仓库认定委员会组织审核认定，且公示无异议，确定2021年获得"中国绿色仓库"称号的企业库区如下表所示。

序号	库区名称	等级
1	山东统超物流有限公司（统超济阳物流中心）	三星
2	山东递速供应链管理有限公司（山东递速仓储配送中心）	三星
3	山东佳怡智慧供应链管理有限公司（佳怡鲁北电商产业园）	三星
4	山东中通云仓智能科技有限公司（济南济阳崔寨仓）	二星
5	济南同宏物流服务有限公司（同宏小蓝冷链物流园）	二星
6	国网冀北电力有限公司物资分公司（国网冀北电力良乡中心库）	三星
7	杭州万东仓储有限公司（万纬杭州大江东物流园）	二星
8	广州万墩仓储有限公司（万纬广州从化物流园）	二星
9	济南新鑫泉悦物流有限公司（新鑫泉供应链统配仓）	三星
10	山东利群物流有限公司（山东利群物流三方仓储库）	二星
11	山东高盛供应链管理有限公司（宇培高新电商物流产业园高盛云仓）	三星
12	济南维尔康实业集团有限公司（维尔康冷库 G 库群）	三星
13	山东雅利安供应链管理集团有限公司（雅利安供应链协同仓）	三星
14	福建省瓷都云谷电商物流园有限责任公司（中国陶瓷电商物流园）	三星
15	中粮可口可乐饮料（河北）有限公司（中央仓）	三星
16	山东泰恩供应链管理有限公司（泰恩三方仓储中心）	三星

续表

序号	库区名称	等级
17	山东恒海电子商务有限公司（山东恒海工北配送库）	二星
18	济南零点物流港有限公司（零点供应链仓储中心）	二星
19	济南传化泉胜公路港物流有限公司（传化泉胜公路港零担仓库）	三星
20	济南振宇物流有限公司（济阳物流中心）	三星
21	济南家家悦供应链管理有限公司（家家悦莱芜加工配送中心）	三星
22	松普科技（苏州）有限公司（新宜松普产业园）	三星
23	山东苏宁物流有限公司（苏宁济南物流基地）	三星
24	万纬（成都）仓储设施有限公司（万纬成都天府园区）	三星
25	成都锦成行物流有限公司（万纬成都双流空港物流园）	三星
26	青岛苏宁物流有限公司（苏宁李沧物流基地）	三星
27	济南佳怡电子商务有限公司（万纬济阳物流园区）	三星
28	嘉兴市宇培仓储有限公司（中国物流资产嘉兴物流园）	三星
29	苏州宇培仓储有限公司（中国物流资产昆山物流园）	三星
30	无锡宇培仓储发展有限公司（中国物流资产无锡物流园）	三星
31	苏州宇臻仓储有限公司（中国物流资产苏州物流园）	三星
32	国网冀北电力有限公司秦皇岛供电公司（国网秦皇岛柳村仓库）	三星
33	国网冀北电力有限公司承德供电公司（国网承德上板城仓库）	二星
34	国网冀北电力有限公司唐山供电公司（国网唐山贾庵子仓库）	三星
35	济南蚂蚁创智供应链管理有限公司（蚂蚁创智电商云仓高新库区）	三星
36	江苏苏宁物流有限公司（苏宁南京云仓）	三星
37	陕西苏宁物流有限公司（苏宁泾阳物流中心）	三星
38	重庆苏宁物流有限公司（两江新区苏宁配送中心）	三星
39	山东振宇物流有限公司（振宇物流绿野仓）	三星
40	巴夫洛（济南）仓储有限公司（巴夫洛济南临港物流园）	三星
41	济南德邦物流有限公司（德邦济阳物流中心）	二星
42	山东载信物流有限公司（载信物流中心库）	三星

续表

序号	库区名称	等级
43	山东天泽供应链管理股份有限公司（天泽云仓高新库区）	三星
44	山东宇佳物流有限公司（宇佳物流东部运营中心）	三星
45	济南绿灯行物流有限公司（绿灯行物流华山仓）	三星
46	国网冀北电力有限公司固安县供电分公司（国网冀北电力固安县柏村仓库）	三星
47	四川安吉物流集团有限公司（五粮液安吉物流园库区）	三星
48	重庆歆诺仓储服务有限公司（新宜重庆空港物流园）	三星
49	郑州民商物联网科技发展有限公司（郑州民商供应链产业园）	三星
50	广东时捷物流有限公司（东莞茶山物流园）	三星
51	蒂卫家具（东莞）有限公司（第一产业集团东莞松湖物流产业园）	三星
52	济南传云物联网技术有限公司（中国智能骨干网济南历城仓库）	三星
53	济南维尔康冷链物流有限公司（农产品冷链物流五万吨冷库）	三星
54	泉州多彩云仓城际物流有限公司（新宜泉州多彩云仓物流园）	三星

2021 年中国仓储服务金牌企业

根据国家标准《仓储服务质量要求》（GB/T21071）、《中国仓储服务质量评鉴办法》规定，经企业自愿申报、征求客户评价意见、中国仓储服务质量评鉴工作办公室初审及现场审定，且公示无异议，确定 2021 年获得"中国仓储服务金牌企业"称号的企业如下表所示。

序号	企业名称
1	江苏中博通信有限公司
2	武汉捷利物流有限公司
3	醴陵陶润实业发展有限公司
4	南京中电熊猫现代服务产业有限公司
5	广州市广百物流有限公司
6	广东世必达物流有限公司
7	上海星力仓储服务有限公司
8	慈溪太平鸟物流有限公司
9	五矿无锡物流园有限公司
10	五矿物流园（东莞）有限公司
11	五矿物流（上海）有限公司
12	大连港毅都冷链有限公司
13	山东盖世国际物流集团有限公司
14	成都润宝物流有限公司
15	华诚沿江国际物流（苏州）有限公司
16	北京中盾国际物流有限公司

续表

序号	企业名称
17	陕西商储物流有限公司
18	完美（广东）日用品有限公司
19	深圳美团优选科技有限公司
20	广东天图物流股份有限公司
21	广东时捷物流有限公司
22	宁波天翔货柜有限公司
23	上海北芳储运集团有限公司
24	上海医药物流中心有限公司
25	上海全方物流有限公司
26	上海友谊集团物流有限公司
27	国药集团医药物流有限公司
28	上海商业储运有限公司
29	江苏台达物流有限公司
30	常熟城配供应链管理有限公司
31	湖南达嘉维康医药有限公司
32	常熟市宏民物流中心有限公司
33	常熟市天境物流有限公司

2021 年担保存货管理资质企业

根据国家标准《担保存货第三方管理规范》（GB/T 31300）、《担保存货管理企业评价办法》规定，经企业自愿申报、征求客户评价意见、全国担保存货管理企业评价工作办公室初审及现场评审，且公示无异议，确定 2021 年获得"担保存货管理资质"的企业如下表所示。

序号	企业名称	等级
1	浙江长运安信仓储服务有限公司	二级甲等
2	陕西商储物流有限公司	二级甲等
3	南储仓储管理集团有限公司	三级甲等
4	繁兴供应链管理（辽宁）有限公司	一级丙等
5	常州找纱科技有限公司	一级丙等
6	广东世必达物流有限公司	一级甲等
7	中信梧桐港供应链管理有限公司	一级甲等
8	石家庄厚福仓储服务有限公司	一级乙等
9	中江国际电子商务有限公司	一级乙等
10	宁夏融利源供应链管理有限公司	一级乙等

2021 年全国仓储企业排名

中国仓储与配送协会根据企业自愿申报、检索公开信息和调查掌握数据，以 2021 年底运营的自有和租用仓库设施总量为依据，对"通用仓储企业""冷链仓储企业"进行排名；以 2021 年底自有的仓库设施总量为依据，对"仓储地产企业"进行排名；以 2021 年底年管理担保存货对应的贷款额度为依据，对"金融仓储企业"进行排名，现将排名结果给予公布。

注：此次排名全部免费，协会不会委托、授权任何单位或个人以任何名义要求获评企业参加相关收费类的宣传和活动。对于任何单位或个人未经授权以我会或冒用我会人员名义开展的活动，协会将保留追究其法律责任的权利。

中国仓储与配送协会
2022 年 5 月

2021 年全国通用仓储企业排名

名次	企业名称	仓库面积（万平方米）
1	江苏苏宁物流有限公司	960.0
2	日日顺供应链科技股份有限公司	820.0
3	厦门象屿股份有限公司	819.4
4	中外运物流有限公司	419.7
5	中国邮政速递物流股份有限公司	418.0
6	速必达希杰物流有限公司	373.2
7	上海发网供应链管理有限公司	360.0
8	百世物流科技（中国）有限公司	350.0
9	浙江双捷供应链科技有限公司	342.0
10	中储发展股份有限公司	300.0
10	安迅物流有限公司	300.0
12	准时达国际供应链管理有限公司	250.0
13	中通云仓科技有限公司	240.0
14	中远海运物流有限公司	210.0
15	深圳市怡亚通物流有限公司	200.0
15	宝供物流企业集团有限公司	200.0
15	九州通医药集团物流有限公司	200.0
15	山东盖世国际物流集团有限公司	200.0
15	上海益嘉物流有限公司	200.0
15	浙江心怡供应链管理有限公司	200.0

续表

名次	企业名称	仓库面积（万平方米）
21	浙商中拓集团物流科技有限公司	197.0
22	嘉里物流（中国）投资有限公司	196.0
23	网赢如意仓供应链有限公司	160.0
24	北京昌达供应链管理集团有限公司	150.0
25	上海郑明现代物流有限公司	140.0
26	深圳市兆航物流有限公司	137.0
27	河北宝信物流有限公司	130.6
28	中通服供应链管理有限公司	124.2
29	北京宏贤达物流集团有限公司	120.0
30	建发物流集团有限公司	114.6
31	顺丰供应链	110.0
32	广东锐捷数智供应链有限公司	108.0
33	深圳越海全球供应链股份有限公司	104.3
34	北京科捷物流有限公司	100.0
34	佳怡供应链企业集团	100.0
34	上海顶通物流有限公司	100.0
37	海元物流有限公司	90.4
38	浙江新颜物流有限公司	80.0
38	云通物流服务有限公司	80.0
40	成都积微物联集团股份有限公司	78.0
41	盛丰物流集团有限公司	70.0
42	江苏飞力达国际物流股份有限公司	67.4
43	湖南湾田供应链管理有限公司	61.3
44	陕西商储物流有限公司	55.2
45	北京大田智慧物流有限公司	48.4

续表

名次	企业名称	仓库面积（万平方米）
46	远孚物流集团有限公司	47.0
47	福兴祥物流集团有限公司	46.4
48	上海商业储运有限公司	42.6
49	重庆公路运输（集团）有限公司	42.4
50	上海新易泰物流有限公司	40.0
50	伊藤忠物流（中国）有限公司	40.0
50	杭州松松供应链管理有限公司	40.0
50	物联云仓（成都）科技有限公司	40.0
50	杭州龙田供应链管理有限公司	40.0
55	湖北国储物流股份有限公司	39.0
56	芜湖达成储运有限公司	33.0
57	华运通物流有限公司	30.0
57	唯捷城配	30.0
57	深圳市凯东源现代物流股份有限公司	30.0
60	南储仓储管理集团有限公司	29.7
61	广州市广百物流有限公司	27.5
62	龙腾云创产业互联网（北京）有限责任公司	27.0
62	江苏超达物流有限公司	27.0
64	中外运化工国际物流有限公司	25.0
65	广西融桂物流集团有限公司	24.6
66	齐齐哈尔商业储运有限公司	23.0
67	新杰物流集团股份有限公司	21.0
68	广东天图物流股份有限公司	20.7
69	侨益物流股份有限公司	20.0
69	广州佳仕达物流有限公司	20.0

2021 年全国冷链仓储企业排名

名次	企业名称	冷库容积（万立方米）
1	南京天环食品（集团）有限公司	693.0
2	北京亚冷控股有限公司	300.0
3	上海郑明现代物流有限公司	250.0
4	重庆明品福集团有限公司	150.0
5	成都运荔枝科技有限公司	120.0
6	浙江鲜丰冷链物流有限公司	100.0
7	成都银犁冷藏物流股份有限公司	90.0
7	海南罗牛山食品集团有限公司	90.0
7	青岛鲁海丰冷链物流有限公司	90.0
10	东莞市江南冷链物流有限公司	87.5
11	福兴祥物流集团有限公司	83.0
12	济南维尔康实业集团有限公司	81.0
13	山东盖世国际物流集团有限公司	75.0
13	沈阳副食集团	75.0
15	上海快行天下供应链管理有限公司	67.6
16	红星冷链（湖南）股份有限公司	60.0
16	河北新发地农副产品有限公司	60.0
18	上海锦江国际低温物流发展有限公司	58.0
19	海元物流有限公司	56.4
20	德州飞马冷链物流有限公司	54.3

续表

名次	企业名称	冷库容积（万立方米）
21	大连港毅都冷链有限公司	50.8
22	山绿农产品集团股份有限公司	47.0
23	唯捷城配	45.2
24	上海光明领鲜物流有限公司	43.0
25	辽渔集团有限公司冷藏分公司	42.4
26	福慧达股份有限公司	42.0
27	中通云仓科技有限公司	40.0
28	广州市穿梭供应链管理有限公司	32.0
29	日日顺供应链科技股份有限公司	20.0
29	山东中凯兴业贸易广场有限公司	20.0

2021 年全国仓储地产企业排名

名次	企业名称	仓库面积（万平方米）
1	普洛斯投资（上海）有限公司	3643.2
2	万科物流发展有限公司	1136.0
3	易商红木 ESR	890.0
4	东久新宜集团	643.3
5	宝湾物流控股有限公司	600.0
6	上海宇培（集团）有限公司	590.0
7	安博（中国）管理有限公司	520.0
8	上海龙地物流有限公司	511.0
9	湖南和立东升实业集团有限公司	374.3
10	第一产业集团	346.0
11	杭州网营物联控股集团有限公司	215.0
12	上海远瀚物流有限公司（远洋物流）	201.0
13	深圳市深国际物流发展有限公司	200.0
14	乐歌供应链管理（上海）有限公司（乐歌 LOGOS）	193.3
15	维彧（上海）企业管理咨询有限公司（维龙）	132.9
16	复星国药（香港）物流仓储发展有限公司	130.0
17	西藏京通易购商贸有限公司	120.9
18	北京百利威仓储物流有限公司	118.8
19	新地物流发展有限公司	110.0
20	福建东百集团股份有限公司（东百物流）	102.0

2021年全国金融仓储企业排名

名次	企业名称	年管理担保存货对应的贷款额度（万元）
1	南储仓储管理集团有限公司	1805790.00
2	武汉金信云仓供应链服务有限公司	1134676.00
3	华夏易通国际物流有限公司	996600.00
4	安徽隆泽丰投资产管理有限公司	728546.00
5	湖北襄管物流有限公司	488189.10
6	四川三鼎金融仓储有限公司	467941.00
7	宁夏嘉宝信金融仓储有限公司	368890.75
8	宁夏亿博丰担保品管理有限公司	350628.00
9	浙江长运安信仓储服务有限公司	300990.00
10	恒元丰资产管理有限公司	298000.00
11	亳州市中联物流园管理有限公司	282482.00
12	浙商中拓集团物流科技有限公司	264100.00
13	湖北谊嘉金融仓储有限公司	257412.00
14	四川上辰金融仓储股份有限公司	239204.00
15	广西融桂物流集团有限公司	141300.00